생각이 자라는 한국사 1

선사시대~신라의 삼국통일

역사를 즐기는 거의 모든 방법

생각이 자라는 한국사

❶ 선사시대~신라의 삼국통일

김용천·문성식·손석영·이민재 지음

앞으로 자라날 우리 아이들을 위해

이 책을 만드는 데 후원해주신 분들

가연,가을	김단아	김윤정	김화정	박민하	서지현	심예진	오지윤
강다연	김동규	김윤지	김효민	박병창	서효지	심재목	오지현
강미현	김미영	김애희	남정효	박상열	서희영	심하영	오태석
강민교	김밝은	김은호	노근석	박성일	석수진	안선영	왕경진
강세연	김보람	김인정	노송엽	박승찬	성미래	안소정	우영호
강유정	김봄이	김재연	노희경	박정대	소혜란	안수빈	우파랑
강윤화	김서진	김재욱	ㄷ ㄹ ㅇ	박주현	손범희	안지은	원성철
강지윤	김석호	김재희	디자인탐정	박주호	손영래	안지혜	유리나
고아름	김성산	김진경	라용	박창욱	송연주	안휘윤	유정혜
국채우	김소현	김진성	류가형	박혜린	송원일	애플	유진희
권오경	김수연	김진현	류상수	방다영	송은결	양동일	육현정
김경남	김수정	김창연	류상훈	방미애	송치중	양선아	윤미라
김경민	김아량	김채리	류호찬	방화영	신나라	양성우	윤석훈
김경희	김아현	김태웅	명은영	배주현	신석재	양아정	윤성훈
김국중	김영서	김태윤	명재하	백두산	신영민	염덕균,장은아	윤익상
김기연	김영신	김태혁	문경숙	백윤석	신정규	염지윤	윤혜란
김기정	김영희	김태희	문지영	서동명	신지연	염지현	윤홍민
김나연	김욱선	김해영	미안해요	서명준	신진경	오민혜	윤희병
김누리	김유정	김현아	민충희	서연주	신희연	오서현	이강엽
김다정	김윤권	김현주	박민정	서영인	신희정	오은경	이건

이경인
이나연
이나영
이두영
이명재
이민지
이병윤
이상엽
이선희
이성군
이소연
이소원
이수진
이숙경
이승우
이시예
이시은
이시화
이예진
이우성
이유림
이윤주
이은선
이은재
이인재
이재현
이정미
이주용
이준서
이중희
이지우
이지은
이찬우
이하나
이학운
이한나
이한별
이현아
이현지
이혜련
이호선
인예리
임병식
임선영
임세라
임수빈
임수영
임원
임윤호
임종훈
임혜은
임희경
장민아
장수훈
장재원
장홍종
전민정
전상식
전소라
전영주
전영진
전우혁
전은진
전제욱
전준석
전현규
전희은
정근수
정만섭
정서윤
정세영
정수희
정숙희
정우정
정은미
정인리
정주아
정향원
정효리
정훈민
정희연
조동진기타제작소
조예슬
조용휴
조우진
조지현
조현재
주성민
주예진
주재완
주해찬
주현정
주혜림
진병수
천미정
천유정
천은지
천정근
천정옥
최강산
최선아
최성호
최성희
최세영
최수진
최승훈
최원섭
최유정
최은경
최정금
최지수
최한나
최혜경
ㅎㅎ
하영경
하윤희
한우정
한유정
하이우
함경곤
허효정
홍기택
홍민지
홍성호
홍수인
홍수희
황가이
황교윤
황병중
황수이
황희상

『생각이 자라는 한국사 1』은 크라우드 펀딩 플랫폼 텀블벅(tumblbug.com)에서 모금한 금액과 개인의 후원으로 제작되었습니다.
이 책이 세상에 나올 수 있도록 후원해주시고 오랫동안 기다려주신 후원자 여러분께 진심으로 감사드립니다.
여러분들의 후원으로 이 작은 프로젝트가 커다란 의미를 갖게 되었습니다.

목차

Table of Contents

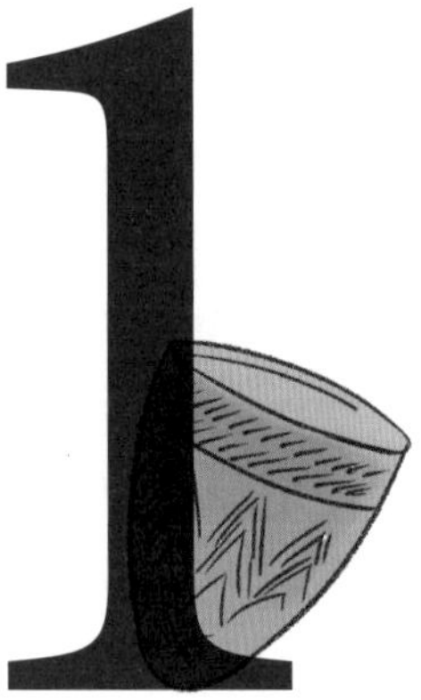

기록 이전의 시대

고조선의 등장과 여러 나라의 성장

3 삼국의 성립

4 끝날 줄 모르는 삼국 간의 전쟁

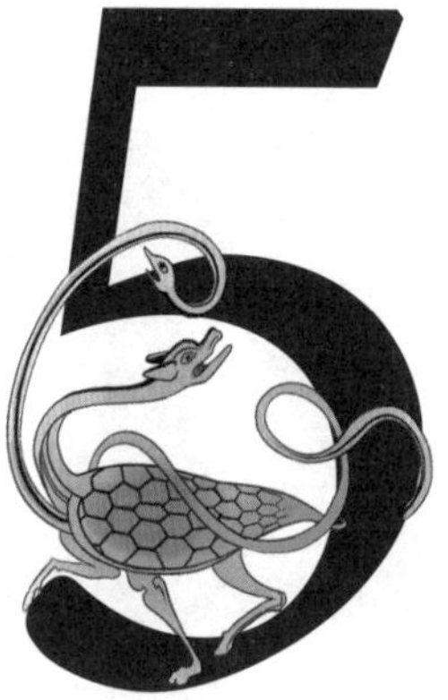

신라의 삼국통일

너나들이 역사 여행

주제 확인하기 | 쟁점 토론하기 | 역사 해보기

구성

Layout of Contents

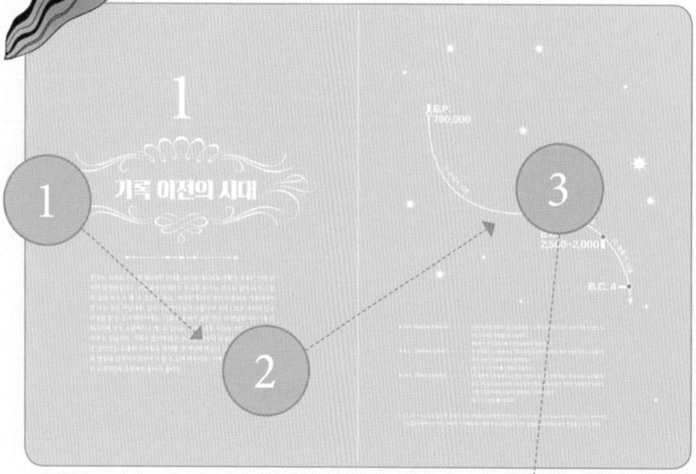

1. 대단원

커다란 시대를 열 때 소개되는 제목입니다. 해당 시대의 내용을 함축적으로 담고 있습니다.

2. 들어가는 말

앞으로 소개될 내용의 중심 주제를 설명하고 있습니다. 대단원의 시대 분위기를 머릿속으로 그려 보는 데 도움을 줄 것입니다.

3. 연표

각 대단원은 2~4개의 중단원으로 구성되어 있습니다. 연표를 훑어보면 각 중주제의 시대 범위와 중요 사건, 시대 흐름을 개략적으로 파악할 수 있습니다.

4. 중단원

각 시대가 시작하는 부분입니다. 본문에서 전개될 내용에 대한 감상을 포함하고 있습니다.

5. 소단원

각 시대의 주제와 중심 사건을 소개하고 있습니다.

6. 본문

『생각이 자라는 한국사』만의 스토리텔링형 문체로 쉽고 재미있게 역사를 읽을 수 있도록 안내합니다. 어려운 단어와 개념, 중심 인물과 새로 등장한 나라에 관한 소개는 본문 날개에 설명을 붙였습니다.

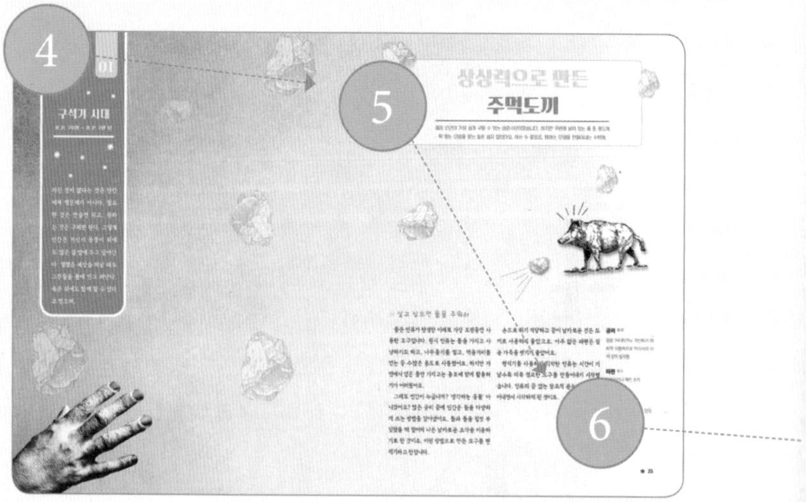

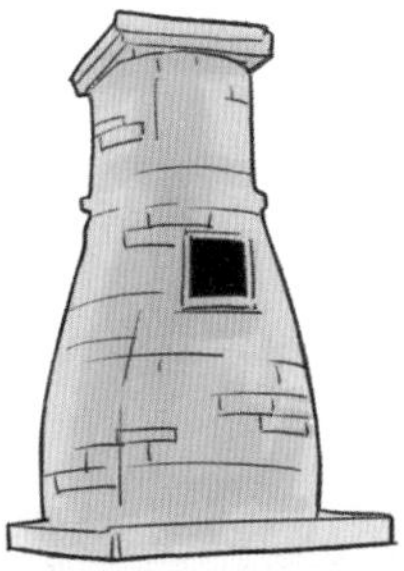

9. 지도, 삽화, 사진

『생각이 자라는 한국사』는 700여 컷의 이미지와 지도 정보를 소개하고 있습니다. 본문의 페이지 마다 이미지를 최대한 활용해 본문을 더욱 편하게 이해할 수 있도록 배치했습니다.

10. 나만의 생각 지도

중주제가 끝나는 부분에 배치되어 있습니다. 이 공간을 통해 혼자서도 마인드맵을 그려보거나 핵심 키워드와 사건, 인물들을 정리해보세요.

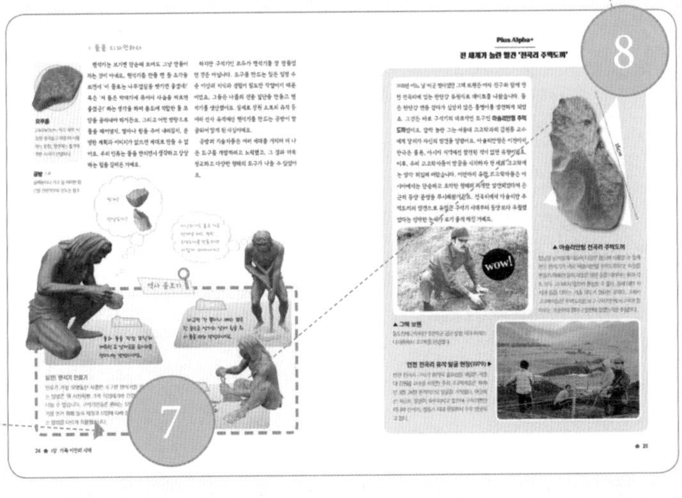

7. 역사 돋보기

본문에서 설명하지 못한 재미있는 역사 상식을 소개하고 있습니다. 의외로 재미있는 내용이 많으니 놓치지 말고 꼭 읽어주세요.

8. Plus Alpha+

『생각이 자라는 한국사』는 한국사를 다루는 역사책이지만 이 부분을 통해 시대와 지역을 뛰어넘어 역사적 시야를 넓혀 생각할 수 있는 기회를 제공합니다.

11. 주제 확인하기

대단원의 본문이 끝나면 만나게 되는 페이지입니다. 본문에서 공부한 시대의 핵심 주제를 조금 더 깊게 파고드는 질문과 제시문으로 구성했습니다. 제시문은 본문에서 가져오기도 하고 다른 책에서 인용하기도 하였습니다. 다양한 문체로 써진 글을 읽으며 독해력을 키우고, 대단원에서 중요하게 생각해봐야 할 주제가 무엇인지 확인해보세요.

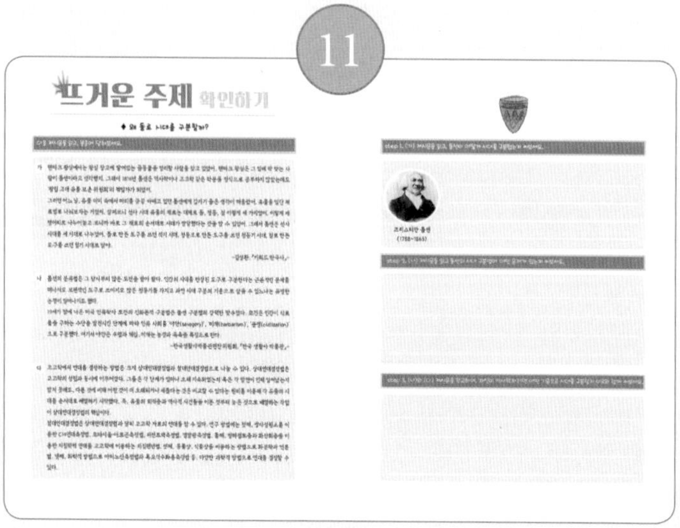

12. 쟁점 토론하기

역사에는 수많은 쟁점들이 있습니다. 각 사건이나 인물을 평가하는 관점이 사람마다 다르기 때문입니다. 이 부분에서는 역사적, 현재적 관점에서 논란이 되고 있는 쟁점의 주요 내용들을 파악할 수 있습니다. 기본적으로 혼자서 공부할 수 있도록 구성되었지만 쟁점에 관한 입장을 나누어 친구들과 함께 토론을 해보세요. 자신의 생각을 정리하고, 상대방의 관점을 반박하려면 추가로 자료를 찾아보는 활동이 필요할지도 모릅니다. 그렇지만 이러한 활동은 역사를 공부하는 재미를 높이고 쟁점에 대한 본인만의 논리를 키우는 데 커다란 도움이 될 것입니다.

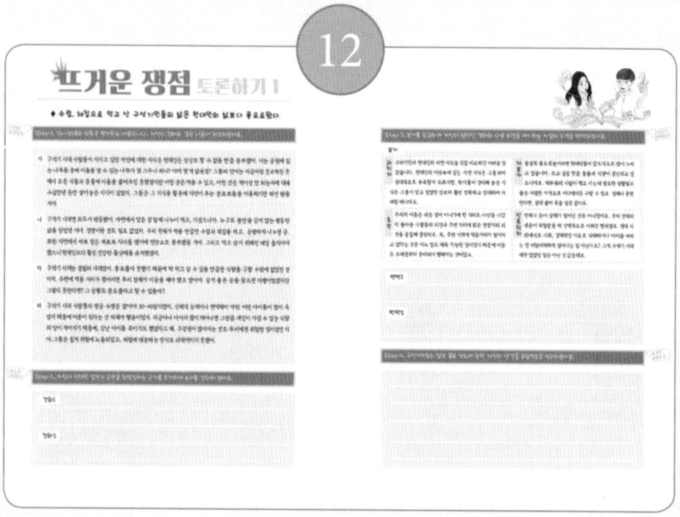

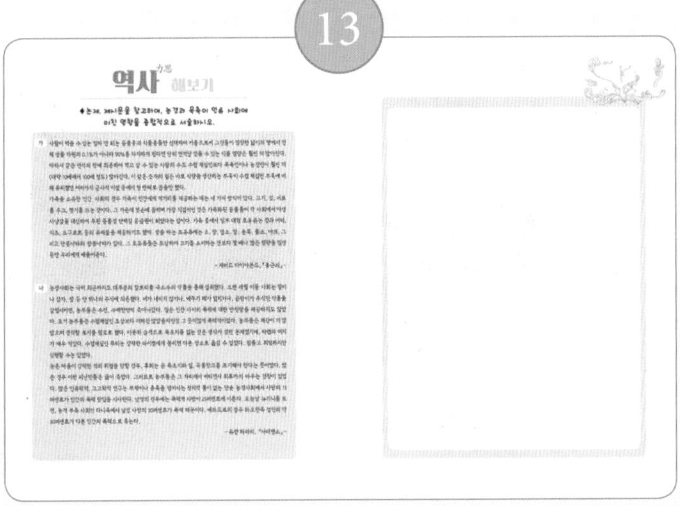

13. 역사 해보기

이 책에서 가장 어려운 도전 과제입니다. 기본적으로 중, 고등학생 혹은 교양 수준으로 역사를 공부하고자 하는 독자들이 풀어볼 만한 논술문제 형식을 갖추고 있습니다. 제시문의 내용을 파악하고 자기 생각을 글로 정리하는 활동을 통해 '생각이 자라는' 느낌을 경험해보세요. 정답은 없습니다. 굳이 글로 풀어내지 않으셔도 됩니다. 다만 논제에 관해 힘껏 생각해주시기를 바랄 뿐입니다.

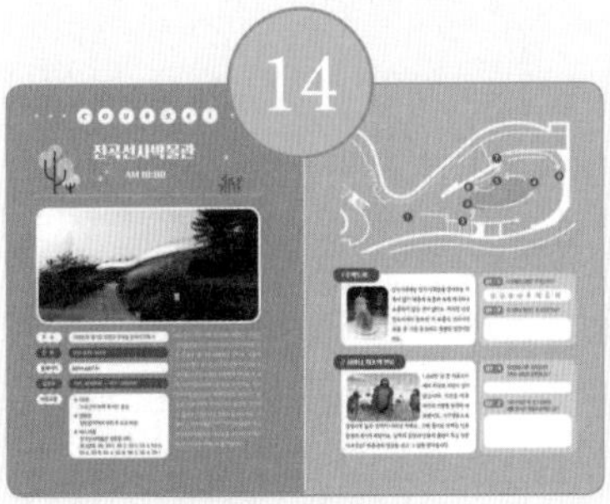

14. 너나들이 역사 여행

책에서 다루는 역사 이야기가 끝나면 직접 현장으로 떠나보세요. 『생각이 자라는 한국사』가 역사 여행의 가이드 라인을 제시합니다. 활동지를 따라 다니다 보면 어느새 앞에서 읽은 본문 속 내용들이 살아있는 역사로 느껴지실 겁니다.

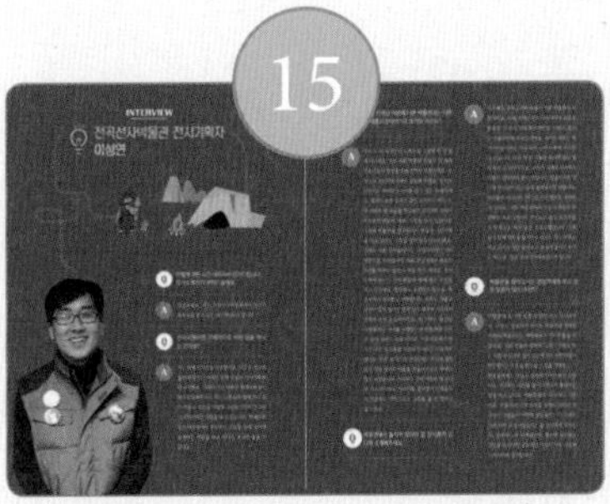

15. 인터뷰

여러분들이 방문하실 「너나들이 역사 여행」의 주요 박물관 직원들께서 직접 박물관에 대해 소개해주시는 페이지입니다. 여행 전에 꼭 읽어보시고 관람 포인트를 잡아보세요. 한 번 가봤던 박물관이라도 이분들의 소개와 함께라면 완전히 다른 시선으로 관람할 수 있으실 것입니다.

16. 너나들이 에세이

한바탕 역사 여행이 끝나셨다면 에세이를 읽으며 자신이 여행에서 느낀 감정과 어떤 부분이 같고 어떤 부분이 다른지 확인해보세요. 많은 부분에서 공감하셨으면 좋겠네요.

머리말
Preface

1. 택시를 타고 가다가

택시를 타고 어디론가 가던 길이었습니다. 꽤 먼 거리를 가던 중이라 택시 기사님께서 뭔가 심심하셨는지 저희에게 말을 걸어오셨습니다. "손님은 뭐하시는 분이세요? 직장 다니시나? 학생?" 질문을 들었으니, 대답을 해야겠죠? "저희는 역사를 가르치는 선생들입니다." 저희가 역사 교사라는 사실이 흥미로운지 기사님은 되묻습니다. "교사세요?" "네." 택시 기사님이 함박웃음을 짓더니 이내 말을 이어 갑니다. "역사요? 역사! 캬. 역사 중요하죠. 암요. 중요하고 말고요. 저도 어렸을 때 역사 참 잘했어요. 국사 시험만 쳤다 하면 교과서를 달달 외워서 백점을 맞았으니 말이에요. 아직도 생각나요. 그런데 참. 요즘 유관순이 역사 교과서에서 서술이 안 되어 있다면서요? 요즘 역사교육 엉망이에요. 엉망. 역사교육이 올바르게 되어야 하는데! 참, 그래도 역사가 수능 과목에서 필수 과목이 되었다면서요? 이건 참 잘된 거 같아요. 역사교육이 정상화가 되어가는 거죠. 역사 교사로서 참 기쁘시겠어요! 허허." 저희는 그냥 멋쩍은 웃음을 지으면서 이내 창밖을 바라보았습니다. 대화는 중단되었죠. 저희가 대화를 이어나갈 수 없었던 이유는 이 이야기를 듣고 수많은 의문이 저희의 머릿속에 떠올랐기 때문입니다.

첫째, '역사를 잘한다.'는 개념은 무엇일까요? 택시 기사님의 말씀처럼 높은 시험 점수를 받으면 역사를 잘하는 것일까요?

종종 '역사 배틀'을 하자며 도전을 신청하는 아이들도 있습니다. '역사 배틀'이란 자신이 아는 역사적 사건에 관해 설명하는 게임인데, 알고 있는 역사적 사실이 많으면 역사를 잘한다는 의미일까요?

그런데 참. 요즘 유관순이 역사 교과서에서 서술이 안 되어 있다면서요?
요즘 역사교육 엉망이에요. 엉망.

둘째, '역사=한국사'인가요? 많은 사람이 역사가 중요하다며 역사 교육이 강화되어야 한다고 합니다. '대한민국 국민으로서 우리의 역사를 잘 알아야 한다.'는 것이 주된 이유이지요. 그러나 이들이 말하는 '역사' 개념에는 세계사가 제외되어 있는 경우가 흔합니다. 심지어 주변의 친한 친구들도 저희가 한국사 외에 동아시아사를 가르치며, 교원 임용 시험에는 동남아시아사, 아프리카사까지 출제된다는 사실에 놀라곤 합니다. 많은 사람들 인식 속에 역사 선생님=국사 선생님인 것이죠.

셋째, '역사를 잘 가르친다.'의 개념은 무엇일까요? 위에서 언급한 택시 기사분의 경우, 교과서 문제를 언급하며 역사를 잘 가르쳐야 한다고 했습니다. 그렇다면 교과서에 있는 사실을 있는 그대로 가르치는 것이 잘 가르치는 것일까요?

사실, 역사교과서 파동이 일 때마다 저희는 씁쓸함을 느낍니다. 교과서가 학교 교육 현장에서 사용되는 범대중적인 텍스트이기에 중요한 것은 사실입니다. 하지만, 교과서를 재구성하고 실제 수업을 하는 주체는 교사와 학생인데 역사교육과 관련된 논의에서 거의 언급되지 않는 것이 현실입니다.

넷째, '올바른 역사교육'이란 무엇일까요? 많은 사람이 한국 역사 교육을 비판합니다. 그런데 어떤 내용이 교과서에 잘 서술되어 있느냐, 있지 않느냐가 올바른 역사교육을 가늠하는 판단 기준이 될 수 있을까요? 과연 '올바름'의 기준은 어디에 있을까요?

이 네 가지의 질문들은 다른 모습들을 가지고 있지만 결국 하나의 질문입니다. '역사는 무엇이며, 왜 가르치는가?'의 문제이죠. 사실 두 번째 질문 말고 우리는 그 무엇도 확실하게 대답할 수가 없습니다. 역사는 가치 판단과 해석의 학문이기 때문입니다. 저희는 모두 역사교육과를 졸업한 역사교사와 연구자입니다. 역사를 생각하면 항상 학생들과 교실이 떠오르는 사람들이죠.

때문에 책을 시작하기에 앞서 이 질문에 대한 저희 나름의 생각을 정리해두고자 합니다. 저희가 생각하는 역사란 무엇인지, 역사와 역사가는 어떠한 관계인지, 역사와 역사교육의 관계는 무엇인지. 그리고 역사를 어떻게, 무엇을 가르쳐야 하는지에 관해 말이지요. 이 내용은 결국 이 책을 읽을 학생들과 독자 여러분께 전달해드릴 내용이 될 테니까요.

2. 역사는… 'HISTORY'다!

역사를 뜻하는 영단어인 'history'는 고대 그리스의 'historia'라는 말에서 비롯된 것으로, '탐구하여 무언가를 알아내다'라는 뜻입니다. 그리고 한자어인 역사歷史는 지나간다는 의미의 '역歷'이라는 글자와, 기록한다는 의미의 '사史' 자가 합쳐진 단어죠. 두 단어를 종합해보면 역사란 '지나간 것에 대한 기록을 통해 인간을 탐구하는 것'이라고 해석해볼 수 있어요.

조금 추상적이죠? 그래서 저희는 어떻게 하면 '역사가 무엇인지 학생들에게 쉽게 알려줄 수 있을까?'를 고민하다가 'HISTORY'로 7행시를 지어보게 되었습니다.

Human

H 역사의 탐구 대상은 '인간'입니다. 역사라는 말은 '인간의 역사'라는 말과 같습니다. 인간을 보다 다양한 측면에서 바라보고, 과거를 통해 현재를 사는 인간에게 보다 나은 삶을 살 수 있도록 하는 학문이지요.

Information

I 인간은 살아가면서 많은 흔적을 다양한 형태로 남깁니다. 후대에 자신들이 살았음을 알리고자 의도적으로 만든 흔적들도 있고, 생활할 때 썼던 물품들이 남아있는 경우도 있습니다. 흔적이 글의 형태로 남아있을 수도 있고, 글의 종류도 매우 다양합니다. 글만 있을까요? 그림, 사진 등 옛사람들이 남긴 다양한 흔적은 우리에게 정보가 되고, 인간을 알기 위해 탐구해야 할 대상이 됩니다.

Space

S 인간은 주어진 환경 속에서 그 환경의 지대한 영향을 받으며 살아갑니다. 물론 인간이 삶을 개선하기 위해 환경을 바꿔나가기도 하죠. 그렇게 변화된 환경은 또다시 인간에게 영향을 미쳐요. 인간에 의해 변형된 지형이 산사태를, 싱크홀을 만드는 것 등이 그 예죠. 이런 순환구조가 인간과 환경의 관계라고 할 수 있어요. 때문에 역사를 통해 인간과 환경이 서로 어떤 영향을 주고받았는지 살펴보고, 앞으로는 그 영향관계를 어떤 방향으로 만들어나갈 것인지에 대한 고민이 필요합니다.

Time

T 인간은 주어진 시간 속에 자신의 흔적을 남기고 그 시간을 값지게 보내려 노력합니다. 그 시간들이 모여 한 시대를 만들고, 그 시간 속에 살던 인간들의 노력이 모여 이전보다 조금 더 나은 시대가 오게 되는 것이겠죠. 우리는 역사를 통해 우리에게 주어진 시간을 어떻게 보내야 하며, 다음 시대

를 살 사람들에게 어떤 시대를 물려주어야 하는가에 관한 생각을 해봐야 합니다.

organization

O'사람 인人'자는 큰 사람과 작은 사람이 서로 기대어 있는 모습입니다. 두 사람이 모여있는 모습을 본 따 하나의 '사람 인'이라는 글자가 탄생한 것이죠. 이것은 인간이 혼자서만 살 수 없다는 것을 의미하기도 합니다. 『로빈슨 크루소』라는 소설에서는 로빈슨 크루소라는 선원이 배가 난파하여 섬에서 혼자 지내게 됩니다. 그는 극심한 외로움을 느끼다가 그 섬에 상륙한 식인종 포로를 구해주고 '프라이데이'라는 이름을 붙여준 뒤 같이 지내게 됩니다. 그는 결국 28년 만에 그 섬에서 탈출하여 자신이 살던 곳으로 돌아가게 되는데, 만약 그가 프라이데이를 만나지 못하고 혼자 지냈다면 집으로 돌아가기 전 이미 외로움으로 죽었을지도 모릅니다. 우리는 역사를 배움으로써 지금까지 어떤 조직을 이루고 살아왔는지, 지금 내가 살아가는 사회조직은 어떤 역사적 변천을 겪어왔는지 알 수 있습니다.

Replay

R과거의 기록들은 완벽하지 않습니다. 어떤 특정 인물의 의견일 수도 있고, 일부러 중요한 사실을 누락시켰을 수도 있습니다. 그래서 역사적 기록들은 많은 조각을 잃어버린 퍼즐들과 같습니다. 그래서 우리는 다양한 기록을 탐구해 그 빈틈을 메우고, 옛사람들의 삶의 모습을 보다 온전하게 복원하려 애씁니다. 그리고 그것을 기억하기 위해 많은 행동을 합니다. 기념일을 정해서 기념행사를 하기도 하고, 영상을 남기고, 책을 남기고 영화를 만들기도 합니다. 미래 사람들에게 이 자료들은 또 다시 옛사람들이 과거를 어떻게 복원하고 기억하려고 했는가를 보여주는 자료가 되겠죠.

Y(Why)

Y역사의 출발점은 바로 '왜?'라는 질문입니다. 옛날 사람들은 왜 그렇게 살아야만 했는지, 우리는 왜 이렇게 살고 있는지, 이 질문들로부터 역사는 시작되고, 이 질문에 대해 대답하기 위한 끝없는 탐구가 역사를 움직이는 동력입니다. 이 '왜'라는 질문으로부터 우리는 앞으로 어떻게 살아나가야 하는가, 어떤 미래가 더 가치있는 미래인가를 고민하고 생각하게 됩니다. 역사는 근원의 학문, 의심의 학문, 질문의 학문, 생각의 학문, 해석의 학문입니다. 역사를 통해 끊임없이 질문을 던지고 대답을 구하려는 습관을 기르는 일이 가장 중요합니다.

3. 다양한 방식의 역사 수업을 위해

그러나 우리가 접하는 역사는 지나가서 죽어버린 역사歷死인 경우가 많습니다. 택시 기사님의 말씀처럼 대부분의 학생들은 시험을 위해, 100점을 맞기 위해 금방 잊어버릴 역사적 지식들을 머릿속에 억지로 집어넣기에 바쁩니다. 현장의 선생님들도 시험과 평가라는 현실 속에서 주어진 진도를 나가기에도 버거울 때가 많습니다. 저희 역시 이 때문에 수업이 끝난 후 밀려오는 좌절감을 겪을 때가 많습니다. 이 책은 이러한 현실 속에서 '어떻게 하면 학생들과 함께 역사다운 역사를 나눌 수 있을까?'라는 고민에서 시작되었습니다.

우리 교과서는 너무나 '절대적'입니다. 항상 단정적인 서술로 일관되어 있습니다. 이는 학생들의 역사적 사고를 가로막는 경우가 많습니다. 자기 의견이 있어도, "교과서에서 그랬어."라고 말하면 모든 상황이 종결되는 일이 자주 벌어지곤 합니다. 교사는 수업의 주체라기보단 강의로 교과서를 풀어서 설명해주는 해설사의 역할을 해야 할 때가 많습니다.

외부적 요인을 고려하더라도 역사 선생님들의 의지와는 상관없이 수능과 시험을 중시하는 한국사회의 전반적인 풍토도 역사 선생님들에게 강의식 위주의 수업을 강요해왔다는 점을 부정할 순 없습니다. 물론 역사라는 과목 자체가 당대의 역사적 사실을 알고 있어야만 수업에 참여할 수 있다는 점에서 강의식 수업이 '나쁜' 수업 방식이라고 할 수 없습니다. 그렇지만 역사를 공부하는 궁극적인 목표 중 하나가 학생들의 생각을 깊이 있게 하는 데 있다는 점을 고려한다면, 강의식 수업은 학생들의 태도를 상당히 소극적이게 만든다는 아쉬움이 있습니다.

저희와 같은 문제의식을 느끼고 계시는 많은 역사 선생님들께선 강의식 수업의 단점을 보완하기 위해 논술로 구성된 역사 수업이나 토론식 수업을 개발하고 계십니다. 이분들의 노력으로 역사교육의 전반적인 수업방식과 평가 기준이 점차 토론과 논술 중심으로 변화하고 있으며, 토론과 논술 수업에 대한 학생들의 요구도 늘어나는 추세입니다. 우리 역사 수업 현장이 변화하고 있는 것이죠.

저희는 역사 선생님들께서 수업에 들이시는 노력에 더불어 앞에서 정의한 HISTORY의 요소들을 최대한 책에 녹여내고 싶었습니다.

그래서 『생각이 자라는 한국사』는 스토리텔링형으로 최대

한 역사를 쉽고 재미있게 전달하려 노력했으며, 다양한 방식으로 학생들이 역사를 접할 기회를 마련하기 위해 활동학습으로 마인드맵 그리기, 주제 확인하기, 쟁점 토론하기, 역사하기(논술)로 내용을 구성해보았습니다.

역사는 역사力思 즉, 힘써서 생각해야 합니다. 힘써서 생각하기 위해선 텍스트에 대한 도전과 비판이 가능해야 합니다. 하지만 요즘 학생들은 텍스트를 읽고 사고한 내용을 글로 표현해볼 기회는 매우 적습니다.

『생각이 자라는 한국사』가 마련한 토론과 논술의 장은 말하기와 쓰기에 익숙하지 않은 학생들에겐 다소 어려운 도전일 수 있지만 역사를 공부하는 이유를 알게 해주는 매개체가 되었으면 합니다.

또 하나, 학생들의 생각을 더 깊이 있게 해주는 방법으로 주목 받는 것이 체험형 역사 수업입니다. 역사학이란 학문 자체의 큰 기둥 중 하나는 '현장'입니다. 독자 여러분이 이 책으로 역사적 사건에 대해 읽고 생각해 본 뒤, 그 '현장'에 가봄으로써 평소엔 그냥 지나치던 장소가 역사적 의미를 지닌 장소로 탈바꿈하는 경험해보셨으면 좋겠습니다.

어찌 보면 무모할 수도 있는 저자들의 꿈을 지지해주신 후원자분들께 우선 감사의 말씀을 드립니다. 부족한 점이 많은 저희를 지원해주신 이유는 새로운 방식으로 역사교육이 이뤄져야 한다는 생각이 있으시기 때문이라 생각합니다. 이 책으로 그 믿음에 보답이 되었으면 합니다.

이외에도 제자들을 도와주시기 위해 바쁘신 와중에도 부족한 점이 많은 저희의 책을 꼼꼼히 감수해주신 동국대학교 역사교육과 윤선태 교수님과 책에 대한 조언을 아끼지 않으신 김철민·박찬우·신범규·임동민·최슬기 그리고 김민수 연구자께도 깊은 감사를 올립니다.

마지막으로 이 책에 가장 큰 영감을 준 학생들에게 진심으로 고맙습니다. 그들이 없었다면 이 책을 쓸 이유도, 이 책을 어떻게 쓸지에 대한 고민도 하지 않았을 겁니다. 저희는 이 책이 끝이 아니라 시작이라 생각하고 더 나은 모습을 보여주는 것이 학생들에게 보답할 수 있는 유일한 길이라고 생각합니다.

『생각이 자라는 한국사』 저자 일동 드림

1

기록 이전의 시대

문자는 소리로 구성된 메시지인 언어를 보이는 메시지로 전환한 인류의 가장 위대한 발명품입니다. 사람들이 써내려간 무수한 문자는 역사로 남아 과거 그들의 삶을 눈으로 볼 수 있도록 하죠. 하지만 역사가 반드시 문자로 기록되어야만 하는 것은 아닙니다. 당시 사람들이 남긴 유물이나 유적으로도 과거의 많은 사실을 알 수 있기 때문이에요. 이들은 문자가 없던 아주 먼 옛날의 이야기를 전해주기에 무척 소중하다고 할 수 있어요. 「1장. 기록 이전의 시대」는 문자가 존재하지 않았던 바로 그 시기를 다루고 있습니다. 기록이 없기에 많은 부분을 상상과 추론으로 접근해야 하는 어려움이 있긴 하지만 남아있는 유물과 유적들을 확인할 땐 머나먼 옛날의 그 사람들이 정말로 실존했음을 감각적으로나마 느낄 수 있지요. 그럼 이제 페이지를 넘겨 70만년 전 구석기인의 흔적부터 쫓아가 봅시다.

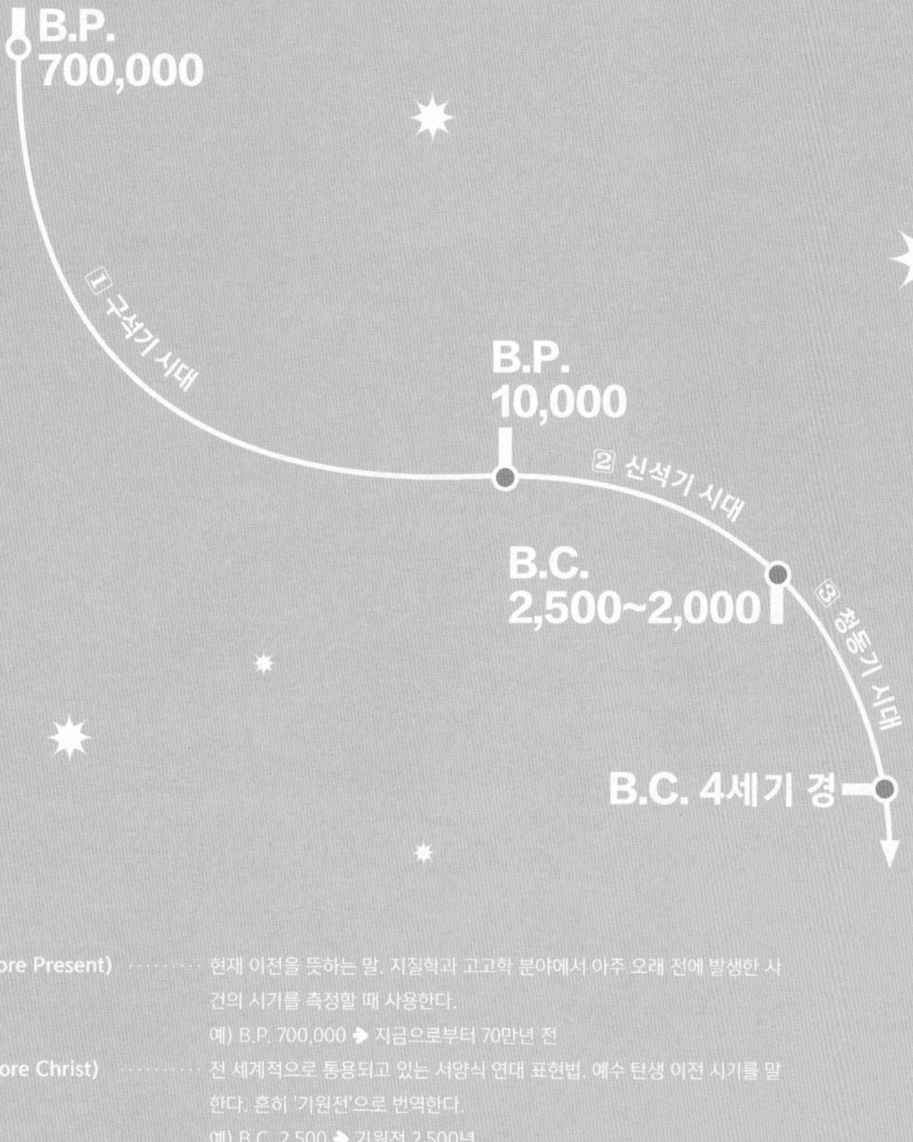

* B.P. (Before Present) ………… 현재 이전을 뜻하는 말. 지질학과 고고학 분야에서 아주 오래 전에 발생한 사건의 시기를 측정할 때 사용한다.
예) B.P. 700,000 ➔ 지금으로부터 70만년 전

* B.C. (Before Christ) ………… 전 세계적으로 통용되고 있는 서양식 연대 표현법. 예수 탄생 이전 시기를 말한다. 흔히 '기원전'으로 번역한다.
예) B.C. 2,500 ➔ 기원전 2,500년

* A.D. (Anno Domini) ………… 전 세계적으로 통용되고 있는 서양식 연대 표현법. 예수 탄생 이후 시기를 말한다. Anno Domini란 '주의 해'란 뜻의 라틴어이다. 흔히 '기원후'로 번역하지만 '기원전'과는 다르게 생략하는 경우가 많다.
예) A.D.2016 ➔ 2016년

※ B.C.와 A.D. 모두 종교적 색채가 강한 개념이기에 중립적 개념인 B.C.E (Before Common Era), C.E(Common Era)를 사용하기도 한다. 하지만 이 책에서는 현재 주로 사용되고 있는 용례를 따라 위의 연대 개념을 쓰기로 한다.

01

구석기 시대

B.P. 70만 ~ B.P. 1만 년

가진 것이 없다는 것은 인간에게 별문제가 아니다. 필요한 것은 만들면 되고, 원하는 것은 구하면 된다. 그렇게 인간은 자신의 몸뚱이 외에도 많은 걸 옆에 두고 살아간다. 몇몇은 세상을 떠날 때도 그것들을 품에 안고 떠난다. 죽은 뒤에도 함께 할 수 있다고 믿으며.

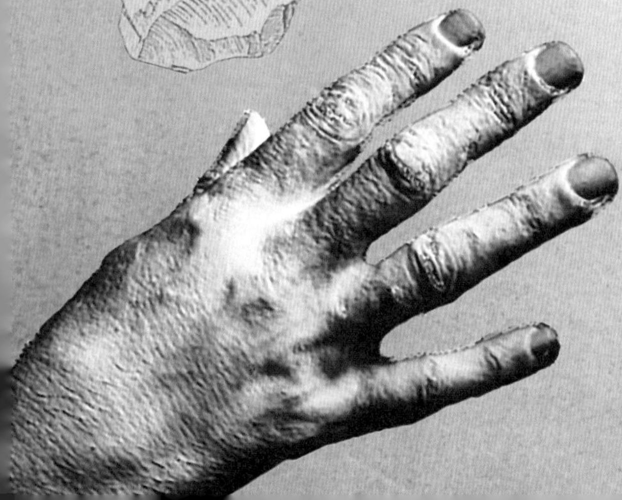

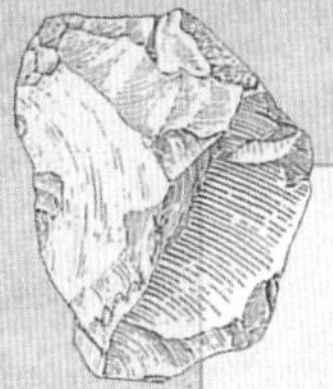

상상력으로 만든 주먹도끼

돌은 인간이 가장 쉽게 구할 수 있는 생존수단이었습니다. 하지만 주변에 널려 있는 돌 중 용도에 딱 맞는 모양을 찾는 일은 쉽지 않았어요. 하는 수 없었죠, 원하는 모양을 만들어내는 수밖에.

살고 싶으면 돌을 주워라

돌은 인류가 나타난 이래로 가장 오랫동안 사용한 도구입니다. 원시 인류는 돌을 가지고 사냥하기도 하고, 나무줄기를 찧고, 먹을거리를 얻는 등 수많은 용도로 사용했어요. 하지만 자연에서 얻은 돌만 가지고는 용도에 맞게 활용하기가 어려웠어요.

그래도 인간이 누굽니까? '생각하는 동물' 아니겠어요? 많은 궁리 끝에 인간은 돌을 다양하게 쓰는 방법을 알아냈어요. 돌과 돌을 힘껏 부딪쳤을 때 떨어져 나온 날카로운 조각을 이용하기로 한 것이죠. 이런 방법으로 만든 도구를 뗀석기라고 한답니다.

손으로 쥐기 적당하고 끝이 날카로운 것은 도끼로 사용하기 좋았고요. 아주 얇은 파편은 짐승 가죽을 벗기기 좋았어요.

뗀석기를 사용하기 시작한 인류는 시간이 지날수록 더욱 정교한 도구를 만들어내기 시작했습니다. 인류의 끝없는 창조적 본능은 돌을 떼어내면서 시작하게 된 것이죠.

궁리 窮理
일을 처리하거나 개선하기 위하여 마음속으로 이리저리 따져 깊이 생각함

뗀석기
돌을 깨뜨리거나 떼어내 만든 도구

파편 破片
부서지거나 깨진 조각

✷ 돌을 디자인하다

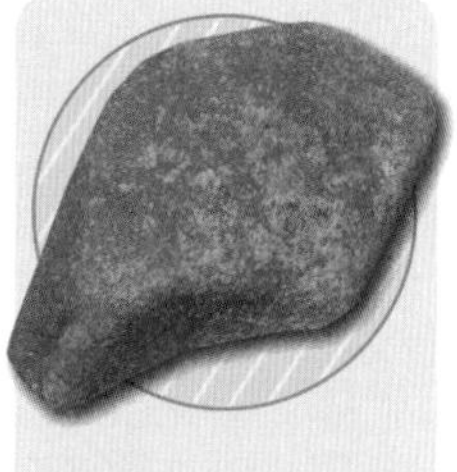

모루돌

24x14x11cm. 석기 제작 시 돌을 올려놓고 때릴 때 사용하는 받침. 윗면에는 충격에 의한 자국이 선명하다.

공방 工房

공예품이나 가구 등 어떠한 물건을 전문적으로 만드는 장소

뗀석기는 보기엔 단순해 보여도 그냥 만들어지는 것이 아녜요. 뗀석기를 만들 땐 돌 조각을 보면서 '이 돌로는 나무껍질을 벗기면 좋겠네!' 혹은 '저 돌은 막대기에 묶어서 사슴을 찌르면 좋겠군!' 하는 생각을 하며 용도에 적합한 돌 모양을 골라내야 하거든요. 그리고 어떤 방향으로 돌을 떼어낼지, 얼마나 힘을 주어 내려칠지, 분명한 계획과 이미지가 없으면 제대로 된 뗀석기를 만들 수 없어요. 우리 인류는 돌을 만지면서 생각하고 상상하는 힘을 길러온 거예요.

하지만 구석기인 모두가 뗀석기를 잘 만들었던 것은 아닙니다. 도구를 만드는 일은 일정 수준 이상의 지식과 경험이 필요한 작업이기 때문이었죠. 그들은 나름의 전문 집단을 만들고 뗀석기를 생산했어요. 이는 청원 소로리 유적 등 여러 선사 유적에서 실제로 뗀석기를 만드는 공방이 발굴되어 알게 된 사실이에요.

공방의 기술자들은 여러 세대를 거치며 더 나은 도구를 개발하려고 노력했고, 그 결과 더욱 정교하고 다양한 형태의 도구가 나올 수 있었어요.

실전! 뗀석기 만들기

인류가 가장 오랫동안 사용한 도구인 뗀석기를 만드는 방법은 위 사진처럼 크게 직접떼기와 간접떼기로 나눌 수 있습니다. 구석기인들은 원하는 모양의 뗀석기를 얻기 위해 돌의 재질과 모양에 따라 떼어내는 방법을 다르게 적용했습니다.

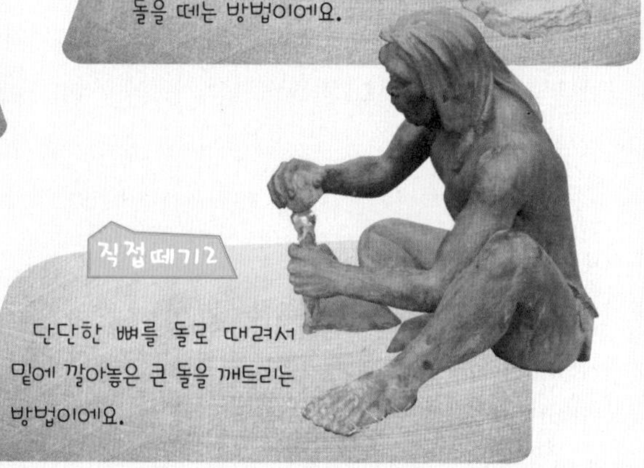

Plus Alpha+

전 세계가 놀란 발견 '전곡리 주먹도끼'

1978년 어느 날 미군 병사였던 그렉 보웬은 여자 친구와 함께 연천 전곡리에 있는 한탄강 유원지로 데이트를 나왔습니다. 둘은 한탄강 변을 걷다가 심상치 않은 돌멩이를 발견하게 되었죠. 깜짝 놀란 그는 서울대 고고학과의 김원룡 교수에게 달려가 자신의 발견을 알렸어요. 그는 도대체 무엇을 발견했던 걸까요?
그가 발견한 것은 바로 '아슐리안형 주먹도끼'라는 유물이었어요. 아슐리안형 주먹도끼는 이전까지 한국을 비롯한 아시아 지역에서는 발견된 적 없는 유물이었어요. 그래서 유럽 고고학자들은 아시아에서는 단순한 형태의 찍개만 발견된다며 은근히 동양 문명을 무시해왔죠. 그런데 그렉 보웬이 전곡리에서 아슐리안 주먹도끼를 발견함으로써, '유럽은 구석기 시대부터 동양보다 우월했다'라는 빈약한 논리가 보기 좋게 깨진 거예요.

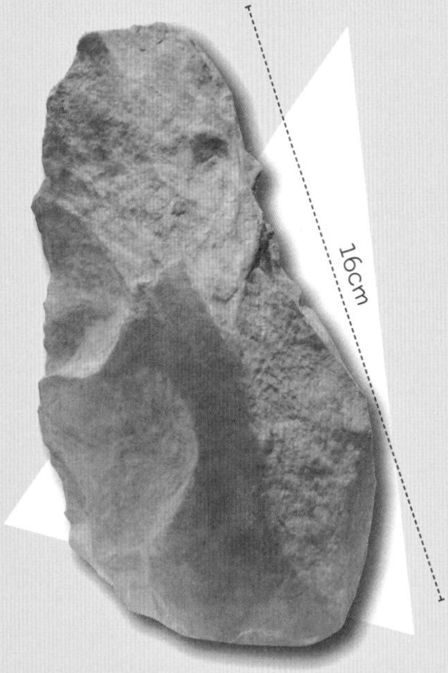

▲ 아슐리안형 전곡리 주먹도끼

양날을 날카롭게 다듬어 다양한 용도에 사용할 수 있게 만든 뗀석기가 바로 아슐리안형 주먹도끼이다. 이것을 만들기 위해선 돌의 재질은 물론 돌을 내려치는 힘과 각도 모두 고려하지 않으면 완성할 수 없다. 돌에 대한 지식과 돌을 다루는 기술 모두 필요한 것이다. 그래서 고고학자들은 주먹도끼를 보고 구석기인의 사고력과 돌 다루는 기술력이 얼마나 발전해 있었는지를 추정한다.

▲ 그렉 보웬

동두천에 근무하던 주한미군 공군 상병. 미국 아리조나 대학에서 고고학을 전공했다.

연천 전곡리 유적 발굴 현장(1979) ▶

연천 전곡리 구석기 유적의 중요성을 깨달은 서울대 김원룡 교수를 비롯한 우리 고고학자들은 1979년 3월 26일 본격적으로 발굴을 시작했다. 이곳에선 지금도 발굴이 이루어지고 있으며 구석기뿐만 아니라 신석기, 청동기 시대 유물까지 두루 발굴되고 있다.

구석기인이 사는 방법

쓸 수 있는 도구라곤 돌과 뼛조각 그리고 나무밖에 없던 시절.
구석기인은 빙하기라는 극한의 환경에서 어떻게 살아남을 수 있었을까요?

동굴에 남아있는 구석기인의 흔적

돌 조각을 손에 쥐긴 했지만 인간은 자연 앞에 무척 나약한 존재였고, 살아남기 위해선 다양한 지혜가 더 필요했어요. 가장 필요한 건 빙하기의 추위를 피할 공간이었어요. 그들이 택한 최적의 장소는 바로 동굴이었습니다.

동굴은 추위뿐만 아니라 맹수를 피하기에도 훌륭한 장소였죠. 한겨울 동굴에 들어가 본 경험이 있는 친구들이라면 알 거예요. 밖은 추워도 동굴 안은 따뜻하단 것을요. 반대로 여름엔 바깥보다 안이 마치 에어컨을 틀어 놓은 것처럼 훨씬 시원하죠? 그만큼 동굴 안은 구석기인들이 생활하기에 알맞은 공간이었어요. 그들은 동굴에 20~30명씩 무리 지어 살았습니다.

실제로 한반도의 여러 동굴에 그들의 흔적이 남아 있는데요. 대표적인 구석기 유적지 승리산 동굴과 두루봉 동굴에서는 사람의 뼈를, 검은모루 동굴에서는 동물의 뼈를 발견했죠. 원숭이, 물소, 큰쌍코뿔이* 등의 뼈가 모여있었는데 아마 이것들은 동굴에 살던 사람들이 먹고 버린 걸 거예요.

한반도 북쪽인 함경도에선 매머드 뼈를 발견하기도 했어요. 구석기인이 매머드를 사냥하는 모습을 상상해보세요. 대단한 광경이죠?

사냥은 보통 여러 명이 한 조를 이루어 행해졌어요. 많은 사람이 참여할수록 다양한 전략과 전술 활용이 가능했거든요. 투박한 뗀석기의 힘만으로는 인간보다 날쌔고 덩치 큰 동물들을 상대하기가 쉽지 않았어요. 때문에 구석기인들은 사냥 성공률을 높이기 위해 여러 명이 무리를 이루어 사냥에 나서는 경우가 많았어요.

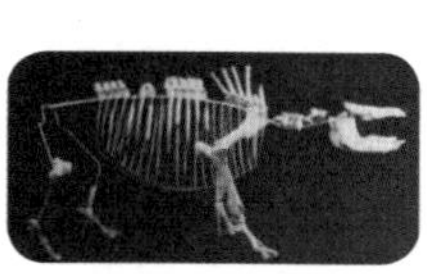

쌍코뿔이

구석기 시대에 살던 큰쌍코뿔이. 오늘날 코뿔소보다 몸집이 크고 잘 뛰어다녔다. 이렇게 커다란 동물의 화석은 절벽 근처에서 발견되는 경우가 많은데 구석기 사냥꾼들이 절벽으로 유인하여 떨어뜨린 것으로 생각된다.

사냥이 시작되면 상대에 따라 무리가 모두 힘을 합쳐 달려들거나, 조를 나누어 짐승을 포위하여 낭떠러지로 모는 등 다양한 작전을 사용해 짐승을 잡았습니다.

사냥에 성공한 그들은 투박하지만 날카로운 뗀석기로 고기를 적당한 크기로 자른 다음에 동굴로 가져가 무리와 함께 먹었어요. 넉넉할 땐 넉넉히, 부족하면 부족한대로 나눠 먹으면서 행복한 시간을 즐겼을 거예요. 그럼에도 불구하고, 고기를 배불리 먹을 수 있는 날은 많지 않았어요. 무리가 함께 애쓴다고 하더라도 사냥하는 일 자체가 어려운 일이었기 때문입니다.

주로 구석기 사람들은 나무 열매나 풀을 뜯어 먹는 채집을 하며 배고픔을 달랬답니다. 주변에 먹을거리만 풍부하다면 쉽게 할 수 있는 채집 활동은 구석기인에게 사냥보다 일상적인 활동이었을 거예요.

독이 있는 풀을 잘못 먹는 날에는 배탈이 나기도 했지만 어쩔 수 없었어요. 살려면 뭐라도 먹어야 했죠. 대신 그러한 경험들을 통해 자연에 대한 지식을 쌓을 수 있었을 거예요. 이렇게 생긴 버섯은 먹으면 안되고, 저렇게 생긴 개구리는 진짜 맛있다는 등등. 이런 지식은 세대를 통해 전달되면서 점점 쌓여 그들이 생존력을 높이는 데 아주 중요한 역할을 해주었을 것입니다.

가끔 날씨가 따뜻해지는 날엔 강가로 나와 물고기를 잡아먹기도 했지만 특별한 낚시 도구 없이 물고기를 잡는 어로 또한 만만치 않았습니다.

구석기인들은 힘들게 구한 먹거리를 처음엔 날것 그대로 먹었습니다. 그런데 날것으로 먹으면 소화시키는데 많은 에너지를 사용하고, 오랫동안 보관하지 못한다는 단점이 있었어요.

하지만 불과 먹거리가 만나면서 음식을 쉽게 소화시키고, 더 다양한 방식으로 먹을 수 있게 되는 등 많은 변화를 가져왔어요. 이후 불은 인류의 삶에 아주 중요한 요소가 되었습니다.

리소폰
돌로 만든 원시 타악기

역사 돋보기

구석기인의 죽음과 장례문화

'죽음 뒤엔 어떤 세상이 기다리고 있을까?' 죽음 저편에서 다시 삶을 영위할 수 있을 거란 희망 혹은 믿음은 초창기 인류도 보편적으로 가지고 있던 생각이었습니다.
이를 알 수 있는 대표적인 사례가 흥수 아이와 다람쥐 모피를 입은 아렌느 깡디드 화석입니다. 생전에 정말 예쁨받았을 어린아이를 하늘나라로 떠나보내는 순간, 과연 남은 사람들은 어떤 심정이었을까요? 그들 옆에 놓인 물건을 통해 짐작해 볼 수 있을 듯합니다.

◀ 한반도의 대표적인 구석기 유적지

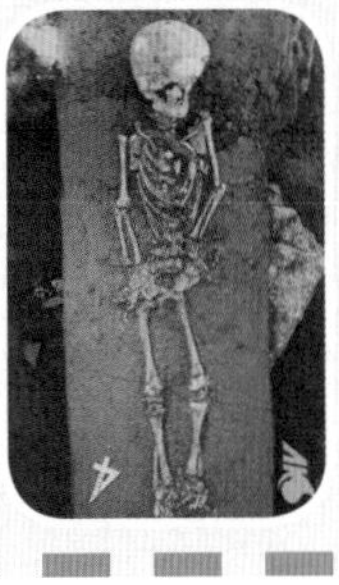

◀ **흥수 아이**

충청북도 두루봉 동굴에서 발견된 3~4살의 남자 어린이 화석이다. 동굴 발견자의 이름을 따 '흥수 아이'라 이름 붙였다. 주변엔 꽃가루가 뿌려져 있어서 장례식을 치러주었단 사실을 추정해 볼 수 있다.

◀ **아렌느 깡디드**

이탈리아의 리구리아 동굴에서 발견된 사람 화석. 6살 정도의 어린아이로 다람쥐 꼬리 모피를 입은 채 묻혔다. 아이 주변에는 붉은 흙이 뿌려졌고, 머리맡에는 생전에 연주했을 리소폰을 놓아두었다.

✻ 걷고 걷고 또 걷고

숙명 宿命
날 때부터 타고난 운명. 또는 피할 수 없는 운명.

낭패 狼狽
바라던 일이 실패하거나 뜻대로 되지 않아 일이 어긋남

그런데 먹을 것을 구하는 과정 못지않게 큰 문제가 있었어요. 구석기인들이 먹어치우는 동·식물의 양과 비교하면 그것들의 회복 속도가 느리다는 점이었죠. 구석기인에게 먹을거리가 풍부한 곳을 찾으러 다니는 이동 생활은 숙명과도 같았어요.

이들의 이동생활은 매일매일 살 곳을 찾아다닌다는 의미가 아니었어요. 주변에 식량이 풍부한 동굴을 찾게 되면 2~3년 정도는 충분히 머무를 수 있었으니까요. 구석기인들이라고 매번 돌아다니고 싶진 않을 테니 되도록 오랫동안 머무를 수 있는 곳을 찾으려 노력했죠. 그래도 주변 식량이 다 떨어질 때까지 마냥 그곳에 있을 수는 없으니 그들은 주기적으로 이동해야만 했을 것입니다.

무리 전체가 움직여야 했기 때문에 이동은 무작정 행해지는 것이 아니었습니다. 주변 지리에 밝은 지도자나 먼 곳으로 사냥을 나갔다 돌아온 사람들이 어디로 가야 할지 미리 정한 다음에야 떠날 수 있었죠. 목적지에 대한 아무런 지식 없이 움직였다간 무리 전체가 낭패를 볼 수도 있었으니까요. 그들 나름의 경험과 사전 조사를 토대로 무리의 이동을 결정했을 것입니다. 절대로 쉬운 결정은 아니었겠지만 살기 위해선 어쩔 수 없이 행해야만 하는 일이었겠지요.

사실 한반도에 살던 구석기인의 이야기를 하지 않더라도, 아프리카에서 출현한 인류가 오랜 시간에 걸쳐 행한 이동의 모습도 더 좋은 살 곳을 찾아 떠나는 거대한 여정의 과정에서 일어난 일이었을 것입니다.

✸ 따뜻해진 지구

다행히 약 1만 8천 년 전부터는 날씨가 점점 따뜻해져서 동굴에 살던 사람들이 물과 먹을 것이 풍부한 강가로 나와 생활할 수 있었어요. 완전히 동굴과 이동생활에서 벗어날 수는 없었겠지만 그들은 강가 근처에 나무줄기와 식물 덩굴을 이용해 막집을 짓고 살기도 했어요. 막집은 '되는 대로 대충 막 지은 집', 혹은 '천막 같이 생긴 집'이라는 의미라고 해요. 나무줄기를 얼기설기 엮고 그 위에 커다란 나뭇잎을 올린 막집은 완벽하진 않았지만 비와 뜨거운 햇볕을 피할 수 있으니 집으로서 손색없었죠.

따뜻해진 날씨는 구석기 사람들의 먹을거리도 바꿨어요. 먹을 수 있는 식물과 열매의 종류 그리고 동물 생태계에 많은 변화가 있었기 때문입니다. 특히 덩치가 큰 짐승들은 점차 줄어들고 작고 날쌘 짐승들이 늘어났어요. 그 이유는 여러 가지가 있는데 인간이 사냥활동을 너무 왕성하게 해서 모두 잡아먹었다고 보는 사람들도 있고, 크게 변한 자연환경에 적응하지 못했다고 보는 사람들도 있어요.

그래서 그들은 사는 곳뿐만 아니라 사냥하는 방법도 다르게 해야 했습니다. 예전에는 사냥감의 덩치가 커서 사냥 도구가 크고 투박해도 괜찮았어요. 그런데 이제 사냥감이 작고 빨라지면서, 먼 거리에서도 사냥감을 잡을 수 있는 작고 정교한 도구가 필요해졌죠.

이때 등장한 것이 이음도구예요. 자잘하게 다듬은 잔석기와 나무, 뼈 등을 이어 만든 것인데, 화살, 작살 등이 대표적이죠. 각기 다른 물질을 연결해서 만든 이음도구는 인간이 자연을 이용하는 과정에서 고안한 획기적인 발명이었습니다.

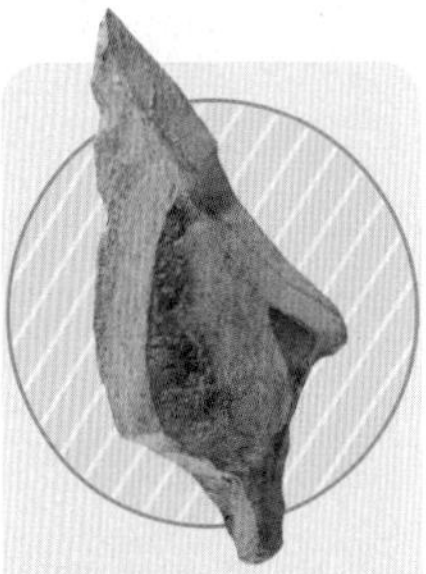

슴베찌르개

주로 후기 구석기 시대에 작살과 화살촉에 사용된 도구. 슴베란 칼과 낫 등의 자루 속에 박히는 이음 부분을 말한다.

01. 구석기 시대

나만의 생각 지도

02

신석기 시대

B.P. 1만 년 ~ B.C. 2천 년

혹독한 빙하기를 견뎌낸 대가로 자연은 너른 강과 비옥한 들판을 선물로 주었다. 이곳은 인류가 수많은 발전을 이뤄낼 수 있도록 해준 밑거름이며 지금도 소중하게 지켜내야 할 삶의 공간이다.

울주 반구대 암각화
울산광역시 태화강 상류의 하천인 대곡천 절벽에 새겨진 그림. 너비 8m, 높이 5m의 바위에 새겨진 그림으로, 고래잡이와 사냥하는 모습 등이 담겨 있다. 신석기 시대부터 그려진 것으로 추정된다.

풍요를 비는 목소리

인류가 지구에 등장한 후 많은 것들이 변했습니다. 다행히 날씨도 따뜻해졌습니다.
인간이 자연에 적응하는 방식은 날로 발전했고요. 인간은 이제 풍요로운 생활을 빌어보아도 되지 않았을까요?

동굴을 벗어나 강가로

1만 년 전 빙하기 내내 얼었던 얼음이 녹아 마침내 강으로 모이고 바다로 흐르기 시작했습니다. 5만 년 전 날씨에 비하면 무척 따뜻해졌죠. 남극과 북극에 몰려있던 빙하는 서서히 녹으면서 바다를 채우기 시작했어요. 중국과 한반도를 이어주던 땅도 바닷물이 채워져 지금의 서해를 만들었습니다. 육지에는 바다로 흐르는 강물 소리가 정겹게 귀를 간지럽혔습니다. 주변의 나무도 쌓인 눈을 털어버리고 울창한 푸른 잎으로 치장했습니다. 따뜻해진 날씨가 만들어준 푸른색 풍경에 사람의 눈과 귀는 모두 즐거웠죠.

이제는 많은 사람들이 동굴을 벗어나기 시작했어요. 울창해진 숲엔 다양한 짐승들이 뛰어다니고, 강가엔 물고기와 조개가 셀 수도 없을 만큼 많아졌습니다.

부산 동삼동에서 발견된 물고기 뼈와 비늘을 살펴보면 신석기인들이 도미, 고래, 다랑어, 바다사자, 상어를 먹었다는 것을 알 수 있답니다. 물론 굴, 전복, 소라 같은 것도 많이 먹었고요. 살아있는 짐승과 물고기를 잡는 일은 여전히 쉽지 않았지만 날씨가 따뜻해진 이후엔 이동생활에서 서서히 벗어날 수 있었습니다.

이 시기엔 돌을 다루는 방식에도 커다란 변화가 일어났습니다. 뗀석기처럼 돌을 떼어내는 방식이 아니라 갈아서 더욱 정교하게 만들어 사용하기 시작한 것이죠. 이렇게 만든 석기를 간석기라고 하는데, 기후 변화와 간석기의 발달 시기가 맞물려 생활방식에 중요한 변화가 일어났어요. 그래서 간석기를 사용하기 시작한 시대를 이전 시기와 구분하기 위해 신석기 시대라고 불러요.

빙하기 氷河期
지구의 기온이 크게 내려가 중위도 지역까지 빙하가 존재하였던 시기

치장 治粧
잘 매만져 곱게 꾸밈

돌보습

14x8.3cm. 농사를 지을 때 흙을 깊게 가는 도구

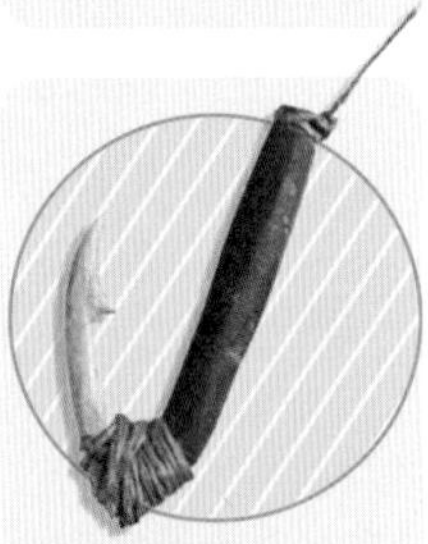

뼈낚시바늘

10cm. 동물 뼈가 나무에 단단히 고정되도록 끈으로 묶어 만들었다. 신석기 시대에는 돌뿐만 아니라 뼈도 정교한 모양으로 갈아서 사용했다는 것을 알 수 있다.

씨앗을 심고 땅을 갈고

한반도에 정착한 신석기인은 농사를 짓기 시작했어요. 농사를 지으면서 생긴 가장 큰 변화는 먹을거리를 찾아 자주 이동할 필요가 없어졌다는 거예요. 정착생활을 시작한 거죠. 씨앗을 뿌린 다음 열매를 맺을 때까지 잘 키우기만 한다면 먹을거리가 어느 정도 보장되었답니다. 신석기 시대에는 조, 피, 보리처럼 알곡을 얻을 수 있는 작물을 위주로 키웠어요.

농사를 지을 때 가장 먼저 해야 하는 일은 바로 땅을 가는 것입니다. 땅을 가는 일은 작물이 자랄 때 물이 잘 빠지고 뿌리가 더 잘 내리며 영양분이 풍부한 흙으로 바꿔주기 때문에 매우 중요한 일입니다. 이 일을 위해서 만들어진 도구가 바로 돌보습이에요. 삼국시대 이후부터 소가 쇠붙이를 댄 쟁기를 끌 듯이 선사 시대엔 앞에서 한 사람 또는 두 사람이 소와 같이 돌보습이 붙어 있는 도구를 끌면서 땅을 갈았답니다. 이때 조금이라도 더 깊게 갈기 위해 대부분의 돌보습 날은 갈아서 만들었다고 해요.

많은 사람이 농사짓기를 인류 문명 발전에 필수적인 단계라고 생각하지만 그렇지 않습니다. 지금도 농사를 짓지 않고 잘 살아가는 지역이 있거든요. 인류는 자연환경에 적응하면서 각자가 살아가는 방식을 선택해왔습니다. 한반도의 신석기인은 농사짓기를 선택했고, 지금까지 이어지고 있는 것이죠.

물가에서 물고기를 잡는 일 또한 신석기인들의 중요한 생업 활동이었습니다. 큰 물고기는 꼬챙이로 찌르거나 그물을 던져서 잡고, 작은 물고기는 정교한 뼈낚시바늘을 이용해 잡았어요. 위 그림에서 보는 것처럼 신석기인은 먹고살기 위해 다양한 도구를 만들고 부지런히 생활했습니다.

✻ 개와 양을 기르다

농경의 시작만큼이나 신석기 시대의 중요한 변화는 목축을 시작했다는 거예요. 제일 키우기 쉬운 동물은 양이나 염소 같은 동물이었어요. 양과 염소는 통제를 당해도 잘 견디는 습성을 가지고 있었기 때문에 다른 동물에 비해 키우기 쉬웠죠.

가축을 키우기 시작한 인류는 다양한 동물들을 가축으로 만들려고 노력했습니다. 하지만 야생동물을 가축으로 키우기는 쉽지 않았어요. 지금은 전 세계에서 키우는 소와 돼지도 기원전 4,500여 년 전이 되어서야 처음 가축으로 키워지기 시작했어요. 한국인이 가장 좋아하는 고기인 닭도 기원전 2,500년 전에 가축이 되었지요.

목축은 농경과 채집으로 부족한 영양분을 채워주었기에 신석기인에게 무척 소중한 활동이었을 거예요. 사실 지금도 마찬가지지만요.

개는 15,000년 전부터 도둑으로부터 집을 지키기도 하고, 목축이 중요한 지역에서는 목동의 충실한 부하이기도 하며, 눈 덮인 알래스카와 같은 곳에서는 다른 동물들이 하지 못하는 썰매를 끌며 사람과 함께 했습니다. 하지만 사람과 개가 처음부터 친했던 건 아니었습니다. 개는 원래 사람을 해칠 수 있는 무서운 늑대였거든요.

늑대의 위험으로부터 인간이 생각해낸 방법은 간단했어요. 굶주린 늑대들이 사람에게 달려들기 전에 미리 고기를 던져주어 먹이가 되는 것을 피했던 거죠.

이렇게 인간에게 고기를 얻어먹기 시작한 늑대는 인간과 생활하는 데 익숙해지게 되어 점차 다른 종이 된 것입니다.

이런 방법으로 서서히 시작된 농업과 목축은 지역마다 시기의 차이는 있지만 대략 기원후 1년 정도엔 전 세계에서 찾아볼 수 있게 되었어요.

목축 牧畜
소와 양, 토끼 등의 가축을 인위적으로 양육하고 수를 늘려 그 젖이나 고기를 얻는 것

개간 開墾
황무지 따위의 거친 땅을 일구어 논밭으로 만듦

역사 돋보기

목축과 농경 생활의 그늘, 전염병

한곳에 모여서 오랫동안 산다는 것이 꼭 인간에게 도움을 준 것만은 아니었어요. 위생시설이 완벽하게 갖춰지지 않은 상황에서는 병이 생기기 쉬웠거든요. 특히 독감, 결핵, 말라리아, 페스트 등 흔히 말하는 전염병은 무서운 하늘의 저주 같은 것이었어요. 눈에 보이지 않는 전염병 때문에 마을 사람들이 죽어 나가는 광경은 생각만으로도 끔찍하죠.
원래 전염병은 대부분이 짐승들에게서만 나타나는 병이었어요. 하지만 신석기 시대부터 목축을 시작하자 소는 홍역, 결핵, 천연두 바이러스를, 돼지는 백일해균을 인간에게 전달했죠. 그리고 나무가 있던 숲을 개간하면서 말라리아를 옮기는 학질모기도 많아졌어요. 정착생활과 목축으로 인해 인간은 큰 피해를 보기도 한 것입니다.

동양쥐벼룩

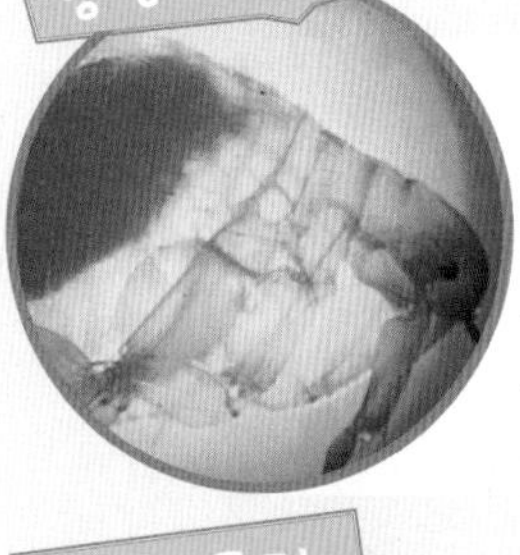

주로 감염된 쥐의 피를 빨아 먹은 벼룩에 의해 전염되는 페스트는 13~14세기에는 수천만 명의 목숨을 빼앗았을 정도로 무서운 전염병이었다. 지금도 전 세계적으로 매년 천 명 이상의 사람이 감염되고 있다.

학질 모기

모기에 의해 전염되는 말라리아는 지금도 60초마다 한 사람을 죽게 하는 무서운 전염병이다. 특히 면역력이 약한 아이들은 말라리아에 걸렸을 때 사망 확률이 80%나 된다.

신석기인의
잘 먹고 잘 사는 법

돌을 갈아서 자기가 원하는 모양을 만들어 낼 줄 알게 된 인류는 다양한 도구를 만들어 실생활에 이용했어요.
이것들은 신석기 시대 사람들의 삶을 훨씬 풍요롭게 만들어 주었습니다.

▲ 갈판과 갈돌

빗살무늬 토기

26x38cm. 곡식을 보관하거나 음식을 조리하는 데 사용했다. 토기의 빗살무늬는 단순한 장식이 아니라 기능적인 의도가 숨어있는데, 첫째는 토기를 구울 때 높은 온도의 열을 견디기 위함이고, 둘째는 조리할 때 열전달이 골고루 되게 하기 위함이다. 또, 비가 내리는 모습으로 해석하여 무늬 자체에 종교적 의미가 있다고 보기도 한다.

인간답게 먹고 살기 위해

왜 신석기인은 수많은 식물 중에서도 알곡 작물을 재배하기 시작했을까요? 농사를 지으려면 땅을 갈고, 씨앗을 심고, 물을 주고, 잡초를 뽑는 등 정말 힘든 일들을 성실하게 해줘야 함에도 불구하고 말이죠.

그 이유는 알곡의 풍부한 탄수화물이 생활하는 데 필요한 에너지를 충분히 제공해줬기 때문이에요. 하지만 더 특별한 이유는 오랜 기간 동안 저장이 가능했다는 거예요. 장기간 저장을 할 수 있었다는 것은 굶지 않아도 되는 날이 늘어남을 뜻하거든요.

하지만 알곡 작물을 노리는 것은 인류만이 아니었어요. 쥐나 벌레 등 다양한 생물들은 인간이 공들여 수확한 곡식들을 탐냈답니다. 신석기인은 이들로부터 곡식을 지킬 수 있는 도구가 필요했어요. 그것은 바로 토기였죠. 토기에 곡식을 담아 두고, 조금 높은 곳에 걸어두거나 뚜껑을 덮어두면 녀석들의 공격을 효과적으로 막아낼 수 있으니까요.

토기는 음식을 익힐 때도 쓰였는데요. 신석기 시대의 토기는 알곡을 제대로 익힐 만큼의 높은 화력을 견딜 수 없었어요. 그래서 신석기인은 갈돌로 곡식 알갱이의 껍질을 까고 알갱이를 갈아서 죽이나 범벅 같은 형태의 음식을 만들어서 먹었죠. 입자가 작아지면 훨씬 쉽게 익으니까요. 알곡을 씹는 맛은 덜했겠지만 토기를 활용해 곡식을 따뜻하게 익혀 먹을 수 있게 된 거예요.

몸을 보호해 줄 집과 옷

달라진 건 이뿐만이 아녜요. 정착생활이 시작되자 신석기 사람들은 동굴과 엉성한 막집에서 사는 대신 짚풀과 나무를 이용하여 튼튼한 움집을 짓고 살기 시작했어요. 바닥이 움푹 파여 있어서 움집이라고 불러요. 아래 그림에서 볼 수 있듯이 이렇게 만들면 지열을 효과적으로 활용할 수 있습니다.

또한 움집은 가족 단위로 나눠서 살기 알맞도록 네다섯 사람이 지내기 딱 알맞은 크기로 만들었습니다. 구석기 시대처럼 동굴에서 무리가 한꺼번에 생활하는 게 아니라 가족끼리 오손도손 살 수 있는 공간이 생긴 것이죠.

옷을 입는 방법도 달라졌습니다. 각종 위험으로부터 몸을 보호하고, 추위를 견디게 해주는 옷은 인간이 살아가는 데 없어서는 안 될 물건입니다. 역사가 진행될수록 옷의 기능이나 형태도 발전하는 모습을 살펴볼 수 있어요.

구석기 시대에는 동물의 가죽을 얼기설기 몸에 걸치는 식으로 옷을 입었다면 신석기 시대에는 가락바퀴를 사용해 실을 뽑아 간단한 천을 만든 후 옷을 지어입는 커다란 발전을 보인 것이죠. 가락바퀴는 신석기인의 의복 생활 모습을 보여주는 상징적인 유물이에요.

실 가는 데 바늘이 빠질 수 없죠? 바늘은 사슴의 뿔이나 새의 다리뼈 등을 돌에 갈아 뾰족하게 만들었어요. 뼈바늘은 끝이 무척 뾰족해서 뼈로 만든 바늘통에 넣어서 보관했답니다.

가락바퀴

지름 4~5cm. 둥근 구멍에 나무 막대를 꽂고, 팽이처럼 빙빙 돌려서 섬유로부터 실을 뽑아내는 도구.

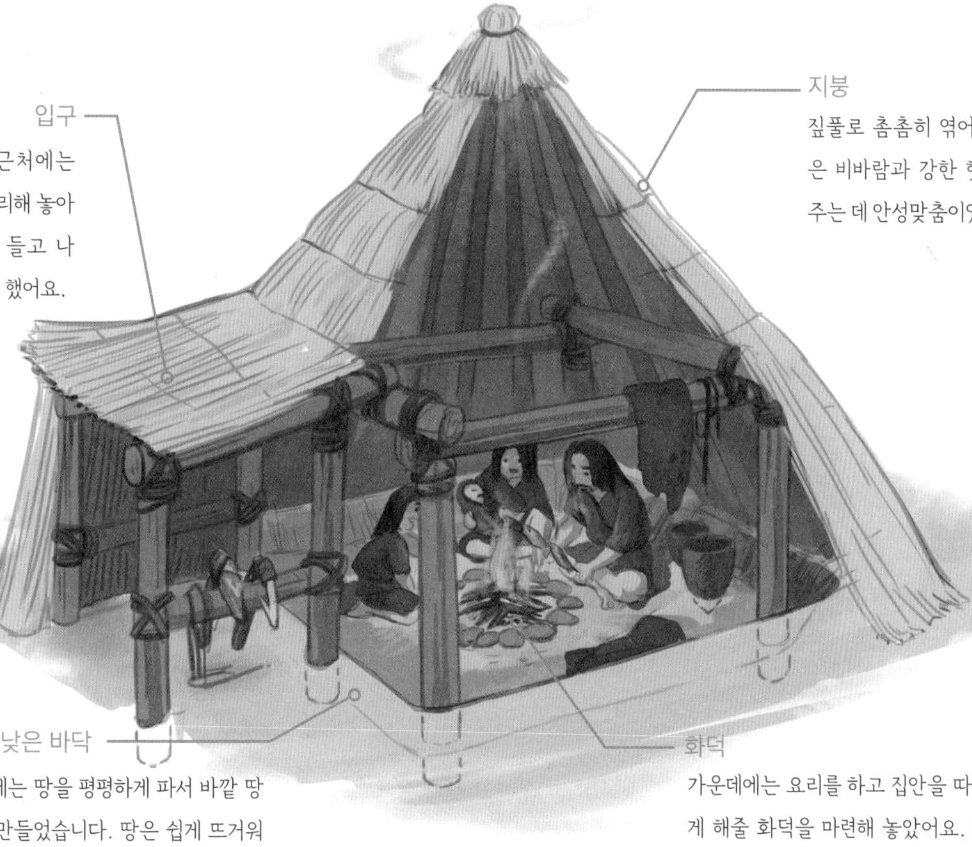

✵ 그래도 평등한 신석기 사회

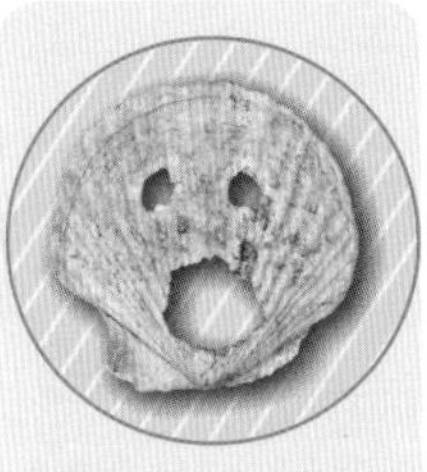

조개가면
부산에서 발견된 이 조개가면은 신석기인들의 종교적 의식에 주로 사용한 것으로 추측하고 있다

숭배 崇拜
신이나 종교적 대상을 우러러보고 절대적인 믿음을 줌

이렇듯, 한곳에 오래 머물게 된 신석기인의 생활은 구석기 시대와 비교할 때 중요한 변화들을 만들어냈습니다. 어떤 학자들은 이를 일컬어 '신석기 혁명'이라고도 부릅니다. 혁명이란 단어는 기존 체제가 크게 바뀌거나 뒤집혔을 때 쓰는 용어예요. 신석기 시대의 삶의 변화가 가져온 결과들이 다음 시대에 미친 영향이 무척 컸고, 인류 문명 발전의 기초 단계의 모습을 보여주고 있기 때문이죠.

농경생활을 바탕으로 생산량이 늘어나자 신석기인의 생활 수준은 높아지고, 구성원의 숫자도 많아지게 되었어요. 구석기인의 집단을 부르던 말인 '무리'라고 부르기엔 너무 커진 집단을 만들어 가기 시작한 것이죠. 그들 나름의 질서도 생기기 시작했고요. 그래서 신석기인의 집단은 크기가 작으면 '씨족사회', 씨족간에 결혼을 통해 규모를 키우면 '부족사회'라고 부른답니다. '사회'란 말은 그만큼 여러 사람이 모여서 살기 시작했다는 의미임과 동시에 그들이 사회 구성원으로서 각자 나름의 역할을 맡아 일을 하기 시작했다고 볼 수 있기 때문이에요.

그렇다고 해서 생산한 결과가 모두가 아주 풍족하게 즐길 정도는 아니었어요. 때문에 사회의 구성원들은 함께 일하고 생산물을 나누면서 비교적 평등한 삶을 살았습니다.

그리고 농사를 짓다보니 태양과 물, 바람 등의 자연 현상을 숭배하거나, 죽은 사람의 영혼에 제사 지내는 등 원시적 형태의 종교 생활도 하기 시작했어요. 이들의 종교 생활은 거대한 자연이 주는 두려움을 극복하기 위한 노력이었죠.

02. 신석기 시대

나만의 생각 지도

Plus Alpha+

조개와 흑요석으로 이어진 부산과 규슈

▲ 부산 동삼동에서 발굴된 조개팔찌와 생활 도구

동삼동 조개 무더기에서는 1,500점의 조개팔찌와 간석기들이 발굴되었습니다. 조개에 커다란 구멍을 뚫어 팔에 끼울 수 있도록 만든 장식품이었죠. 그런데 똑같은 조개팔찌가 일본 대마도에서도 발견되었어요. 같은 형태의 유물이 두 지역에서 똑같이 나오니 고고학자들은 어떻게 해석해야 할지 고민이 많았답니다. 해답은 간단했습니다. 연구해보니 동삼동 조개팔찌는 대부분 투박조개로 만들었는데 이 조개는 대마도에선 살지 않는 종이었어요. 그러니 동삼동에서 만든 조개팔찌가 일본으로 건너갔다고 해석하는 것이 가장 옳은 설명일 거예요.

당시 동삼동 신석기인들은 규슈인들에게 물건을 보내기만 한 것이 아니었어요. 동삼동에는 흑요석 원석이 발굴되었는데, 이 돌은 쉽게 깨뜨릴 수 있고 아주 날카로워서 무기로 만들기 좋습니다. 세상에 존재하는 어떤 칼보다 날카로운 날을 얻을 수 있죠. 동삼동에서 발굴된 흑요석의 원산지를 확인해보니 일본 규슈였어요. 동삼동 사람들이 조개를 주기만 한 것이 아니라, 규슈의 흑요석을 가져와 썼다고 볼 수 있겠죠?

▲ 부산 동삼동 신석기 유적 발굴 현장

일제 강점기였던 1929년에 일본인들이 발굴을 시작한 동삼동 유적은 1962년부터 미국인 고고학자 부부가 미국 재단의 지원을 받아 본격적으로 발굴을 시작했으며, 서울대학교의 연구자들도 발굴에 함께했습니다.

03

청동기 시대

B.C. 2천 년 ~ B.C. 4세기 경

하늘과 땅, 신과 사람을 이어 주는 권능을 지닌 사람. 그의 손엔 돌이 아닌 반짝이는 금속이 들려 있었다. 이 금속이 내뿜는 빛은 그들의 지위가 확고해지는 것을 약속하는 것만 같았다.

화염이 만들어낸 기적
청동기

불은 생명의 씨앗일 뿐만 아니라 창조의 원동력이기도 했습니다.
고대 사회에서 불이 가장 밝은 빛을 내야 했던 순간은 금속을 만났을 때였습니다.

구리의 발견

신석기 사람들은 더 좋은 도구를 만들기 위해 여러 돌을 가지고 실험했어요. 여러 가지 돌을 관찰하다 보니 사람들은 누런빛으로 반짝이는 돌이 있다는 사실을 알게 되었어요. 당시 사람들 눈에는 무척 신기한 일이었죠. 반짝이는 거라곤 햇빛에 비친 물결과 밤하늘의 별빛밖에 없는 줄 알았는데 거칠고 단단한 돌에서 빛이 나올 줄 몰랐던 거예요. 사람들은 보물을 발견했다며 돌을 모아 집으로 가져왔습니다.

그러던 어느 날 산에서 큰불이 났습니다. 뜨거운 화염은 주변의 모든 물체를 집어삼키며 지나갔어요. 산불에 사람들은 헐레벌떡 달아나기 바빴습니다. 그들이 살던 곳엔 모든 것이 없어진 듯했습니다. 사람들은 절망했어요.

산불이 잠잠해지고 며칠이 지나자 달아났던 사람들은 뭐라도 남아있는 게 없을까 기대하며 집이 있던 곳으로 가봤어요. 남은 건 아무것도 없었죠. 안타까운 마음을 뒤로하고 돌아서려 하는 순간 사람들의 눈에 반짝이는 것이 보였습니다. 그것은 바로 산에서 가져온 돌이었어요. 돌은 전보다 크기가 작아지고 모양이 둥그스름하게 변하긴 했지만 반짝임은 여전했어요.

당시 사람들이 발견한 것은 구리였어요. 전기가 잘 통하는 성질 때문에 지금은 전선에 많이 사용하는 금속이죠.

물론 이 이야기는 기록에 없는 이야기지만 고고학자들은 당시 사람들이 이런 방법으로 구리를 다룰 수 있게 되었다고 추측한답니다.

화염 火焰
타는 불에서 일어나는 붉은 빛의 기운

구리
원소 기호 Cu. 붉은빛을 띠는 금속. 전기와 열이 잘 통한다.

최초의 합금

합금 合金
하나의 금속에 성질이 다른 둘 이상의 금속이나 비금속을 섞어서 녹여 새로운 성질의 금속을 만듦. 또는 그렇게 만든 금속.

메소포타미아
Mesopotamia
서아시아의 티그리스 강과 유프라테스 강 사이의 지역 일대를 가리키는 명칭

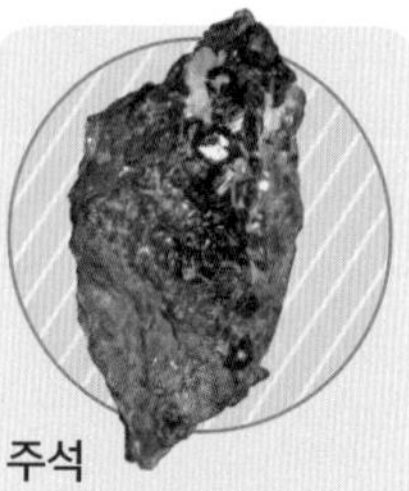

주석
원소 기호 Sn. 쉽게 부식되지 않는 특징이 있으며 합금이나 다른 금속의 부식을 막기 위한 도금에 사용된다.

앞의 이야기에서 볼 수 있듯이 땅 밖으로 그대로 드러난 광석들 가운데에는 구리의 함량이 높은 광석들이 있었어요. 그런 광석은 적당히 두들겨주면 원하는 모양으로 만들 수 있었어요. 하지만 돌만큼 단단하진 못해 실용적으로 사용하긴 힘들었어요. 손으로 조금만 힘을 줘도 꺾여버렸으니까요.

실제로 최근까지지도 아메리카 인디오들 가운데 구리를 함유한 광석을 금속으로 보지 않고 '붉은 돌'이라는 이름으로 부르며 두드리거나 구부려서 사용한 이들이 있었답니다. 그만큼 구리는 당시 사람들이 가장 쉽게 다룰 수 있는 금속이었던 거예요.

호기심 많은 사람들은 멈추지 않았어요. 구리를 더 단단하게 만들 방법은 없을까를 고민했죠. 이렇게 해보고 저렇게 해보고. 그러다 사람들은 돌에 붙어있는 여러 가지 금속을 함께 넣고 불에 녹여 합금을 만들어보기 시작했습니다.

수많은 실패를 거듭했을 이 실험은 세계 최초로 기원전 4,000년 경 메소포타미아 지역에서 성공했습니다. 비법은 구리와 함께 독성이 있는 물질인 비소를 녹이는 거였죠. 그리고 구리와 주석을 섞으면 그보다 더 단단한 도구를 만들 수 있다는 걸 알았어요. 이렇게 만들어낸 금속은 누런색을 띄다가 시간이 지나면 푸른색을 내는데 우리는 이 도구를 청동기라고 부른답니다.

청동기를 대량으로 생산하기 위해선 거푸집이 필요했어요. 거푸집은 금속을 녹인 액체를 일정한 모양으로 찍어내는 틀인데, 이것을 만들기 위해선 워낙 당시 최고의 기술이 필요했기 때문에 자연에서 구할 수 있는 금속보다 더 귀한 물건으로 취급받았답니다. 거푸집 만드는 기술이 한반도에 보편적으로 보급된 때는 청동기 시대보다 조금 늦은 초기철기 시대 이후였지요.

역사 돋보기

청동기 시대에는 청동기만?

청동기를 만들기 위해서는 높은 기술력이 필요합니다. 특히 거푸집을 만드는 일이 무척 어려웠지요. 돌은 뜨거운 쇳물을 견뎌낼 정도로 단단해야 하고, 쇳물이 새어 나오지 않도록 빈틈없이 다듬어야 해서 무척 귀한 물건이었어요. 그래서 청동기 시대에는 청동기보다 신석기 시대를 거치며 더욱 정교하고 섬세해진 간석기가 압도적으로 많이 사용되었습니다. 돌보다 훨씬 비싼 청동기는 지배자의 물건이었죠.

청동도끼 거푸집

석검

Plus Alpha+

들판에서 주워온 문 받침대, 알고 보니 3,500년 전 청동검

▲ 영국에서 12년간 문 받침대로 사용된 청동검

2014년 11월 26일. 길이 68㎝의 청동검이 4만9백7십 파운드에 영국 노르위치 박물관에 팔렸습니다. 우리 돈으로 약 6,800만 원에 팔린 이 검은 무려 12년 동안이나 영국 일반 가정집에서 문을 고정하는 물건으로 취급받아 왔다고 합니다.

이 검을 발견한 사람은 밭에서 쟁기질을 하다가 우연히 이 청동검을 주웠다고 해요. 이 물건이 역사적으로 가치 있는 것이라는 사실을 전혀 알아채지 못했던 그는 최근 전문가의 감정을 받고 나서야 '진귀한 유물'이라는 사실을 알게 되었습니다.

절반으로 휘어진 이 청동검은 3,500여 년 전에 만들어진 것으로 밝혀졌으며 검의 형태를 가지고 있지만, 실제 전투에는 사용하지 않았어요. 왜냐하면, 청동검의 날이 무언가를 베기에는 너무 뭉뚝하고 손잡이로 사용할 수 있는 부분이 없기 때문입니다. 대신 고고학자들은 이 검이 신성한 종교의식에 사용된 것으로 추측하고 있습니다.

▲ 유럽에서 종교의식에 사용된 청동검

위 형태와 비슷한 청동검은 전 세계적으로 다섯 개밖에 발견되지 않았다. 이들 청동검은 대부분 영국 박물관에서 가지고 있는데, 국가 문화재 관리 기금과 일반인들의 기부로 사들였다.

농사와 계급의 상관 관계

간석기를 사용하여 농사를 짓기 시작한 후 농사 기술은 더욱 발전했습니다.
하지만 농사가 가져다준 풍요는 어떤 이들에겐 비극의 시작이었을지도 모릅니다.

▲ 농경문 청동기*

✲ 따뜻한 밥 한 끼

불에 탄 쌀
충청남도 부여 송국리에서 발견된 쌀. 연대 측정 결과 청동기 시대 것으로 당시 사람들이 벼농사를 지었다는 것을 알게 한다.

농경문 청동기
한 면에 밭을 일구는 남성과 새 잡는 여성 그리고 다른 한 면엔 나뭇가지 위에 앉아 있는 새의 모습이 새겨져 있다.

김이 모락모락 나는 갓 지은 쌀밥을 한 술 크게 떠서 그 위에 김치를 척 올려놓고 입안으로 쏘옥. 김치의 아삭한 씹는 맛이 입맛을 돋우고 씹을수록 단맛이 나는 구수한 밥맛은 생각만으로도 군침이 도네요.

한국 사람의 주식인 쌀을 재배하기 시작한 때는 청동기 시대부터였습니다. 하지만 이때에는 쌀을 주식으로 삼기엔 수확되는 양이 무척 부족했어요. 위에서 설명한 푸짐한 밥상은 꿈도 꿀 수 없었던 것이죠. 또한, 한반도의 날씨는 쌀을 재배하기에 좋은 조건이 아니었습니다. 그럼에도 불구하고 쌀은 그들에게 포기할 수 없는 중요한 작물이었어요.

왜냐하면, 쌀은 탄수화물뿐만 아니라 7% 정도의 단백질을 포함하고 있거든요. 농사를 지으면 사냥에 실패하더라도 단백질 섭취 방법이 하나 더 생기게 되는 의미와 같았던 것이죠. 단백질 함량이 높은 콩과 같은 잡곡류와 함께 먹으면 더욱 많은 단백질을 섭취할 수 있었지요. 그리고 쌀은 세계 여러 나라에서 재배되는 밀보다 생산량이 8배나 높았어요. 단백질 함량은 밀의 10%보다 조금 낮지만 양적으로 한반도의 청동기인들이 쌀을 선택하지 않을 이유가 없었던 것이죠.

또, 청동기 시대에는 소와 말까지 기르게 되어 농사에 이용하고 그들이 죽은 뒤엔 식량으로도 사용해 좀 더 풍족한 생활을 할 수 있었습니다.

평등한 세상에서 불평등한 세상으로

본격적으로 농사를 짓기 시작하자 인간 사회는 많은 면에서 크게 변하게 되었습니다. 신석기 시대에는 먹을거리가 부족해 모두 함께 일하고, 똑같이 나눠 먹었습니다. 남은 음식도 마찬가지였죠. 하지만 시간이 지나고 농사기술이 발달하다 보니 점점 인구가 늘어났어요. 늘어난 인구를 잘 유지하기 위해선 그들을 통솔할 지도자의 역할이 중요해졌죠. 부족원들에게 식량을 나눠주고, 그 외에도 부족에서 생기는 복잡한 문제들을 현명하게 해결할 사람이 필요해진 거예요. 부족원들이 적고 식량도 적을 때에는 모여서 회의를 해서 나누면 별다른 문제가 없었는데, 이제는 부족원들도 많아져서 모두 모이기가 힘들었고 똑같이 분배하기에는 지도자와 지도자를 도와 함께 일하는 사람들에게 무언가 보상을 해주지 않으면 안 되는 상황도 생겼죠.

시간이 지나면서 그는 지배자로서 부족원들을 다스리게 되었어요. 농사가 발전하고, 인구가 많아지면서 점차 사람 사이의 계급이 생기게 된 것입니다.

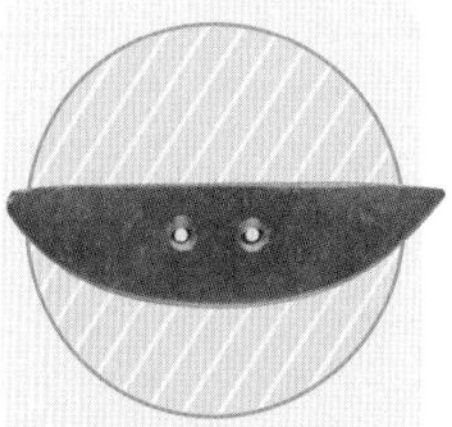

반달 돌칼

돌의 가운데에 구멍을 뚫어 줄을 넣어 손에서 빠지지 않도록 만들고 이삭을 자르는 데 사용했다.

지배자의 상징 청동기

만들기도 힘들고 구하기도 힘든 청동기. 청동기의 이러한 가치는 지배층들이 피지배층과 다른 무엇을 보여주기 쉬운 물건이었어요. 그래서 부족의 족장들 정도만 가질 수 있었죠. 그들은 보통 지도자의 역할뿐만 아니라 날씨를 예측하고 신과 소통할 수 있는 사람으로 떠받들어지게 된 사람들이었습니다. 그들은 멋진 옷을 입고 농사가 잘되도록 비를 내려달라는 제사를 지내며 번쩍이는 청동거울과 우렁찬 소리를 내는 청동방울을 흔들었어요. 제사가 끝나면 그는 부족장으로서 높은 자리에 앉아 부족민들을 다스렸죠.

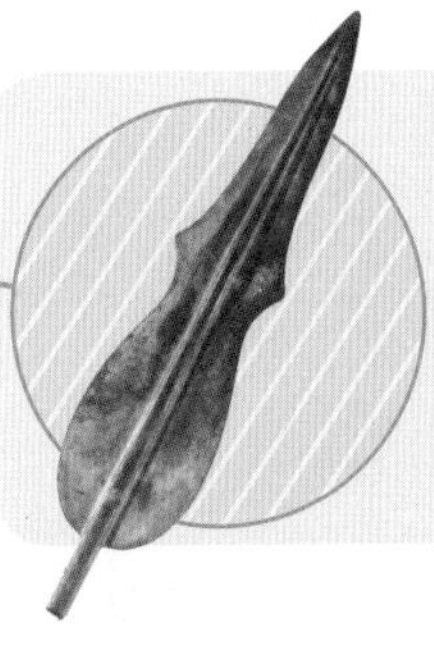

청동검

청동검은 무기로 사용되기보다 지도자의 권위를 상징하는 물건으로서 기능했다. 무기로 사용되는 경우엔 베기보단 찌르는 용도로 사용했다고 한다.

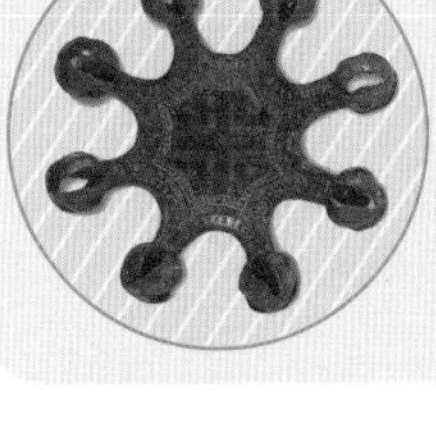

청동방울

대개 고대사회에서 방울 소리는 귀신을 쫓아낸다고 믿어졌다. 그래서 이 유물은 청동기 시대 제사에 쓰였을 것으로 추측한다.

청동거울(뒷면)

앞면은 맨들맨들하게 만들어 형태가 비칠 수 있게 하고 뒷면은 장식으로 무늬를 새겨놨다. 보통 청동기 시대엔 제사에 쓰이다가 고려 시대 즈음에는 실제 거울의 용도로 사용하였다.

✹ 더 큰 부자가 되고 싶다면

전리품 戰利品
전쟁 때 적에게서 빼앗은 물품

지도자가 된 그들은 점점 더 큰 부족을 다스려 많은 재산을 가지고 싶은 욕심이 생겼습니다. 힘센 그들이 재산을 늘릴 방법으로 생각해낸 가장 쉬운 방법은 바로 전쟁이었습니다. 전쟁은 목숨을 건 행위였지만 전쟁에서의 승리는 일해서 얻을 수 있는 재산보다 훨씬 많은 것을 가져다주었죠. 그중에 가장 달콤한 전리품은 바로 사람이었어요.

전쟁에서 이긴 부족은 상대 부족 사람들을 노예로 삼아 일을 시킬 수 있었거든요. 노예로 끌려온 사람들에게 땅도 갈게 하고 물도 길어오게 하는 등 힘든 일을 모조리 시키니 그만큼 자신의 부족원은 일하지 않고도 편하게 더 많은 곡식을 얻을 수 있었던 거죠. 그야말로 사람의 숫자는 고대 사회의 생산력과 밀접한 관련이 있다고 볼 수 있습니다. 즉, 농경 사회에서 가장 큰 재산은 사람이었던 것입니다.

앞서 설명한 생산력의 증가뿐만 아니라 청동기 시대의 전쟁은 인간 사회의 계급 차이를 심화시킨 중요한 요인이 되었어요.

역사 돋보기

지배자의 상징, 고인돌 만들기

고인돌의 이름은 '괸돌' 혹은 '고임돌'이란 말에서 유래했다고 합니다. 받침돌을 커다란 덮개돌 아래에 '고여' 놓은 형태 때문인 것 같아요. 고인돌의 무게는 보통 10톤 이상이기 때문에 수백 명이 한꺼번에 작업해야 했습니다. 사람의 힘만으로 거대한 돌을 자르고 옮겨야 하기에 죽거나 다치는 사람도 많았습니다. 그래서 고인돌은 이들을 다스릴 수 있는 강력한 지배자의 상징으로 해석되죠.

1. 바위에서 돌을 떼어내자

청동기인은 고인돌의 덮개돌과 받침돌을 얻기 위해 커다란 바위 표면에 작은 구멍을 여러 개 뚫어 놓고 추운 겨울을 기다렸어요. 겨울이 오면 적당한 크기의 나무못에 물을 흠뻑 적셔서 뚫어놓은 구멍에 끼워넣고 얼기를 기다렸죠. 그러면 나무못이 머금고 있던 물이 얼면서 부피가 팽창하여 바위에 균열을 만들거든요. 그들은 물이 얼면 부피가 커진다는 간단한 과학적 원리를 활용하여 기계 톱 없이도 단단한 바위를 쪼갤 수 있었던 거예요.

2. 돌을 옮기자

다음 미션은 이렇게 얻은 덮개돌과 받침돌을 원하는 곳으로 이동시키는 것이었어요. 아주 무거운 돌을 옮겨야 했기에 많은 부족 사람들이 동원돼야 하는 일이었을 거예요. 그들은 먼저 '고임돌'의 역할을 할 받침돌을 동글동글한 나무 위에 올려놓고 밧줄로 당겨 원하는 곳에 옮겨놓은 후, 그 위에 흙을 쌓아 완만한 경사로를 만들어두었어요. 그리곤 경사로를 이용해 덮개돌을 끌어당겨 받침돌 위에 올렸죠. 이 과정이 끝나면 받침돌이 드러나게 경사로를 걷어내 완성했어요.

나만의 생각 지도

청동기
만들기

농경의
발달

뜨거운 주제 확인하기

◆ 왜 돌로 시대를 구분할까?

다음 제시문을 읽고 물음에 답해보세요.

가 덴마크 왕실에서는 왕실 창고에 쌓여있는 골동품을 정리할 사람을 찾고 있었어. 덴마크 왕실은 그 일에 딱 맞는 사람이 톰센이라고 생각했지. 그래서 1816년 톰센은 역사학이나 고고학 같은 학문을 정식으로 공부하지 않았는데도 '왕립 고대 유물 보존 위원회'의 책임자가 되었어.

그러던 어느 날, 유물 더미 속에서 머리를 끙끙 싸매고 있던 톰센에게 갑자기 좋은 생각이 떠올랐어. 유물을 일단 재료별로 나눠보자는 거였지. 살펴보니 선사 시대 유물의 재료는 대체로 돌, 청동, 철 이렇게 세 가지였어. 이렇게 세 덩어리로 나누어놓고 보니까 바로 그 재료의 순서대로 시대가 발달했다는 것을 알 수 있었어. 그래서 톰센은 선사 시대를 세 시대로 나누었어. 돌로 만든 도구를 쓰던 석기 시대, 청동으로 만든 도구를 쓰던 청동기 시대, 철로 만든 도구를 쓰던 철기 시대로 말야.

-김성환, 『키워드 한국사』, 사계절-

나 톰센의 분류법은 그 당시부터 많은 도전을 받아 왔다. 인간의 시대를 한정된 도구로 구분한다는 근본적인 문제를 떠나서도 보편적인 도구로 쓰이지도 않은 청동기를 가지고 과연 시대 구분의 기준으로 삼을 수 있느냐는 유명한 논쟁이 일어나기도 했다. 19세기 말에 나온 미국 인류학자 모건의 진화론적 구분법은 톰센 구분법의 강력한 맞수였다. 모건은 인간이 식료품을 구하는 수단을 발전시킨 단계에 따라 인류 사회를 '야만(savagery)', '미개(barbarism)', '문명(civilization)'으로 구분했다. 여기서 야만은 수렵과 채집, 미개는 농경과 목축을 특징으로 한다.

-한국생활사박물관편찬위원회, 『한국 생활사 박물관』, 사계절-

다 절대연대결정법은 톰센의 시대구분법과 같은 상대연대결정법과 달리 고고학 자료의 연대를 알 수 있다. 연구 방법에는 첫째, 방사성원소를 이용한 C14연대측정법, 포타시움·아르곤측정법, 피션트랙측정법, 열발광측정법. 둘째, 빙하점토층과 화산회층을 이용한 지질학적 연대를 고고학에 이용하는 지질편년법. 셋째, 동물상, 식물상을 이용하는 방법으로 화분학과 연륜법. 넷째, 화학적 방법으로 아미노산측정법과 흑요석수화층측정법 등이 있다.

라 역사가들은 자신이 가지고 있는 시대구분 관점에 따라, 같은 자료를 가지고도 역사를 다르게 서술하기도 한다. 이탈리아의 철학자 B.크로체가 '역사를 생각하는 것은 역사를 시대 구분하는 것이다'라는 말을 남긴 것도 무리는 아닌 것이다.

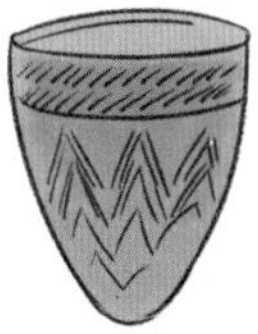

step 1. (가) 제시문을 읽고, 톰센이 어떻게 시대를 구분했는지 써보세요.

크리스티안 톰센
(1788~1865)

step 2. (나) 제시문을 읽고 톰센의 시대 구분법에 어떤 문제가 있는지 써보세요.

step 3. 모든 제시문을 참고하여, 자신이 역사학자라면 어떤 기준으로 시대를 구분할지 이유와 함께 써보세요.

뜨거운 쟁점 토론하기 1

◆ 수렵, 채집으로 먹고 산 구석기인들의 삶은 현대인의 삶보다 풍요로웠다.

프리즘 통과하기

Step 1. 28~31쪽의 상황을 평가하는 내용입니다. 자신의 견해와 같은 내용에 체크해보세요.

가 구석기 시대 사람들이 가지고 있던 자연에 대한 지식은 현대인은 상상도 할 수 없을 만큼 풍부했어. 너는 공원에 있는 나무 중에 이름을 댈 수 있는 나무가 몇 그루나 되니? 아마 몇 개 없을걸? 그들의 언어는 지금처럼 정교하지 못해서 모든 식물과 동물에 이름을 붙여주진 못했겠지만 어떤 것은 먹을 수 있고, 어떤 것은 먹어선 안 되는지에 대해 수십만 년 동안 쌓아놓은 지식이 있었지. 그들은 그 지식을 활용해 자연이 주는 풍요로움을 이용하기만 하면 됐을 거야.

나 구석기 시대엔 모두가 평등했어. 자연에서 얻은 걸 함께 나누어 먹고, 가졌으니까. 누구도 불만을 품지 않는 평등한 삶을 살았던 거야. 경쟁이란 것도 필요 없었지. 무리 전체가 먹을 만큼만 수렵과 채집을 하고, 공평하게 나누면 끝. 또한 자연에서 바로 얻은 재료로 식사했기에 영양소도 풍부했을 거야. 그리고 먹고 살기 위해선 매일 움직여야 했으니 현대인보다 훨씬 건강한 몸 상태를 유지했겠지.

다 구석기 시대는 결핍의 시대였어. 풍요롭지 못했기 때문에 딱 먹고 살 수 있을 만큼만 식량을 구할 수밖에 없었던 것이지. 주변에 먹을거리가 떨어지면 무리 전체가 이동을 해야했고 말이야. 살기 좋은 곳을 찾으면 다행이었겠지만 그렇지 못한다면? 그 상황도 풍요롭다고 할 수 있을까?

라 구석기 시대 사람들의 평균 수명은 많아야 30~40살이었어. 신체적 능력이나 면역력이 약한 어린아이들이 많이 죽었기 때문에 어른이 된다는 것 자체가 행운이었지. 더군다나 아이가 많이 태어나면 그만큼 개인이 가질 수 있는 식량의 양이 적어지기 때문에, 갓난아이를 죽이기도 했었다고 해. 구성원이 많아지는 것도 무리에겐 위험한 일이었던 거야. 그들은 쉽게 위험에 노출되었고, 위험에 대응하는 방식도 과학적이지 못했어.

내 논리 강화하기

Step 2. 자신이 선택한 견해에 근거를 추가하여 논리를 강화해 보세요.

Step 3. 자신이 선택한 견해와 다른 의견을 제시한 사람의 논리를 반박해보세요.

조목조목 반박하기

보기

과학자 구석기인과 현대인의 자연 지식을 직접 비교하긴 어려울 것 같습니다. 현대인의 머릿속에 있는 자연 지식은 그들보다 절대적으로 부족할지 모르지만 학자들이 정리해 놓은 지식은 그들이 알고 있던 것보다 훨씬 정확하고 방대하며 자세할 테니까요.

자본가 물질적 풍요로움이라면 현대인들이 압도적으로 많이 누리고 있습니다. 쓰고 넘칠 만큼 물품과 식량이 생산되고 있으니까요. 대부분의 사람이 먹고 사는데 필요한 생활필수품은 저렴한 가격으로 어디에서든 구할 수 있죠. 일해서 돈만 번다면 절대 굶어 죽을 일은 없어요.

추장 무리의 이동은 쉬운 일이 아니기에 먼 거리로 사냥을 나갔다 돌아온 사람들의 의견과 주변 지리에 밝은 연장자의 의견을 종합해 결정되오. 또, 주변 지역에 먹을거리가 떨어지고 있다는 것은 어느 정도 예측 가능한 일이었기 때문에 이동은 오래전부터 준비되어 행해지는 것이었소.

인류학자 언제나 유아 살해가 일어난 것은 아니었어요. 무리 전체의 생존이 위협받을 때 선택적으로 이뤄진 행위였죠. 현대 사회에서도 사회, 경제적인 이유로 낙태하거나 아이를 버리는 건 비일비재하게 일어나는 일 아닌가요? 그게 구석기 시대에만 있었던 일은 아닌 것 같은데요.

Step 4. 구석기인들의 삶에 관한 자신의 생각을 종합적으로 정리해보세요.

내 생각 보여주기

뜨거운 쟁점 토론하기 2

◆ 청동기 시대 생겨난 계급은 인류에게 커다란 비극의 시작이었다.

프리즘 통과하기

Step 1. 44~46쪽의 상황을 평가하는 내용입니다. 자신의 견해와 같은 내용에 체크해보세요.

가 청동기 시대부터 시작된 전쟁은 인간 사회에 계급이 생겨나게 된 가장 중요한 원인이 되었어. 전쟁에서 승리한 부족은 패배자의 재산뿐만 아니라 부족원까지 차지했지. 전쟁의 승리로 얻는 지배 계급의 이득이 워낙 크다 보니 그들은 의도적으로 크고 작은 전쟁을 벌이게 되었어. 지배계급의 이득을 대변하는 전쟁은 지금도 끊이질 않고 있으며 수많은 사람이 이 때문에 처절하게 죽어 나가고 있어.

나 고대 사회에서 전쟁에 승리한 자들은 반란 가능성이 높은 남자들은 죽이고, 신체적으로 힘이 약한 여자와 어린아이를 노예로 만들었어. 힘으로 쉽게 제압할 수 있는 이들만 남겨놓은 거야. 남겨진 이들은 자신이 처한 상황에 순응해야만 했어. 마음대로 생각하고 행동할 수 있는 자유가 그들에겐 주어지지 않았지. 그렇게 정착된 계급 사회를 무너뜨리기 위해 걸린 시간과 희생된 사람의 숫자를 생각해보면, 계급이란 개념의 발생과 소멸은 인류 역사에서 모든 비극의 시작과 끝을 의미하지 않을까?

다 청동기 시대에 농경이 발달하면서 점점 인구가 증가하기 시작했어. 커진 무리를 갈등이 생기지 않도록 유지하기 위해 지도자에게 더 큰 권한을 주는 것은 당연해. 상대적으로 그의 지배를 받는 사람들의 권한이 작아지더라도 말이지. 지배자와 피지배자의 관계가 정립되지 않았다면 더 큰 혼란이 생겼을 거야. 계급이란 사회 내부의 혼란을 막는 안정적인 장치야.

라 모든 사회에선 각자가 담당해야 할 역할이 있어. 사회가 복잡해질수록 구성원들의 역할은 다양하게 쪼개지지. 서로가 자신에게 주어진 역할을 잘해낼 때 그 사회는 질서 있고 조화롭게 운영될 수 있는 거야. 벌과 개미의 사회처럼 말이야. 계급이란 사회가 커지고, 복잡해지면서 자연스럽게 생긴 것으로 봐야지 지배자가 피지배자를 억압하기 위한 수단으로 만들었다고 보면 곤란해.

내 논리 강화하기

Step 2. 자신이 선택한 견해에 근거를 추가하여 논리를 강화해 보세요.

Step 3. 자신이 선택한 견해와 다른 의견을 제시한 사람의 논리를 반박해보세요.

조목조목 반박하기

보기

장군 전쟁을 하지 않는 부족이라면 그 안에 계급이 없을까요? 계급의 발생을 전쟁 탓으로 돌리지 마십시오. 전쟁은 생산력이 비교적 낮았던 고대 사회에서 오히려 계급을 떠나 국가 구성원 모두에게 이익이 돌아갈 수 있는 몇 안되는 기회였으니까요. 또한, 생존을 위한 투쟁이기도 했고요.

인문학자 계급은 자신의 의지와는 관계없이 결정됩니다. 아무리 노력해도 할 수 없는 일이 태어나기도 전에 정해지는 것이죠. 가장 큰 문제는 계급이 사회적 차별로 연결된다는 것입니다. 처음엔 종족 간의 차별에서 점차 지배자와 피지배자, 가진 자와 못 가진 자, 남자와 여자 등으로 말이죠.

인류학자 계급은 모든 구성원이 법적으로 인간다운 삶을 보장받는 현재 관점에서 바라보면 잘못된 일임이 분명합니다. 하지만 청동기 시대에는 자연의 법칙 즉, 강한자는 살아남고 약한 자는 도태되는 적자생존의 원리가 적용되던 시기였습니다. 당시 관점에서 계급을 평가할 필요가 있어요.

혁명가 계급이 사회에 필요한 역할을 조화롭게 분배한다는 이야기는 인간의 본성을 무시한 이상적인 논리입니다. 어쩌면 지배자가 피지배자를 억압하는 행위를 정당화하기 위해서 만들어낸 논리일지도 모르죠.

Step 4. 청동기 시대 계급의 발생에 대한 자신의 생각을 종합적으로 정리해보세요.

내 생각 보여주기

역사 力思 해보기

◆논제. 제시문을 참고하여, 농경과 목축이 인류 사회에 미친 영향을 종합적으로 서술하시오.

가 사람이 먹을 수 있는 얼마 안 되는 동물종과 식물종들만 선택하여 키움으로써 그것들이 일정한 넓이의 땅에서 전체 생물 자원의 0.1%가 아니라 90%를 차지하게 된다면 단위 면적당 얻을 수 있는 식품 열량은 훨씬 더 많아진다. 따라서 같은 면적의 땅에 의존하여 먹고 살 수 있는 사람의 수도 수렵 채집민보다 목축민이나 농경민이 훨씬 더 (대략 10배에서 100배 정도) 많아진다. 이 같은 숫자의 힘은 바로 식량을 생산하는 부족이 수렵 채집민 부족에 비해 유리했던 여러 가지 군사적 이점 중에서 첫 번째로 꼽을만 했다.
가축을 소유한 인간 사회의 경우 가축이 인간에게 먹거리를 제공하는 데는 네 가지 방식이 있다. 고기, 젖, 비료를 주고, 쟁기를 끄는 것이다. 그 가운데 첫손에 꼽히며 가장 직접적인 것은 가축화된 동물들이 각 사회에서 야생 사냥감을 대신하여 주된 동물성 단백질 공급원이 되었다는 점이다. 가축 중에서 일부 대형 포유류는 젖과 버터, 치즈, 요구르트 등의 유제품을 제공하기도 했다. 젖을 짜는 포유류에는 소, 양, 염소, 말, 순록, 물소, 야크, 그리고 단봉낙타와 쌍봉낙타가 있다. 그 포유류들은 도살하여 고기를 소비하는 것보다 몇 배나 많은 열량을 일생 동안 우리에게 베풀어준다.

- 제러드 다이아몬드, 『총균쇠』, 문학사상사 -

나 농경사회는 극히 최근까지도 대부분의 칼로리를 극소수의 작물을 통해 섭취했다. 오랜 세월 이들 사회는 밀이나 감자, 쌀 등 단 하나의 주식에 의존했다. 비가 내리지 않거나, 메뚜기 떼가 덮치거나, 곰팡이가 주식인 작물을 감염시키면, 농부들은 수천, 수백만 명씩 죽어나갔다. 밀은 인간 사이의 폭력에 대한 안전망을 제공하지도 않았다. 초기 농부들은 수렵채집인 조상보다 더하진 않았을지언정 그 못지않게 폭력적이었다. 농부들은 재산이 더 많았으며 경작할 토지를 필요로 했다. 이웃의 습격으로 목초지를 잃는 것은 생사가 걸린 문제였기에, 타협의 여지가 매우 적었다. 수렵채집인 무리는 강력한 라이벌에게 몰리면 다른 장소로 옮길 수 있었다. 힘들고 위험하지만 실행할 수는 있었다.
농촌 마을이 강력한 적의 위협을 당할 경우, 후퇴는 곧 목초지와 집, 곡물창고를 포기해야 한다는 뜻이었다. 많은 경우 이런 피난민들은 굶어 죽었다. 그러므로 농부들은 그 자리에서 버티면서 최후까지 싸우는 경향이 있었다. 많은 인류학적, 고고학적 연구는 부락이나 종족을 넘어서는 정치적 틀이 없는 단순 농경사회에서 사망의 15퍼센트가 인간의 폭력 탓임을 시사한다. 남성의 경우에는 폭력적 사망이 25퍼센트에 이른다. 오늘날 뉴기니를 보면, 농경 부족 사회인 다니족에서 남성 사망의 30퍼센트가 폭력 때문이다. 에콰도르의 경우 와오란족 성인의 약 50퍼센트가 다른 인간의 폭력으로 죽는다.

- 유발 하라리, 『사피엔스』, 김영사-

2

고조선의 등장과 여러 나라의 성장

생산력의 발달과 인구의 증가로 인해, 늘어난 식량과 인구를 관리하기 위한 전에 없던 장치가 나타났다. 그것이 바로 '계급'이다. 지배, 피지배 관계의 성립은 '국가'라는 새로운 단위체를 만들어냈고, 한반도와 만주 일대에서도 고조선이라는 최초의 나라가 등장했다. 고조선의 등장 이후, 또 다른 수많은 나라들이 등장했고, 국가라는 단위를 중심으로 한 한국사의 본격적인 전개가 시작되었다. 「2장. 여러 나라의 성장」은 기원전, 후 한반도에 나타난 여러 나라에 관한 이야기가 될 것이다.

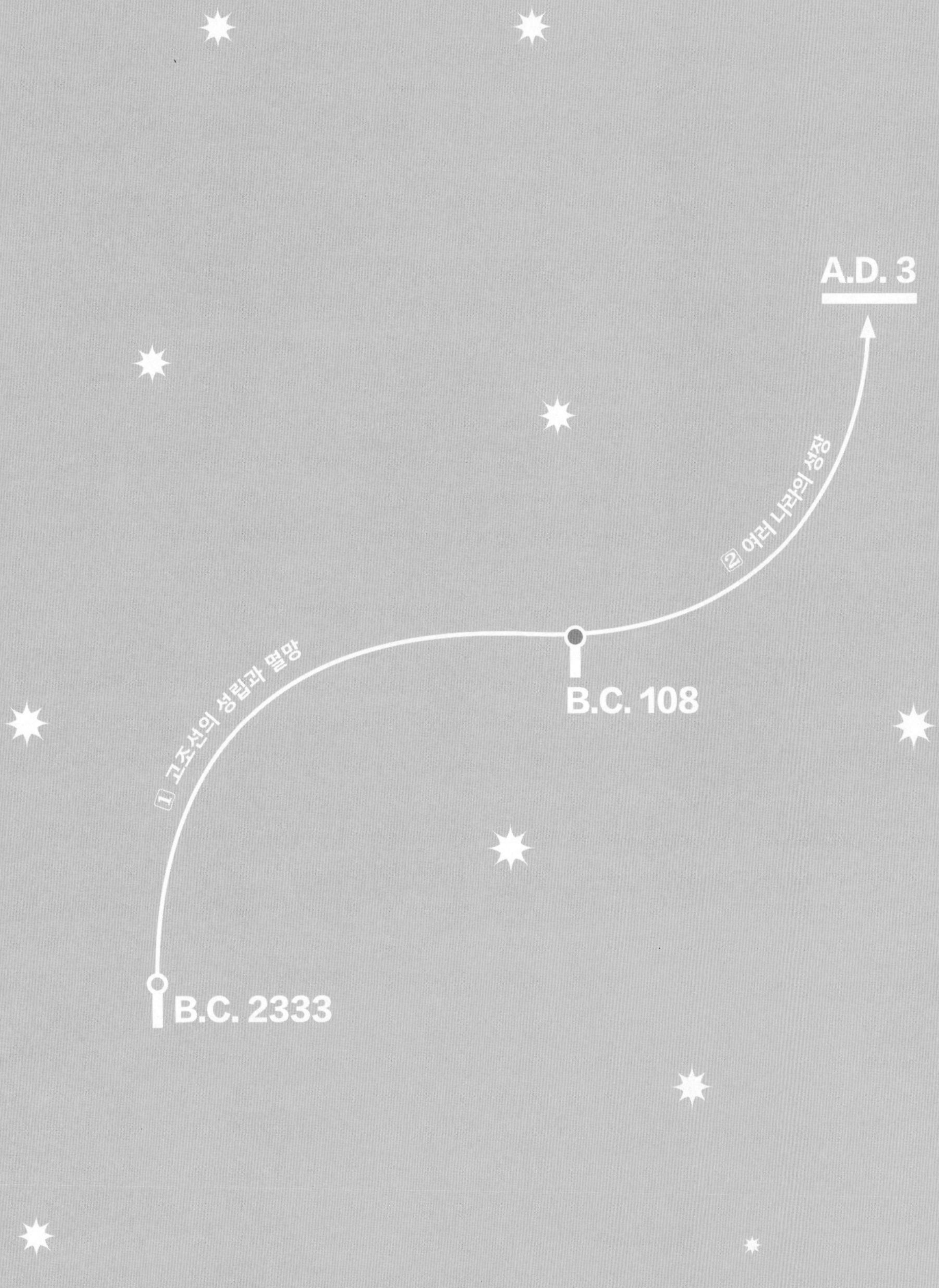
B.C. 2333
1 고조선의 성립과 멸망
B.C. 108
2 여러 나라의 성장
A.D. 3

01

고조선의 성립과 멸망

B.C. 2333년 ~ B.C. 108년

하늘에서 내려온 신의 자손이 나라를 만들었단 이야기는 특별하지 않다. 하지만 어느 나라에나 존재할 법한 이야기인 단군설화에선 뭔가 다른 특별함이 느껴진다. 우리역사 최초의 국가 고조선에 관한 이야기이기 때문이다.

고조선 건국 이야기
단군 설화

'널리 사람을 이롭게 하라'란 말을 하며 한국사 최초의 나라 고조선을 세운 '단군왕검', 한국 사람들이라면 모두 한 번쯤 들어봤을 이름이죠. 그런데 단군왕검은 1908년 동안 살았다고 합니다. 어떻게 된 일일까요?

✷ 국가의 개념이 생겨나기까지

청동기 시대의 부족장이 기본적으로 해야 할 일은 부족원들이 배고프지 않도록 농사일을 지도하고, 그들 사이에 문제가 생기면 문제를 해결해주는 것이었습니다. 그가 이 일을 잘해낼수록 부족의 결속력은 강해지고 여유 있는 생활을 할 수 있게 되죠.

또한, 그에게는 부족을 잘 다스리는 일뿐만 아니라 외부의 위협에도 대응해야 하는 임무가 있었습니다. 어쩌면 부족원의 생사가 달린 가장 중요한 임무였지요.

거꾸로 다른 부족을 공격할 수도 있었어요. 그러면 승리의 대가로 많은 곡식과 가축 그리고 노예를 얻을 수 있었기 때문입니다. 희생을 감수해야 하긴 하지만 전쟁은 승리하기만 한다면 부족의 재산을 크게 늘리는 방법이었어요.

이런 방식으로 부족이 커지면 다음 단계에선 자연스럽게 족장 혼자서 다스리지 못하는 상황이 생기게 되었어요. 이후 족장의 통치를 전문적으로 돕는 사람들이 나타나게 되었습니다. 족장은 자신을 도와주는 집단을 유지하기 위해 부족원들이 수확한 곡식 중 일부를 세금으로 받기도 했고요.

이러한 활동들이 쌓이고 쌓여 규모가 커지면 '국가'라는 체제가 성립하게 됩니다. 한마디로 말하기는 어렵지만, 국가란 다양한 사회·문화적 상황이 어우러져 등장한 체제인 것입니다.

그렇다면 한국 역사에서 국가라고 부를 수 있는 첫 집단은 누구일까요? 바로 기원전 2333년에 등장했다고 전해지는 고조선입니다.

고조선의 건국 과정은 설화의 형태로 전해지고 있어요. 이 이야기는 워낙 유명해 유치원생들도 알고 있으니 여러분들은 눈으로 쓱 훑고 지나가도 될 것 같아요. 기억이 가물가물해져서 좀 더 정확히 알고 싶은 분들만 페이지를 넘겨서 천천히 읽어 보시죠. 몰랐던 내용이 있을지도 모르니까요.

새롭게 등장한 국가

고조선 古朝鮮

B.C.2333~B.C.108. 한국사에서 처음 등장했다고 알려진 국가. 기록으로 알 수 있는 고조선 등장 시점은 B.C. 2333년이다. 하지만 한반도 지역에 국가가 생기기 위한 역사적 조건이 마련된 시기와는 큰 차이를 보여 주의가 필요하다. 크게 단군조선과 위만조선 시기로 구분하며, B.C.108년에 한나라의 침입으로 멸망하였다.

단군이 하늘에 제사를 지내던 곳이라고 알려진 강화도 마니산의 참성단

하늘에서 내려온 환웅

천부인 天符印
단군신화에서 환인이 환웅에게 주었다는 세 가지 물건. '방울(구슬), 칼, 청동거울'이라는 견해가 있으나 어떤 물건인지 확실하진 않다.

도읍 都邑
한 나라의 수도, 중심지

옛날 하늘나라에는 세상을 다스리는 신인 환인이 살고 있었어요. 그에게는 아들 하나가 있었는데, 이름은 환웅이었습니다. 그는 하늘에서 살기보다 인간 세상에 내려가 살고 싶어 했어요.

"아버지, 인간 세상에 내려가서 그들을 일깨우고 잘 살게 한다면 무척 보람 있을 것 같습니다."

"네 생각보다 인간을 일깨우기가 쉽지 않을 텐데, 잘 할 수 있겠느냐?"

환인은 걱정됐지만 환웅의 뜻에 따르기로 하고 **천부인** 세 개를 주며 인간 세상을 다스리도록 했습니다.

"저기 태백산 아래에 도읍으로 삼기 좋은 장소가 있다. 그리로 가서 네 도움이 필요한 인간들을 잘 다스리도록 하여라."

"감사합니다. 아버지."

환웅은 바람, 비, 구름을 다스리는 신하와 함께 무리 3천 명을 이끌고 태백산 꼭대기의 신단수 아래에 내려왔습니다. 그리고는 세 신하에게 말했습니다.

"풍백, 우사, 운사야. 앞으로 너희는 나를 도와 인간 세상의 여러 일을 도맡아서 해야 할 것이다."

"저희가 해야 할 일이 무엇입니까?"

"인간이 사는 데 중요한 것들 즉, 곡식, 목숨, 질병, 형벌 등 360여 가지 일을 관리하는 일이니라."

"말씀 받잡겠사옵나이다, 환웅님."

이렇게 환웅은 세 신하를 거느리고 인간 세계를 다스리기 시작했습니다. 그가 하늘에서 내려온 후로 인간의 삶은 평화로워지고 먹을 걱정도 점점 덜하게 되었습니다.

✵ 사람이 되고 싶어 한 짐승

그러던 어느 날, 인간의 삶을 부러워한 곰과 호랑이가 환웅을 찾아왔습니다.

"저...환웅님, 저희는 인간이 되고 싶습니다. 어떻게 하면 될까요?"

"백일 동안 쑥과 마늘만 먹으며 햇빛을 보지 않는 것. 그것이 나와의 유일한 약속이도다."

곰과 호랑이는 마늘과 쑥이 싫었지만 어쩔 수 없이 환웅의 말에 따랐습니다.

그렇게 버티기를 여러 날. 결국, 호랑이는 이렇게 힘들 줄은 몰랐다며 쑥과 마늘을 내팽개치고 달아나려 했습니다.

"호랑아, 조금만 더 참으면 사람이 될 수 있어. 나랑 같이 버티자꾸나."

"아니야 곰아. 사람 되기 전에 속 쓰려서 죽을 것 같아. 그럼 안녕~ 어흥."

곰은 호랑이가 떠난 후 외로웠지만 쑥과 마늘만 먹으며 참았습니다. 그런데 삼칠일(21일)이 되자 곰은 털이 빠지고 허리가 곧게 펴지더니 여자 사람으로 변신했습니다.

사람이 된 웅녀는 신단수 아래에서 아이를 갖기를 소원하였어요. 그러자 환웅이 잠시 사람으로 변하여 웅녀와 결혼하였습니다. 곧 아이도 낳았습니다. 튼튼한 남자아이였죠.

"이 아이는 장차 하늘의 명을 받들 귀한 아이니 이름을 단군왕검이라고 지읍시다."

"하늘과 땅에 제사 지내는 지도자란 뜻이군요. 멋져요."

그는 무럭무럭 자라나 훗날 한국사 최초의 국가로 알려진 '조선'을 세웠습니다. 우리는 이 나라를 훗날 이성계가 세운 조선과 구분해 '옛날'이라는 의미를 더해 '고조선'이라고 부르죠.

널리 사람을 이롭게 한다는 뜻의 홍익인간을 가장 중요한 통치 이념으로 삼았던 그는 1,908살까지 나라를 다스리다가 산신이 되었다고 전해진답니다.

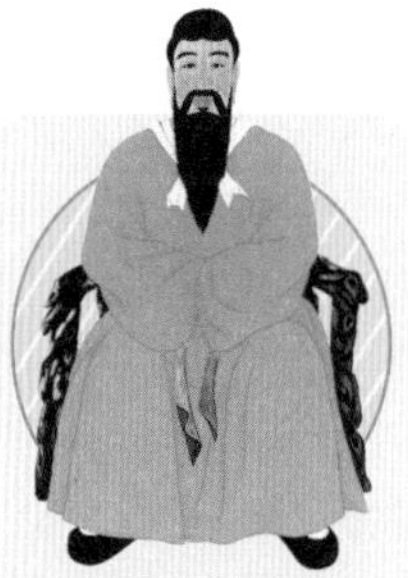

단군왕검 표준영정

마늘(호산) 葫蒜

한자로 호산(葫蒜)이라 적혀있으면 마늘, 산(蒜)으로만 적혀 있으면 달래를 의미한다. 일반적으로 알려진 것과는 달리 삼국유사에는 '산'으로 적혀 있어 학계에서도 번역을 달래로 하느냐 마늘로 하느냐 하는 문제가 있다. 이 책에서는 일반적으로 더 익숙한 마늘로 표현했다.

이념 理念

한 시대나 사회에 나타나는 관념, 믿음 등을 이르는 말

역사 돋보기

영원한 고대사 바이블, 삼국유사

단군왕검의 이야기는 고려 시대의 승려 일연이 지은 『삼국유사』란 책에 담겨 있습니다. 이 책은 삼국시대에 일어난 일을 중심으로 기록한 역사책이지만 단군신화처럼 신기한 내용을 많이 포함하고 있어요. 다양한 설화를 해석함으로써 보다 고대사의 모습을 구체적으로 그려볼 수 있답니다. 그래서 삼국유사는 같은 고려 시기에 쓰인 『삼국사기』와 함께 한국 고대사를 연구하는 데 없어서는 안 될 중요한 자료예요.

▲ 삼국사기(좌), 삼국유사(우)

설화 속 감춰진 사실

상징 象徵
구체적이지 않은 사실이나 생각, 느낌 따위를 대표성을 띤 기호나 구체적인 사물로 나타내는 일

명칭 名稱
사람이나 사물 따위를 부르는 이름

제정일치 祭政一致
종교祭와 정치政가 분리되지 않고 한 사람에게 집중된 사회의 정치 형태. 이러한 형태는 시간이 흐를수록 제사장과 정치가의 역할이 전문성을 띠면서 나뉘는 '제정분리' 형태로 변화하는 것이 일반적이다.

설화라서 그런지 지금은 믿기 힘든 내용도 많이 섞여 있죠? 하지만 말이 안 된다고 해서 단군 설화를 단순한 허풍으로 생각해서는 안 돼요. 신화라는 것은 원래 겉면만 보면 알 수 없는 많은 상징*으로 이루어진 이야기이기 때문이에요. 이 이야기들이 각각 어떤 상징을 담고 있는지 차근차근 알아보기로 하죠.

먼저 하늘에서 환웅이 내려온 이야기는 세계 여러 나라의 건국신화와 마찬가지로 고조선이 하늘로부터 선택받아 만들어진 국가라는 것을 의미해요. 고조선 사람들은 자신이 하늘의 자손이라고 믿었던 거죠. 이런 생각을 천손사상이라고 하는데 고조선 사람들의 자부심을 높여주는 역할을 했어요. 곰이 사람으로 변해 환웅과 결혼했다는 것은 하늘에게 선택받은 고조선 사람들이 곰을 숭배하는 부족과 힘을 합쳤다는 걸 의미합니다.

이러한 신화 속 상징들은 정치적으로 어렵고 딱딱한 이야기를 말랑말랑하게 만들어 보통 사람들도 쉽고 재미있게 받아들일 수 있다는 장점이 있어요.

그런데 사람이 1,900살 넘게 살았단 얘기는 정말 말이 안 된다고요? 이 부분도 역사적으로 해석하면 역사적 사실에 조금은 가까이 다가갈 수 있어요.

단군왕검을 사람이 아닌 상징적 존재 즉, 고조선 최고 지도자의 명칭*으로 이해하는 것이죠. 단군檀君은 삶을 풍요롭게 해주는 신들에게 제사를 지내는 사람을 의미하고, 왕검王儉은 사람들을 다스리는 일을 하는 사람이란 뜻이에요. 이 두 단어가 합쳐졌으니 제사장과 지도자의 역할을 동시에 하는 사람이란 뜻이겠죠? 어려운 말로 제정일치*의 지도자라고 할 수 있어요.

고조선 사람들은 그들을 지도자로 모시며 단군왕검이란 호칭으로 불렀던 것입니다. 1,908년이란 시간은 지도자를 부르는 전통이 그만큼 오랫동안 이어졌다는 걸 상징한다고 생각하면 될 것 같아요.

역사 돋보기

고대인의 종교 생활

애니미즘 Animism

태양, 물, 바위 같은 것들에 영혼이 있다고 믿으며 자연물을 숭배했어요. 이런 종교적 관습을 애니미즘이라고 합니다.
주로 강가에 살던 신석기인들에게 하늘은 엄청난 힘을 가진 존재였습니다. 무섭게 비를 내려 강물을 넘치게 하고, 비를 내려주지 않아 땅을 마르게 했기 때문이죠.

토테미즘 Totemism

자신이 속해 있는 집단을 상징하는 동물과 식물을 신성하게 생각하는 경우도 있었어요. 한국의 건국설화인 단군 이야기에서 이런 모습을 엿볼 수 있죠. 이렇게 동물과 식물을 숭배하는 사상을 토테미즘이라고 합니다. 아메리카 인디언들 중 오세이지족은 자신들의 조상을 홍합으로 표현한 전설을 믿었다고 하네요.

샤머니즘 Shamanism

죽은 사람의 영혼이나 초자연적 존재와 직접 소통할 수 있는 자인 '샤먼'을 믿는 것을 샤머니즘이라고 합니다. 고대인들은 사람의 영혼이 영원히 사라지지 않는 존재라고 믿었기 때문에 샤먼의 힘에 많이 의지했죠. 샤머니즘과 영혼 숭배는 지금도 '무당'의 형태로 남아있습니다.

Plus Alpha+

세계의 조상님들은 어디에서 왔을까?

로물루스와 레무스의 발견
1616년, 폴 루벤스

로마 Rome

전쟁의 신 '마르스'의 쌍둥이로 태어난 로물루스와 레무스. 하지만 신이 아닌 인간으로 태어났기 때문에 테베레 강가에다 버려졌죠. 버려진 아이들은 늑대가 데려다 젖을 먹여 키웠답니다. 두 쌍둥이는 나중에 로마를 세우는 큰일을 해내요.

중국 中國

거대한 암흑과 혼돈 속에서 태어난 반고는 1만8천 년 동안 키가 커 하늘과 땅을 만들었어요. 그가 죽기 전 입김은 바람과 구름이 되었고, 목소리는 천둥, 왼쪽 눈은 태양, 오른쪽 눈은 달이 되었다고 해요. 그리고 땅을 거닐던 여와는 흙을 빚어 사람을 만들었습니다.

창으로 일본 열도를 만드는 이자나기
1885년, 에니타쿠 고바야시

일본 日本

하늘에서 혼돈의 바다를 내려다보던 세 신령이 세상을 창조하기 위해 남신 이자나기와 여신 이자나미를 만들었어요. 그들은 바다에 일본 땅을 만들고 아이들을 낳았죠. 하지만 이자나미는 불의 신을 낳다가 죽고, 홀로 남은 이자나기는 눈과 코에서 세 아기를 낳았답니다. 그중 하나가 태양신인 아마테라스. 그녀의 손자 호노니니기는 하늘의 옥구슬과 거울 그리고 신검을 받아 일본 땅에 내려가 일본 왕이 돼요.

철기 시대로 진입한 고조선

'굴러온 돌이 박힌 돌을 뺀다'는 속담이 있습니다. 중국 연나라에서 고조선으로 건너와 준왕을 몰아내고 왕이 된 위만, 바로 그를 두고 하는 말이 아닌가 싶습니다.

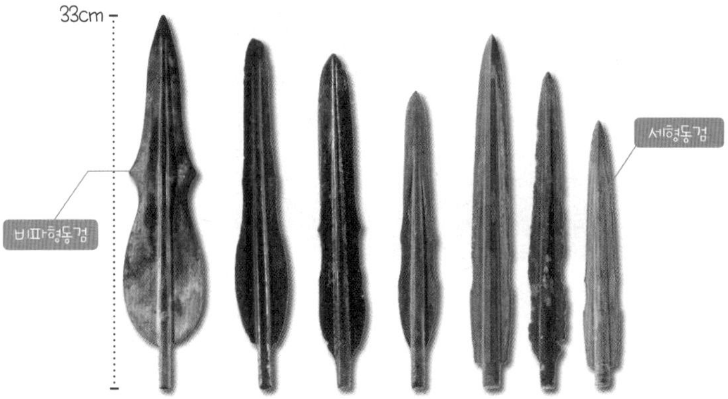

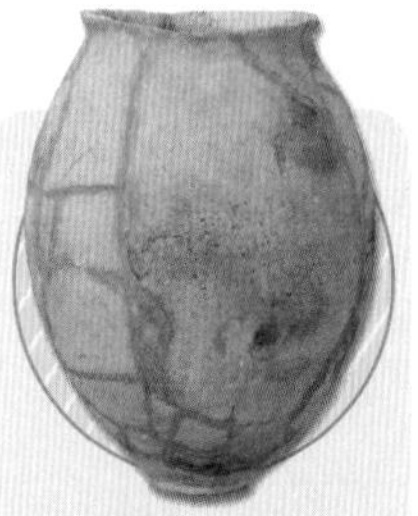

민무늬토기
높이 31.5cm. 청동기 시대의 대표적인 토기 형태. 무늬가 없어 표면이 매끄럽고 바닥이 평평한 게 특징이다. 평평한 바닥은 강가나 바닷가 모래밭에 살던 신석기 시대와는 다르게, 청동기 시대엔 들판이나 언덕에 집을 지었기 때문에 생긴 특징으로 본다. 또한 빗살무늬 토기보다 높은 온도에서 구워 더 단단하다.

✽ 고조선의 문화가 영향을 미친 지역

청동기를 바탕으로 성립한 고조선의 초기 영역은 한반도 북부에서 중국의 요령 지방에 걸쳐 있었던 것으로 보입니다. 이곳에서 비파형동검 문화를 발전시키며 나라를 키워갔죠. 하지만 기원전 3세기, 중국 연나라와의 전쟁으로 고조선은 서쪽의 영역 상당 부분을 잃으면서 그 중심지가 이동해간 것으로 추측돼요.

이후 고조선은 자신만의 청동기를 더욱 발전시켰어요. 기존에 사용하던 곡선 위주의 비파형동검에서 더욱 날카롭고 단단해 찌르기 공격이 쉬운 세형동검으로 변화한 것이죠. 오늘날 비파형동검과 세형동검이 발굴되는 지역과 옛 중국 기록을 살펴보면 이와 같은 사실을 유추해낼 수 있어요. 그리고 청동기 시대 대표적인 유물인 고인돌과 미송리식토기가 발견되는 지역을 고조선의 세력 범위 안에 포함하기도 합니다.

하지만 이 유물들이 발견되는 곳을 모두 묶어 고조선의 영역이었다고 보기는 힘들어요. 국가의 발전 단계를 봤을 때 모든 지역을 직접 지배하지는 못했을 테니까요.

그리고 당시 고조선의 영역은 지금처럼 국경선으로 나눠졌다고 할 수 없어서 어디서부터 어디까지 그들의 지배력이 미쳤는지 딱 잘라 말하기 어렵습니다.

고조선 문화 범위

청동기보다 철기

청동기 시대 이후엔 철을 사용한 기술이 발달하기 시작합니다. 하지만 철은 청동기의 주원료인 구리보다 훨씬 구하기 쉽고 원하는 모양대로 만들기도 좋다고 해요. 그리고 더욱 단단해 농기구나 무기로 사용하기 적합하지요. 그런데 왜 인류는 철보다 구리를 더 일찍 사용했을까요? 그 이유는 철을 녹이기 위해선 1,537℃라는 매우 높은 온도가 필요하지만, 청동은 875~994℃ 사이에서 녹일 수 있었기 때문입니다. 불을 다루는 기술이 재료의 활용 시기를 결정지었던 거예요.

인류 역사상 최초로 철을 본격적으로 다룬 곳은 기원전 1400년경 메소포타미아 일대에 존재했던 히타이트 왕국으로 알려져 있어요. 그들은 철기 문화를 바탕으로 메소포타미아 일대의 방대한 지역을 정복했어요. 그만큼 철기는 청동기보다 강력한 도구였던 것입니다.

철의 사용은 군대의 전투력을 높여주었을 뿐만 아니라 농업 생산력과 생활 전반에 변화를 주었기 때문에 사회 변화의 폭이 클 수밖에 없었습니다. 사실 청동기 시대의 청동기는 주로 의례용 혹은 전투용 도구를 만드는 용도로 많이 쓰였지만 농사나 생활도구는 여전히 돌, 나무, 뼈 등으로 만들어 썼거든요.

고조선 철기 문화는 기원전 4~3세기 경 중국 전국시대 연과의 전쟁을 통해 서서히 형성되기 시작했습니다. 연이 가지고 있던 강력한 철제 무기가 고조선을 자극한 것이죠.

의례 儀禮
종교적 의식이나 사회적 예법

새롭게 등장한 국가

전국시대 戰國時代
B.C.403~B.C.221. 기원전 8세기부터 시작된 중국의 변혁기인 '춘추전국 시대'의 후반기에 해당하는 시기. 진의 시황제가 통일할 때까지 전국칠웅(진, 조, 위, 한, 제, 연, 초)이 활동하며 패권을 다퉜다.

동쪽으로 건너온 위만

새롭게 등장한 국가

진 秦

B.C.221~B.C.206. 기원전 221년에 전국을 통일한 진나라는 법에 입각한 엄격하고 권위적인 통치 방법과 만리장성을 완성한 것으로 유명하다. 그러나 통일한 지 15년 만에 멸망했다.

새롭게 등장한 국가

한 漢

B.C.206~A.D.220. 중국 역사상 두 번째 통일왕조. 평민 출신인 유방이 세운 국가. 진과는 달리 유교 이념을 채택하여 백성의 반발이 적었다. 제도적으로는 지방을 직접 통치하기 위해 처음엔 군국제를 실시했다가 군현제로 정비했다.

고조선에 철기가 들어온 후 100여 년이 지나고, 당시 중국은 굉장히 혼란스러운 시기를 거치고 있었어요. 중국 최초의 통일왕조인 진나라가 망하고 한나라가 세워지는 시기였죠. 한의 통일 이후에도 평화는 금방 찾아오지 않았어요. 한나라가 주변의 작은 제후국들을 종속시키려고 계속 군대를 보냈거든요. 두려움을 느낀 제후국의 귀족이나 백성들은 살던 곳을 버리고 떠나야 했는데, 이 이야기의 주인공도 그 중 한 명이었죠.

때는 기원전 194년, 고조선의 왕이었던 준왕이 집권하던 시기였습니다.

"왕이시여, 한 무리의 사람들이 한족과는 다른 모양의 상투와 복장으로 항복하러 오고 있다 합니다."

고조선의 준왕은 자신들과 비슷한 복식을 한 사람들의 우두머리가 누군지 궁금하여 직접 자신이 만나보겠다고 했습니다.

"저는 위만이라 하옵고, 연나라에서 왔사옵니다."

"그래. 내가 어찌해주길 바라느냐?"

"예. 절 믿고 따라온 제 식솔들이 살 땅을 정해 주옵소서."

"그렇다면 너는 내게 무엇을 해줄 수 있느냐."

"대신 제게 조선의 방어를 맡겨 주신다면 방비를 탄탄히 하여 한나라가 조선을 넘보는 일이 없도록 막아드리겠사옵니다."

준왕은 한나라의 위세가 커지는 이때 위만이 그렇게만 해준다면 손해 볼 것이 없다고 생각했습니다. 그래서 그는 위만에게 '박사博士'라는 관직을 주고 서쪽 땅 100여 리를 지키게 했어요. 위만 입장에서도 괜찮은 조건이었죠.

위만 세력은 그리 만만한 집단이 아니었습니다. 그들은 아직 조선에 흔하지 않던 발달된 철기 제작기술을 가지고 있었던 것입니다.

"철로 만든 농기구를 쓰고 나서 수수의 수확량이 확 늘었어."

"농기구도 그래? 이젠 청동으로 만든 무기는 더 못쓰겠어. 철로 만든 무기가 훨씬 강하더라고."

▲ B.C.2세기 한나라에서 고조선으로 넘어오고 있는 위만 일행

위만이 중국에서 가져온 우수한 철기 문명은 고조선 사람들의 신망을 얻기에 충분했습니다. 동시에 그는 한나라를 피해 도망 온 유이민들을 받아들이면서 자기 세력도 키웠죠. 시간이 지나고 점점 위만을 따르는 고조선 백성들이 많아지자 위만의 세력은 준왕의 자리를 넘볼 정도가 되었어요.

"이제 내가 왕이 될 차례인 것 같군!"

고조선의 왕이 될 생각을 품은 위만은 한나라 군대가 준왕이 있는 왕검성을 향해 쳐들어온다는 거짓 정보를 흘렸습니다.

"준왕님, 한나라 놈들이 쳐들어오고 있습니다. 제가 직접 왕검성으로 달려가 준왕님을 지켜드릴 테니 안심하고 계십시오."

소식을 들은 준왕이 안도의 한숨을 쉰 것도 잠시. 위만은 왕검성에 들어가자마자 얼굴색을 바꾸고 준왕과의 전쟁을 선포했어요.

"왕검성을 점령하라!"

갑작스러운 위만의 공격에 왕검성을 지키던 병사들은 속수무책으로 당할 수밖에 없었습니다. 위만 병사들의 무기는 준왕 병사들의 무기와 급이 달랐어요.

뒤통수를 호되게 맞은 준왕은 위만이 손쉽게 왕검성을 점령하는 사이 자신을 따르는 무리와 함께 한반도 남쪽으로 달아날 수밖에 없었죠.

"오갈 데 없던 녀석을 받아 줬건만 이렇게 배신을 하다니. 분하다!"

위만이 준왕을 몰아내고 왕검성을 차지한 이 사건은 고조선 역사에서 무척 중요한 의미가 있어요. 우선 연나라 망명자 출신의 사람이 고조선 왕이 되었다는 것과 그 후 고조선에 철기 문화가 보편적으로 사용되기 시작하여 고조선 국력이 강해졌다는 것이죠. 위만의 쿠데타 이후로 국가 성격이 많이 바뀐 거예요. 그래서 역사가들은 보통 이 사건 이전을 '단군조선'시기, 이후를 '위만조선'시기로 구분하여 부른답니다.

신망 信望
믿고 기대함

제후 諸侯
황제에게 영토를 받아 그 영내의 백성을 다스렸던 사람

유이민 流移民
본래 지역에 사는 사람이 아니라 다른 지역에서 이동해 온 사람

위만조선의 멸망과 새 시대의 시작

철기 문화를 도입한 이후 점점 발전한 위만조선의 성장세는 당시 가장 큰 세력이었던 한나라의 눈에 띌 수밖에 없었습니다. 두 나라 사이에 흐르는 긴장된 분위기. 과연 양국의 관계는 어떤 방향으로 전개될까요?

▲ 낙랑군 출토 금제 띠고리

한 무제의 압박

중요 인물 CHECK

한 무제 武帝

B.C.156~B.C.87. 유학자 동중서의 의견을 받아들여 유학을 통치 이념으로 국가를 다스렸다. 주변 국가와 크고 작은 전쟁을 계속 벌이자 재정이 부족해져 소금과 철을 국가에서 독점 판매하는 전매제를 실시했다.

위만이 왕이 된 이후 조선은 달라졌습니다. 철기 문화를 발전시켜 전보다 많은 곡식을 생산했고, 더 강한 군대를 키웠죠. 그만큼 나랏일도 늘어나 왕 밑에 상, 대신, 경, 장군 등 여러 관직을 만들었습니다. 또한, 한나라로부터 쫓겨난 유이민들을 받아들이면서 세력을 키워 진국과 같은 남쪽의 다른 나라들이 한나라와 직접 교역하는 것을 막고 중계무역을 독차지했죠. 또한, 흉노와 무척 가까운 관계를 유지하며 함께 한나라를 견제하는 외교술도 펼치게 되었어요. 정치와 경제 모든 면에서 빠르게 성장한 것이죠.

한나라는 그런 위만조선의 성장이 맘에 들지 않았습니다. 한의 입장에서는 흉노가 고조선과 함께 군사를 일으키게 될까 두려웠죠.

당시 한나라의 7대 황제인 무제는 북방의 흉노를 제압하고 비단길을 개척하여 중앙아시아에 사신을 파견하는 등 막강한 힘을 과시했습니다. 주변의 많은 나라와 이민족 집단들은 그들에게 조공을 바칠 수밖에 없었죠. 그런 한나라에게 위만조선은 언젠가 완전히 제압해줘야 할 나라였던 거예요.

"여봐라. 누가 조선에 가서 항복을 권유하겠느냐?"

한나라의 무제가 말했습니다. 그러자 '섭하'라는 자가 나와 자신이 위만조선의 우거왕을 만나 설득해보겠다고 하고 떠났습니다.

"우거왕은 황제의 조서를 받드시오."

섭하는 우거왕에게 무제의 명령을 따르라고 권했습니다. 하지만 그는 끝내 그 명령을 거부하고 섭하를 한나라로 돌려보냈습니다.

"그러기 싫으니 사신은 어서 돌아가시오!"

✻ 한나라 군대를 막아낸 위만조선

섭하는 이대로 돌아간다면 자신의 체면이 서지 않을 것이 걱정되었습니다. 뭐라도 성과를 하나 내서 돌아가고 싶었던 거예요. 그래서 그는 자신을 배웅 나온 위만조선의 장수 '비왕 장'을 죽이고 사람을 시켜 무제에게 보고하게 했습니다.

"그래? 섭하가 나의 위엄을 대신 보여주었구나. 이쁜 것. 여봐라, 섭하를 요동부의 동부 도위로 명하라!"

무제는 기분 좋게 섭하에게 벼슬을 내렸습니다. 하지만 이 소식을 들은 위만조선의 우거왕은 화가 머리끝까지 치밀어 올랐습니다. 사신에 대한 예의를 갖추기 위해 비왕 장을 보내 배웅하게 했는데 죽여버리다니요.

우거왕은 신하들에게 섭하를 빨리 쫓아가 죽이라는 명령을 내렸고, 작전은 성공했습니다. 섭하는 자기 체면을 세우려다 목숨을 잃은 것이죠.

하지만 섭하가 죽었다는 소식을 들은 무제도 가만히 있지 않았습니다.

"이참에 조선을 정벌해야겠구나! 순체에게 육군 5만을 주어 요동을 공격하게 하고, 양복에게 수군 7천을 주어 대동강을 공격하게 하라!"

이렇게 하여 기원전 109년 가을, 위만조선에 대한 한나라의 총공격이 시작되었습니다.

한나라 군대는 육군과 수군으로 나뉘어 동시에 위만조선을 정벌하고자 했습니다.

하지만 수군을 이끌던 양복은 육군이 늦게 도착한다는 것을 이유로 위만조선과 단독으로 전투를 벌였습니다. 아마도 전쟁의 공을 혼자 독차지하려고 했던 것 같아요.

그러나 위만조선 군대는 이미 한나라의 공격 방향을 알고 만반의 준비를 갖추고 있었기에 양복의 수군에 맞서 승리할 수 있었어요.

육군을 이끌던 순체 부대 역시 수군의 도움이 사라지자 패하고 말았죠. 한나라 작전의 엇박자가 위만조선의 승리로 연결된 거예요.

새롭게 등장한 국가

흉노 匈奴

기원전 4세기부터 기원후 5세기까지 몽골 및 중국 북부 지역에서 활동한 유목민족

정벌 征伐

적 또는 죄 있는 무리를 힘으로 쳐냄

한나라의 위만조선 공격 방향 (B.C.109~B.C.108)

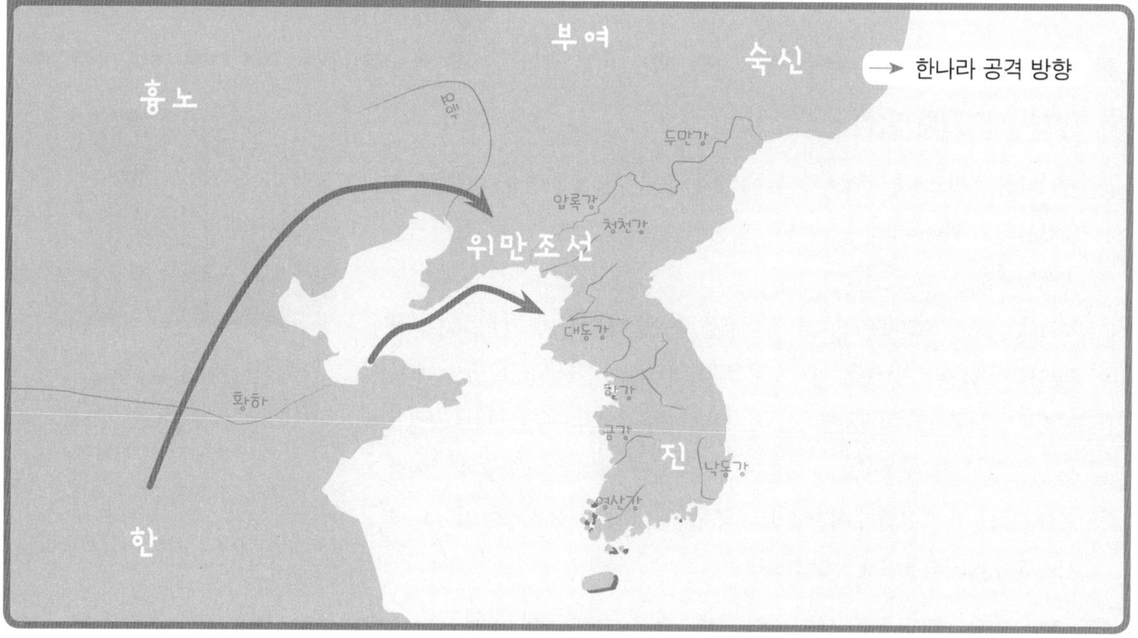

내부의 적

공방 攻防
서로 공격하고 방어함

강화 講和
전쟁을 하던 두 나라가 전투를 그치고 조약을 맺어 평화를 회복함

회유 懷柔
좋은 말과 태도로 구슬리고 달램

대신 大臣
고조선의 관직 중 하나

박산향로
11x22cm. 낙랑군 위치로 추정되는 대동강의 석암리고분에서 발견된 향로.

승리한 위만조선 군대의 사기는 하늘을 찔렀고, 한나라 군대에서는 내분이 일어날 정도로 충격이 컸습니다.

자존심이 상했을 무제는 계속 위만조선을 무너뜨리기 위해 노력했으나 1년이 지나도록 왕검성을 함락시키지 못하고 공방을 주고 받는 접전을 벌였죠. 계속된 전쟁은 공격하는 쪽이나 방어하는 쪽이나 양쪽 모두를 지치게 했어요. 급기야 위만조선의 수도 왕검성 안에서는 이제 그만 항복하자는 신하들의 목소리가 나오기 시작했어요.

"왕이시여, 이제 강화를 맺을 때도 되었습니다. 그리하면 백성들의 목숨이라도 살릴 수 있을 것입니다. 한나라 군대에 끝까지 저항하는 건 무모한 짓입니다."

"아닙니다. 이대로 항복한다면 조선은 한나라의 노예가 되고 말 것입니다."

전투가 길어지자 한나라도 전략을 하나 더 쓰기 시작했어요. 우거왕 모르게 위만조선 관리들에게 뇌물을 주며 회유하기 시작한 것이죠.

고조선 내부의 분열을 만들기 위한 그들의 전략은 너무나도 효과적이었습니다. 결국 니계상 참, 장군 왕협이 회유에 넘어가 우거왕을 죽이고 한나라에 항복했거든요. 한나라 입장에선 손 안 대고 코 푼 격이었어요.

왕이 죽임을 당한 상황에서 대신大臣 성기는 한나라에 대항해 계속 싸웠어요. 하지만 그 또한 우거왕처럼 한나라에 회유당한 관리들에게 살해당하고 말았죠. 외부의 적보다 내부의 적을 막지 못한 것입니다.

결국, 위만조선은 기원전 108년 한나라의 공격과 지배층의 내분으로 인해 멸망하고 말았습니다. 단군조선부터 이어오던 긴 역사의 마침표를 찍게 된 것이죠.

이후 고조선이 있던 자리에는 한사군이 설치되어 한나라의 지배 아래에 놓였어요. 그들의 지배를 받지 않길 원하는 고조선 사람들은 살 곳을 찾아 주변 여러 나라로 뿔뿔이 흩어졌죠. 고조선 유민의 이동과 한사군을 통한 한나라 문화의 전파는 여러 나라의 성장에 자극을 주기도 했어요.

역사 돋보기

한나라의 지배 방식

한나라는 위만조선을 멸망시킨 후 그 땅을 효율적으로 지배하고 무역으로 이익을 얻기 위해 4개의 군(진번군, 임둔군, 현도군, 낙랑군) 즉, 한사군을 만들었어요.

하지만 고조선 유민들은 한나라의 지배를 순순히 받아들이지 않았죠. 그들의 저항이 얼마나 거셌던지 한나라는 혀를 내두르며 진번·임둔군을 없애고, 현도군을 서쪽으로 이동시켰어요. 하지만 낙랑군은 한의 지원이 너무 강력해서 쉽게 몰아내지 못했어요. 한나라가 갖가지 금은 보화와 벼슬을 주어 위만조선 사람들을 회유했기 때문이에요. 낙랑군은 400년이란 시간이 지나고 나서야 고구려 사람들이 물리쳤답니다.

낙랑군 호구부 목독
낙랑군 설치 60여 년 뒤에 작성된 문서. 낙랑군 25현의 인구수 현황이 기록되어 있다. 분명한 공문서로서 낙랑군의 지배가 체계적으로 이루어졌음을 알 수 있게 하는 자료이다.

✻ 고조선의 범금 8조와 풍속

그러나 한사군이 설치된 지역을 떠나지 못하고 남아있던 사람들은 그들의 지배에 저항하며 버텼습니다. 옛 고조선인들의 저항에 놀란 한나라는 8개로 이루어져 있던 고조선의 법을 60여 개로 늘리며 지배를 강화하고자 했죠.

이 내용은 중국의 기록인 『한서』에 나와있는 내용인데요. 바뀐 60여 개 조항은 남아있지 않지만 원래 고조선의 법이었다는 8개 조항 중 3개 조항이 적혀있어서 고조선 사회의 모습을 유추하는 데 큰 도움을 주고 있어요.

먼저, 사람을 죽인 사람은 즉시 죽인다는 조항이 있는데요. 고대국가 시기에 보편적으로 나타나는 보복법의 경향을 띠고 있어요. 그리고 남에게 상처입히면 곡식으로 부담한다거나 죄를 갚는 방법으로 곡식이나 돈을 내게 했다는 조항을 볼 때 농업생산이 이루어지고 화폐가 사용됐음을 알 수 있습니다. 실제로 고조선은 한반도 남쪽에 자리한 진과 한나라 간의 무역을 중계하는 역할로 이익을 얻어 부유해졌다고 하니 설득력 있는 기록이죠.

한편 고조선의 사회구조가 신분제 사회라는 것도 알 수 있습니다. 도둑질을 한 사람은 노비로 삼는 조항이 이를 뒷받침하죠. 고조선은 권세를 누리며 노비를 부릴 수 있는 지배층과 그들의 지배를 받는 피지배층으로 이루어진 사회였던 거예요. 부족한 기록이긴 하지만 이를 통해 많은 사실을 추론할 수 있네요.

고조선에 관한 기록은 무척 한정적이어서 작은 기록의 파편을 통해 역사적 사실에 최대한 가깝게 다가갈 수밖에 없는 시기예요. 때문에 역사학자들은 기록 한 글자, 유물 한 점의 의미를 깊게 생각하고 역사를 재구성하려 노력한답니다.

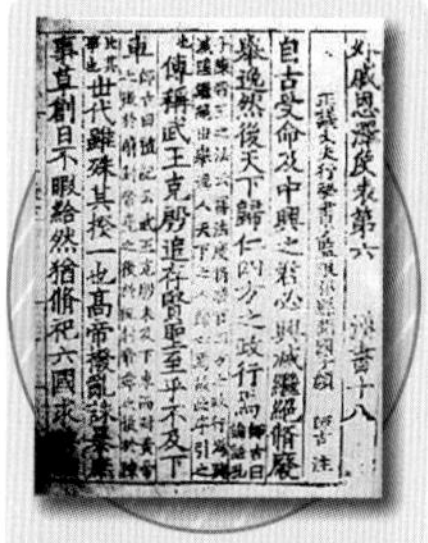

한서 漢書
후한의 역사가인 반고가 편찬한 역사서. 총 100권으로 이루어져 있다. 이 역사서의 한 부분은 각 지역의 풍습을 담고 있는데 그 편이 '지리지' 부분이다.

보복법 報復法
해를 끼친 사람에게 그만큼 돌려주는 법. 흔히 '눈에는 눈 이에는 이'라는 비유와 함께 설명한다.

01. 고조선의 성립과 멸망

나만의 생각 지도

단군 조선

위만 조선

02

여러 나라의 성장

B.C. 2세기 ~ A.D. 3세기

고조선 멸망을 전후하여 국가라고 부를 만한 여러 집단이 등장했다. 이들이 존재했던 시기는 한반도에서 가장 많은 정치 집단과 다양한 문화가 꿈틀대던 때였다.

만주에서 성장한
부여와 고구려

부여는 고조선이 멸망할 무렵 만주 일대에서 강력한 세력을 가지고 있던 나라였습니다.
한편, 고구려는 부여와 한사군의 압박을 이겨내며 만주에서 자리잡아야 했습니다.

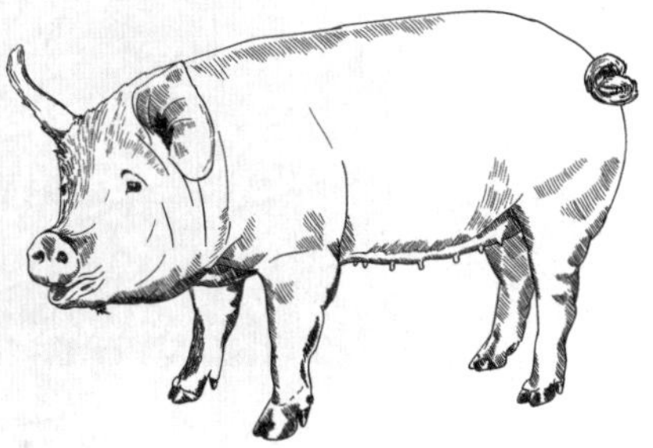

고조선 멸망 이후에

기원전 2세기, 고조선 멸망을 전후하여 만주와 한반도 지역에선 여러 나라들이 성장을 시작하고 있었습니다. 삶의 터전을 잃은 고조선 유이민들은 새로운 보금자리를 찾고자 이들 나라로 뿔뿔이 흩어져 삶을 이어나갔죠.

대부분 이제 막 기틀을 잡아가던 중에 있는 작은 나라였지만 나름의 자연환경에 맞추어 특색 있는 문화를 발전시켜 나가던 이들이었습니다. 부여, 고구려, 옥저, 동예, 삼한과 같은 나라들이 대표적이지요. 교과서에서 많이 봤던 익숙한 이름들이죠?

이들은 각각 다른 지리적 환경에서 다양한 문화를 발전시키면서 성장하지만 모두 철기 문화의 확산 속에서 전쟁을 치르며 명멸하게 된다는 공통점을 가지고 있어요.

이들 중 가장 먼저 살펴볼 나라는 강력한 소국을 중심으로 하나의 정치 집단처럼 행동하며 성장한 연맹왕국인 두 나라, 바로 부여와 고구려입니다.

부여와 고구려는 얼핏 보기에는 비슷한 지역에 있던 것으로 보이지만 그들이 처한 환경과 상황은 많이 달랐습니다. 그들이 누리고 있던 문화의 모습도 달랐죠. 그럼 이들이 각각 어떤 문화를 누리고 있었는지 살펴보겠습니다.

명멸 明滅
불빛 따위가 나타났다 사라졌다하는 상태

연맹왕국 聯盟王國
여러 소국이 모여 만든 느슨한 형태의 연맹체. 연맹왕국의 우두머리는 왕으로 불리며 연맹의 대표자 역할을 했지만, 실질적인 지배력을 보여주지는 못했다.

부여가 있었던 만주의 초원

가축을 사랑하는 나라

예맥족 濊貊族
한반도 북부와 중국 동북부에 살던 민족

평원 平原
넓고 평평한 들판

사출도 四出道
여러 가加들이 관리하던 구역. 큰 곳은 수천 가家, 작은 곳은 수백 가家였다.

부여는 기원전 2세기경 이전부터 존재한 예맥족이 세운 나라였어요. 고조선 북쪽 만주 송화강 유역에서 터전을 잡은 그들은 드넓은 평원에서 농사를 짓고, 가축을 기르며 살아왔습니다. 특히 그들은 가축을 신성하게 생각하고 자신들이 주로 기르는 가축의 이름을 따서 관직 이름으로 삼았죠. '말-마가馬加, 소-우가牛加, 돼지-저가猪加, 개-구가狗加' 이렇게요. 얼마나 가축들과 가깝게 지냈으면 그들의 이름을 따서 관리 이름을 지었을까요? 이들 말고도 '대사자', '사자'라는 관직 이름들도 보여요.

이들 가加들은 네 지역 즉, 사출도四出道를 다스렸으며 권력도 부여 성립 초기에는 왕 못지않았어요. 반면 나라의 대표자인 왕의 권력은 미약했어요.

"올해는 가뭄이 심하게 들었네. 지난번에 우가에서 선출된 왕이 정치를 제대로 못했나 봐."

"나라를 다스릴 자격이 없는 자로군. 지금의 왕은 죽이고 새 왕을 선출하세!"

이 대화는 가뭄이 들었을 때 부여의 부족회의에서 나왔을 법한 대화입니다. 부여는 가뭄이나 홍수가 심하면 그 책임을 물어 왕을 쫓아내거나 심지어는 죽이기까지 했거든요. 초기 부여 왕의 권력은 기후에 좌우될 만큼 허약했던 것입니다.

✷ 부여의 법률과 제천행사

부여 사람들은 노래를 무척이나 좋아했다고 해요. 축제 때 길거리엔 노랫 소리가 끊이질 않았다고 전해질 정도거든요. 마음의 여유가 많았던 사람들 같아요. 하지만 항상 평화롭고 살기 좋지만은 않았나 봐요. 나쁜 일을 한 사람을 처벌하는 법이 존재했거든요. 부여의 법을 1책 12법이라고 하는데 그 내용을 함께 살펴볼까요?

1) 도둑질을 한 사람은 물건값의 열두 배를 물어내야 한다.
2) 간음한 사람은 사형에 처한다.
3) 투기가 심한 부인은 사형에 처한다.
4) 살인자는 사형에 처하고 그 가족은 노비로 삼는다.

전해져 오는 법 조항을 보니 정말 가혹한 형벌이 많았네요. 특히 투기가 심한 부인은 사형에 처한다니 부여가 무척 남성 중심적인 사회였다는 것을 알 수 있어요. 1책 12법이란 말은 도둑질을 한 사람에게 물건값의 열두 배를 물어내도록 했기 때문에 붙여진 이름 같아요.

부여에서는 12월쯤에 한 해 농사를 짓고 추수를 한 다음 영고라는 제천행사를 열었어요. 한 해를 정리하면서 내년에도 풍년을 기원하는 마음으로 하늘에 제사를 지냈죠. 영고는 부여 사람들에게 우리의 추석처럼 큰 명절이었어요. 그들은 영고 때마다 맛있는 음식을 만들어 먹고 마시며 축제를 즐겼죠. 그리고 감옥에 갇힌 죄수들을 특별히 풀어주기도 했어요.

간음 姦淫
부부가 아닌 남녀가 성관계를 맺음

조항 條項
법률이나 협정, 협의서 등에 있는 항목

투기 妬忌
자기가 좋아하는 이성이 다른 이성과 좋아하는 것을 지나치게 미워함

제천행사 祭天行事
씨를 뿌리거나 곡식을 거두는 등 농경사회에서 중요하게 여기는 시기에 공동체의 일원들이 모여 하늘에 감사를 드리는 행사

만주와 한반도 북부에 위치했던 여러 나라

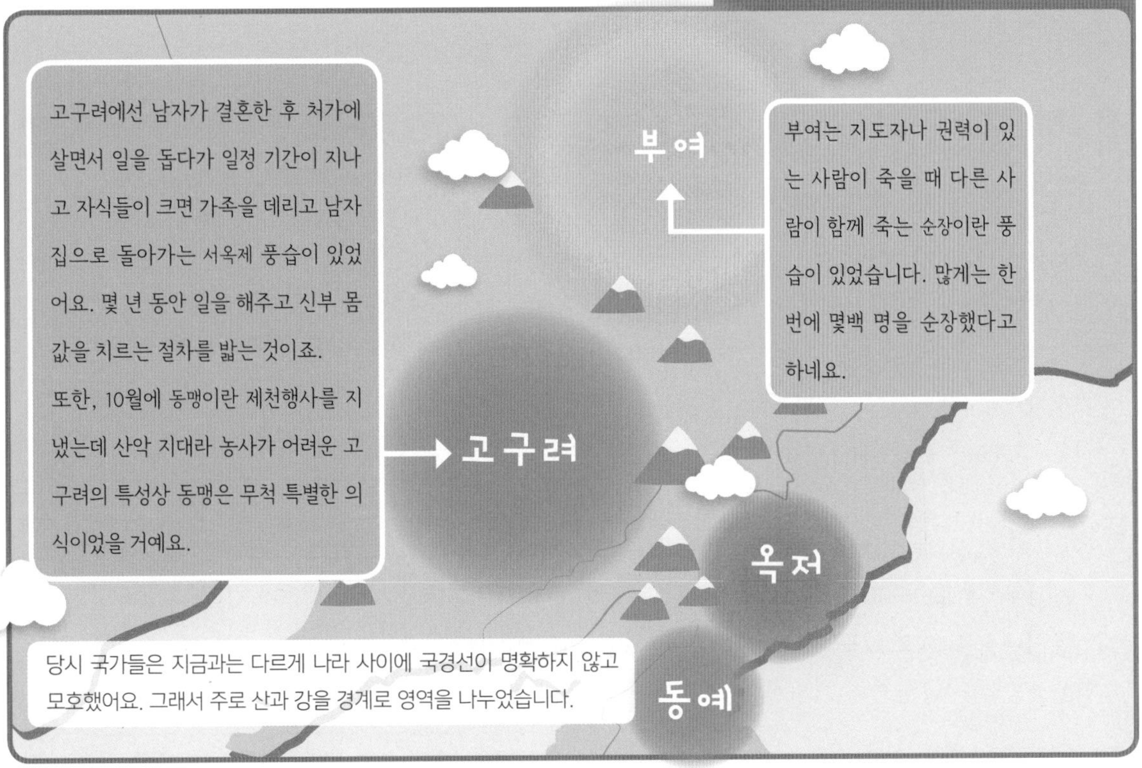

5부족 연맹체, 고구려

내막 內幕
겉으로 드러나지 않은 속내용

노략질
떼를 지어 돌아다니며 사람을 해치거나 재물을 강제로 빼앗는 짓

후덕 厚德
덕이 많음

이번엔 조금 남쪽으로 시선을 이동하여 고구려로 가봅시다. 일단 고구려를 이끄는 주축 세력은 기원전 3~2세기 무렵부터 나타나기 시작했어요. 이들은 나중에 고구려의 5부로 편입되어 소노부, 절노부, 순노부, 관노부로 불리우게 되는 세력이었어요.

이들은 이미 기원전 2세기경 '고구려'라는 이름을 사용하고 있던 것으로 보여요. 기원전 1세기 무렵에는 부여에서 남쪽으로 내려온 주몽 집단이 주변 부족들을 복속시키며 고구려 세력을 장악해나갔어요. 이후 주몽 집단은 계루부라는 이름으로 불리우게 돼요.

많은 사람들은 고구려가 부여에서 내려온 주몽 집단이 기원전 37년, 새롭게 '짠'하고 세운 나라처럼 알고 있지만, 사실은 이전부터 자리 잡고 정치집단을 꾸려가던 연맹체들이 있었던 것입니다.

그러나 주몽 집단의 등장이 완전 의미 없는 사실이라고 볼 수는 없어요. 소노부에서 계루부로 주도권이 이동한 사건은 그만큼 고구려 역사의 본격적인 시작을 알리는 의미가 있으니까요. 『삼국사기』에서도 주몽이 고구려의 건국자라고 말하고 있는데요, 이 이야기의 자세한 내막은 3장 첫 부분에서 자세히 다루도록 할게요.

어쨌거나 각 부의 지도자들은 자기 지역에서 독자적인 권력을 탄탄하게 가지고 있었어요. 그래서 고구려의 왕권이 강력해진 이후에도 귀족 회의인 제가회의를 열어 나라의 큰일을 결정하고, 재판을 진행하며 영향력을 행사했다고 하네요.

역사 돋보기

좋은 놈. 나쁜 놈을 누가 정할까?

오른쪽 자료는 서진 시대 중국의 역사서인 『삼국지』 「위서 동이전」에 기록된 고구려와 부여에 대한 기록 중 일부입니다. 읽어보면 고구려는 가난한 도적 집단처럼 묘사하고, 부여는 점잖고 멋지게 묘사하고 있네요. 고구려가 전쟁과 노략질을 많이 한 것은 사실이긴 하지만 무척 편파적 관점에서 쓰인 기록인 듯한 의심이 듭니다.

「위서 동이전」은 왜 이렇게 두 나라를 다르게 서술했을까요? 중국 입장에서 부여는 외교적으로 가까운 사이였던 반면에, 고구려는 한사군을 지속적으로 공격하여 그들의 운영을 어렵게 만들었다는 괘씸죄가 적용된 건 아니었을까요?

고구려

큰 산과 깊은 골짜기가 많고 넓은 들은 없다. 기름진 땅이 없어서 부지런히 농사를 지어도 식량이 넉넉하지 못하다. 사람들의 성품이 흉악하고 급해서 노략질하기를 좋아한다.

부여

체격이 매우 크고 성품이 강직 용맹하며 근엄하고 후덕해 다른 나라를 노략질하지 않는다.

Plus Alpha+

깨알 같은 서양의 고대 법전

고르틴 법전

그리스 에게 해 크레타 섬의 남부 지역 고르틴에서 발굴된 기원전 5세기의 법전이예요. 12개의 대리석판에 새겨진 금석문은 길이 30피트, 높이는 5피트의 벽에 60줄의 내용을 담고 있습니다. 이 법은 고대 그리스의 법전 중 유일하게 완전한 형태를 유지하고 있습니다.

5-10. 아내가 남편의 것인 어떤 다른 물건을 가지고 나가는 경우에는 5스타테르를 벌금으로 물고, 가지고 나간 물건 자체와 손상한 것을 원상복구한다. 그러나 여자가 그런 사실을 부인하는 경우에는 화살을 가진 아르테미스 상을 모시는 아미클라이온 신전에서, 아르테미스 여신을 향하여 거부 맹서를 하도록 한다.

25-39. 보증금을 맡고 있는 사람이나 사기에 연루되거나 약속을 한 사람이 죽거나, 또는 이와 관련된 또 다른 사람이 있으면 1년 이내에 소송을 낸다. 재판관은 증언에 따라 판결한다. 만일 승소한 판결에 대해 누가 이의를 제기하면, 당시의 재판관과 서기로서 아직 살아 있고 시민권을 가지고 있는 사람, 그리고 법정 상속인이 증언을 한다.

함무라비 법전

기원전 1792년에서 1750년에 바빌론을 통치한 함무라비 왕이 반포한 고대 바빌로니아의 법전입니다. 높이 2.25미터의 현무암에 아카드어가 설형문자로 기록되어 있습니다. 세계에서 가장 오래된 성문법으로 알려져 있으며 '눈에는 눈, 이에는 이'라는 보복법의 원칙으로 쓰여있어요.

198. 만일 그가 평민의 눈을 멀게 하거나 뼈를 부러뜨리면 은 60세겔을 저울에 달아 피해자에게 주어야 한다.

209. 만일 귀족 남자가 귀족 여성을 때려서 그녀의 아기가 유산되었다면 태아에 대한 보상으로 은 10세겔을 저울에 달아 지불해야 한다.

210. 만일 맞은 여성이 사망한다면 그 남자의 딸을 죽여야 한다.

동해안의 작은 두 나라
옥저와 동예

앞에서 살펴본 두 나라와는 다르게 연맹왕국 단계로 나아가지 못하고 작은 나라로 존재하다 사라진 나라들이 있어요. 고구려와 비슷한 말을 쓰고 풍속도 비슷했지만 그들과는 다른 독특한 문화를 가지고 있었던 이들은 누구고 어떻게 생활했는지 알아볼까요?

▲ 옥저, 손잡이 달린 토기

해산물이 많이 나는 '옥저'

손실 損失
축나거나 잃어서 손해를 보는 것

오늘날 함경도 지방에는 옥저라는 나라가 있었습니다. 옥저는 고조선이 멸망할 때 고조선 사람들이 옮겨와서 나라가 커졌으며, 3세기경 부여가 모용 선비족의 침입을 받았을 때 부여 왕족을 포함한 많은 사람이 피난을 오기도 한 나라죠. 그렇지만 규모가 작아서 부여나 고구려와 같은 연맹왕국은 아니었어요. 읍군, 삼로와 같은 마을의 지도자가 있을 뿐이었죠.

옥저 사람들은 바닷가에 살았기 때문에 해산물을 많이 먹고 살았어요. 또 소금을 만드는 기술이 아주 뛰어났죠. 그래서 해산물과 소금은 옥저의 주요 수출품이었답니다. 그래서 옥저는 풍족한 먹을거리를 노리는 주변 나라의 침입을 자주 받았어요. 하지만 옥저가 빼앗긴 건 먹을거리뿐만이 아니었어요. 침략자들은 옥저의 젊은 처녀들을 빼앗아 노비로 삼기도 했거든요. 특히 옥저와 가까운 거리에 있던 고구려는 주변에 틈만 나면 옥저를 공격해 먹을거리를 얻어 갔어요.

옥저에선 민며느리 제도라는 독특한 결혼 풍습이 있었는데 여성이 10살 되기 이전에 미리 신랑 집과 결혼 약속을 하고, 10살이 되면 신랑의 집에 가서 어른이 될 때까지 함께 살게 했어요. 그러다 신부가 어른이 되면 다시 친정으로 보냈다가 신랑이 신부값을 치른 다음에 다시 데리고 오게 했습니다.

이러한 독특한 결혼 풍습이 있었던 것은 고대 사회에서 노동력을 미리 확보하는 것이 매우 중요했기 때문이에요. 고구려의 서옥제와 반대되는 형태이지만 결혼 때문에 발생하는 신부 집안의 노동력 손실을 보상해주는 의미가 있다는 점에선 같은 목적의 풍습이라고 볼 수 있습니다.

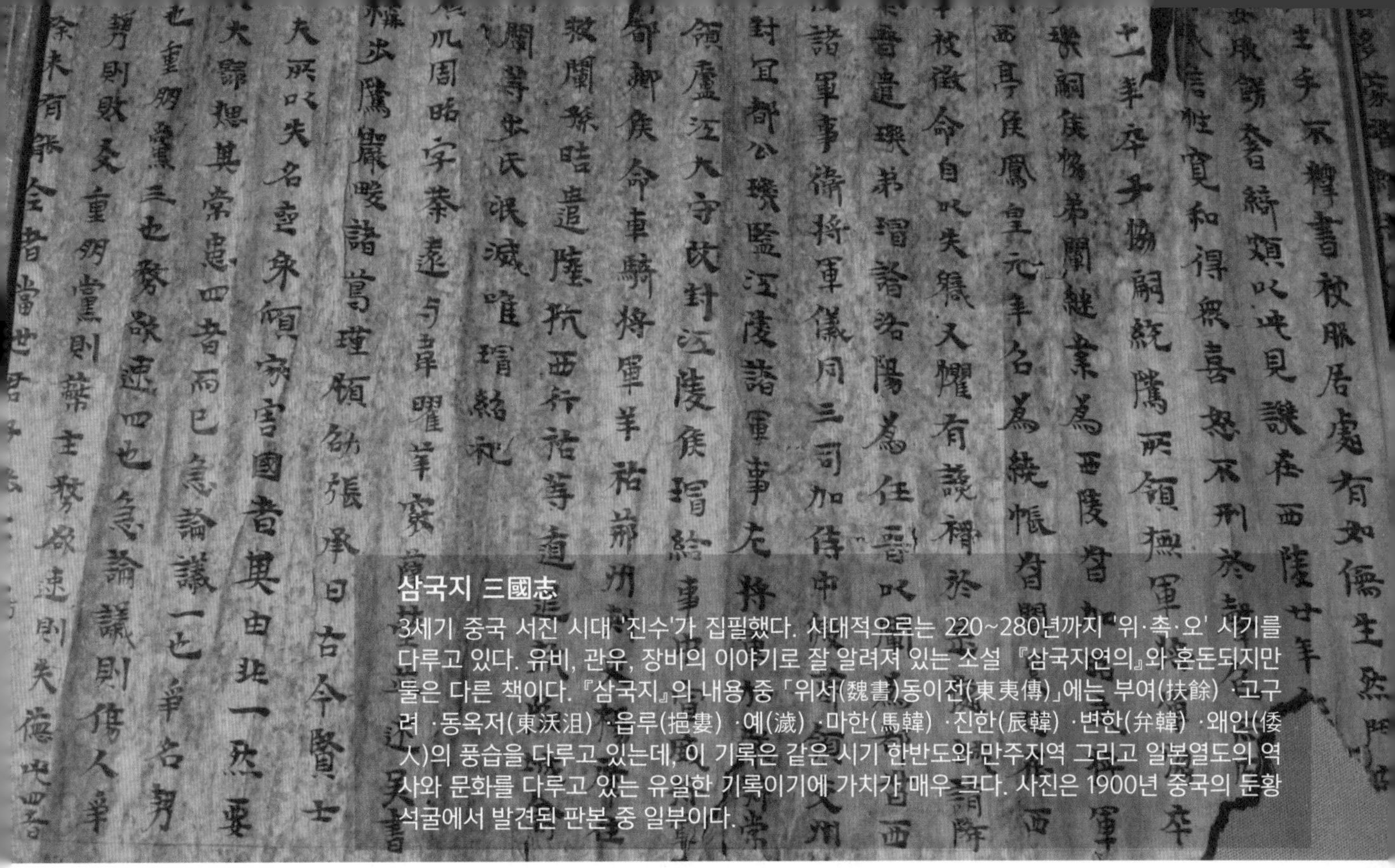

삼국지 三國志
3세기 중국 서진 시대 '진수'가 집필했다. 시대적으로는 220~280년까지 '위·촉·오' 시기를 다루고 있다. 유비, 관우, 장비의 이야기로 잘 알려져 있는 소설 『삼국지연의』와 혼돈되지만 둘은 다른 책이다. 『삼국지』의 내용 중 「위서(魏書)동이전(東夷傳)」에는 부여(扶餘)·고구려·동옥저(東沃沮)·읍루(挹婁)·예(濊)·마한(馬韓)·진한(辰韓)·변한(弁韓)·왜인(倭人)의 풍습을 다루고 있는데, 이 기록은 같은 시기 한반도와 만주지역 그리고 일본열도의 역사와 문화를 다루고 있는 유일한 기록이기에 가치가 매우 크다. 사진은 1900년 중국의 둔황 석굴에서 발견된 판본 중 일부이다.

동쪽의 예맥족 '동예'

지금의 강원도 북부 동해안 지역에는 동예라는 나라가 세워졌어요. 동예 사람들은 말을 아주 잘 길렀어요. 과하마라는 말이었죠. '과일나무 밑으로 지나갈 수 있을 만큼 작은 말'이라는 뜻이에요. 몸집이 작지만 튼튼하고 다루기 쉬워서 주변 민족들에게 인기가 정말 좋았다고 하죠.

동예 사람들은 손재주가 좋았던 것 같아요. 동예 주변에는 산이 많았기 때문에 사냥을 주로 했는데 사냥에서 쓰이는 단궁이라는 활을 기가 막히게 잘 만들었거든요. 또 바닷가 마을에서는 먼 바다로 나가 바다표범을 잡아왔다고 해요. 이것은 반어피라고 해요.

동예에서는 해마다 10월이 되면 무천이라는 제천행사를 열었어요. 추수가 끝난 후 하늘에 제사를 지내고 먹고 마시며 춤추는 축제의 기간이었죠. 어찌나 신나게 놀았던지 중국 지역에도 알려질 정도였다고 해요.

또한, 서로 허락이 없이 다른 마을을 침범하면 안 되는 규범이 있었어요. 이를 책화라고 해요. 책화를 어긴 사람은 소나 말로 벌금을 물어야 했어요. 이런 풍습을 통해 우리는 동예가 각 마을마다 자급자족하는 경제단위로 생활했다는 것을 추정해볼 수 있어요.

이렇게 다양한 문화를 가지고 있던 옥저와 동예는 안타깝지만, 더 크게 성장하지 못했어요. 2세기쯤 옥저는 고구려에, 동예는 고구려와 신라에 점점 흡수되어 사라지게 되거든요.

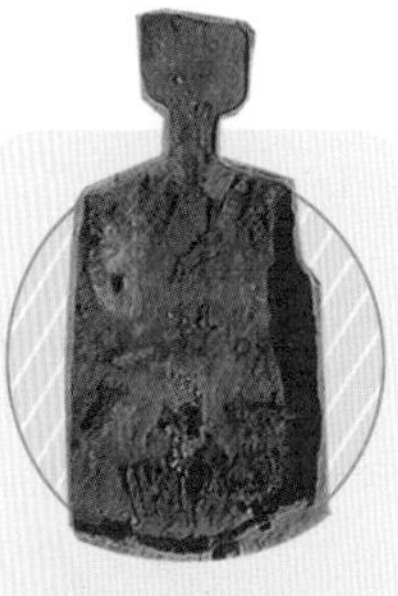

여(呂)자형 집터
동예의 대표적인 집터 형태. 한쪽 구석에 화덕이 있고, 반대편에는 저장 용도로 사용한 것으로 추정되는 독립 공간이 마련되어 있다. 동예가 있었던 강원도 지역에서는 철(凸)자형 집터도 많이 발굴된다.

풍요로운 남쪽의
세 연맹왕국 삼한

한반도 남부에서는 농경 문화와 철기 문화를 기반으로 한 작은 국가들이 성장하고 있었어요.
통틀어 삼한이라고 불리우는 이들 나라에 대해 알아볼까요?

▲ 의림지(이방운 作, 1761년 ~ ?)

✻ 남쪽의 여러 나라

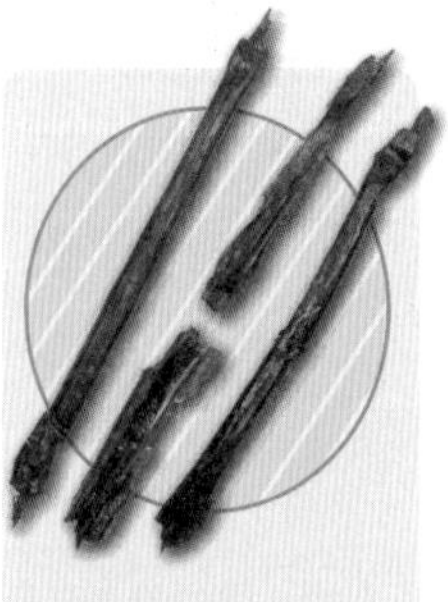

붓
창원 다호리 유적에서 발굴된 붓. 기원전 1세기 무렵의 유물로 추정된다. 이 시기 변한 지역에서 한자 혹은 문자가 사용되고 있었음을 보여주는 유물이다.

한반도 남쪽은 기후가 따뜻하고 넓은 들과 큰 강이 있어서 옛날부터 사람이 살기에 적당했습니다. 그래서 많은 사람이 정착하여 집단을 꾸리며 작은 나라들을 만들어가기 시작했죠.

기원전 2세기 이후가 되면 한반도 남부지역엔 78개의 작은 나라들이 서로 정치적으로 연합하기 시작했다고 해요. 이들은 크게 마한(54개), 진한(12개), 변한(12개)으로 묶였는데, 이들 연맹을 통틀어서 삼한이란 이름으로 부르게 되었습니다.

지리적으로 나누어 보면 마한은 경기·충청·전라도에, 변한은 경상남도 낙동강 하류에, 진한은 경상북도 대구와 경주 지역에서 생겨났어요.

가장 중요한 삼한 문화의 특징은 철기 문화를 바탕으로 성장했다는 것입니다. 철기는 청동기보다 단단한 도구였기 때문에 농사와 전쟁 모두에 유리해요. 삼한 사회가 점점 시끌시끌 해질 것 같은 기분이 드는데, 철기가 어떤 변화를 일으켰는지 살펴봅시다.

✻ 철기를 바탕으로 성장하다

일단, 철기 시대 이전까지만 해도 돌과 나무를 이용하여 농기구를 만들었는데, 철기로 만든 따비와 낫 등이 보급되면서 농업 생산량이 크게 늘어 났어요. 철제 따비를 활용하면 땅을 더욱 깊게 갈 수 있고, 철제 낫을 활용하면 수확을 더욱 빠르게 할 수 있었을 테니까요.

이러한 철기 문화의 확산에는 진한과 변한 지역에서 생산되는 철이 큰 역할을 해줬습니다. 이곳의 철 매장량은 풍부하여 질 좋은 철을 생산할 수 있었고, 철기 제작 원료를 마한, 동예, 왜, 낙랑군 등으로 수출했으며 철을 화폐처럼 사용할 정도였다고 합니다.

하지만 삼한 사람들 모두가 철을 잘 다룬 것은 아니었어요. 이 일은 특별한 기술을 가진 소수의 장인 집단이 따로 모여 철 생산을 담당했다고 해요. 아마도 대부분은 사람들은 농사를 지었겠죠?

농사가 발전하면서 삼한 사람들은 저수지를 만들기 시작했어요. 당시 만들어진 저수지의 흔적은 지금도 제천 의림지, 김제 벽골제 등에 남아 있어요.

그러니 삼한 사람들에게도 제천행사는 큰 의미가 있었겠죠? 아니나 다를까 다른 소국은 한 번하는 제천 행사는 삼한에선 두 번이나 했네요. 그들은 씨를 뿌리고 난 뒤인 5월과 10월에 제천 행사를 열었습니다. 5월은 농사 시작할 때 풍요를 비는 단오제* 성격을 가진 수릿날, 10월은 추수감사제의 성격으로 농사의 풍요를 기원하는 행사였을 거예요.

또, 기록에서 볼 수 있는 독특한 점 한 가지는 삼한이 각 소국에 소도*란 곳을 별도로 만들고, 그곳에 큰 나무를 세워 방울과 북을 매달고 귀신을 섬겼다는 거예요.

아마도 이곳은 제사를 지내는 역할을 따로 담당하던 곳 같은데 철기 문화의 보급 이후에 지도자(신지, 읍차)*의 역할이 커짐에 따라 종교적인 역할만 전문적으로 담당하는 사람들(천군)*이 생겼다는 걸 말해주는 듯해요. 즉 삼한 사회가 제정분리 사회로 나아가고 있었다는 증거인 것이죠.

단오 端午
음력 5월 5일. 씨앗을 심고 한해 농사의 풍년을 기원하는 행사.

소도 蘇塗
삼한에서 하늘에 제사를 지내던 신성한 장소. 죄를 짓고 쫓기는 범죄자가 이곳에 들어가면 아무리 권력이 큰 사람이라도 잡으러 들어갈 수 없었다.

신지 臣智**, 읍차** 邑借
삼한의 지도자를 이르는 말. '신지'는 소국의 중심이 되는 지도자로 소국 전체를 통솔하는 역할을 했다. '읍차'는 신지보다 하급 지배자로서 작은 소규모 집단을 이끄는 지도자였다.

천군 天君
삼한시대 소국 내에서 제사 의식을 주관하던 제사장

창원 다호리 유적 1호 무덤
경상남도 창원시 다호리 기원전 1세기 후반에서 서기 1세기 사이의 유적. 다양한 철기와 중국계 유물이 출토되어 철 생산을 바탕으로 중국·낙랑과 교역한 세력의 지배자의 무덤으로 추정된다.

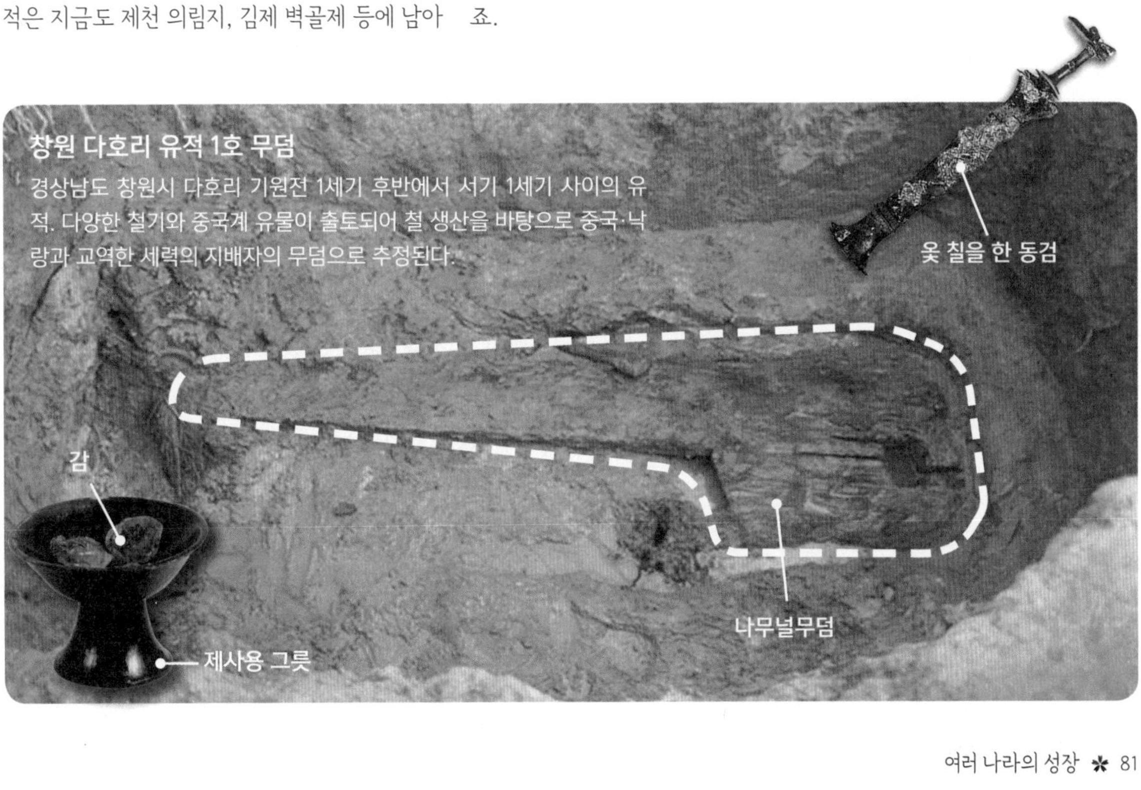

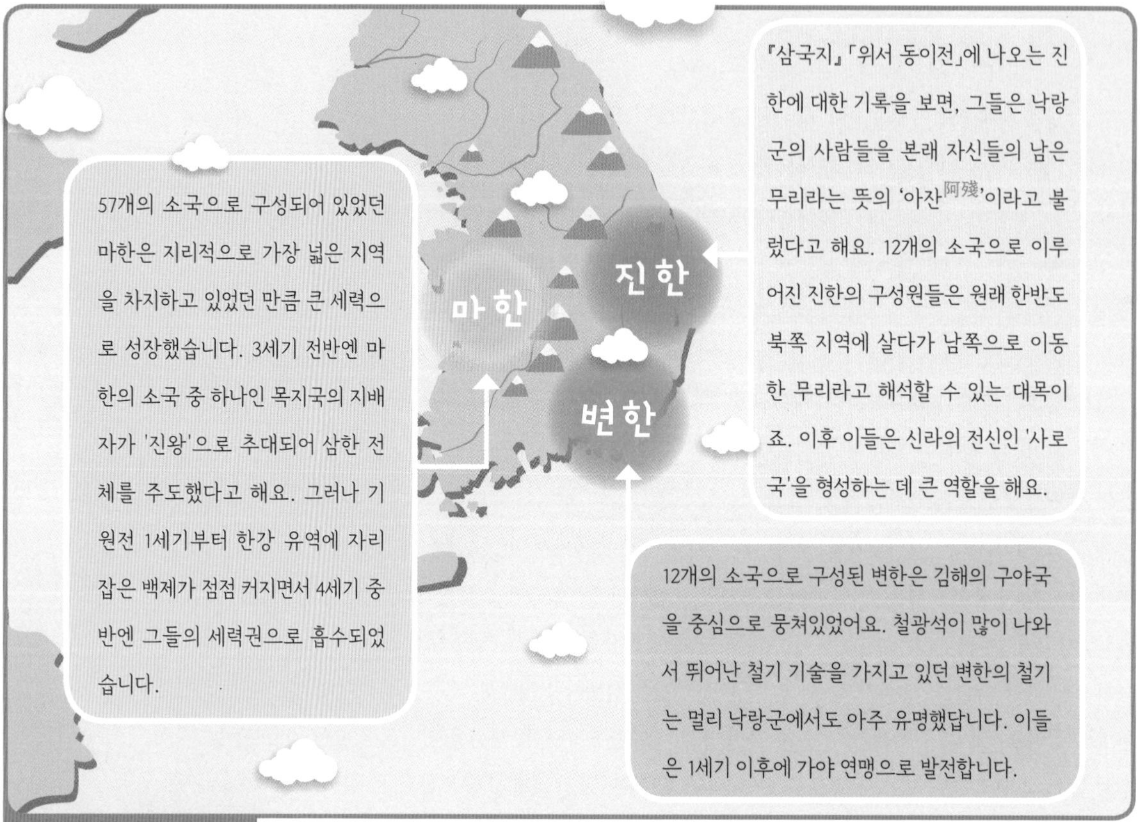

57개의 소국으로 구성되어 있었던 마한은 지리적으로 가장 넓은 지역을 차지하고 있었던 만큼 큰 세력으로 성장했습니다. 3세기 전반엔 마한의 소국 중 하나인 목지국의 지배자가 '진왕'으로 추대되어 삼한 전체를 주도했다고 해요. 그러나 기원전 1세기부터 한강 유역에 자리 잡은 백제가 점점 커지면서 4세기 중반엔 그들의 세력권으로 흡수되었습니다.

『삼국지』「위서 동이전」에 나오는 진한에 대한 기록을 보면, 그들은 낙랑군의 사람들을 본래 자신들의 남은 무리라는 뜻의 '아잔阿殘'이라고 불렀다고 해요. 12개의 소국으로 이루어진 진한의 구성원들은 원래 한반도 북쪽 지역에 살다가 남쪽으로 이동한 무리라고 해석할 수 있는 대목이죠. 이후 이들은 신라의 전신인 '사로국'을 형성하는 데 큰 역할을 해요.

12개의 소국으로 구성된 변한은 김해의 구야국을 중심으로 뭉쳐있었어요. 철광석이 많이 나와서 뛰어난 철기 기술을 가지고 있던 변한의 철기는 멀리 낙랑군에서도 아주 유명했답니다. 이들은 1세기 이후에 가야 연맹으로 발전합니다.

한반도 남쪽의 연맹왕국

✻ 삼한의 독특한 풍습

생사 生絲
삶아서 익히지 않은 명주실

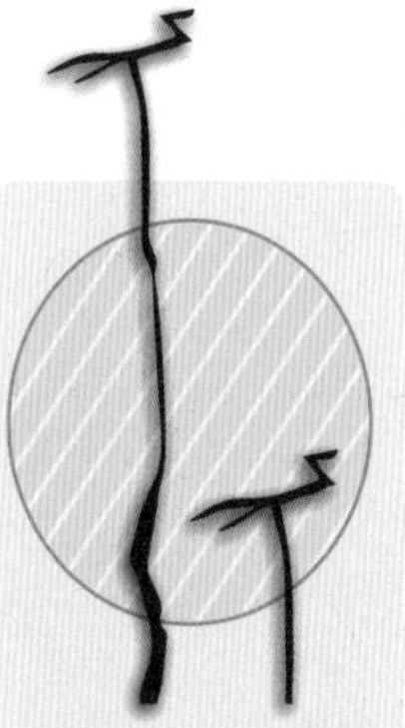

솟대
높은 깃대에 새를 얹어 놓은 모양으로 고대사회에 하늘과 사람을 연결해주는 상징이다. 삼한의 소도와 관련 있을 것으로 여겨진다.

앗, 앞에서 여러 개념이 나와 머리가 복잡해졌다고요? 그렇담 이번엔 머리를 식힐 겸 삼한의 문화 중 흥미로운 것들을 살펴보도록 해요.

먼저 기록에 의하면 삼한 중엔 아이가 태어나면 돌로 머리를 눌러 평평하게 만든 '편두' 풍습이 있었다고 해요. 그들은 바로 진한과 변한인데요. 편두를 하면 머리가 이마는 납작해지고 뒤통수는 길쭉해져서 지금 사람들 입장에선 머리 모양이 외계인처럼 보일 수 있을 것 같아요. 실제로 두 지역에선 편두를 한 인골이 발굴되어 사람들을 깜짝 놀라게 했죠.

자칫 비인간적으로 보일 수 있는 편두는 아시아 여러 나라들은 물론이고 이집트, 북아메리카의 인디언, 남아메리카의 마야 등 세계의 곳곳의 고대 역사에서 발견되는 풍습입니다. 진한과 변한은 바다로부터 들어오는 해양 문화의 영향을 받은 것 같아요.

또한, 삼한에선 농사뿐만 아니라 누에와 뽕나무를 길러 생사와 비단을 생산했다는 기록이 있어요. 특히 변한에서 만든 원단은 폭이 넓고 섬세하여 낙랑군에 수출되어 낙랑산 비단의 원료로 사용되기도 했다고 해요. 그들은 철을 다루는 기술뿐만 아니라 옷 만드는 기술도 뛰어났던 것 같습니다.

이렇게 독특한 문화를 자랑하던 삼한의 소국들은 강한 힘을 가진 나라에 의해 점차 통합되게 되었어요. 이렇게 주변 소국들을 통합하면서 성장한 나라들이 바로, 백제와 가야 그리고 신라입니다.

✸ 제천행사의 의미

이렇게 만주와 한반도에서 성장한 여러 나라들에 대해서 알아봤는데요. 저마다 특색을 가지고 있지요? 그런데, 읽으면서 느끼셨겠지만 이들 대부분은 매년, 나라 사람들이 모두 모여 먹고 즐기는 제천행사를 행했다는 특징이 있어요. 나라의 규모가 작았던 당시 사회 환경에서 많은 비용이 들어갈 수밖에 없는 이런 행사를 한 데에는 여러 가지 이유가 있습니다.

첫째, 제천행사의 기본적인 목적은 하늘에 한 해 농사가 잘 되었음을 감사하고 다음 농사의 풍요를 비는 거예요. 이때 제사는 왕이 주관하는데요. 그는 제천행사를 열어 하늘과 연결되는 특별한 존재임을 많은 사람들에게 보여주고자 했어요.

둘째, 제천행사 때는 나라 사람들이 계급을 떠나 행사를 즐김으로써 계급사회의 갈등이 완화되는 기능을 하기도 했어요. 마치 우리가 축제를 즐기며 스트레스를 날려버리는 것과 비슷하죠.

셋째, 제천행사는 시장이 크게 발달하지 않았던 당시 사회에서 필요한 물건이 오고가는 장이 되기도 했습니다. 당시엔 주로 물물교환으로 필요한 물건을 얻었는데, 제천행사는 사람들에게 그 기회를 열어주었던 것이죠. 행사가 있는 날에는 자연스럽게 많은 사람들이 모이게 되었으니까요. 그때 필요한 물건들을 나누었던 거죠.

이처럼 제천행사는 영고, 동맹, 무천 등 서로 다른 이름으로 불리긴 했지만 그 기능과 효과는 당시 정치, 사회, 경제적인 측면에서 꼭 필요한 장치였다고 볼 수 있어요.

주관 主管
어떤 일을 책임지고 맡아 관리함

02. 여러 나라의 성장

나만의 생각 지도

뜨거운 주제 확인하기

◆ 지역마다 풍습이 다른 이유는?

다음 제시문을 읽고 물음에 답해보세요.

가 '환경 결정론'은 인간의 문화나 행동이 주변 지형, 기후, 천연자원에 따라 결정된다고 보는 주장이에요. 독일 지리학자 프리드리히 라첼이 주장한 이 개념은 초창기 인류 문명이 먹을거리가 풍족한 강가에서 시작한 이유를 쉽게 설명해주고 있습니다. 인간이 문화를 발전시킬 수 있었던 이유는 인간이 잘 적응할 수 있는 공간이었기 때문이라는 얘기죠. 이러한 관점에서, 변한은 철이 풍부한 곳에 위치했기 때문에 철제 도구가 발달한 문화를 가지게 된 것이고요. 옥저는 바다 가까이 있어서 해산물과 소금을 많이 얻어 활용할 수 있었다고 생각할 수 있습니다. 아마 이들이 다른 자연환경을 만났다면 다른 문화를 영위하며 살 수밖에 없었겠죠. 그만큼 자연환경이 인간에게 미치는 영향은 절대적입니다.

나 이러한 의견에 반대하는 사람도 있어요. 환경은 인간이 처한 절대적인 현실이 아니라는 거예요. 쉽게 말하자면 같은 자연환경이라도 그것을 이용하거나 극복하는 수준은 인간의 문화 수준에 따라 다르다는 것이지요. 인간이 의지를 가지고 노력한다면 어떤 척박한 환경도 이겨낼 수 있다고 보는 거예요. 물이 필요하면 물길을 내고, 땅이 필요하면 바다에 흙을 메워서라도 땅을 만들 수 있다는 얘기죠. 그래서 이런 주장을 하는 프랑스의 지리학자 블라쉬와 같은 사람들은 자신의 주장을 '환경 가능론'이라고 부른답니다. 인간은 자유의지가 있기에 무엇이든 선택할 자유가 있어요. 자연을 극복해낼지, 자연에 맞추어 살아갈지도 자유롭게 가능하죠.

다 고구려는 큰 산과 깊은 골짜기가 많고, 평원과 연못이 없어서 계곡을 따라 살며 골짜기 물을 식수로 사용하였다. 좋은 밭이 없어서 힘들여 일구어도 배를 채우기는 부족하였다. 사람들의 성품은 흉악하고 포악하여 <u>노략질</u>하기를 좋아하였다. 그 나라 안의 대가(유력자)들은 농사를 짓지 않으며 일하지 않는 자가 만여 명이나 된다.

- 『삼국지』권28, 「위서」 30, 고구려 -

라 농사가 발전하면서 삼한 사람들은 <u>저수지</u>를 만들기 시작했어요. 당시 만들어진 저수지의 흔적은 지금도 제천 의림지, 김제 벽골제 등에 남아있어요.
그러니 삼한 사람들에게도 제천행사는 큰 의미가 있었겠죠? 아니나 다를까 다른 소국은 한 번하는 제천 행사는 삼한에선 두 번이나 했네요. 그들은 씨를 뿌리고 난 뒤인 5월과, 10월에 제천행사를 열었습니다. 5월은 농사 시작할 때 풍요를 비는 현재 전해져 내려오는 단오 성격을 가진 수릿날, 10월은 추수감사제의 성격으로 농사의 풍요를 기원하는 행사였을 거예요

step 1. (가)와 (나) 제시문의 핵심을 요약해보세요.

가

나

step 2. (다) 제시문을 읽고, (가)의 관점에서 고구려의 '노략질' 풍습을 설명해보세요.

프리드리히 라첼
(1844~1904)

step 3. (라) 제시문을 읽고, (나)의 관점에서 삼한의 '저수지' 건설을 설명해보세요.

폴 블라쉐
(1845~1918)

step 4. 자신은 (가)와 (나)의 관점 중 어느 쪽이 인간의 삶에 더 큰 영향을 준다고 생각하는지 써보세요.

뜨거운 쟁점 토론하기 1

◆ 위만조선은 연나라 사람이 세운 나라이므로 중국 역사에 포함된다.

프리즘 통과하기

Step 1. 66~67쪽의 상황을 평가하는 내용입니다. 자신의 견해와 같은 내용에 체크해보세요.

가 한의 압박을 피해 무리를 이끌고 조선으로 망명해 온 위만은 기록으로 볼 때 연나라 사람임이 분명해. 그는 당시 왕이었던 준왕을 몰아내고 왕위를 빼앗았으니 위만조선의 지배 체제가 중국 한족에게 넘어갔다고 평가할 수 있어. 특히 고대사회에서는 지배자의 성격에 따라 역사의 흐름이 크게 바뀌기 때문에 위만조선의 지배자가 중국 한족 출신으로 바뀌었다면 위만조선의 역사는 중국으로 넘어갔다고 보는 게 타당해.

나 통일신라와 같은 시기에 존재했던 발해는 고구려 유민들이 세운 나라야. 피지배층은 대다수가 말갈인들이었지만 발해를 세운 대조영과 지배층이 대부분 고구려 사람들이었지. 지배층이 고구려인들이었기에 당연히 발해는 중국 역사가 아닌 한국 역사에 포함되는 거야. 위만조선에 발해와 같은 논리를 적용한다면 당연히 위만조선의 역사는 중국 역사의 일부로 인정해 줘야 해.

다 위만은 망명할 때부터 고조선인과 동화되려는 노력을 했어. 머리와 옷을 바꾸고 준왕에게 투항했지. 그리고 준왕이 주는 관직도 받았어. 즉, 고조선의 신하가 된 거야. 그런 그를 더 이상 중국인이라고 할 수 있을까? 또한, 그는 왕위를 빼앗은 다음에도 나라 이름을 바꾸지 않았어. 자신을 고조선인들과는 다른 한족이라고 생각했다면 새로운 나라를 세우고도 남았을 거야.

라 만약 당시 한나라가 위만조선을 자신들의 민족이 세운 나라로 생각하고 동질감을 느꼈다면 세워진 지 90여 년 만에 전쟁을 일으켜 멸망시킬 필요가 있었을까? 그건 한나라조차 위만조선을 별개의 국가로 인식하고 있었단 증거로 볼 수 있어. 당연한 이야기지만, 같은 문화를 공유하는 같은 민족이 세운 나라라면 굳이 전쟁을 할 필요가 없지 않았을까?

내 논리 강화하기

Step 2. 자신이 선택한 견해에 근거를 추가하여 논리를 강화해 보세요.

Step 3. 자신이 선택한 견해와 다른 의견을 제시한 사람의 논리를 반박해보세요.

조목조목 반박하기

보기

정치가 국가 지도자가 다른 나라 사람이 되었다고 해서 역사도 달라진다는 주장은 억지입니다. 이 논리대로라면, 1990년에 페루 대통령이 된 '알베르토 후지모리'가 일본인이니 이후 페루 역사는 일본의 역사로 바뀌었어야 합니다. 하지만 그 누구도 페루가 일본이 되었다고 하지 않았습니다.

철학자 역사는 기억입니다. 기억이 같다면 같은 역사를 공유하고 있다고 볼 수 있지요. 발해는 지배층이 고구려인이기도 하지만 그들의 기억과 삶이 고구려 땅에 있었기에 한국 역사에 포함하는 것입니다. 위만조선도 마찬가지죠. 그들은 한이 아닌 고조선의 기억을 함께한 나라예요.

충신 위만의 무리가 아무리 고조선인들의 복식을 하고 넘어왔다고 하더라도 그건 살아남기 위한 선택이었습니다. 결국, 먹고 살 만해지자 왕위를 빼앗잖아요. 만약 그가 자신을 진심으로 고조선의 신하로서 생각했다면 그런 일은 절대 하지 않았을 것입니다.

중국관리 중국의 역사는 한족만의 역사가 아니라 주변의 다른 민족들과 함께 만들어간 역사입니다. 위만조선은 연나라 사람이 세우기도 했고, 중국 동북 지역에서 활동한 국가이기 때문에 중국의 역사로 볼 수 있지요. 그런 의미에서 고구려, 발해 등도 중국 동북 지역의 역사인 것입니다.

Step 4. 위만 조선의 역사가 한국과 중국 중 어디에 포함되는지 자신의 생각을 써보세요.

내 생각 보여주기

뜨거운 쟁점 토론하기 2

◆ 내가 부여의 권력자라면 기꺼이 나의 죽음에 함께 할 순장조 100인을 뽑겠다.

프리즘 통과하기

Step 1. 75쪽, 부여의 순장 풍습을 평가하는 내용입니다. 자신의 견해와 같은 내용에 체크해보세요.

가 순장은 고대사회에서 흔하게 이루어지던 풍습이었어. 고대 이집트와 중국뿐만 아니라 가야와 신라 무덤에서도 순장의 흔적이 발견되고 있거든. 당시 권력자들은 죽은 뒤에도 삶이 계속된다고 믿었기에 자신의 사후세계를 풍족하게 해줄 사람이 필요했던 거야. 그뿐만 아니라 순장 당해야 했던 사람들도 죽음으로 자신의 충성을 입증할 수 있었고, 그것이 미덕으로 여겨졌기 때문에 안심하고 죽음의 길로 들어선 거야.

나 고대사회에서 지배자의 권력을 과시하는 일은 무척 중요해. 때문에 커다란 고인돌이나 피라미드와 같은 커다란 무덤을 만들어 그의 권력을 상징화한 것이지. 당시에는 그러한 상징물을 만드는 일만으로도 다른 부족이 침범하지 못하게 하는 안전장치 역할을 했을 거야. 순장도 마찬가지. 많은 사람이 순장에 참여할수록 부족원의 동질감을 강하게 만들고, 다른 부족에게 자신 부족의 힘이 이만큼 크다는 것을 알릴 수 있는 것이지. 그것을 알기 때문에 순장 당한 사람들도 기꺼이 순장 의식에 참여할 수 있었던 거야.

다 순장은 산채로 묻히는 경우도 있었고 죽인 후에 묻는 경우도 있었다고 하는데, 순장은 그 방법에 상관없이 비인간적인 행위라고 할 수 있어. 아무도 가보지 못한 사후세계를 존재한다고 믿게 만들고, 순장 당할 사람을 무덤에 집어넣는 힘은 지배자의 권력에서 나와. 100명이나 순장을 하려면 죽은 지배자의 권력이 그만큼 컸다는 이야기인데, 순장은 사후세계에서도 그가 안락한 삶을 누리도록 만드는 것이니 이건 죽은 권력자를 위한 일이지 순장 당할 사람을 위한 일은 아니라고 생각해.

라 순장은 그 자체로 희생을 요구하는 일이야. 죽은 권력자를 위해 자발적으로 밤새 제사를 지내거나 커다란 고인돌을 세우는 데 참여하는 것은 선의로 바라볼 수도 있겠지. 하지만 목숨을 요구하는 일은 권력의 폭력성이 개입되지 않으면 힘든 일이야. 또한, 그 권력에 정당성이 약한 경우에는 자신의 권력을 일부러라도 과시하기 위해 희생을 통한 의식을 치르려 하는 성향이 권력자의 속성이야.

내 논리 강화하기

Step 2. 자신이 선택한 견해에 근거를 추가하여 논리를 강화해 보세요.

조목조목 반박하기

Step 3. 자신이 선택한 견해와 다른 의견을 제시한 사람의 논리를 반박해보세요.

보기

공자 저는 장례 의식을 무척 중요하다고 생각하는 사람입니다만, 제가 본 순장은 힘에 짓눌린 공포 그 자체였습니다. 목을 자르거나 조르고, 도망가는 이를 잡고. 사람의 목숨만큼 귀한 것은 없는데, 지도자가 무슨 권한이 있어서 강제로 백성의 목숨을 빼앗는단 말입니까.

지증왕 순장은 부족의 힘을 과시하려다가 오히려 약하게 하는 요인으로 작용할 것입니다. 고대 사회에서 사람은 곧, 노동력을 의미하는데 순장을 하면 할수록 노동력이 부족해질 것이기 때문입니다. 물론 전쟁에서도 불리해지겠지요. 여러모로 순장은 국가 경쟁력을 약하게 할 것입니다.

종교인 종교를 믿는 사람들에게 죽음 이후의 삶에 대한 기대는 현실의 무게를 극복하게 하는 중요한 힘입니다. 그때에는 이렇게 생각하는 경향이 훨씬 강했을 테죠. 자신이 권력자에게 선택받았으며 죽은 뒤에는 지금보다 더 안락한 삶을 살게 되리란 기대가 분명히 존재했을 것입니다.

권력자 순장의 책임은 저에게만 돌리진 마세요. 순장을 하는 시점에는 이미 제가 죽은 후일 테니까요. 오히려 순장은 우리 공동체의 구성원들이 주도한다고 봐야 할 것입니다. 죽은 저를 추모하며 죽은 후까지도 배려하고 존경하는 마음을 담은 풍습인데 저까지 비난할 것 있나요.

내 생각 보여주기

Step 4. 고대 사회의 순장 의식에 대한 자신의 생각을 종합적으로 정리해보세요.

역사力思 해보기

♦논제. 당신은 고대왕국의 권력자이다. 당신이 도읍지로 정할 수 있는 땅은 아래의 네 유형뿐이다. 어디를 선택할지 고르고 그 이유를 서술하시오.

가 **모델국가 – 백제, 수메르**

이 땅은 넓고 깊은 강 주변에 넓은 평야가 펼쳐져 있군. 사시사철 물이 마를 날이 없으니 백성들이 배부르게 먹고살기 아주 좋겠어. 나의 백성들이 땀 흘려 일하고 밥을 짓는 모습을 상상하니 벌써부터 흐뭇하구먼. 하지만 주변 나라들을 막아줄 산과 같은 자연 방어물이 없는 건 안타까운 일이군. 가뜩이나 기름진 땅인데 주변 나라들이 침략해 온다면 방어하기가 쉽지 않겠어.

나 **모델국가 – 고구려**

이 땅은 천혜의 요새야. 어떤 강한 군대도 쉽게 쳐들어오지 못하겠어. 산을 오르다가 지쳐서 쓰러지기 딱 좋은 지형이고만. 가파른 산 위에는 좁긴 하지만, 평지가 있고, 물도 솟아나니 생활하기 크게 불편한 것도 아니고. 이 지형을 이용한다면 성을 쌓아 그 누구도 함부로 올라오지 못하게 하고, 성안에서 생산할 수 없는 부족한 물건들은 옆 동네 가서 빼앗아 오면 되겠어. 어차피 녀석들은 우리가 사는 성 근처도 올라오지 못할 거니까.

다 **모델국가 – 변한**

이 땅은 산속뿐만 아니라 들판에도 번쩍이는 철과 광석이 널려있구먼. 좋아 좋아. 곳곳에 널려있는 철로 무기와 농기구를 만들면 아주 빠르게 성장할 수 있는 곳이야. 모든 병사에게 철로 만든 검과 창을 준다면 주변 나라들이 벌벌 떨겠어. 하지만 걱정이 한 가지 있구먼. 도시가 성장할 수 있는 땅이 너무 좁다는 것이지. 나라는 빠르게 성장할 게 뻔한데 얼마 지나지 않아 도시가 미어터지겠군. 흠…고민이야.

라 **모델국가 – 그리스**

오, 이 땅은 바다로 둘러싸여 있는 섬이긴 하지만 발전한 나라들 중간에 위치해 있어. 배만 잘 타고 다닌다면 무역으로 돈을 많이 벌 수 있겠군. 돈을 번 이후엔 힘든 일을 하지 않아도 다른 나라에서 먹을 걸 사오면 되니 얼마나 좋아. 그렇지만 무역 말고는 먹고 살 수 있는 기본 자원이 너무 메말라 있군. 만약 주변 나라들이 경제적으로 어려운 상황에 처해 물건값을 올린다면? 더 나아가 우리나라와 무역을 중단한다면? 아주 힘든 상황이 예상되는군.

3

삼국의 성립

어릴 적 할머니의 무릎을 베고 누워 듣던 이야기는 너무나 재미있었다. 포근하고 정겨웠다. 그러다 잠들었다. 이야기 속 주인공들은 꿈에 나와 계속 이야기를 이어간다. 깨고 나면 꿈에 비친 생생한 이미지들이 언제 그랬냐는 듯 아련한 느낌으로 다가온다. 이야기라는 것이 그렇다. 여러 가지 느낌을 만들어내고 기억에 자리 잡는다. 아마도 「3장. 네 나라의 성립」에 나오는 이야기들도 이렇게 오랫동안 한국 사람들의 기억에 자리 잡아 전해 내려오던 내용이 역사성을 띄고 정리된 것이리라. 이것은 아주 오래된 이야기니 '설화'라 불러야 옳을 듯싶다. 이제 페이지를 넘겨 고구려, 백제, 신라, 가야의 건국 설화를 들어보자.

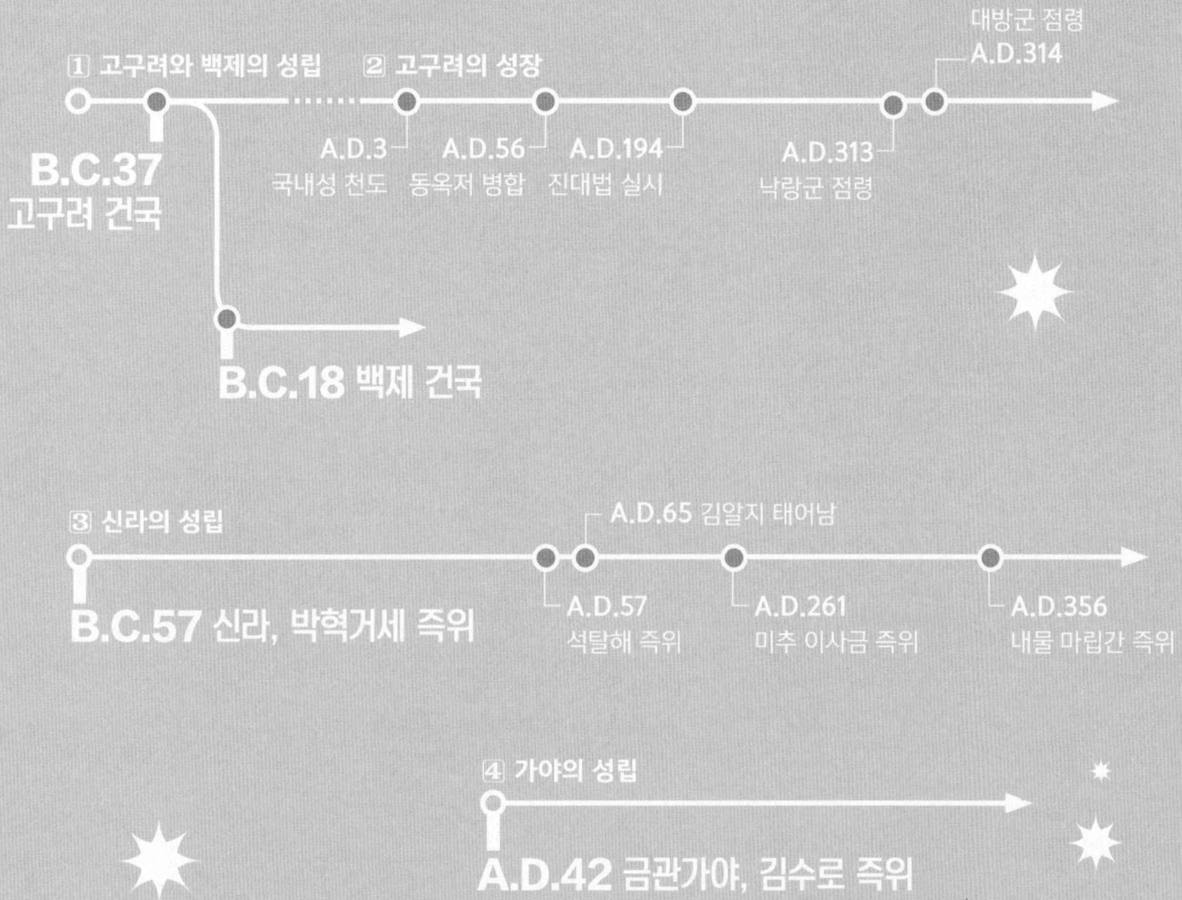
① 고구려와 백제의 성립
② 고구려의 성장
대방군 점령
A.D.314
B.C.37
고구려 건국
A.D.3
국내성 천도
A.D.56
동옥저 병합
A.D.194
진대법 실시
A.D.313
낙랑군 점령
B.C.18 백제 건국
③ 신라의 성립
A.D.65 김알지 태어남
B.C.57 신라, 박혁거세 즉위
A.D.57
석탈해 즉위
A.D.261
미추 이사금 즉위
A.D.356
내물 마립간 즉위
④ 가야의 성립
A.D.42 금관가야, 김수로 즉위

01

고구려와 백제의 성립

B.C. 37년 ~ B.C. 18년

왕위 계승에서 선택받지 못한 두 왕자는 자신의 삶을 개척하기 위해 남쪽으로 떠났다. 하지만 엇갈린 운명이 그들을 기다리고 있었다.

고구려 강서대묘 청룡도

부여에서 고구려로

활을 잘 쏘는 주몽

고구려를 건국한 주몽은 타고난 능력으로 어릴 적부터 주목을 받았어요. 하지만 그 능력은 오히려 독이 되어 가족과 생이별하는 아픔을 겪어야만 했죠. 주몽에게겐 어떤 일이 일어났던 걸까요?

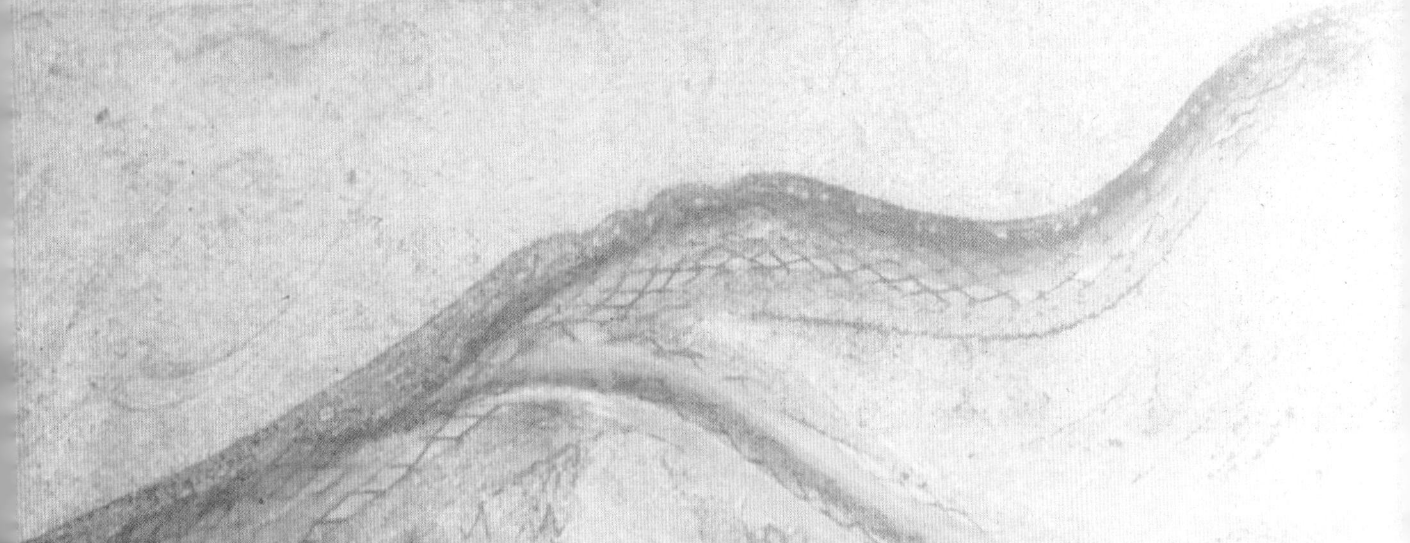

✱ 삼국시대의 시작

2장에서 살펴본 한반도와 만주 지역 곳곳에서 몽글몽글 생겨난 크고 작은 집단들이 만들어진 때는 한국 역사의 토대를 만들어준 시기라고 할 수 있어요. 그런데 이때의 기록은 많이 남아있질 않아서 사람들에 관한 이야기보다 국가의 체제나 문화 등 역사적으로 재구성한 모습을 바라보는 데 그쳤어요.

이제는 본격적으로 실제 인물들이 등장하고 그들의 이야기가 펼쳐지면서 구체적인 역사 이야기가 시작될 거예요.

그 시작은 2장에서 잠시 언급되었던 고구려 건국 과정에 관한 이야기입니다. 주인공은 '주몽'이고, 배경은 '부여'죠. 그런데 이 이야기의 흐름은 단숨에 바뀌어 주인공은 '소서노와 비류·온조', 배경은 한강 하류 지역의 '한성 백제'로 나아갑니다. 간단히 말해서 주몽이 고구려의 왕이 되는 과정부터 온조가 백제를 세우기까지 진행되는 이야기인 것입니다.

고구려와 백제 건국은 밀접한 관련이 있기에 삼국시대의 시작을 이 흐름으로 설명하고자 해요. 고조선 건국 이야기처럼 설화적인 내용이 많아 조심스럽게 봐야 할 내용이 많기는 하지만 드라마를 보는 것처럼 재미있게 받아들이실 수 있을 거라고 생각합니다. 그럼 페이지를 넘겨 만주 지역에 자리잡고 있던 부여로 함께 떠나보실까요?

고구려 무용총 벽화의 춤추는 사람들

▲ 고구려 무용총 벽화의 활 쏘는 사람

하백의 딸 유화

하염없이
끝맺는 데가 없이 아득하게

천제 天帝
초자연적이고 불가사의한 능력으로 하늘을 다스린다고 하는 신

동부여의 금와왕은 태백산 남쪽의 우발수라는 강가에서 한 여자를 만났습니다. 그녀는 외로운 눈빛으로 하염없이 강가를 바라보고 있었습니다. 그 모습을 이상하게 여긴 금와왕은 그녀에게 다가가 물었습니다.

"네 이름은 무엇이더냐?"

"물의 신 하백의 딸인 유화라고 합니다."

"아니, 하백의 딸이 어쩌다가 이곳 동부여까지 와서 혼자 외로이 있는 것이냐?"

"부끄럽지만, 왕께서 물으시니 말씀드리겠습니다. 제가 동생들과 놀러 나왔을 때 한 남자가 나타나 자신이 천제의 아들 해모수라고 하면서 저를 웅심산 아래 압록강 가에 있는 집으로 데려가 혼인을 맺었습니다. 그러곤 저를 버리고 떠나버렸죠."

"이런 천하의 나쁜 놈을 봤나. 이렇게 아름다운 부인을 두고 도망가다니!"

"이 사실을 아신 부모님은 중매 없이 혼인했다고 하여 저를 이곳으로 귀양 보낸 것입니다."

유화의 사연을 들은 금와왕은 그녀를 불쌍히 여겨 자신의 궁궐로 데려가 보살폈습니다.

그러던 어느 날, 유화는 따스한 기운이 자신을 감싸는 것을 느끼며 잠에서 깨어났습니다. 밝은 햇빛이 자신을 비추고 있었기 때문입니다.

"어? 이 빛은 뭐지? 따뜻해서 기분이 좋긴 한데 이상해."

빛은 유화가 가는 곳마다 따라 다니며 그녀를 비추어 주었습니다. 이 빛을 비추는 것은 다름 아닌 하늘로 올라간 해모수였습니다.

✱ 활을 잘 쏘는 아이

이 모습을 이상하게 여긴 금와왕은 유화를 방안에 가두어버렸습니다. 하지만 빛은 그녀가 있는 방안까지 쫓아와 그녀를 비추었죠.

빛의 따사로움을 느끼며 방안에 갇혀 지낸 지 여러 날이 지난 후, 그녀는 자신이 임신했단 사실을 깨달았습니다. 배가 점점 불러오고 몸이 무거워졌기 때문이죠. 그러나 그녀는 사람이 아니라 커다란 알을 낳았습니다.

"이 무슨 불길한 징조인가. 사람의 뱃속에서 알이 나오다니! 여봐라 이 알을 개나 돼지의 먹이로 주거라."

유화가 금와왕에게 그러지 말라고 빌었지만 왕의 뜻을 거스를 수는 없었습니다.

" 금와왕이시여. 알을 길가에 버리긴 했지만 말과 소가 모두 피해간다 하옵니다."

"그래? 그렇다면 이번엔 들판에다가 갖다 버려라."

왕의 명령대로 유화가 낳은 알은 들판에 버려졌습니다. 하지만 뜻밖에도 알은 상처 하나 입지 않았어요. 이번엔 새와 짐승들이 알을 다치지 않도록 풀잎으로 감싸주었습니다.

"그깟 알이 뭐라고! 여봐라 그 알을 가져오너라. 내 손으로 직접 깨트려야겠다!"

금와왕은 신하들이 가져온 알을 있는 힘껏 땅에 내리쳤습니다. 하지만 알은 깨지기는커녕 흠집 하나 나지 않았죠. 그는 돌과 도끼로 때려보기도 했지만 어떤 방법도 소용없었습니다. 지친 금와왕은 알을 유화 부인에게 돌려줄 수밖에 없었어요.

"불쌍한 내 알. 이 어미가 잘 부화하도록 도와주마. 흑흑."

유화는 알을 천으로 감싸서 따뜻한 곳에 잘 놓아두었습니다. 시간이 지나고 알의 껍질을 깨고 나온 것은 골격이 튼튼하고 영리하게 생긴 남자아이였습니다.

아이는 일곱 살이 되자 쏘는 화살마다 백발백중일 정도로 뛰어난 무예 실력을 보여주었습니다. 그래서 사람들은 부여의 풍속대로 '활 잘 쏘는 사람'이란 의미를 담아 주몽이라고 부르기 시작했습니다.

백발백중 百發百中
총이나 활 따위를 겨누어서 쏠 때 목표하는 곳마다 정확하게 맞춤

중요 인물 CHECK

주몽 朱蒙
B.C.58~B.C.19. 고구려의 시조왕. '주몽, 추모, 중모'라고도 부른다. 여러 기록에서 보이는 주몽에 대한 기록은 설화적으로 그려져 있어서 역사적 해석이 어려운 부분이 있다. 하지만 부여와 고구려, 백제와의 관계를 유추할 수 있는 중요한 단서를 제공한다.

역사 돋보기

알에서 태어난 영웅들

주몽이 알에서 태어난 이야기는 당연히 실제로 있었던 일이 아니라 고구려를 세운 그를 신과 같은 존재로 만들기 위해 후대 사람들이 지어낸 신화예요. 앞으로 살펴보겠지만 신라의 시조 박혁거세, 가야의 수로왕 등 우리나라 역사에 등장하는 왕들뿐만 아니라 다른 나라에도 알에서 태어난 사람들이 많답니다. 이처럼 알에서 태어난 사람이 나라를 세웠다는 유형의 이야기는 전 세계적으로 퍼져있으며 특히 동남아시아 쪽에 많다고 하네요. 당시 사람들은 알이 둥근 태양의 모습과 닮았다고 생각해서 왕이 알에서 탄생했다고 얘기했던 것 같아요.

부여를 떠난 주몽

후환 後患
어떤 일로 말미암아 뒷날에 생기는 걱정과 근심

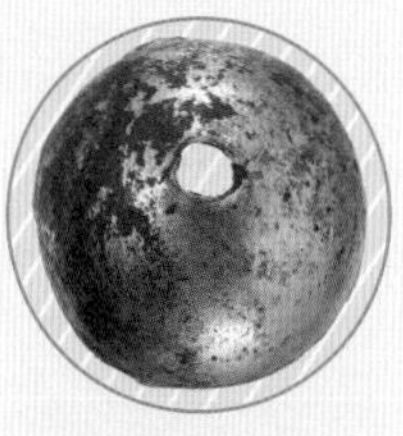

금동 말띠꾸미개
2x3cm. 고구려의 말 장식품. 금동으로 만들어 귀족이 사용했을 것으로 추측된다.

금와왕에게는 일곱 명의 아들이 있었습니다. 그들은 어릴 땐 주몽과 함께 놀며 친하게 지냈지만 클수록 주몽의 재주를 따라잡을 수 없게 되자 주몽을 질투하고 미워하게 되었습니다.

"아버님, 주몽은 사람에게서 태어난 것이 아니니 미리 없애지 않으면 후환이 있을 것입니다."

금와왕의 맏아들 대소가 말했습니다. 하지만 금와왕은 아들의 말을 듣지 않았습니다.

"그건 안된다. 난 주몽이가 알에서 태어나기 전부터 그를 없애려 노력해봤지만 소용없었단다. 지금 와서 또 그를 해친다면 거꾸로 내가 하늘의 벌을 받을지도 모른다."

대신 그는 주몽에게 마구간에서 말을 기르게 했습니다. 주몽은 마구간 일이 힘들긴 했어도 최선을 다했습니다. 정성을 다해 병든 말은 건강하게 회복시키고 마른 말은 먹이를 주어 살찌우게 했죠.

이후 청년이 된 주몽은 예씨를 아내로 맞이해 결혼을 했습니다. 하지만 대소 형제들은 어른이 되어서도 주몽에 대한 핍박을 멈추지 않았어요. 요즘 말로 왕따를 시킨 것이죠.

"주몽아, 어미가 할 말이 있느니라. 잠시 와보거라."

주몽은 유화의 표정이 심상치 않음을 확인하며 다가갔습니다.

"얘야, 내가 생각건대 금와왕의 아들들이 널 죽이려 하는 것 같다."

"어머님, 그게 무슨 말씀이십니까. 저에겐 좋은 형들인데요."

"아니다. 이곳에 있다간 죽음을 면치 못할 것이다. 어서 떠나라. 어미 걱정은 하지 말고."

예씨 부인 또한 주몽에게 빨리 짐을 싸서 떠나라고 했습니다. 주몽은 어머니와 아내를 떠나긴 싫었지만 이내 금와왕의 아들들 사이에서 자신이 살아남을 방법은 없다는 것을 깨닫고 떠날 준비를 했습니다.

주몽은 떠나기 전 칼 하나를 부러뜨려 한 조각을 집 주춧돌 아래에 숨겼습니다 .

"부인, 아이가 태어나거든 일곱 모난 돌 아래에 둔 물건을 가지고 내가 있는 곳으로 찾아오도록 하시오. 그것이 나와 아이가 핏줄로 이어져 있다는 것을 증명해 줄 것이오."

예씨 부인은 눈물을 흘렸습니다. 이제 정말 이별할 시간이 다가온 것입니다.

"일곱 모난 돌이 대체 무엇입니까?"

"우리 아이는 필시 영특할 것이니 내 말의 의미를 알아들을 것이오."

"네, 서방님. 아이가 크면 꼭 보낼게요. 그때까지 무사하셔요."

준비가 끝나자마자 주몽은 사랑하는 어머니와 부인을 두고 오이, 마리, 협보 세 친구와 함께 남쪽으로 도망갔습니다.

"뭐이라? 주몽이 도망가고 있다고? 불쌍해서 살려줬더니 날 이렇게 배신하는구나."

금와왕은 아들들을 시켜 당장 주몽을 쫓아가라 명령했습니다. 왕자들이 이끄는 부여 군사들의 말발굽 소리가 천지를 진동하자 주몽은 있는 힘껏 말을 몰았습니다. 하지만 '엄리'라는 큰 강이 그들의 길을 가로막고 있었죠.

오녀산성

고구려의 첫 도읍인 졸본성으로 추정되는 산성. 중국 요령성 환인현 동북쪽에 위치하고 있다. 이곳은 삼면이 깎아지를 듯한 절벽이고 한 면은 깊은 골짜기라 외적을 방어하기에 아주 좋은 지형을 가지고 있다. 산 위에는 집을 지을 수 있는 평지가 있고, 샘물이 흐르고 있어 사람이 살기에도 적당한 위치였다.

"이를 어쩌지? 어서 강을 건너야 하는데 배가 보이지 않아. 이제 꼼짝없이 잡히게 생겼네."

주몽의 친구들은 이제 도망갈 방법이 없어 당황한 기색을 감추지 못했지만 주몽은 침착함을 잃지 않고 강을 향해 소리쳤습니다.

"나는 천제의 아들이자, 하백의 손자다. 오늘 우리가 부여에서 도망하는 중인데 뒤쫓는 자들이 가까이 오고 있으니 어떻게 하면 좋겠는가?"

그러자 어디선가 물고기와 자라들이 모여들기 시작했습니다. 곧 그들은 자신의 등으로 다리를 만들어 주었죠.

"오오, 하늘이 날 도우시는구나."

주몽 일행은 때를 놓치지 않고 강을 건넜습니다. 곧이어 뒤쫓아오던 군사들이 강가에 도착했지만 물고기와 자라는 주몽 일행이 강을 건너자마자 부여 군사들이 강을 건너지 못하도록 흩어졌죠.

'어머님, 부인. 이렇게 떠나는 무심한 저를 용서해주소서. 꼭 성공하여 편하게 모실게요."

무사히 부여에서 도망친 주몽은 졸본이라는 곳에 도착했습니다. 주변에 가파른 산이 많아 누구도 함부로 쳐들어올 수 없을 것 같은 장소였죠.

그는 무리와 함께 일단 초가집을 지어 살면서 주변을 살피며 어떻게 살아갈지 고민했어요. 주몽이 졸본에 도읍을 정할 무렵, 2장에서 살펴본 것처럼 졸본 주변 지역엔 여러 개의 힘센 부족들이 이미 자리를 잡고 있었습니다.

대표적인 부족장으로 '송양'이라는 인물이 있었어요. 그는 주몽에게 좁은 땅에는 두 왕이 있기 힘드니 자신에게 복종할 것을 권유했죠. 주몽은 자신의 주특기인 활쏘기로 왕을 가르자고 제안했고, 보란 듯이 활쏘기에서 승리하여 졸본 지역의 지배자가 되었다는 이야기가 전합니다. 이 이야기는 주몽이 주변 부족들을 제압하며 고구려의 지배자가 되었다는 사실을 말해주고 있어요.

집모양 토기

14x8cm. 평양 출토. 5~6세기에 만들어졌을 것으로 추정되는 이 토기는 고구려인의 생활상을 아는 데 중요한 유물이다.

새롭게 등장한 국가

고구려 高句麗

B.C.37~A.D.668. 백제, 신라와 함께 삼국시대 국가 중 하나. 만주와 한반도 북부를 영토로 활동했다. 주변 국가들과 빈번한 전투를 치르며 성장해 군사적인 성격이 강한 나라였다.

비류와 온조
엇갈린 두 왕자의 운명

주몽이 비류와 온조가 아닌 자신의 핏줄 유리에게 왕위를 물려준 것은 아버지로서 당연한 결정이었을지 모릅니다.
하지만 소서노의 실망감은 생각보다 컸고, 그녀는 두 아들과 큰 결심을 하게 됩니다.

▲ 동명사당. 한성백제박물관

✻ 운명의 여인 소서노

압도 壓倒
뛰어난 힘이나 재주로 남을 눌러 꼼짝 못 하게 함

추대 推戴
윗사람으로 떠받듦

"내가 여기서 가장 빠르게 자리 잡고 살 수 있는 방법은 뭘까?"

주몽이 생각해낸 방법은 가장 강한 세력을 가지고 있는 부족장의 딸과 결혼하는 것이었어요. 자신의 실력을 잘 보여주기만 한다면 못할 것도 없다고 생각했죠. 그래서 그는 졸본에서 가장 큰 세력을 자랑하고 있던 연타발 부족장의 딸 소서노에게 청혼했어요.

"네가 뭔데 내 딸과 결혼하려 드느냐?"

"제가 가진 것은 없습니다만 잘 하는 것은 있습니다. 잠시 보여드려도 될까요?"

소서노의 아버지는 주몽의 말타기와 활 쏘는 솜씨를 보고 감탄했습니다.

"자네, 실력이 출중하군. 대단해. 내 딸과 결혼을 허락할 테니 대신 우리 부족의 성장을 위해서 힘써주게나."

그는 주몽과 힘을 합친다면 부족의 힘을 더욱 키울 수 있을 거라고 판단하고 소서노와의 결혼을 허락했습니다.

그의 예상은 적중했어요. 주몽이 이끄는 군대는 가장 용맹한 군사력으로 나머지 부족들을 압도하여 그를 중심으로 계루부가 만들어지게 되었거든요. 그리고 곧, 주변 4개 부족과도 연맹하여 힘을 하나로 모았죠.

이윽고 그는 기원전 37년 다른 부족들의 추대를 받아 고구려 연맹의 왕에 오르게 되었습니다. 이제 본격적인 고구려의 역사가 시작된 거예요.

✲ 주몽의 후계자는 누구?

소서노도 주몽과의 결혼이 처음이 아니었어요. 원래 북부여의 왕자 우태와 결혼하여 비류와 온조를 낳아 잘 기르고 있었죠. 하지만 안타깝게도 갑자기 우태가 세상을 떠나 버리자 그녀는 고향인 졸본으로 돌아와 두 아이를 키웠어요. 그러던 중 주몽을 만나게 되었고, 그와 두 번째 결혼을 한 것입니다.

어린 비류와 온조는 엄마의 재혼이 맘에 안 들었습니다. 새아버지가 된 주몽도 부여에 두고 온 처자식이 있는데 소서노와 재혼을 하고 덜컥 두 아이의 아버지가 된 상황이 어색하기는 마찬가지였죠. 그래도 둘은 고구려를 더 강한 국가로 키우기 위해 함께 최선을 다했습니다. 주몽은 그녀의 마음에 감동하여 자연스럽게 소서노를 점점 더 사랑하게 되었고 비류와 온조도 친자식처럼 대해주었어요.

하지만 주몽은 날이 갈수록 부여에 두고 온 예씨 부인과 얼굴도 모르는 자식이 그리웠습니다. 소서노도 주몽의 그런 맘을 모르는 게 아니었습니다. 그래서 소서노는 주몽의 첫 부인과 자식이 그를 찾아올 만약의 상황에 대비해서 먼저 확실히 해두어야겠다고 생각해 온 이야기를 주몽에게 꺼냈습니다.

"여보. 우리 아이들 중 누가 당신 왕위를 이을지 어서 결정해야 하지 않겠어요? 당신도 이제 나이가 들고 아이들도 장성했는데."

"그렇소. 어서 정해야지요. 허나…"

"설마 비류와 온조가 당신 자식이 아니라고 왕위를 물려주길 꺼리는 건 아니죠?"

"어허, 이 사람. 날 뭘로 보고. 다만 두 녀석이 아직 어른이 되려면 먼 것 같기도 하고, 둘 중 누구를 택해야 할지 몰라서 이러는 것뿐이오."

숭령전
평양에 있는 이 건물은 단군과 동명왕을 모시는 사당이다. 동명왕은 고구려의 시조인 추모왕 즉, 주몽을 말한다. 이 사당은 고려 때 지어졌다가 조선 시대에 다시 지어 오늘에 이르고 있다. 건물 이름인 '숭령전' 현판은 조선 후기의 왕 영조가 직접 쓴 글씨이다.

✸ 유리의 등장

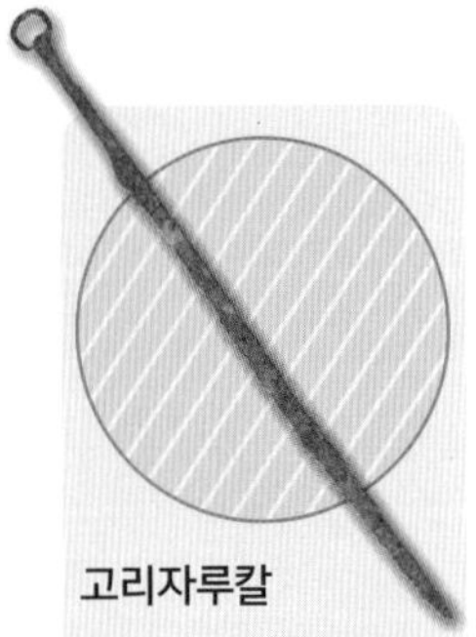

고리자루칼

충청남도 천안에서 발견된 칼. 둥근 고리 형태의 손잡이를 가진 칼이다. 칼자루와 칼날의 구분이 없으며 날의 모양이 구부러지지 않고 직선인 이러한 칼 형태는 삼국시대에 가장 보편적으로 쓰인 것이다.

하지만 주몽의 대답은 핑계일 뿐이었습니다. 비류와 온조의 나이가 20대 중반을 넘고 있었기 때문입니다. 당시 스무 살이면 처자식이 있을 나이니까요. 그러던 어느 날.

"내 아버지가 바로 주몽왕이시다. 내 이름은 유리. 길을 비켜라."

"이 자식이 미쳤나. 감히 누가 누구의 아버지래. 죽고 싶지 않으면 돌아가."

문지기는 자신이 왕의 아들이라고 황당한 주장을 하는 청년을 밀쳐냈습니다. 하지만 이 소식은 주몽의 귀에 곧바로 들어갔죠.

"궁 밖에 무슨 일 있느냐?"

"왕이시여, 한 청년이 자신을 유리. 어머니는 예씨부인이라고 소개하면서..."

주몽은 항상 꿈에 그리던 부여의 자식과 부인의 이름을 듣자 깜짝 놀랐습니다. 소서노도 그 소식을 듣고 놀라긴 마찬가지였죠. 만약 그게 사실이라면 자기 아들들은 찬밥 신세가 될 것이 뻔했기 때문입니다. 이윽고 유리가 주몽 앞에 무릎을 꿇었습니다.

"고개를 들라."

주몽은 자신이 부여를 떠날 때 예씨부인의 뱃속에 있던 아이를 떠올렸습니다.

"아버님 제가 유리입니다."

"오호. 네가 내 아들이더냐? 역시 잘 생겼구나. 그렇담 필시 네가 내 아들이란 것을 증명할 물건을 가지고 있을 터."

"여기 있사옵니다. 아버님이 일곱 모난 주춧돌에 숨겨두신 칼입니다."

칼 조각을 받은 주몽은 자신이 간직하고 있던 칼자루를 가져와 맞추어 보았습니다.

"어디 보자..."

칼자루와 칼 조각이 맞는 순간 소서노는 절망했습니다. 기어이 걱정하던 상황이 벌어진 것이죠. 주몽은 소서노와 두 왕자에게 유리를 소개시켜 주었습니다.

"어서 인사하시오. 부여에서 온 내 가족이오."

유리가 먼저 두 왕자에게 다가갔습니다.

"안녕? 비류, 온조야. 난 유리라고 해. 이제 내가 너희들의 형이 된 것 같구나? 잘 지내보자."

며칠 뒤 기쁨을 감추지 못한 주몽은 유리를 후계자로 삼는다는 발표를 했고 소서노의 예감은 현실이 되었죠.

역사 돋보기

현존하는 가장 오래된 우리 역사서 『삼국사기』

고려 시대 유학자인 김부식과 관리들이 1145년 인종의 명을 받아 삼국시대의 역사를 정리한 책입니다. 『삼국사기』는 현재까지 전하는 우리 역사책 중 가장 오래된 것이라 우리 역사를 연구하는 데 아주 중요한 참고 자료로 활용되고 있습니다.

지금 읽고 있는 주몽과 아들들에 관한 이야기도 『삼국사기』에 실려있는 내용을 토대로 재구성한 것입니다.

삼국사기

풍납토성
초기 백제의 도읍인 한성의 중심지 역할을 했던 토성. 1925년 서울에 커다란 홍수가 났을 때 성의 일부가 모습을 드러냈다가, 97년 아파트 공사를 하기 위해 땅을 파 내려가자 한성 백제의 왕성으로 확인되었다. 발굴 작업이 끝난 이후 아파트 단지가 들어섰다.

아리수에 정착한 온조

주몽에게 실망한 소서노는 아이들을 모아 놓고 분노했습니다. 주몽이 소서노와 결혼하지 않았더라면 고구려의 왕이 되기는커녕 벌써 다른 부족에게 멸망 당했을 텐데 그 은혜도 모르고 20년 만에 나타난 아들에게 왕위를 물려주다니요.

"아들들아, 이제 떠날 때가 된 것 같구나. 네 아버지는 나와 너희를 버렸다."

"저희도 어머님을 따르겠습니다."

"그럼 남쪽으로 떠나자. 우리를 따를 신하 열 명도 벌써 뽑아 두었다."

그렇게 소서노와 두 형제, 그리고 열 명의 신하들은 그들을 따르는 백성들을 데리고 살 곳을 찾아 남쪽으로 떠나게 되었습니다.

이들은 고생 끝에 한강 하류의 위례성에 도착했습니다.

"이곳은 나라를 세우기에 적당하니 여기에 도읍을 정하는 것이 좋겠습니다."

신하들은 부아악에 올라 사방을 둘러보며 말했습니다.

"내가 보기에도 살기 좋은 곳이구나. 농사지을 수 있는 평야도 있고, 큰 강도 흐르니 주변 지역과 교류하기도 좋겠다."

온조의 말에 소서노도 고개를 끄덕였습니다. 이 정도 환경이라면 고구려보다 풍족하게 살 수 있을 것 같았습니다. 하지만 형 비류가 반대하고 나섰습니다.

"엄마. 난 싫어요. 바다 가까이에 있는 미추홀에 도읍을 정해요. 제가 볼 때 우리의 미래는 바다에 있다고요."

"아니 되옵니다, 비류 왕자님. 미추홀은 바다와 가까워 물이 짜고 땅에 소금기가 많기 때문에 농사짓기가 어렵습니다. 그곳에 도읍을 정한다면 백성들이 굶주릴 것입니다."

하지만 비류는 신하들의 만류에도 불구하고 미추홀로 떠났습니다.

"에고. 우리 비류가 어쩌려고 저런담. 얘, 온조야. 너는 여기서 신하들과 함께 일단 나라를 세우고 있거라. 이 어미는 저 고집쟁이 형을 뒤쫓아 가 설득해보마. 아이고 내 팔자야.

하류 下流
강이나 내가 흘러내리는 아래쪽

위례성 慰禮城
지금의 서울 몽촌토성과 풍납토성 부근. 한강의 옛 이름인 '욱리' 혹은 울타리를 의미하는 '우리'의 어원을 가진다는 견해가 있다.

미추홀 彌鄒忽
지금의 인천 지역

중국 집안시에 있는 고구려 장군총(왼쪽)과 서울의 백제 석촌동 4호분(위)

두 무덤 모두 피라미드 형태로 돌을 쌓아 만든 계단식돌무지 무덤이다. 남아 있는 무덤의 높이는 장군총이 훨씬 높긴 하지만 둘레는 비슷하다. 무덤 형태로 볼 때 고구려와 백제가 서로 비슷한 장례 문화를 가지고 있었던 것으로 보인다.

비류의 죽음과 백제의 성립

도읍 都邑

수도. 한 나라의 중앙 정부가 있고, 경제, 문화, 정치 등에서 가장 중심이 되는 도시

미어지다

찢어질 듯한 아픔이나 슬픔을 느끼다

검은간토기

높이 11.7cm. 검은 광택이 나며 점과 선으로 멋을 낸 이 유물은 한성 백제 시기의 초기 유적에서 공통적으로 발견되는 토기 유형으로 가치가 크다. 주로 귀족들이 사용했다.

위례성에 도읍을 정한 온조는 나라 이름을 '십제'라고 짓고 나라를 운영하기 시작했습니다. 신하들 말대로 큰 강이 흐르고 고구려보다 따뜻해 농사짓고 살기 무척 살기 좋은 곳이었죠.

반면, 미추홀로 간 비류는 뒤늦게 그곳이 도읍을 정할만한 곳이 아니라는 것을 깨달았습니다. 강에 바닷물이 들어차 도저히 농사를 지을 수 없는 땅이었던 것이죠. 하지만 이미 때는 늦었습니다.

"엄마, 이제 어떻게 해요?"

"어이구. 그러게 신하들 말을 따랐어야지. 이제라도 위례로 돌아가자꾸나."

"싫어요. 그러면 동생한테 또 왕 자리를 내줘야 하잖아요. 처음엔 내 형도 아닌 자에게 왕을 뺏겼다가, 이젠 동생한테 왕 자리를 양보하라니. 죽었다 깨어나도 그건 싫어요."

소서노는 징징거리는 비류를 끌고 다시 십제로 돌아가려 했습니다. 하지만 비류는 곧 화병으로 죽고 말았죠. 아마 자신의 무능력함을 견딜 수 없었던 것 같습니다. 그녀는 미어지는 가슴을 안고 둘째 온조가 있는 십제로 백성들을 이끌고 돌아왔습니다.

"어머니 돌아오셨군요."

"그래 네가 형보다 낫구나. 못난 형을 대신해 살기 좋은 나라를 만들 거라."

온조는 어머니의 바람대로 백성을 잘 다스려 나라를 점점 키워갔습니다. 신하의 숫자도 열 배나 늘어났죠. 온조는 나라 이름을 백제로 고치고, 고구려보다 빨리 성장하기 위해 노력했답니다.

이후 백제는 주변에 자리 잡고 있던 일부 마한 세력을 통합하면서 나라를 키워나갔습니다. 한강이 선물한 비옥한 땅과 자연환경은 백제가 고구려보다 늦게 건국되었음에도 더욱 빠르게 성장할 수 있는 가능성을 만들어 주었죠.

백제 건국의 의미와 풍납토성 발굴

여기까지가 고구려와 백제 건국에 대한 이야기예요. 삼국시대의 두 축이 되는 나라가 건국 초반엔 아주 특별한 인연으로 얽혀 있었던 것이죠.

그런데, 이렇게 생생하게 전해지는 이야기의 배경이 되는 위례성이 어디인지 고려와 조선 시대에도 안개에 휩싸인 듯 확실히 알지 못했어요. 『삼국사기』에서도 '이름은 있으나 어디인지 알 수 없는 곳'이라고 쓰여있어 이곳저곳 추측만 할 뿐이었어요. 조선 시대 학자인 다산 '정약용'은 위례성을 하북과 하남으로 나뉘어 있었다고 보고, 먼저 백제가 서울 동북쪽의 '삼각산'에 도읍했다가 경기도 '양주' 지역으로 천도했다고 생각했어요.

백제 초기 도읍지에 대한 여러 학설이 너무 많았기 때문에 논란을 끝내는 가장 확실한 방법은 발굴을 통해 증명하는 일뿐이었죠.

그러다 백제 초기의 왕성이 모습을 드러낸 건 서울시 송파구 풍납동에서 아파트 신축 공사가 한창이던 1997년, 공사를 위해 여러 대의 포크레인이 땅을 깊이 파내며 분주히 움직이고 있던 때였습니다. 이곳이 분명 한성 백제 시대의 유적이 잠들어있을 거라고 확신하고 있던 선문대 이형구 교수는 이 상황을 보고만 있을 수는 없었습니다. 그는 직접 공사장으로 들어가 포크레인이 파놓은 흙벽을 조사하기 시작했습니다. 얼마 지나지 않아 그는 문화재청에 전화를 걸어 '긴급 구제 발굴 조사'를 신청했습니다. 무수하게 많은 유물의 파편들이 흙벽에 박혀있었던 것이죠.

풍납토성은 1925년 을축년 대홍수 때 중국에서 온 자루 달린 청동솥이 발굴되면서 주목받기 시작했는데요. 아파트를 지으려던 이곳이 사실은 한성 백제 시대의 커다란 왕성이란 사실이 밝혀진 거예요.

500상자가 넘는 토기 조각과 유물이 발견되었고, 집을 지었을 것으로 추정되는 여呂자 형 건물터도 발굴되었습니다. 심지어 왕궁 안에 일정한 간격으로 만들어진 도로의 흔적도 발견되었죠. 이후 연구를 통해 삼국사기에 나오는 '북성'과 '남성'이 각각 풍납토성과 몽촌토성에 해당하며, 이곳이 한성 백제 시대의 중심지였음을 알 수 있게 되었답니다.

아직 이곳이 위례성을 포함하는지는 발굴을 통해 정확히 알아봐야 할 것 같지만 위례의 명칭이 한강을 뜻하는 '욱리'에서 왔다고 봤을 때, 위례성이나 한성이나 같은 한강 이남 지역을 지칭한다고 봐도 무방할 듯싶네요.

자루 달린 청동솥

높이 20.5cm, 지름 16.5cm 풍납토성에서 발굴되었다. 세 개의 다리와 용 머리 모양 손잡이가 달려있는 것이 특징이다. 이러한 형태는 중국 남조 시대에 유행하던 것으로 백제와 남조가 교류하고 있었음을 알려준다.

역사 돋보기

고구려와 백제 그리고 부여

고구려와 백제의 건국 설화를 잘 살펴보면 두 나라 모두 부여와 특별한 인연이 있다는 것을 알 수 있습니다. 부여가 당시엔 무척 영향력이 큰 나라였던 것 같아요. 그러나 고구려와 백제가 부여를 대하는 태도는 설화 속에서 언뜻 비치듯이 무척 달랐습니다. 부여와 고구려는 계속 적대적인 관계를 유지했어요. 그러다 5세기 정도 되면 고구려가 부여를 점령하고 말죠. 대신 백제는 부여에 대한 향수 같은 게 있었던 것 같습니다. 왕족의 성씨도 '부여'씨로 하고, 6세기 백제 왕인 성왕은 사비로 천도하면서 국호를 '남부여'로 고치거든요.

『삼국사기』 '16년 봄에 도읍을 사비로 옮기며 국호를 '남부여'로 했다.'

Plus Alpha+

최고의 축성 기술, 판축기법과 부엽공법

한성백제박물관 풍납토성 전사 복원물

'판축기법'이란 서로 다른 점도를 가진 흙을 일정한 크기의 틀에 넣고, 꾹꾹 눌러담아 다져가며 성을 쌓아 가는 방식을 말합니다. 중국의 서주 시대부터 사용한 이 축성기술은 한 번 제대로 만들어 놓으면 정말 튼튼하게 유지되어 웬만해선 쓰러지지 않아요. 풍납토성은 판축기법으로 만든 대표적인 성곽인데, 2천 년이 지난 지금도 성의 형태가 온전하게 남아있는 걸 보면 정말 내구성이 뛰어난 것을 알 수 있죠. 판축기법으로 성을 쌓은 것 말고도 풍납토성이 튼튼한 이유는 하나 더 있어요. 성을 만들기 위한 기초공사를 할 때 나뭇가지와 잎을 넓게 깔아 두는 '부엽공법'을 사용한 것이죠. 이렇게 하면 현대 건축에서 사용하는 시멘트를 더욱 단단하게 만들기 위해 모래를 섞고 철근을 심는 것과 같은 효과를 볼 수 있어요.

다만, 판축과 부엽공법을 사용하면 성을 만드는 데 엄청나게 많은 재료와 노동력이 필요해요. 풍납토성을 만들기 위해 연인원 10만 명이 동원되었다고 하는데, 이 숫자는 당시 한성 인구의 대부분이었다고 해요. 그만큼 엄청난 작업이었으며, 한성 백제의 지도자가 만만치 않은 권력을 가지고 백성들을 지휘했음을 알 수 있는 대목이죠. 이러한 공법은 풍납토성 말고도 공주에 있는 '공산성', 부여의 '부소산성' 등 많은 백제 성에 적용되어 있어요. 백제는 중국에서 들여온 판축기법을 일본에도 전해줬어요. 현재 일본 오카야마 현에 있는 기노성은 대표적인 판축 성인데, 흙을 켜켜이 다져 쌓은 흔적이 선명하게 남아있습니다.

일본 기노성

나만의 생각 지도

주몽

백제
건국

02

고구려의 성장

B.C. 37년 ~ A.D. 331년

척박한 자연환경과 어려운 정치적 환경 속에서도 꿋꿋이 버텨낸 주몽의 후손들. 나라의 도읍은 어떤 곳에 자리해야 하는지 왕의 정치는 어떠해야 하는지를 생각하게 한다.

고구려 안악3호분 벽화

외로운 유리왕의 홀로서기

주몽은 부여에서 고구려에 도착한 지 얼마 되지 않은 유리에게 권력을 물려주었습니다.
정치적 기반이 없는 상황에서 유리는 고구려의 왕 역할을 제대로 해낼 수 있을까요?

바람과는 다른 고구려에서의 삶

백제 건국 과정을 살펴봤으니 이제 시점을 다시 고구려로 이동하여 고구려의 왕으로 초고속 승진한 유리왕이 어떤 일을 하는지 살펴볼 차례입니다.

유리가 꿈에서나 그리던 아버지를 만나기 위해 부여를 떠나겠다는 결정은 주몽이 부여를 떠났을 때와 마찬가지로 일생일대의 큰 결정이었을 것입니다. 하지만 다행스럽게도 그는 아버지를 찾을 수 있었고 비류, 온조 두 형제를 제치고 태자에 올랐습니다.

하지만 유리가 아버지를 만나 행복을 누린 건 아주 잠깐이었습니다. 고구려에 도착한 그해에 주몽이 40세의 나이로 세상을 떠나고 말았거든요. 그는 상심이 컸습니다.

"저를 두고 이렇게 떠나시면 어찌하옵니까!"

갑작스런 주몽의 죽음으로 유리는 고구려의 2대 왕이 되었습니다.

정치적 기반이 없는 상황에서 주몽의 뒤를 이어 왕위에 오른 유리왕이 왕의 권위를 지키기란 쉬운 일이 아니었습니다. 신하들이 언제 자신의 자리를 빼앗으려 할지 알 수 없었기 때문입니다. 또한, 자기 잇속만 챙기려는 신하들의 잦은 중상모략 때문에 나라를 운영하는 일은 유리왕에게 큰 스트레스였습니다.

태자 太子
왕의 자리를 이을 왕의 아들을 이르던 말

중상모략 中傷謀略
나쁜 꾀를 써서 상대방을 겨냥하여 다치게 하는 일

✻ 왕비를 떠나보낸 유리왕

주요 인물 CHECK

유리왕 琉璃王

?~A.D.18. 주몽의 아들로 부여에서 태어났지만 고구려로 건너와 주몽이 죽은 후 왕위에 올랐다. 선비족을 공격하여 영토를 확장하였으며, 수도를 국내성으로 옮겼다.

호시탐탐 *虎視眈眈*

범이 눈을 부릅뜨고 먹이를 노려본다는 뜻으로, 남의 것을 빼앗기 위하여 기회를 노리고 형세를 살피는 모양을 비유적으로 이르는 말

엎친 데 덮친 격으로 그가 왕위에 오른 지 3년째 되던 해 겨울, 유리왕이 사랑하던 왕비 송씨가 죽고 말았습니다. 송씨는 주몽과 인연이 깊었던 다물후 송양의 딸로서 정치적 기반이 약했던 유리왕의 든든한 후원자였습니다. 그녀가 죽자 유리왕은 벼랑 끝에 홀로 선 기분이었죠. 자신의 자리를 호시탐탐 노리는 신하들의 눈빛은 어떤 예리한 칼보다 날카롭게 느껴졌습니다.

그래서 그는 두 여인을 한꺼번에 새 왕비로 맞이하기로 결정했습니다. 두 왕비의 이름은 화희와 치희. 화희는 골천 땅을 다스리며 강한 힘을 가지고 있던 귀족의 딸이었고, 치희는 한나라에서 온 여자였습니다. 둘의 관계는 처음부터 좋지 않았어요. 화희와 치희 둘 다 질투의 화신이었거든요.

"어머머, 치희 부인. 요즘 유리왕께서 손 한 번 잡아주지 않으신다죠?"

"말씀이 지나치십니다. 왕께서 요즘 바쁘셔서 자주 못 뵙는 것뿐이지 항상 제게 맘을 주고 계신 걸요. 지난번엔 금귀걸이도 선물로 주셨는데 혹시 화희 부인께선 받으셨나 몰라? 오호호."

두 사람은 만나기만 하면 이렇게 서로 싸우기 일쑤였죠. 그런데 치희에겐 극복할 수 없는 약점이 한 가지 있었습니다. 바로 그녀가 고구려인이 아닌 한나라인이란 사실이었어요. 때문에 화희 부인보다 세력 기반이 약할 수밖에 없었고, 알게 모르게 차별받고 있다고 느꼈을 거예요. 그래서 그런지 유리왕은 자신도 모르게 화희보다 가여운 치희에게 좀 더 마음이 쓰였어요. 유리왕의 이런 태도는 예민한 화희 부인의 화를 더욱 돋웠습니다. 화희 부인에겐 유리왕이 치희 부인을 편애한다고 느껴졌을 테니까요.

그러던 어느 날, 유리왕은 사냥을 하기 위해 궁궐을 떠났습니다. 두 부인 사이에서 벗어나 잠시 자신만의 시간을 갖고 싶었던 걸까요? 그는 칠일 동안 시간 가는 줄 모르고 사냥에 집중했습니다. 하지만 궁궐에서는 두 부인의 싸움이 더욱 격해지고 있었죠.

"치희 이년. 너는 한족의 비천한 여자인데 어찌

예의도 모르고 내게 대드느냐?"

머리끝까지 화가 난 화희 부인이 치희 부인에게 소리 질렀습니다. 하지만 '한족의 비천한 여자'라는 표현은 치희 부인의 콤플렉스를 건드리는 심한 표현이었죠.

"내가 이 수모를 겪으려고 고구려에 온 게 아닌데 억울하구나! 억울해."

치희 부인은 속이 너무 상해서 짐을 싸서 한나라로 돌아가 버렸습니다.

신나게 사냥을 하고 돌아온 유리왕은 치희가 보이지 않자 그녀의 행방을 신하들에게 물었습니다.

"치희 부인이 보이지 않는구나. 어디 갔느냐?"

"그게…치희 부인께서는 고향으로…"

"뭐시라?!!"

유리왕은 그 길로 말을 타고 치희 부인을 쫓아갔습니다. 하지만 때는 이미 늦었죠. 급히 쫓아가다 지친 유리왕은 말에서 내려 한숨을 쉬며 치희 부인이 지나간 길을 바라봤습니다.

"아…난 복이 이렇게도 없는 걸까…"

"꾀꼴 꾀꼴."

유리왕이 한탄을 하고 있을 때 행복해 보이는 꾀꼬리 한 쌍이 울고 있는 모습이 보였습니다.

아버지가 죽고 첫 번째 부인인 송씨를 잃은 지 얼마 되지 않아 치희 부인까지 자신을 떠난 이때, 꾀꼬리 한 쌍이 얄밉게 노니는 모습을 보고 있자니 유리왕은 허탈한 맘에 노래가 절로 나왔어요.

펄펄 나는 저 꾀꼬리 翩翩黃鳥
암수 서로 정답구나 雌雄相依
외로워라 이 내 몸은 念我之獨
뉘와 함께 돌아갈고 誰其與歸

이 노래가 바로 지금까지 전해 내려오는 황조가입니다. 자신의 외로움만 강조하고 떠난 치희를 걱정하는 내용은 없어서 좀 그렇긴 하지만 유리왕이 가엾게 느껴지는 건 그의 불행이 여기서 끝난 게 아니었기 때문입니다.

비천 卑賤
지위나 신분이 낮고 천하다

수모 受侮
남에게 모욕을 당함

행방 行方
간 곳이나 방향

금귀걸이
길이 4.5cm. 고구려 귀족의 장신구로 두 개의 하트모양 금판을 고리에 이어 붙인 것이 특징이다.

✵ 돼지가 정한 수도

제물 祭物
제사에 바치는 동물이나 사람 혹은 음식

산수 山水
산과 물이라는 뜻으로, 경치를 이르는 말

오곡 五穀
보리, 콩, 조, 기장, 수수의 다섯 가지 곡식을 통틀어 일컬음

이어진 그의 불행은 그의 첫째 아들 도절이 스무 살도 안되어 세상을 떠나고 만 것이었습니다. 연달아 개인적으로 좋지 않은 일이 일어나니 이제 졸본은 유리왕에게 끔찍한 기억만 남은 곳이었을 뿐입니다. 안좋은 마음을 달래기 위해 유리왕은 하늘에 제사를 지내기로 했습니다.

고구려에서는 제사를 지낼 때 돼지를 제물로 바치는 풍습이 있었습니다. 유리왕은 특히 돼지를 신성하게 여겼는데 제사에 쓰일 돼지를 함부로 하면 신하들에게 벌을 내리기도 했습니다. 3년 전에는 제사에 쓰일 돼지가 도망치자 신하들이 쫓아가 붙잡은 후 다시는 도망치지 못하게 칼로 다리 근육을 끊는 일이 있었습니다. 이 일을 알게 된 유리왕은 돼지를 함부로 대했다며 그들을 땅 속에 묻어버리기까지 했죠.

이날도 말썽이 생겼습니다. 제물로 쓸 돼지가 멀리 달아나버린 것이죠. 화가 난 왕은 신하 설지를 시켜 돼지를 찾아오게 했습니다.

설지는 국내의 위나암에 가서야 겨우 돼지를 잡을 수 있었죠. 그런데 그곳은 주변에 압록강이 흘러 졸본보다 농사짓기에 훨씬 좋은 곳이었습니다. 그는 졸본을 떠나고 싶어하는 유리왕이 이곳을 틀림없이 맘에 들어 할 거라고 생각하고 돌아가서 그에게 말했습니다.

"신이 돼지를 쫓아 국내의 위나암에 이르렀습니다. 제가 가보니 그곳은 산수가 깊고 험해 외적을 방어하기 편하고, 땅이 오곡을 키우기에 알맞습니다. 게다가 고라니와 사슴, 물고기와 자라 등이 많은 것을 보았습니다. 임금께서 만약 그곳으로 도읍을 옮기시면 백성

1세기 경 만주와 한반도 북부 여러 나라

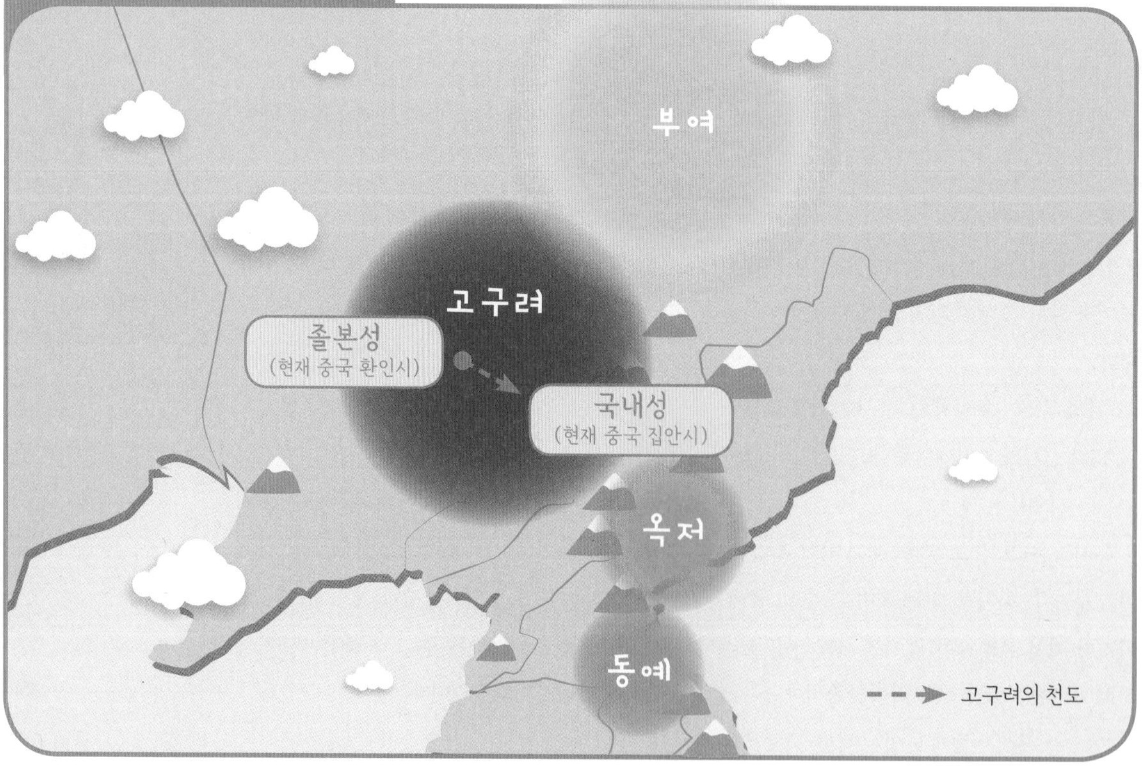

들의 이익이 끝없을 뿐 아니라 전쟁 걱정도 덜 수 있을 것입니다."

"잘 되었구나. 내 졸본과는 잘 맞지 않는 듯하여 천도를 고민하고 있었는데 그리 좋은 땅이 있다니 하늘의 뜻이다."

설지의 말을 들은 유리왕은 다음 해 겨울, 수도를 국내의 위나암으로 옮기고 주변에 환도산성을 쌓아 외적의 침입에 대비하였습니다. 이곳이 바로 고구려의 새로운 수도 국내성이었어요.

새로운 곳에 도읍하니 어떤 힘이 생겼는지 유리왕은 승승장구하여 선비족을 물리쳐 조공을 바치게 하고, 강력한 부여의 침입을 막아내기도 했습니다. 또한, 한사군 중 하나인 현도군을 몰아냈으며 국내성을 기반으로 여러 부족을 통합하며 고구려의 세력을 키우기 시작했죠.

유리왕이 개인적인 아픔을 잊기 위해 일을 열심히 했는지는 모르는 일이지만 국내성이 고구려를 크게 성장시키는 데 졸본보다 좋은 땅이었던 것만큼은 확실한 것 같습니다.

천도 遷都
도읍을 옮김

승승장구 乘勝長驅
승리나 성공의 여세를 몰아 계속 나아감

역사 돋보기

중국 길림성에 있는 고구려의 수도

압록강을 마주 보고 있는 국내성 터는 현재 중국 길림성 집안시에 위치해 있습니다. 고구려 성벽은 단단하게 쌓기 위해 벽돌을 깎아 바깥에서 안쪽으로 내어 쌓아 올렸는데, 얼마나 튼튼하게 쌓았는지 지금까지 그 모습이 비교적 잘 남아있습니다. 그러나 현재 그 안에 중국 아파트가 지어지는 등 훼손도 많이 되었습니다.

1~2. 1910년대 국내성
3~4. 현재 국내성

01

02

03

04

어려움을 극복한
고구려 왕들

한 나라의 지도자가 되어 나라를 운영하는 일은 종합적인 판단력을 필요로 합니다. 자리를 탐내는 주변 사람들로부터 권력을 지켜내야 하고, 백성의 신임도 얻어야 하는 등 생각해야 할 부분이 많기 때문이죠.

고구려 벽화에 남아있는 푸줏간과 차고 모습

✻ 믿고 일을 맡길 사람이 필요해

중요 인물 CHECK

고국천왕 淵蓋蘇文

?~A.D.197. 고구려 제9대 왕. 179년에 신대왕이 죽은 뒤 왕위에 올랐다. 연나부의 귀족들이 반란을 일으키자 진압하였으며 을파소를 국상으로 등용하여 진대법을 실시하였다.

기상이변 氣象異變

날씨가 비정상적인 모습을 보이는 현상

고구려 초기에는 왕위를 형제에게 물려주는 전통이 있었어요. 그러다 보니 왕은 왕위에 오른 다음에도 언제 형제에게 자리를 빼앗길지 몰라 제대로 된 정치를 펼칠 수 없었습니다. 그런데 고국천왕이 왕위에 오를 땐 달랐어요. 고구려의 8대 왕인 신대왕이 자기 둘째 아들인 남무, 바로 고국천왕에게 왕위를 물려준 것이죠. 그래서 고국천왕은 다른 왕들보다 안정적으로 권력을 물려받을 수 있었습니다. 그래서 그런지 그가 왕으로서 해낸 일도 많아요.

190년 9월 가을이었습니다. 고구려에 눈이 여섯 자(2미터 가량)나 내리는 기상이변이 일어났죠. 좋지 않은 징조였습니다. 아니나 다를까 그해 왕후의 친척인 중외대부 어비류와 좌가려가 백성들의 땅을 빼앗고 사치를 일삼는다는 보고가 들어왔습니다. 나라의 큰 신하인 그들이 백성을 못살게 굴고 있다는 사실에 고국천왕은 분노했습니다. 그래서 당장 그들을 붙잡아 처형하라고 했죠. 하지만 그들은 오히려 다른 세력과 손잡고 반란을 일으켰습니다. 고국천왕은 그 반란을 진압했지만 깊은 고민에 빠졌죠.

"믿을 만한 신하들이 이리도 없구나."

고국천왕은 한탄했습니다. 그는 나라의 일을 제대로 믿고 맡길 신하가 절실하게 필요했습니다.

"여봐라. 옳지 못한 맘을 가진 신하들이 왕실을 흔들고 백성들에게 해독을 끼치고 있느니라. 각지에 일러 현명한 이를 추천하게 하라."

을파소를 등용한 고국천왕

고국천왕은 계루부를 제외한 나머지 4부에서 추천을 받아 사람을 골랐는데, 그가 바로 을파소였습니다.

"내가 선왕의 위업을 이어 신하와 백성의 윗자리에 있으나 덕이 없고 재주가 짧아 정치에 미숙하오. 이제 선생의 가르침을 받고자 하니 마음을 다하여 날 도와주길 바라오."

을파소는 처음엔 고국천왕의 제안을 사양했지만 끝내 그의 신하가 되었어요. 을파소의 언행은 겸손했고, 정치에 대한 생각은 분명하여 처음엔 그를 시기하고 질투하던 신하들조차 그의 정치력을 인정할 수밖에 없었습니다.

그러던 어느 날, 평온하던 고구려에 또다시 재해가 일어났습니다. 194년 가을에 서리가 내려 곡식이 모두 죽어버린 것입니다. 고국천왕은 나라의 창고를 열어 백성들의 주린 배를 달래주어요. 그러나 그가 그해 겨울에 사냥을 나갔다가 길바닥에 앉아 우는 사람의 이야기를 듣고는 그 조치가 무척 부족했다는 사실을 깨달았습니다.

"저는 가난하여 항상 품팔이로 어머니를 봉양하였습니다. 그런데 올해는 흉년이 들어 품팔이할 곳이 없어, 한 되나 한 말의 곡식도 얻을 수 없기에 우는 것입니다."

고국천왕은 급한 대로 그에게 옷과 음식을 주어 위로한 후 을파소에게 조언을 구했습니다.

"국상, 이 일을 어찌하면 좋소."

"일단 관청에 명하시어 혼자 살 수 없는 약한 사람들을 먼저 먹이십시오. 하지만 계속 그리하다간 나라 살림 또한 위태로워질 것이니 내년 3월부터 7월까지 관청의 곡식을 백성들에게 식구 수에 따라 빌려주어 농사에 전념하게 하십시오. 그리고 빌린 곡식은 추수가 끝나는 10월에 되갚게 하시옵소서."

고국천왕은 을파소의 말에 따라 각 관청에 연락하여 백성들에게 곡식을 빌려주게 했습니다.

진대법이라 불리는 이 정책을 실시하자 백성들의 삶이 점차 나아지기 시작했다고 합니다. 한국 역사 최초의 사회보장제도로 평가받는 진대법은 백성들을 생각하는 고국천왕의 마음과 든든한 신하인 을파소 콤비가 없었더라면 해내기 힘든 일이었을 것입니다.

중요 인물 CHECK

을파소 乙巴素

?~A.D.203. 유리왕 때 대신이었던 을소의 자손. 고국천왕의 지지를 받으며 진대법을 고안했다. 10대 왕인 산상왕 때에도 국상으로 일하다 생을 마감했다.

고구려 무용총 벽화의 귀족(우)과 시종(좌)

역사 돋보기

일하는 귀족, 고대 관료

을파소 같은 관리의 등장은 고대 사회에서 중요한 변화 즉, 고구려가 고대국가 체제로 진입했음을 의미합니다. 그들의 조상은 원래 족장 출신이었으나 왕의 권력이 커지자 족장의 권한을 행사하기보다 왕을 돕는 관리로 역할이 바뀌게 된 것이죠.

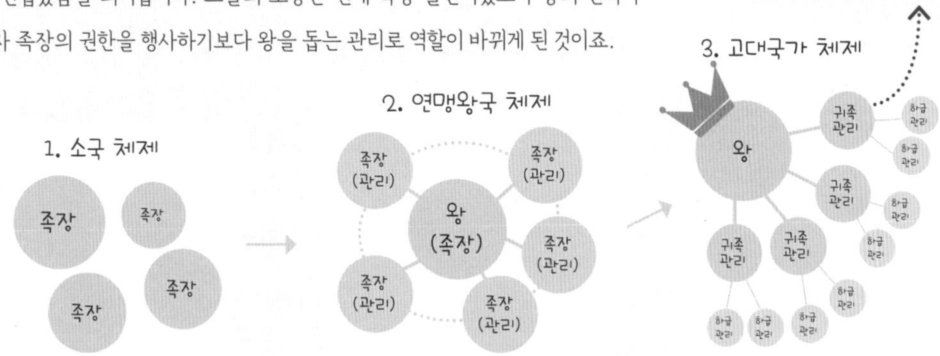

고구려 기마병의 모습

✲ 도망자 을불

둘의 노력에도 불구하고 고구려의 정치적 상황은 금방 불안해졌어요. 왜냐하면, 왕이 되고 싶어 하는 형제들이 왕을 죽이고 스스로 왕위에 오르려고 자주 반란을 일으켰기 때문입니다.

292년 왕위에 오른 봉상왕도 항상 불안함을 느끼긴 마찬가지였죠. 자기 주변의 형제나 친척들이 반란을 계획하진 않는지 계속 의심해야 했으니까요. 특히 봉상왕은 작은 아버지인 안국군 달가를 의심했습니다. 달가는 280년 고구려 북쪽 변경을 침략해 오던 숙신족을 정벌하여 공을 세운 사람이었습니다. 용기와 지혜를 모두 갖춘 무장이었죠. 백성들의 인기도 높아 봉상왕은 그를 정치적 라이벌로 생각하고 있었어요

자신보다 인기가 많은 달가가 너무 신경 쓰인 봉상왕은 비밀리에 사람을 보내 안국군 달가를 죽여버렸어요.

"달가님이 돌아가시다니. 하늘도 매정하셔라."

그가 죽자 슬퍼하지 않는 백성들이 없었다고 합니다. 더 나아가 봉상왕은 자신의 아우 돌고마저 의심하여 독약을 내려 자결하게 했습니다.

이에 그의 아들인 을불은 봉상왕이 자신도 죽일지 모른다는 두려움에 궁궐을 빠져나와 도망쳤습니다.

을불이 궁궐을 빠져나갔다는 사실을 안 봉상왕은 바로 사람들을 시켜 그를 뒤쫓게 했습니다. 몸을 의지할 곳이 없었던 을불은 왕실의 자손임에도 불구하고 자기 신분을 버리고 머슴 생활을 해야만 했어요. 주인은 을불의 신분을 알 길이 없었으므로 그를 막대했습니다.

그런 주인을 더는 견딜 수 없었던 을불은 머슴 생활을 한 지 1년 만에 도망쳐 서해안의 소금을 가져다가 고구려 내륙지역에 파는 소금장수 생활을 시작했습니다. 하지만 이 생활도 쉽지는 않았습니다. 먼 거리를 여행해야 했으며 한때는 도둑으로 몰리기도 했죠. 을불의 행색은 점점 거지처럼 되어가고 있었습니다.

숙신족 肅愼
고대 중국의 동북지방에 살았던 퉁구스계 민족의 명칭

학정 虐政
매우 혹독하고 포악한 정치

국상 國相
고구려 귀족회의인 제가회의의 의장

마름쇠
높이 4.7cm. 적의 공격을 방어하기 위한 장애물.

✵ 왕이 된 소금장수

을불이 도망생활을 하는 동안 백성들을 동원해서 궁궐을 새로 짓게 하는 등 봉상왕의 학정은 점점 심해졌습니다. 하늘도 그런 상황에 분노했는지, 299년과 300년엔 두 해 연속으로 지진이 일어나고 그 다음 해엔 심각한 가뭄이 들어 백성들의 굶주림이 극에 달했다고 해요. 심지어 서로 잡아먹기까지 하는 처참한 상황이 펼쳐졌죠.

국상 창조리는 이런 상황을 왕이 정치를 잘못했기 때문이라 생각했습니다.

"왕이시여, 백성들의 굶주림이 날로 심해지고 있습니다. 어서 궁궐 공사를 중단하시고 백성들을 돌보소서."

봉상왕은 창조리의 건의에도 끄떡도 하지 않았습니다. 그런 왕의 태도에 크게 실망한 창조리는 비밀리에 신하들을 모아 왕을 몰아내자고 결의했습니다. 하지만 큰 문제가 있었죠. 봉상왕 대신 왕위에 오를 사람이 없었던 거예요.

"딱 한 사람이 있긴 한데...살아있는지조차 모르니 답답하구나."

창조리는 을불이 만약 살아만 있다면 그를 찾아 왕위에 올려야 한다고 생각하고 있었습니다. 신망받던 고구려 왕실의 자손이었으니 자격은 충분했습니다. 창조리는 조불과 소우 등을 시켜 을불을 찾게 했습니다.

마침내 그들은 거지 행색으로 배를 타고 있던 을불을 찾아냈어요. 두 신하는 그에게 물었습니다.

"을불님이 맞으십니까? 어서 국내성으로 돌아가시지요. 큰일을 하셔야 합니다."

을불은 그들을 경계했습니다. 자신을 죽이러 봉상왕이 보낸 사람들일지도 몰랐으니까요.

"저는 보시다시피 시골 거지에 불과합니다. 당신들이 생각하는 그런 사람이 아니오."

조불과 소우는 자기 앞에 있는 사람이 을불이라 확신하고 그를 설득했습니다. 마침내 을불은 자신의 정체를 밝히고 그들을 따라 국내성으로 돌아가게 되었습니다. 그가 떠돌이 생활을 한 지 8년 만의 일이었습니다.

을불이 돌아오자 반란을 준비하고 있던 창조리는 왕에게 사냥을 나가자고 청했습니다.

왕이 사냥에 빠져있을 무렵 창조리가 큰 소리로 말했습니다.

"나와 함께할 자는 나처럼 갈댓잎을 모자에 꽂아 주시오."

많은 대신들이 창조리의 뜻을 알아채고 그가 시키는 대로 했습니다. 결국 봉상왕은 창조리에게 붙잡혀 감옥에 갇혔고, 자기 운명이 다 한 것을 안 그는 스스로 목숨을 끊었습니다.

그가 죽자 창조리는 을불에게 왕이 되기를 청했습니다. 을불은 그의 뜻에 따라 왕위에 오르니 그가 바로 고구려의 15대 왕 미천왕입니다.

그는 백성들의 큰 기대를 등에 업고 정치를 시작했습니다. 그는 고구려 왕답게 강한 군사력으로 활발한 정복활동을 벌이며 국가의 영토를 늘렸어요.

또한, 그는 313년과 314년에 낙랑군과 대방군을 축출하여 고조선이 멸망한 이후부터 존재해 오던 중국 군현 세력을 완전히 몰아 내버리고, 남쪽으로 진출할 수 있는 대동강 유역도 확보했습니다.

창조리가 그를 왕위에 올리지 않았다면 어쩔 뻔했을까요. 미천왕은 부지런히 일하며 고구려의 영토를 확장하는 데 집중하다가 331년, 고국원왕에게 왕위를 물려주고 생을 마감하였습니다.

중요 인물 CHECK

미천왕 美川王

?~A.D.331. 고구려 15대 왕. 본명은 을불. 고추가 돌고의 아들. 봉상왕이 폐위당한 후 국상 창조리에 의해 왕위에 오름. 302년 현도군을 공격했으며 평생 선비족과 대립했다. 313년과 314년에 중국의 군현인 낙랑군과 대방군을 몰아냈다.

화살촉

길이 10.6cm. 부채꼴 모양의 도끼날형 촉.

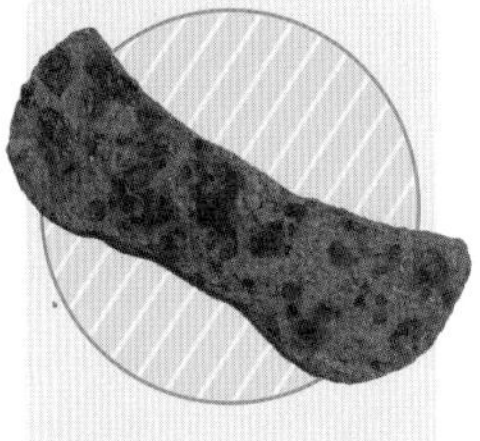

쇠도끼

길이 17.3cm. 군사용으로 사용한 철제 무기.

축출 逐出

쫓아내거나 몰아내다

Plus Alpha+

고구려 성장의 기회를 준 삼국지

▲ 삼국시대

▲ 위촉오 삼국정립의 계기가 된 거대한 전투인 적벽대전을 배경으로 한 영화 <적벽대전>

미천왕이 낙랑군을 몰아낼 수 있었던 이유는 고구려의 군사력이 강했기 때문이라고 정리했습니다. 하지만 역사에선 항상 주변 상황을 잘 살펴봐야 합니다. 그래야 역사를 보는 시야가 확장되거든요. 고구려를 둘러싼 주변 상황을 한 단어로 정리하자면 '분열'이라고 말할 수 있을 것 같아요. 220년, 한나라는 왕의 권위가 떨어지고 환관들이 나라의 질서를 엉망으로 만드는 바람에 멸망하고 말았어요. 한나라가 멸망하자 각 지역에서 세력을 키우던 사람들이 등장해 각자 나라를 세우기 시작했어요. 그게 바로 위魏, 촉蜀, 오吳가 서로 자웅을 겨루던 삼국시대예요. 우리에겐 『삼국지연의』란 소설로 더 유명한 시기(220~280년)의 이야기죠.

거대한 중국이 세 나라로 나뉘어져 서로 싸우니 동쪽의 고구려를 견제할 여유가 없었어요. 더욱이 미천왕이 즉위한 때는 삼국시대가 정리된 이후 중국 정세가 더욱 복잡하게 돌아가던 때였어요. 위나라의 대장군 '사마의'의 손자 '사마염'이 세운 진晋(서진)으로 통합되었다가 북쪽의 강력한 유목 민족들인 5호胡(흉노, 선비, 갈, 저, 강)가 쳐들어와 진나라가 남쪽으로 도망치며 궁지에 몰렸던 때(동진)였거든요. 이때를 5호16국 시대라고 하는데, 고구려는 그 틈을 잘 이용해 낙랑군과 대방군을 몰아내며 빠르게 성장할 수 있었던 것입니다.

그래도 미천왕 시기 고구려에 어려움이 없었던 것은 아니에요. 미천왕은 이들 5호 중 요서 지역에서 성장한 선비족의 일파인 모용씨와 고구려의 서쪽 변경인 요동 지역을 두고 대결을 벌여야 했거든요. 이런 정황을 알고 있던 동진도 미천왕에게 사신을 보내 함께 모용씨와 싸우자고 하기도 했죠. 이후 고구려와 모용씨는 서로 막상막하의 대결을 펼쳤지만 서로 쉽지 않은 상대였습니다.

나만의 생각 지도

유리왕은 어떤 시련을 경험했으며, 왕으로서 어떤 일을 했지?

유리왕

고국천왕과 미천왕은 어떤 방식으로 고구려의 어려움을 극복했을까?

고국천왕
미천왕

03

신라의 성립

B.C. 57년 ~ A.D. 4세기

작은 연맹왕국인 사로국이 '신라'라는 이름을 갖게 되기까지의 이야기. 커다란 무덤과 화려한 금관을 만들기까지의 이야기.

알에서 태어난
신라의 시조들

국가의 모습을 갖추기 시작한 시기는 삼국 중에 가장 느렸지만
특유의 문화와 뒷심으로 삼국을 통일한 나라 신라. 그 천년 왕국의 문을 함께 열어보시죠.

✸ 우물가에서 알을 깨고 나온 아이

훗날 신라의 수도가 되는 경주 땅에는 여섯 개의 작은 마을이 있었습니다. 하루는 마을 촌장들이 알천 언덕에 모두 모여 회의를 했어요.

"나라를 다스릴 임금이 없으니 사람들이 무엇을 어떻게 해야 하는지 모르는 것 같소. 덕스러운 사람을 찾아 임금으로 모시고 나라를 세우는 게 어떠하겠소?"

"맞는 말이오. 그럼 어서 덕망 있는 사람을 찾아 왕으로 추대합시다."

촌장들은 높은 산에 올라 사방을 둘러보았어요. 그런데 남쪽에 있는 나정蘿井이라는 우물 옆이 유난히 빛나 보였어요. 모두들 고개를 쭉 빼고 살펴보니 흰말이 나정 옆에 엎드려 절을 하고 있었죠. 촌장들은 "저기다!" 하고 재빨리 그곳으로 달려갔습니다. 말은 긴 울음을 울더니 하늘로 올라갔고, 무릎을 꿇고 있던 곳에는 큰 알이 하나 단정하게 놓여 있었어요.

촌장 하나가 알을 조심스럽게 건드렸어요. 그러자 알이 쪼개지며 안에 누워있던 사내아이가 우렁차게 울기 시작했습니다. 이 아이를 동쪽 냇가로 데리고 가서 목욕을 시키니 새와 짐승들이 춤을 추고 천지가 진동하며 해와 달이 밝게 떴습니다. 촌장들은 아이의 기운이 범상치 않음을 느끼고 앞으로 나라를 이끌어나갈 인재로 키워야겠다고 생각했습니다.

그들은 이 아이가 둥그스름한 박처럼 생긴 알에서 태어났기에 성을 박朴씨로 정하고, 이름은 밝게 세상을 다스릴 사람이라는 의미로 혁거세赫居世로 부르기로 했어요. 뛰어난 재능을 가지고 태어난 그는 13년 후 사로국의 왕이 되었죠.

덕망 德望
좋은 일을 해서 남들에게 얻은 명성

사로국 斯盧國
진한 12국 가운데 경주에 위치한 6부족 연맹체. 박혁거세가 즉위한 이후, 나라 이름을 '서라벌'이라 불렀다고 전한다.

경주 나정 건물터

경주 나정 전경

배를 타고 온 아이

중요 인물 CHECK

석탈해 昔脫解

B.C.4~A.D.80. 왜의 동북쪽 1천 리에 위치한 '다파나국'에서 온 것으로 기록되어 있으나 그곳이 어디인지는 확실치 않다. 그 또한 알에서 태어났다고 전해지며 『삼국유사』 기록에 따르면 사로국에 도착하기 전 가야에 도착해 김수로왕과 싸워 패배했다고 한다.

비상 非常

평범하지 않다

일원 一員

어떤 단체를 구성하고 있는 사람 중의 하나

박혁거세의 아들인 2대 남해왕이 사로국을 다스리고 있을 때 범상치 않은 인물이 또 하나 나타났어요. 그를 발견한 건 바닷가에 사는 아진의선이란 할머니였어요.

그녀는 여느 때와 다름없이 바닷가에서 일하고 있었습니다. 그런데 멀지 않은 곳에서 갑자기 까치 떼가 울어댔어요. 할머니가 그곳으로 가보니 커다란 궤짝을 실은 배 한 척이 떠내려와 있는 거예요. 할머니는 호기심이 발동해 궤짝을 살며시 열어젖혔습니다. 그랬더니 궤짝 안에 덩치 큰 사내아이 한 명과 그를 따르는 몸종들 그리고 온갖 눈부신 보물이 들어있었어요.

아진의선 할머니는 아이를 자신이 키우기로 했어요. 그는 마땅한 이름이 없어 석탈해라고 불렸습니다. 궤짝에서 나온 아이란 뜻이었죠.

탈해는 머리가 아주 비상했어요. 돈 한푼 들이지 않고 자기가 살고 싶은 집을 가질 정도였죠. 그는 초승달 모양의 산봉우리에 살고 싶었는데 거기엔 이미 호공이란 사람이 살고 있었어요. 호공을 내쫓고 싶었던 탈해는 그의 집 옆에 숯과 숫돌을 묻어 놓고는 다음 날 다시 찾아가 이렇게 말했어요.

"여기는 조상 대대로 대장장이를 하던 우리 할아버지 집이다. 그러니 나가라."

호공은 어처구니가 없어서 탈해를 관아에 고발했으나 탈해는 관리에게 땅을 파보면 대장장이 집이었다는 증거가 나올 거라며 우겼어요. 땅을 파자 탈해의 의도대로 금방 숯과 숫돌이 나왔고, 관리는 집을 탈해에게 돌려주라고 판결했답니다.

호공 입장에선 무척 억울한 일이었겠지만 이 일로 그의 유명세는 남해왕의 귀에까지 들어가게 되었고 자신의 딸과 탈해를 결혼시켰어요. 왕실의 일원이 된 그는 사로국을 위해 정말 열심히 일하다 결국, 3대 유리왕이 죽은 뒤 사로국의 네 번째 왕이 되었습니다.

탈해가 스스로 대장장이의 후손이라고 밝힌 점을 보아 그는 철을 많이 가지고, 다루는 집안에서 태어났던 것 같아요. 호공의 집을 빼앗았다는 이야기는 아마도 탈해는 철과 관련된 부와 기술을 배경으로 왕위에 오를 수 있었던 상황을 설화적으로 풀어냈다고 볼 수 있습니다.

✷ 황금 궤짝에서 태어난 아이

왕위에 오른 석탈해는 계림이라는 숲에 커다란 빛이 빛나고 있다는 이야기를 듣고 그곳에 가 보았어요. 막상 가보니 빛뿐만 아니라 더 신기한 광경이 기다리고 있었어요. 한 나무 위에 황금 궤짝이 놓여있고 나무 밑에선 하얀 닭이 울고 있었던 것입니다. 신비로운 광경을 본 그는 직접 궤짝을 열어 그 안에 무엇이 있는지 확인했어요.

그 안에는 한 사내아이가 누워있었습니다. 탈해왕은 자기 자신도 특이하게 태어난 걸로 따지면 둘째가라면 서러웠는데, 이 아이도 만만치 않은 운명을 타고났다는 걸 직감하고 잘 키워야겠다고 마음먹었습니다. 왕궁으로 돌아온 그는 일단 아이에게 이름을 지어주었어요.

"요 녀석에게 무슨 이름이 좋을까…옳거니! 아이의 성은 금金 궤짝에서 나왔다고 하여 음이 같은 '김金', 이름은 아이란 뜻의 '알지', 김알지가 좋겠구나.

세월이 지나고 김알지는 훌륭하게 자라 결혼도 하고 가문을 이루게 되었어요. 석탈해왕은 자신을 이을 실력을 갖춘 사람은 김알지밖에 없다고 여겨 그에게 왕위를 물려주고자 했죠. 그는 성격이 너무 겸손해서 자신은 왕을 할만한 인물이 아니라며 사양했어요. 이후 미추왕이 신라의 13대 왕으로 등극했는데, 그가 김알지의 후손 중 처음으로 왕이 된 사람이었습니다.

이렇게 신라 초기 역사에 등장한 중요한 세 명의 지도자들에 대해 알아봤는데요. 설화를 통해 사로국 시절의 신라는 초기엔 고구려나 백제처럼 하나의 성씨가 세력을 독점한 것이 아니라 '박,석,김'씨가 돌아가며 왕위에 올랐다는 걸 알 수 있어요. 신라 성립기에는 연맹왕국의 성격이 짙었던 거죠.

계림 鷄林

경상북도 경주시 교동에 있는 경주김씨 시조인 김알지가 태어난 곳

중요 인물 CHECK

김알지 金閼智

A.D.65~?. 그가 경주 김씨의 시조. 많은 사람이 김알지 이후 신라를 김씨가 이끌었다고 알고 있지만, 이는 사실과 다르다. 김알지의 후손인 17대 내물왕 때부터 박,석,김씨가 돌아가며 왕위에 오르던 관습이 깨지고 김씨만 왕위에 오르기 시작했다.

역사 돋보기

독특한 신라 왕의 호칭

신라 초기 왕들은 왕이라고 불리지 않았습니다. 왕의 호칭은 22대 지증왕부터 썼거든요. 본문에선 여러분들이 편하게 이해할 수 있도록 왕이라고 표현한 것이죠. 당시에는 어떻게 이들을 불렀는지 알아봅시다.

1대. 혁거세**거서간** → 2대. 남해**차차웅**

거서간은 '우두머리', 차차웅은 '무당'이란 뜻이에요. 당시 왕은 제사장 역할을 동시에 하는 경우가 많았다고 배웠죠? 사로국 시절 신라도 그런 제정일치 사회 중 하나였던 것 같아요.

→ 3대. 유리**이사금**

남해 차차웅의 아들 유리와 사위인 탈해가 서로 왕위를 양보하다가 떡을 깨물어 잇자국이 더 많이 난 유리가 왕이 되었다는 일화에서 이사금의 의미를 알 수 있어요. 이빨 개수가 많은 사람 즉, 나이가 많은 연장자란 뜻이죠. 3대에 자리를 양보한 석탈해는 4대 이사금에 올라요.

→ 17대. 내물**마립간** → 22대. 지증**왕**

마립간은 최고 우두머리란 뜻입니다. 마립간 칭호를 사용한 내물왕 때부터 '박, 석, 김'씨가 돌아가면서 왕위를 물려주었다가 김씨에게만 물려주기로 결정했죠.

마립간 시대를 연
내물왕

강력한 권력을 가진 사람은 보통 자신의 힘을 과시하고 싶어 합니다. 청동기 시대 고인돌을 만든 것과 같은 맥락이죠. 그렇다면 신라 왕들은 어떻게 자신의 권력을 백성들에게 보여주려 했을까요?

▲ 내물왕릉

✻ 커다란 무덤이 의미하는 것

중요 인물 CHECK

내물왕 奈勿王

?~A.D.402. 신라 17대 임금. 신라에 김씨 세습 체제를 완성했다. '진한'지역을 대부분 정복하면서 권력을 강화시켰지만 백제와 왜 연합군의 공격을 받으며 세력이 약해져 고구려 광개토대왕에게 지원군을 요청했다. 이후 신라는 당분간 고구려의 영향력 아래에 놓였다.

경주에 놀러 가면 꼭 나오는 탄성이 있어요. "우와, 크다!" 경주 곳곳에 아직도 자리 잡고 있는 신라 시대 무덤은 사람이 묻혀있다곤 상상하기 어려울 정도로 큽니다. 대릉원에서 가장 큰 황남대총은 높이 22m에 남북 120m, 동서 80m로 축구장 하나 크기라고 해요. 경주 시내에서 차를 타고 쓱 지나치면 나지막한 동산으로 착각할 정도예요. 역사책에선 주로 무덤의 크기가 지배자의 권력을 상징한다고 하는데 이 정도면 엄청난 권력을 가진 왕이었을 것 같아요.

하지만 알고 보면 이 추측은 반은 맞고 반은 틀립니다. 신라의 거대 고분군은 무덤 주인을 확실히 알 수 없는 것들이 대부분이지만 4세기 후반에서 5세기에 만들어진 것들이에요. 신라 전성기를 이루었다는 진흥왕이 통치하기 전이죠. 신라에서 왕권이 가장 강력했던 때가 아니었던 것입니다. 왜 그들은 이렇게 큰 무덤을 만든 것일까요?

앞에서 살펴본 것처럼 사로국 시기의 신라 왕들은 여러 군장들의 대표자일 뿐 절대적인 권위를 누리지 못했어요. 하지만 4세기에 들어와 내물왕이 즉위하면서 판세가 바뀌었죠. 그는 최고의 지도자라는 뜻의 마립간을 왕의 호칭으로 삼고 김씨만 왕위에 오를 수 있는 김씨 세습체제를 만들었어요. 다른 군장 세력을 왕 밑으로 억누를 수 있는 힘이 김씨 세력에게 생긴 거예요. 어떤 역사적 사건이 있었는지는 확실치 않지만, 왕권을 강화하는 과정에서 김씨들은 이전 왕들과는 완전히 다르다는 것을 보여줄 만한 권력의 상징이 필요했어요. 커다란 무덤은 그것을 보여줄 수단이었던 것이죠.

하지만 무덤은 죽은 뒤에나 활용하는 상징이

에요. 이들은 살아 있는 동안엔 금으로 왕의 권력을 드러냈어요. 앞서 김알지의 이야기에서도 봤듯, 김[金]씨가 금을 뜻하는 한자 김[金]과 음이 같은 건 우연이 아니겠죠?

그들은 금으로 몸 전체를 치장하기 시작했어요. 머리엔 금관을 쓰고, 팔엔 금팔찌와 금반지를. 허리에는 금띠 장식까지. 전 세계 어떤 왕도 부럽지 않을 만한 금 치장을 한 거예요. 특히 그들은 금관엔 특별한 의미를 담았어요. 신라 금관을 보면 둥그런 띠에 여러 개의 뿔이 달려있는데, 앞쪽에 장식된 뿔은 나뭇가지를 형상화한 것이죠. 당시 나뭇가지는 신과 소통할 수 있게 하는 중개자 역할을 해준다고 믿었어요. 그리고 뒤쪽의 장식은 사슴뿔을 닮지 않았나요? 역사학자 중에는 사슴에 신령이 깃들어 있다는 북방 유목 민족들의 믿음이 신라 금관에 영향을 미친 것으로 해석하는 사람도 있답니다.

신라의 거대 고분과 그곳에서 출토되는 황금 보물은 5세기경 김씨에게 왕위를 세습하는 과정이 맞물린 상황에서 왕의 권위를 만천하에 드러내기 위한 장치였던 것입니다.

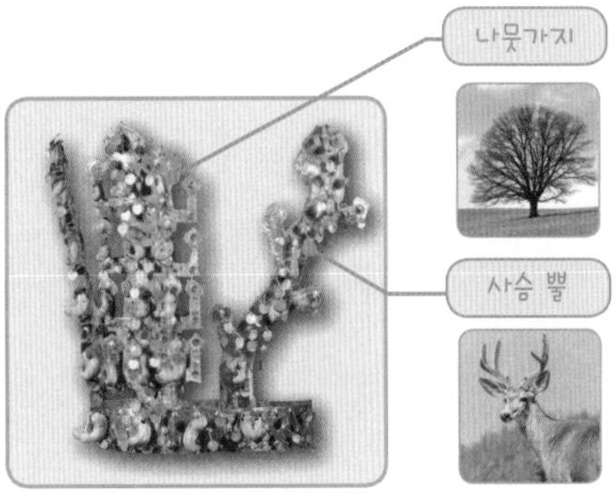

▲ 경주 천마총 출토 금관

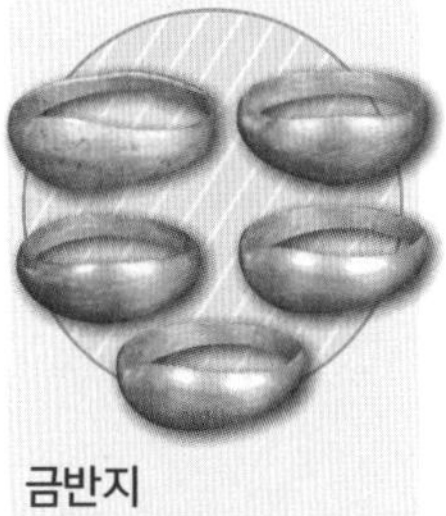

금반지

지름 1.9cm. 황남대총 북분에서 발견된 금반지. 부장품으로 묻히기도 하고, 손가락에 끼워진 상태로 묻히기도 한다.

황금의 나라
신라

황금 궤짝에서 나온 김알지의 후손들이 나라를 이끌어가서 그런지 신라 왕과 귀족들은 황금을 무척 좋아했습니다.
금으로 만든 장신구를 온몸에 두르고 왕의 권위를 내세우는 신라 왕의 화려함을 상상해 보세요.

1.
금관

국보 28호, 높이 27.5cm의 이 금관은 경주의 한 무덤에서 발굴되었어요. 신라 최고의 예술작품인 금관이 발견되었기에 이 무덤을 금관총이라고 부르지요. 관테 위에 세 개의 나뭇가지 모양 장식과 두 개의 사슴뿔 모양을 세워 화려함을 강조했어요. 하지만 이 유물은 실제로 머리에 쓰고 있기에 굉장히 불편해요. 테에 주렁주렁 달린 옥구슬이 무거워 바깥쪽으로 휘기 쉽고요. 머리 둘레는 너무 넓어서 신라왕이 정말 썼을까 하는 의심이 듭니다. 금관이 발견될 때에도 무덤 주인의 얼굴이 가려진 채로 출토되어 실제로 썼다기보다는 왕이 죽을 때 얼굴을 덮어주는 장례용품의 용도로 사용했다는 주장도 있어요.

2.

금모자

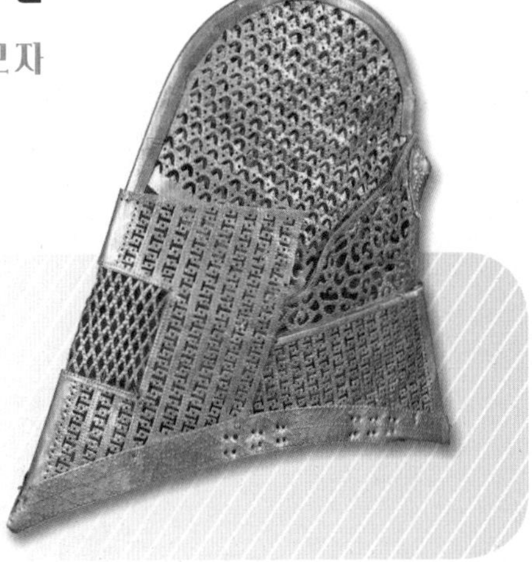

높이 19cm의 이 관모는 머리에 쓰고 끈을 턱에 묶어서 고정했어요. 앞쪽에는 새나 나비 날개 모양의 관 꾸미개를 달아 장식하기도 했죠.

3.

금팔찌

너비 2.1cm, 지름 7.2cm의 금으로 만들어진 이 팔찌는 경주 황남대총에서 발굴되어 보물 623호로 지정되어 있습니다. 넓은 금판을 바깥으로 돌려 말아서 모서리를 마감하고, 군데군데 옥을 박아 장식하였습니다.

4.

금관장식

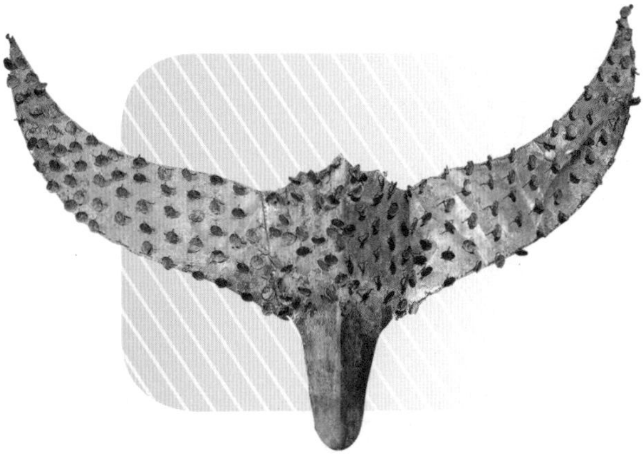

너비 59cm 크기의 이 유물은 경주 황남대총에서 발굴되어 보물 630호로 지정되어 있습니다. 새 날개 모양은 왕의 권위를 상징하는 것으로 금관을 장식하는데 쓰였습니다.

5.

금귀걸이

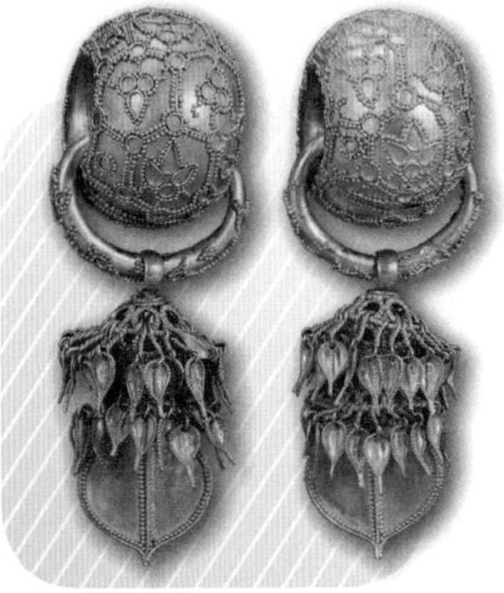

길이 8.7cm, 지름 3.8cm의 이 귀걸이는 국보 90호로 지정되어 있습니다. 경주 보문동 부부총의 여자 무덤에서 출토되었죠. 지름 0.5mm도 안 되는 수많은 금 알갱이와 얇은 금실을 이용해 거북등 모양을 만들고 그 안에 꽃무늬를 정교하게 표현한 이 귀걸이는 신라의 무덤에서 발굴된 것 중 가장 섬세하고 화려한 유물이랍니다.

Plus Alpha+

네가 그린 그림은 말처럼 그린 기린 그림이냐, 기린처럼 그린 말 그림이냐

천마총 천마도

◀ 머리에 뿔이 달린 천마도 적외선 촬영본

경주로 여행을 가는 이들이라면 빠짐없이 들르는 천마총. 무덤 주인이 확실하지 않아서 무덤에서 발견된 유물 중 가장 특별한 천마도의 이름을 따 천마총이라고 부르게 되었어요. 하늘을 나는 말을 표현한 듯 보이는 이 그림은 말을 탈 때 진흙이 튀는 것을 막기 위해 말의 배 쪽에 드리운 말 장식품 '장니'입니다.

그런데 최근에 적외선 촬영으로 천마도를 자세히 살펴보니 말 머리 부분에 두 개의 뿔이 선명하게 그려져 있는 것이 발견되었어요. 이 모습은 동양에서 용과 같이 성스러운 동물로 숭배하는 '기린'의 모습과 무척 비슷해요. 이 기린은 아프리카 초원에 사는 기린이 아니라 상상의 동물이니 오해는 마세요.

여러분은 천마도 그림이 말처럼 보이시나요? 기린처럼 보이시나요? 만약 기린처럼 보이신다면 천마총이 아니라 기린총이라고 바꿔불러야 할지도 모르겠네요.

▲ 상상의 동물 기린

03. 신라의 성립

나만의 생각 지도

04

가야의 성립

A.D.42년 ~ A.D.6세기

백제와 신라의 틈바구니 속에 있었던 연맹왕국 가야. 가야의 영토는 작았지만 활동한 영역은 넓었으며, 그들의 남긴 문화는 단단한 것들이었지만 본질은 유연함에 있었다.

거북아 거북아
나오지 않으면 구워 먹으리

사실 우리가 삼국시대라고 부르는 시기엔 고구려, 백제, 신라 이 세 나라만 존재했던 게 아닙니다.
가야라는 연맹왕국도 있었죠. 가야는 어떤 이야기가 있는지 알아볼까요?

가락국을 세운 김수로왕

지금의 경상남도 낙동강 일대의 평야에는 아홉 개의 부족이 옹기종기 모여 살고 있었어요. 그러던 어느 날 구지봉이란 동산에서 이상한 소리가 들렸습니다. 사람들은 구지봉에 올라 소리가 들리는 곳을 찾아갔어요. 지역을 다스리는 아홉 명의 부족장들도 소문을 듣고 모두 모이자 하늘에서 목소리가 들렸어요.

"이곳이 어디냐?"

"구지입니다."

"하늘이 내게 이곳에 나라를 세우고 왕이 되라 하셨다. 하지만 내가 사람으로 태어나기 위해선 너희들이 해야 할 일이 있느니라."

아홉 부족장은 어리둥절했지만 목소리가 하는 말을 끝까지 들었어요.

"너희는 이 산봉우리에 올라가 흙을 파내며 춤추고 이렇게 노래를 불러야 한다. '거북아 거북아 네 머리를 내어라. 만약에 내놓지 않으면 구워서 먹으리.'"

나라에 왕이 없어 힘들어하던 부족장들은 하늘에서 내려온 목소리가 너무도 반가웠습니다. 그들은 그 목소리가 시키는 대로 노래를 부르며 춤을 추었고, 곧 하늘에서 자줏빛 줄이 내려오는 광경을 볼 수 있었습니다. 줄 끝에는 붉은 보자기에 싸인 금 궤짝이 매달려있었죠. 궤짝 안엔 여섯 개의 황금알이 들어있었어요.

알에서 태어난 아이들은 쑥쑥 자랐는데 그중 가장 먼저 태어난 김수로가 가락국이란 나라를 세우고 백성을 보살폈습니다. 나머지 아이들도 각자 대가야, 성산가야, 아라가야, 고령가야, 소가야를 세우고 왕이 되었답니다.

새롭게 등장한 국가

가야 伽耶

A.D.42~A.D.562. 변한의 12개 소국 체제를 기반으로 성립한 연맹국가. 초기에는 금관가야를 중심으로 성장하다가 4세기 고구려와의 전투에서 패배하여 주도권이 대가야로 넘어갔다. 6세기 중반 신라 진흥왕에게 멸망당했다.

김수로 왕비릉과 구지봉 비석

오리모양토기

높이 16.7cm. 사실적으로 묘사된 이 토기는 실생활에 사용했다기보다는 의례용으로 사용되었을 것으로 추측한다. 예로부터 물오리나 새는 악령을 물리치고 죽은 자를 인도한다는 믿음이 있어왔기 때문이다.

맹주 盟主

동맹을 맺은 개인이나 단체의 우두머리

'단단한' 가야의 문화

이제는 각 나라의 건국 신화들이 너무 비슷비슷해서 식상하게 느껴지죠? 그래도 이번엔 한꺼번에 여섯 개의 알이 등장해 식상함을 덜어준 것 같네요.

가야는 신화 속에 나오는 것처럼 하나의 통일된 국가가 아니라 크게 여섯 개로 세력이 나뉘어져 있었어요. 모두 가야의 일원이라는 공통된 의식은 있었지만 각자 정치적 세력을 유지했던 것이죠. 하지만 가야를 이끄는 중심 세력은 존재했답니다.

가야 건국 신화에서도 알 수 있듯이 처음에 가야가 생겼을 때는 김수로왕이 이끄는 금관가야(가락국)가 맹주가 되어 가야 연맹을 이끌었어요. 금관가야는 낙동강과 남해안이 만나는 지점인 지금의 김해 지역에서 성장했어요. 이 지역은 고대 뱃길의 중심에 있어서 무척 활발하게 교역이 일어나고 있었답니다. 특히 낙랑군과 왜를 연결하는 중계무역으로 이득을 많이 봤죠.

또한, 변한 때부터 발달한 가야의 철기는 낙랑과 왜 등 주변국에 수출할 정도로 인기가 좋았고요. 당시 철 제작 기술이 부족했던 왜는 가야 철기에 크게 의지했습니다.

가야인들의 토기는 당시 가야 사람들이 어떻게 살았는지를 알려주는 생생한 역사 자료예요. 그리고 가야 사람들이 철뿐만 아니라 흙을 다루는 기술 또한 뛰어났음을 보여줍니다.

특히 집모양토기나 기마인물형토기를 보면 가야 사람들이 어떤 집에 살았는지 어떤 갑옷을 입었는지 구체적으로 상상해 볼 수 있습니다.

가야인들의 토기는 당시 왜에도 전해져서 스에키 토기의 형성에 영향을 끼쳤는데요. 가야의 토기문화에 영향을 받은 스에키 토기는 일본 내에서 변화를 거듭하며 10세기까지 그 명맥이 이어집니다.

이렇게 개성 강한 문화를 발전시켜나가던 가야는 뜻밖에도 4세기 초, 낙랑군이 고구려 미천왕에 의해 망하자 큰 위기를 맞았어요. 가야 연맹을 주도하던 금관가야는 가장 중요한 무역 상대가 사라져 버리자 타격이 컸죠. 8개의 다른 구성원들은 이때다 싶었는지 금관가야에 반기를 들고 난을 일으켰어요. 그들이 무역을 하며 누려온 독점적 지위가 맘에 안들었던 것 같아요.

'포상팔국의 난'이라고 불리는 이 사건이 일어나자 금관가야는 이들을 막을 힘이 부족해 신라에 구원 요청을 하였어요. 신라는 이를 받아들여 포상팔국을 제압해주었습니다. 하지만 이후 금관가야의 세력이 점점 약해져 가야 연맹의 힘의 균형은 무너지게 되었어요.

사실 이러한 부분이 가야를 삼국시대의 '삼국' 안에 들지 못하게 한 이유라고 볼 수 있어요. 연맹에 속한 여러 소국들의 독립성이 강해서 다른 나라처럼 한 명의 왕에게 권력이 집중되지 못했거든요. 연맹왕국 시기에 머무른 것이죠. 왕에게 권력이 집중되면서 그를 뒷받침하는 신하들 즉, 관료 사회가 나타나고 율령이 반포되어 중앙집권국가로 가는 길을 선택하지 않았던 것입니다.

가야는 김해의 금관가야가 연맹을 이끌다가 4세기 후반에 고구려와 신라 연합군의 공격을 받고 쇠퇴하여 대가야가 연맹을 이끌었어요. 그 이후 6세기 신라에 흡수 당할 때까지 대가야가 가야 연맹을 이끈 맹주 역할을 했습니다.

주검 앞에서 슬퍼하는 토우

높이 3.2cm. 5~6세기 신라. 한 여인이 죽은 자의 시신을 부여잡고 고개를 떨군 채 슬퍼하는 장면을 묘사한 토우. 시신은 얼굴에 천을 덮고 있다.

◀ 수레모양토기

기마인물형토기 ▶

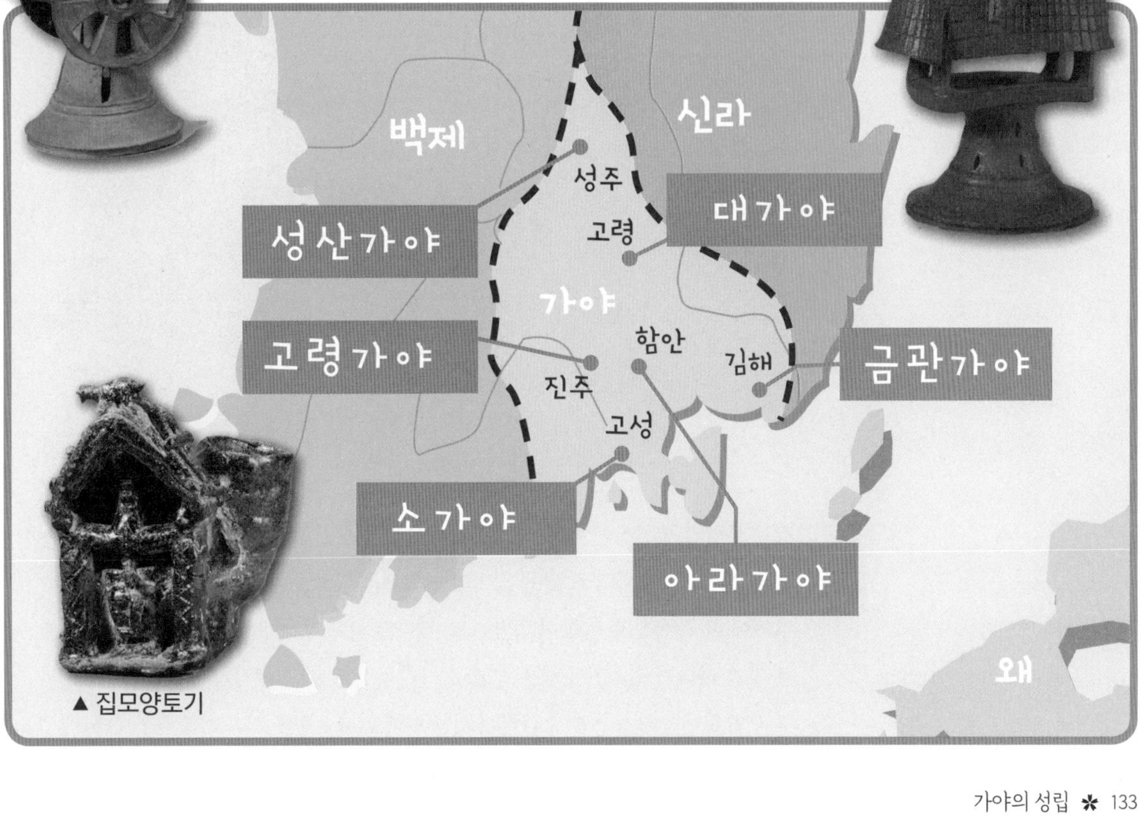

▲ 집모양토기

가야의 대표 철기 유물

엣 변한 지역을 기반으로 성장한 가야는 질 좋은 철이 많이 생산되었습니다.
가야 철기는 굉장히 유명해 주변 나라에서도 배를 타고 건너와 무역을 할 정도였죠.

1.

덩이쇠

가야 무역의 중심에는 바로 이 덩이쇠가 있었습니다. 철이 귀했던 당시 상황에서 일정한 크기와 무게로 만든 덩이쇠는 화폐의 역할을 해주었죠. 가야에서는 열 개에 한 묶음으로 만들어 팔았어요. 게다가 금관가야가 있었던 김해 지역은 큰 강과 바다가 접해있어 배를 타고 오가기 쉬웠어요. 그래서 이곳을 오고 가는 무역 상인들이 물건을 교환하기 위한 화폐로 사용했을 거라고 추측합니다.

2.

투구

가야 투구는 전체를 철로 만든 것도 있지만 이렇게 철 조각을 이어붙여 만들기도 했습니다. 이렇게 만들면 둥근 형태의 투구를 더 잘 만들 수 있었기 때문입니다.

3.

말 머리 가리개

가야 사람들은 말에도 철 갑옷을 입혔습니다. 머리와 몸 전체에 갑옷을 두르면 어떤 적과 상대하더라도 거침없었겠죠. 그렇지만 온몸에 철갑을 두르고 사람까지 태운 말은 꽤나 힘들었겠죠?

4.

갑옷

가야의 갑옷은 여러 가지 형태의 철판을 이어 붙여서 만들었어요. 옷을 만들 때 천을 재단하고 실로 꿰매는 것과 같은 원리로 철을 자르고 이어붙인 거예요. 철을 천처럼 다루다니 가야 사람들의 철기 제작 기술이 어느 정도였는지 알겠죠?

5.

용봉무늬 고리 칼자루

경상남도 합천에서 발굴된 이 칼은 가야 지배자의 칼로 추정하고 있습니다. 칼의 주인이 누구인지는 확실하진 않지만 4~6세기 삼국이 한창 서로 다투던 시기에 살던 사람의 것입니다. 가야는 삼국 중 가장 먼저 역사의 뒤안길로 사라졌지만, 고리에 용과 봉황이 동시에 장식되어 있는 이 칼의 예술적 가치는 삼국 중 단연 최고라고 할 수 있어요.

Plus Alpha+

고대 동아시아의 허브 섬, 늑도

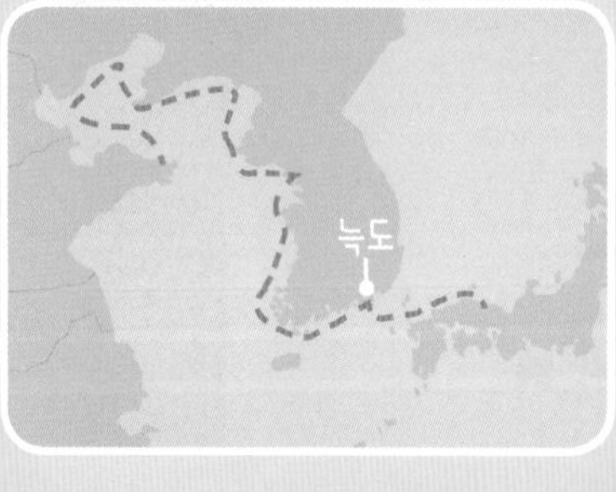

남해안에 있는 작은 섬 늑도. 1987년까지만 하더라도 한적한 섬마을이었던 이곳에서 한국만이 아니라 동아시아 전체의 고대사 비밀을 풀 많은 유물·유적이 발견되었습니다. 늑도 유적이 많은 사람의 시선을 끈 이유는 기원전 1세기 ~ 기원후 2세기에 이르는 시기의 동아시아 각국이 고대 시기에 활발히 교류했던 구체적인 루트를 밝혀줬기 때문입니다.

먼바다를 직접 가로질러 가기는 힘들어 해안가를 따라 항해하는 '연안 항해' 방법이 일반적이던 그때 늑도는 중국에서 일본으로 먼 길을 오고 가는 뱃사람들이 꼭 들러야만 하는 곳이었죠. 발굴된 유물이 당시 교류 관계를 생생하게 말해주고 있는데요. 낙랑군 계통의 '낙랑계 토기', 일본의 대표적인 토기인 '야요이 토기' 그리고 한반도 남부지역에서 초기철기 시대 많이 보이는 '삼각 구연 점토대 토기'가 같이 출토되었기 때문입니다.

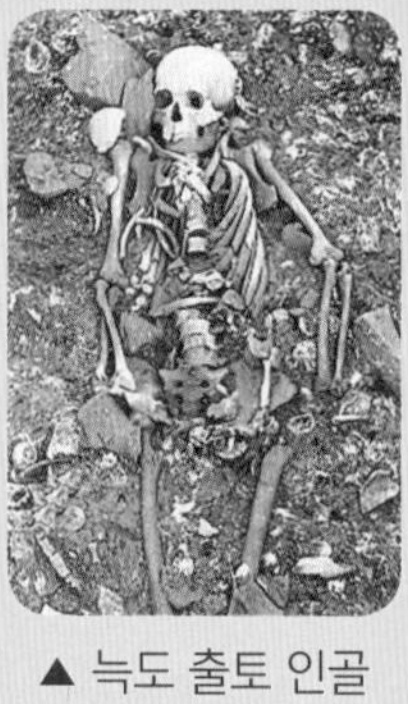
▲ 늑도 출토 인골

이 정도 유물로 너무 호들갑 떤다고요? 늑도에서 발굴된 것은 토기뿐만이 아니에요. 중국 서한西漢시대의 화폐인 사수반량전, 한반도 남부에서는 보기 힘든 온돌시설을 갖춘 주거지, 이외에도 동아시아에 널리 퍼져있던 점을 치던 도구인 복골卜骨과 동물 뼈 그리고 시신을 매장한 무덤들도 발견되었죠. 이는 늑도가 단순히 사람들이 거쳐 간 지역이 아니라 사회·경제·문화적 교류가 벌어진 동아시아 무역 허브(hub)였음을 알 수 있게 합니다.

04. 가야의 성립

나만의 생각 지도

뜨거운 주제 확인하기

◆ 설화로써 역사적 진실에 얼마나 다가갈 수 있을까?

다음 제시문을 읽고 물음에 답해보세요.

가 설화說話란 일정한 구조를 가진 꾸며진 이야기입니다. 크게 신화와 전설 그리고 민담으로 나뉘죠. 조금씩 의미가 다르기는 하지만 쉽게 이야기하면 모두 옛이야기예요. 역사적 기록의 대부분이 문자를 통해 전해지는 반면, 설화는 다양한 방식으로 전해져요. 역사적 기록처럼 문자를 통해서 전해지기도 하지만 입에서 입으로 전해지기도 하고 아니면 문자로 전승되던 것이 입을 통해 전해지기도 하고, 혹은 입으로 전해지던 것이 문자를 통해 전해지기도 한답니다.

나 사람들의 입을 통해 전해지기도 하다 보니 문자로 전해지는 역사적 기록과 비교해보면 설화는 같은 주제일지라도 전해지는 내용이 다른 경우가 많아요. 말하는 사람이 설화를 이해하고 기억하는 방식이 각자가 다르기 때문이죠. 또한, 설화에서 묘사하고 있는 사건들이 믿기 힘든 내용을 담고 있어서 일부 학자들은 '사실'을 밝혀내야 하는 학문인 역사에서 설화를 자료로 쓰면 안 된다고 주장하기도 한답니다. 예를 들어, 주몽의 건국설화에서 주몽이 강을 건너려고 할 때 물고기와 거북이들이 다리를 만들어줬다는 기록이나, 신라의 석탈해 설화처럼 배 안 상자의 알에서 사람이 태어났다는 기록 등은 현실 세계에서는 있을 수 없는 '꾸며낸' 이야기임이 분명하니까요.

다 하지만 설화에도 역사적 의미를 찾을 수 있다고 주장하는 학자들이 있습니다. 이야기 속에 표현된 여러 상징에 숨겨진 진실이 있다고 보는 사람들이죠. 단군설화를 예로 들면, 이들은 호랑이와 곰의 사람이 되기 위한 노력을 호랑이를 숭배하는 부족과 곰을 숭배하는 부족 간의 경쟁으로 해석해요. 또한, 이들은 『흥부전』에서 흥부 가족이 엄청난 양의 밥과 식사를 하는 장면을 조선 후기 백성들의 꿈을 나타내는 것이라고 해석한답니다. 그럴듯하죠? 결국, 설화라는 것이 '사실적' 역사와는 또 다른 형태의 역사적 기록물의 의미를 포함하고 있는 것입니다.

라 역사적 유물·유적의 발견으로 설화의 실체가 밝혀지는 경우도 많은데요. 대표적인 사례가 트로이 유적의 발견입니다. 1800년대 이전까지만 하더라도 호메로스의 서사시 『일리아드』에서 '트로이'는 그저 그리스 사람들이 지어낸 이야기에 나오는 장소로 인식하는 경향이 강했어요. 그런데 추측만 무성하던 트로이를 슐리만이라는 사람이 발굴하면서 이곳이 실제로 존재하던 곳이라는 사실이 밝혀졌습니다. 이야기에 나오는 산과 강의 위치와 모양이 실제와 꼭 들어맞았으며 각종 유물이 발굴되었어요. 진짜 역사가 묻혀있던 것이죠.

마 설화로 실제 역사적 사건이 만들어지는 경우도 있습니다. 대표적인 곳이 바로 '계림'이에요. 이곳은 신라 왕족 중 김씨의 시조인 '김알지'가 태어났다고 알려져 있기에 신라가 멸망하는 날까지 신성한 숲의 지위를 가졌어요. 조선 순조 때 그와 관련한 비를 세우는 등 시간이 지나도 그 의미는 변하지 않았죠. 설화가 진실이건 아니건, 이를 믿는 사람들의 행동이 역사적 의미를 이끌어 낸 사례이지요.

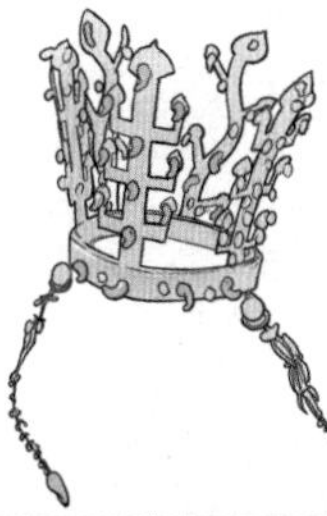

step 1. (가) 제시문을 읽고, 설화란 무엇인지 써보세요.

step 2. (나) 제시문을 읽고, 설화가 가지는 한계는 무엇인지 써보세요.

step 3. (다)~(마) 제시문을 읽고, 설화가 역사적 의미를 가지기 위해서 어떤 요소가 더 필요한지 써보세요.

뜨거운 쟁점 토론하기 1

♦ 풍납토성의 발굴과 복원을 위해 풍납동 주민들은 국가의 토지보상에 적극 협조해야 한다.

프리즘 통과하기

Step 1. 103쪽 사진의 풍납토성 발굴과 복원에 관한 내용입니다. 자신의 견해와 같은 내용에 체크해보세요.

가 한성백제 시기 왕궁으로 추정되는 풍납토성 안쪽엔 아파트와 주택이 들어서 있어. 2천 년 전의 백제가 건물 아래 깔려 있는 상황이지. 불행 중 다행으로 1997년 대규모 문화재 발굴이 이뤄졌는데, 이때 3.5km에 달하는 성벽과 집자리, 가마, 각종 기와와 토기류 수천여 점이 모습을 드러냈고, 최근에는 그동안 추정만 했던 '해자' 유적과 '하수도' 시설도 발굴했어. 성의 일부분만 발굴했을 뿐이지만 베일에 가려졌던 한성백제 시기의 백제에 더 다가갈 수 있었던 거야. 이곳에 사는 사람들은 잊힌 역사의 복원을 위해 서울시의 토지보상 방침에 협조할 필요가 있어.

나 풍납토성은 더 면밀한 문화재 발굴을 통해 세계문화유산으로 등재해야 해. 만약 그렇게 된다면 역사적 가치를 세계적으로 인정받는 것뿐만 아니라 소중한 관광자원으로서 기능하게 될 거야. 다 쓰러져 가던 경복궁은 조선 말에 다시 지어질 때만 해도 백성들의 원성을 크게 샀었지만, 이제는 한 해 외국인 관광객만 200만 명이 찾는 관광 필수 코스가 된 것처럼 말야. 문화재 복원은 시간이 지날수록 얼마나 더 큰 가치를 보여줄진 상상도 할 수 없어.

다 1997년 지역발전을 위한 풍납토성 발굴이 시작되면서 풍납동 주민들은 직·간접적으로 피해를 받았어. 점차 발전해 가는 주변 지역들과는 다르게 문화재 발굴로 인해 그들은 점차 낙후되어가는 주택과 각종 시설을 놔둬야만 했어. 토성이 일종의 그린벨트가 되어버린 거야. 새로운 건물을 올리고자 해도 예전에는 3층, 지금은 겨우 5층짜리 건물밖에 올리지 못하고 말야. 개발이 막힌 탓에 이곳 땅값은 주변 지역보다 턱없이 저평가되어 있어. 이 상황은 마치 과거의 유물이 현재를 살아가는 사람 위에 있는 것과 다르지 않아.

라 풍납토성은 이미 20여 년 가까이 발굴했음에도 불구하고 왕궁터와 같은 결정적인 증거가 발견되지 않았어. 풍납토성이 한성백제의 수도가 아닐 수도 있다는 얘기지. 주민들도 이 사실을 잘 알고 있어. 그들은 '이곳이 한성백제의 수도일 가능성은 적으니 발굴할 필요가 없다.' 면서 학자들의 주장을 반박하고 있어. 학자들도 사실상 '추정'만 할 뿐이고 말야. 주민들의 생존권을 위협하면서 1조 원짜리 도박이 될지도 모르는 이 발굴 사업을 굳이 강행해야만 할까?

내 논리 강화하기

Step 2. 자신이 선택한 견해에 근거를 추가하여 논리를 강화해 보세요.

Step 3. 자신이 선택한 견해와 다른 의견을 제시하는 사람의 의견을 반박해보세요.

조목조목 반박하기

보기

마을주민 토지보상? 말이 좋아서 보상이지. 그 돈으로 서울 어디를 가라고. 우씨. 그깟 유물이 우리 주민들의 살 권리보다 중요하단 말입니까? 15년 전보다 주변 땅값은 10배나 올랐는데, 보상금은 코딱지 만큼 올랐어요. 이 주변에선 살 수 있는 데가 없어요. 여길 떠나란 소리죠.

건축가 경복궁은 조선시대에 지어진 원형을 살렸기에 그 역사적 가치가 커요. 하지만 풍납토성 복원은 완전히 다른 차원의 문제지요. 백제의 건물이 어떤 방식으로 지어졌는지 확실히 알 수가 없으니 상상에 기대어 복원할 수밖에요. 그런 복원 작업이 과연 역사적 가치를 가질 수 있을까요?

정치인 특별예산을 편성해서 주민들이 납득할 만한 수준으로 보상액을 올리는 건 어떨까요? 정부와 주민 갈등에 소모되는 시간의 가치를 생각한다면 합리적인 결정 아닐까요? 국가 예산은 빠듯하겠지만 불필요한 예산을 줄이고 문화재에 투자한다고 생각한다면 가능한 일로 보여요.

고고학자 최근에 발굴된 '해자'는 성 바깥에 땅을 파 물을 흐르게 하는 방어용 장치인데, 주로 커다란 성에서 사용하는 거예요. 풍납토성 해자는 깊이가 2미터나 되기에 분명 무척 중요한 역할을 한 성임이 분명함을 뒷받침하죠. 발굴해보면 얼마나 중요한 유물들이 나올지 정말 기대돼요.

Step 4. 풍납토성 발굴과 복원에 대한 자신의 생각을 종합적으로 정리해보세요.

내 생각 보여주기

뜨거운 쟁점 토론하기 2

◆ 주몽이 유리에게 왕위를 물려준 행위는 현명했다.

프리즘 통과하기

Step 1. 100~102쪽의 상황을 평가하는 내용입니다. 자신의 견해와 같은 내용에 체크해보세요.

가 고대 국가에서는 왕의 권위를 자신이 죽은 이후에도 유지하기 위해 보통 아들 중 첫째에게 왕위를 물려주었어. 이것을 왕위의 장자상속이라고 하지. 어느 때나 일관적으로 지켜지는 원칙은 아니었지만, 창업 군주의 우월한 혈통을 잇는다는 명분으로 행해진 방법이었어. 부자상속은 나라를 왕 중심으로 집중시키는 데 큰 역할을 했어. 왕위를 물려받은 사람은 아버지의 권위를 그대로 이어받았기 때문에 어떤 신하도 그의 명령을 거역할 수 없었어. 왕에게 강력한 왕권이 생기는 거야.

나 왕위를 첫째 아들에게 물려주겠다고 못 박아 놓으면 왕자들이나 가까운 친척들, 심지어 왕의 형제들끼리도 생길 수 있는 권력 다툼을 미리 막을 수 있다는 장점이 있어. 조선은 원칙적으로 왕권을 장자 상속하여 500년 동안이나 안정적으로 왕조를 유지할 수 있었지. 만약 주몽이 유리가 아닌 비류와 온조 중 하나에게 왕위를 물려주려고 했다면 분명 세 사람 모두가 불만을 터뜨렸을 거야.

다 왕권이 안정되지 않은 삼국시대 초기에는 왕의 형제나 아들 중에서 나이가 많고 능력이 뛰어나 평판이 좋은 사람에게 왕권을 물려주었어. 작은 아빠가 왕이 될 수도, 삼촌이 될 수도 있었지만 이런 왕위 계승방식을 형제상속이라고 해. 형제상속을 한 이유는 집단 내부의 끈끈한 결속 상태가 무엇보다 중요했고, 아직 능력이 검증되지 않은 어린 왕자에게 왕위를 물려주는 것보다 훨씬 안전하고 믿을 만한 방법이었기 때문이야.

라 신라 초기에는 나라의 안정을 위해 같은 혈통이 아니었어도 왕위를 물려준 예도 있어. 17대 내물왕까지 '박,석,김' 세 성씨가 돌아가면서 나이가 많고 능력있는 사람이 왕위에 올랐지. 그만큼 국가 초기에는 능력이 검증된 이가 지도자가 되는 것이 훨씬 유리했다는 거야. 로마의 전성기를 이끈 네르바, 트라야누스 같은 황제들은 자기 아들이 아닌 능력 있는 이를 양자로 들여 자리를 물려주었어.

내 논리 강화하기

Step 2. 자신이 선택한 견해에 근거를 추가하여 논리를 강화해 보세요.

조목조목 반박하기

Step 3. 자신이 선택한 견해와 다른 의견을 제시한 사람의 논리를 반박해보세요.

보기

소서노 주몽은 배신자예요. 아무 연고도 없는 사람이 고구려에 와서 나와 우리 부족의 힘을 이용해 왕까지 된 사람이 은혜를 몰라도 어떻게 그렇게 모를까요. 주몽이 유리에게 왕위를 물려준 것은 그저 자기 핏줄이 소중했기 때문이지 강력한 왕권을 세우기 위한 목적은 아니었어요.

신하① 조선은 왕을 뒷받침할 탄탄한 관료 시스템을 갖추고 있었기에 이상한 왕이 나와도 안정적으로 운영되었죠. 하지만 이 시기 고구려는 세워진 지 얼마 되지 않은 시점이었기에 능력이 검증된 이에게 왕위를 물려줬어야만 해요. 유리가 왕의 자격을 갖추기엔 시간이 너무 부족했죠.

신하② 형제상속은 왕위 계승의 기준이 분명하지 않아요. 능력이나 평판 이런 요소들을 고려한다고 해도 결국은 가장 큰 권력을 가지고 있는 집단에게 돌아가는 것 아닌가요? 이런 방식이 계속된다면 권력이 분산되기 쉽고, 더욱 커다란 규모의 국가를 만드는 데 장애물이 될 거예요.

주몽 형제상속은 아직 국가의 틀이 갖춰지지 않은 작은 나라나 하는 일이오. 나라를 빠르게 성장시키기 위해서는 권력을 한 곳에 집중시키고, 왕의 뜻에 따라 나라를 움직여야 하지요. 나는 중앙 집권의 효과를 이미 알고 있었기 때문에 유리에게 왕위를 물려주었소.

내 생각 보여주기

Step 4. 주몽이 유리에게 왕위를 물려준 것에 대한 자신의 생각을 종합적으로 정리해보세요.

역사力思 해보기

♦논제. 봉상왕이 폐위된 이유를 제시문 중 하나를 인용하여 밝히고,
좋은 지도자가 가져야 할 가장 중요한 가치관은 무엇인지 자신의 생각을 서술하시오.

가 맹자가 제선왕에게 말하다.

"임금이 신하 보기를 수족과 같이하면 신하는 임금 보기를 복심과 같이합니다. 임금이 신하 보기를 개나 말처럼 하면 신하는 임금 보기를 길 가는 사람처럼 할 것입니다. 임금이 신하 보기를 흙이나 풀처럼 하면 신하는 임금 보기를 원수처럼 할 것입니다."

-『맹자』, 「이루편」-

나 용자가 말하다.

"(중략) 흉년에는 밭에 있는 것을 깨끗이 다 쓸어 담아도 부족할 판인데, 기준을 다 채워 거둬갑니다. 백성의 부모가 되어 백성을 쉬지도 못하게 하고 고생시키면서, 일 년 내내 힘들여 일해도 부모를 모실 수 없는 판에 또 빚을 내 세금을 채우게 하니, 노인이나 어린애들의 시체가 도랑에 굴러다니게 한다면, 그 어디에 백성의 부모됨이 있습니까?"

-『맹자』, 「등문공편」-

다 자공이 정치를 여쭈었다. 선생님 말씀하시다.

"정치란, 경제를 넉넉히 하고, 안보를 튼튼히 하며, 백성들이 믿도록 하는 것이지."

자공이 말하였다.

"부득이 버려야 한다면 이 셋 가운데 무엇을 앞세우리까?"

선생님 말씀하시다.

"안보를 버려야지."

자공이 말하였다.

"나머지 둘 가운데 정말로 부득이하게 버려야 한다면 또 무엇을 앞세우리까?"

선생님 말씀하시다.

"경제를 버려야지. 예로부터 죽음은 다 있게 마련이지만, 백성이 믿어주지 않으면 아무것도 성립하지 못하는 법이니."

-『논어』, 「등문공편」-

라 옛날 군주의 치국 행보를 보면 법제도 같지 않고, 호령도 같지 않았다. 그럼에도 불구하고, 모두 천하를 호령한 왕이 된 이유는 무엇인가? 이는 반드시 나라가 부유하고 곡물이 풍부한 상태를 이룬 덕분이다. 무릇 이것은 농업의 흥기에서 비롯된다. 선왕이 농업을 중시한 이유다.

나라를 다스릴 때 가장 급한 일은 사치품의 제작과 유통을 금지하는 것에 있다. 그러면 놀고먹는 백성이 사라지게 되고, 반드시 백성 모두 본업인 농사에 매진할 것이다. 백성이 농사에 매진하면 농토가 개간되고, 농토가 개간되면 곡식이 많아지고, 곡식이 많아지면 나라가 부유해질 것이다. 나라가 부유해지면 무력이 강해지고, 무력이 강해지면 전쟁에서 승리하고, 전쟁에서 승리하면 영토가 넓어질 것이다.

-『관자』, 「구언편」-

마 맹자가 말하다.

"일정하게 먹고살 방도가 있어야 떳떳한 마음이 있고, 일정하게 먹고살 방도가 없으면 떳떳한 마음도 없는 법입니다. 떳떳한 마음이 없으면 방자하고 편벽되고 사악하고 사치한 일들을 하게 됩니다. 그래서 죄에 빠져들게 되면 형벌을 가하니 이는 백성을 그물질하는 것입니다. 어찌 어진 사람이 자리에 있으면서 백성을 그물질할 수 있습니까?"

(중략)

"이런 까닭에 좋은 임금은 백성이 먹고살 방도를 마련해, 위로는 충분히 부모를 섬길 수 있게 하고 아래로는 처자식을 먹일 수 있게 하며, 풍년에는 내내 배부르고 흉년이 들더라도 죽음을 피할 수 있게 합니다."

(중략)

그런데 지금은 백성들이 먹고살 방도를 마련함에 위로는 부모를 섬기기에 부족하고 아래로는 처자식을 먹일 수 없으며, 풍년에도 내내 고달프고 흉년이 들면 죽음을 피할 수 없습니다. 이렇게 되면 오직 죽음만을 피하는데도 부족할까 두려운데 어느 겨를에 예의를 닦을 수 있겠습니까? 왕께서 어진 정치를 행하고자 한다면 마땅히 근본으로 돌아가야 합니다."

-『맹자』, 「양혜왕편」-

바 신생 군주가 스스로의 힘으로 새로운 법률과 제도를 만들어 내는 것처럼 명예로운 일도 없습니다. 이러한 제도들이 짜임새 있게 구축되고 위엄을 갖추게 되면 군주는 존경받게 되고 경탄의 대상이 됩니다. 그리고 지금 이탈리아에는 그러한 형태들을 만들어내기 위한 요소들이 풍부합니다.

(중략)

그러므로 영광스러운 전하의 가문이 나라를 구원한 뛰어난 인물들의 업적을 따르고자 한다면 무엇보다 먼저 모든 군사 행동의 탄탄한 기반이 될 자국 군대를 조직해야 합니다. 그보다 더 믿을 만하고, 충성스러우며 훌륭한 군대는 없을 것이기 때문입니다.

그들은 개별적인 병사들로서도 용감하겠지만 자신들이 모시는 군주가 직접 지휘하고, 존중해주고 우대해준다는 것을 알게 되면 훨씬 더 강력한 의지를 갖게 될 것입니다. 그러므로 이러한 군대를 준비하여 이탈리아의 힘만으로 외세로부터 스스로를 지킬 수 있어야 합니다.

-니콜로 마키아벨리, 『군주론』-

사 무릇 군주가 되어 몸소 백관들을 살피려고 한다면 시간이 부족할 뿐만 아니라 힘도 미치지 못할 것입니다. 또한 군주가 직접 눈으로 관찰하려고 한다면 신하들은 보기 좋게 꾸밀 것이며, 군주가 직접 귀로 들으려 한다면 신하들은 듣기 좋게 말할 것이고, 군주가 직접 생각으로 판단하려고 한다면 신하들은 말을 늘어놓을 것입니다. 선왕들은 이 세 가지로는 부족하다고 여겼으므로 개인적 능력을 버리고 법도에 의지해 상벌을 살폈던 것입니다. 선왕은 법과 상벌만을 지켰으므로 법령은 간략했으나 거스르는 일이 없어서 홀로 온 천하의 영토를 제어하였습니다.

(중략)

법이 신의를 잃으면 군주의 행동이 위태로워질 것입니다. 형벌이 결단력을 잃으면 사악한 행동을 막을 수 없을 것입니다. 뛰어난 목수는 눈대중으로도 먹줄을 사용한 것처럼 맞출 수 있지만 반드시 먼저 자를 가지고 길이와 각도를 재며, 뛰어난 지혜를 가진 자는 민첩하게 일을 처리해도 사리에 들어맞지만 반드시 선왕의 법도를 귀감으로 삼습니다.

그러므로 먹줄이 곧아야 굽은 나무도 곧게 자를 수 있고, 수준기가 평평해야 고르지 못한 면도 다듬을 수 있으며, 저울로 무게를 재야 무거우면 덜고 가벼우면 더할 수 있고, 되와 말을 갖춰야 많으면 줄이고 적으면 보탤 수 있는 것과 같은 이치입니다. 그러므로 법을 가지고 나라를 다스린다면 손을 들었다 내리는 것만큼 수월할 것입니다.

-『한비자』, 「유도편」-

4

끝날 줄 모르는 삼국 간의 전쟁

지금껏 수많은 사람들이 전쟁에 참여하고 희생되었다. 모두가 전쟁을 통해 지키고자 한 가치를 위해 큰 희생을 담보해야만 했을 테다. 그러나 고대 역사에서는 이 과정을 역사 발전의 중요한 과정으로 생각한다. 전쟁을 통해 문명 발전 속도가 빨라지기 때문이다.
이번 장에서 전쟁은 중요한 테마이다. 힘과 전략을 적절히 사용하는 쪽이 승리할 것이다. 서로 엎치락뒤치락 하는 양상이 펼쳐질 것이다. 하지만 이번 이야기의 초점은 삼국의 전쟁에만 맞추어져 있지 않다. 고구려, 백제, 신라 세 나라가 서로 경쟁하고, 외국과 교류하며 발전하는 모습 또한 중요한 테마이다. 국가 형성 초기 단계를 지나 삼국이 어떻게 발전해 나가는지 「4장. 끝날 줄 모르는 삼국 간의 전쟁」을 통해 살펴보자.

① 백제와 고구려의 싸움
A.D.234
백제, 고이왕 즉위
331
고구려, 고국원왕 즉위
342
연의 고구려 침입,
미천왕 무덤 도굴
346
백제, 근초고왕 즉위
372~373
고구려, 소수림왕 태학
설치, 율령 반포
371
백제, 평양성 공격으로
고국원왕 전사
391
고구려, 광개토대왕 즉위
396
고구려, 백제 아신왕의
항복 받음
400
고구려, 신라 내물왕의 지원
요청받고 5만 군사 출병.
왜군과 금관가야 공격
413
고구려,
장수왕 즉위
427
고구려, 평양 천도
455
백제,
개로왕 즉위
475
백제, 웅진 천도
② 밀려난 백제의 부흥
493 백제, 동성왕
신라와 결혼동맹
③ 신라의 성장
신라, 지증왕 즉위
500
501 백제, 무령왕 즉위
512
신라, 우산국 병합
513
신라, 법흥왕 즉위
520
신라, 불교 공인
532
신라,
금관가야 통합
538
백제,
사비 천도
552
백제, 노리사치계
왜에 불교 전파
554
백제, 성왕 관산성
전투에서 전사
555
신라, 대가야 통합

01

백제와 고구려의 싸움

A.D.3~5세기

국가의 기초를 다지고, 영토 확장을 시작한 나라 둘이 맞붙었다. 몇백 년간 이어질 전쟁의 서막이 오른 것이다.

석촌동고분군

국가의 체계를 세운
고이왕

한성에 도읍하여 한강의 지리적 조건을 활용하기 시작한 백제. 한강이 주는 혜택을 누리기만 했다면 국가로서의 백제는 없었을지도 모릅니다. 그들은 어떤 노력을 통해 삼국 중 가장 먼저 국가의 모습을 갖추게 된 걸까요?

✱ 고대 국가의 조건

앞으로 살펴보게 될 내용은 '어떻게 삼국은 국가라는 체계를 발전시켜나갔는가?'란 질문에 대한 답이 주를 이룰 것 같습니다. 3장에서 봤듯이 삼국은 성립 초기부터 주변 작은 나라들을 조금씩 조금씩 점령하면서 덩치를 키워나갔어요. 이 과정에서 가장 중요한 변화는 전쟁을 이끈 왕의 권력이 점점 더 커졌다는 것입니다. 왕권이 강해지면서 권력을 떠받치는 신분제가 더욱 고착화되고, 왕의 권력을 정당화시키는 통치 이념들이 발전하기 때문입니다. 이를 교과서에서는 삼국이 중앙 집권적 고대국가로 성장했다고 표현해요. 줄여서 중앙 집권 국가라고 하기도 하고요.

삼국이 중앙 집권 국가로 나아가는 길에는 몇 가지 공통 요소들을 거치게 되는데요. 첫째는 율령을 만들어 국가 통치 체제를 일관되게 만드는 것. 둘째는 지역별로 다양하게 내려오던 토착 신앙 위에 불교를 국가 종교로 공식화하는 것. 셋째는 전쟁을 벌여 계속해서 영토 확장 노력을 하는 것입니다.

삼국 중 이를 먼저 시작한 나라는 백제와 고구려였어요. 건국 초부터 좋지 않은 인연으로 시작한 만큼 두 나라는 라이벌 관계처럼 서로 싸우며 성장해나갔습니다.

지금부터 우리는 백제와 고구려가 어떻게 국가의 기틀을 다지고 그 과정에서 어떤 다툼이 있었는지 시간 순서대로 살펴보도록 하겠습니다. 설명을 따라오다 보면 3~5세기 삼국시대의 중심 맥락을 잡을 수 있을 거예요.

고착화 固着化
어떤 상황이나 현상이 굳어져 변하지 않는 상태가 되다

율령 律令
나라를 통치하기 위한 법과 제도

몽촌토성

서울시 송파구 방이동 올림픽 공원 안에 위치한 몽촌토성은 풍납토성과 함께 한성 백제의 수도 위례성의 흔적을 간직하고 있는 곳입니다. 지금은 서울 시민들의 쉼터이지만 먼 옛날에는 백제인들의 삶의 공간이었습니다.

✽ 한강이 품고 있던 포텐이 터지다

> **중요 인물 CHECK**
>
> **고이왕** 古爾王
>
> ?~A.D.286. 백제 8대 왕. 5대 초고왕의 동생으로 알려져 있다. 중국의 『주서』와 『수서』에서는 백제 시조를 '구태(구이)'라고 하였다. 이를 고이왕과 동일 인물로 보면서 백제의 실질적 건국자로 보는 견해도 있다. 대체로 고이왕은 국가로서 백제의 기틀을 다진 왕으로 평가한다.

백제는 한강 유역에 일찍부터 자리 잡고 있던 마한 세력을 통합하면서 세력을 확장해나갔습니다. 마한은 철기를 활용한 농경 생활을 하고 있었기에 백제는 그들의 생산력을 활용해 더욱 빠르게 국가를 성장시킬 수 있었죠. 또한, 그들은 한강에서 출발하는 바닷길을 이용해 중국과 교류를 활발히 했어요. 중국과 교류하면서 얻은 지식과 문물은 국가로서 성장하는 데 커다란 도움을 주었습니다.

건국은 고구려보다 늦었지만, 한강이 가지고 있는 지리적 장점을 활용하여 국가의 모습을 갖추게 된 것은 8대 고이왕 때였습니다.

그는 백제가 더 크게 성장하려면 철기를 활용한 농사 기술을 발전시켜야 한다는 사실을 잘 알고 있었어요.

철제 농기구를 이용하면 예전에는 농사를 짓지 못했던 땅도 농사를 지을 수 있는 땅으로 개간할 수 있었기에 그는 이전에는 농사를 짓지 못하던 늪지대의 땅에 쌀을 재배할 수 있는 논을 만들도록 했습니다.

고이왕은 백제의 풍족한 자연환경을 활용해 백성들을 배부르게 하고 강한 군대를 만들어 나라를 점점 발전시켜 나갔습니다.

✻ 신하가 많아서 걱정인 고이왕

그런데 그에게는 고민이 있었어요. 나라가 점점 커지면서 나랏일을 돕는 신하들의 숫자도 많아져서 관리하기가 힘들었던 거예요. 보통 초기 국가들의 신하는 크게 두 갈래로 나눠 볼 수 있어요. 첫째는 왕과 가까운 세력, 둘째는 지방의 토착세력*이었죠. 둘 다 국가에서 중요한 역할을 했고, 왕에겐 그들의 도움이 똑같이 필요했지만 관료 사회에서 누구를 높이 쳐줘야 할지 혼란스러운 면이 생긴 것이죠. 그래서 고이왕은 백제의 최고위 관직인 좌평을 설치하고, 관리의 등급을 나눈 관등제를 실시했어요. 신하의 역할과 서열을 확실하게 구분한 것이죠.

고이왕은 신하들에게 자기 관등에 따라 옷 색깔을 다르게 입도록 했어요. 높은 관등의 신하는 자주색, 중간 관등의 신하는 붉은색 그리고 낮은 관등의 신하는 푸른색의 관복을 입게 한 것이죠. 이렇게 하면 신하의 얼굴과 이름을 모르더라도 그가 어떤 관등인지 쉽게 알 수 있었죠.

또한, 관등을 정비한 후 2년이 지나자 고이왕은 뇌물을 받은 관리들에게 물건값의 세 배를 물게 하는 동시에 평생 벼슬에 나가지 못하게 하는 법을 만들었어요. 왕에게 관리들을 통제할 수 있는 권력을 정당한 행위로 못 박은 거예요. 고이왕의 이러한 제도 정비는 그만큼 왕의 권력을 강화하고 백제를 중앙 집권 국가로 나아가게 한 것입니다.

고이왕의 업적이 너무 선진적*이라 3세기의 백제 사회에선 해낼 수 없는 일이라고 생각하는 학자들도 많아요. 그렇지만 이 모든 일을 실제로 그가 독립적으로 한 것이 아니라 후대에 점차 완성된 일이라 해도 고이왕 이후의 백제는 어느 정도 국가의 기틀을 갖추게 되었다고 볼 수 있습니다.

토착세력 土着勢力
지방에 대대로 살면서 자신만의 세력을 키운 사람들. 초기 국가의 왕들은 이들을 이용해 지방에서 군사를 모으거나 세금을 걷을 수 있었다.

선진적 先進的
발전의 단계가 일정한 수준에 비하여 앞서 있는

역사 돋보기

옷감의 색으로 관등을 구분하시오

관리들은 관등에 따라 옷과 허리띠의 색이 달랐어요. '의관제'라고 부르는 이러한 구분법은 중국의 영향을 받은 것으로 생각됩니다. 멀리서도 높고 낮은 관리를 구분할 수 있으니 서로 편했겠지요. 백제 사람들은 일반적으로 남자는 저고리와 바지를 입었고, 여자는 저고리와 치마 그리고 두루마기를 입었다고 해요. 그들의 옷은 고구려 옷과 비슷했다는 중국 기록이 전하는데, 두 나라의 연관성을 알 수 있는 부분입니다. 옷감의 색으로 관등을 구분하는 방식은 고려, 조선 등에서도 사용된 일반적인 방식이었습니다.

대세 근초고왕 열세 고국원왕

고이왕 이후 백제는 국가 체제를 어느 정도 안정시키자 적극적인 외부 진출을 시작했습니다.
미천왕 이후 고구려도 마찬가지였죠. 두 나라가 부딪치는 건 시간문제였습니다.

▲ 백제 금동관모, 충남 공주 수촌리 출토

부자가 된 근초고왕

중요 인물 CHECK

근초고왕 近肖古王

?~A.D.375. 백제 13대 국왕. 남쪽으로는 전라도 지역까지 분포해 있던 옛 마한 지역 전체를 통일했으며, 북으로는 고구려의 평양성까지 진출해 고국원왕과의 전쟁에서 승리했다. 흔히 백제의 전성기를 이끈 왕이라고 평가한다.

3세기 때 고이왕이 어느 정도 국가체제의 기본을 만들어 놓은 것을 바탕으로 대대적인 영토 확장 사업을 한 사람은 근초고왕이었습니다. 그는 4세기 후반에 남쪽 마한 지역으로 군대를 보내 세력 확장을 시작했어요. 근초고왕의 군대를 맞이한 마한 토착세력에겐 선택지가 많지 않았습니다. 하나는 백제와 정면 승부를 벌이는 것이고, 다른 하나는 전쟁이 나기 전에 항복하여 자신의 세력과 지위를 인정받으며 근초고왕 밑으로 들어가는 것이었죠. 여러분이라면 어떤 선택을 했을 것 같나요? 자존심을 지키고 백제와 한판 크게 싸워보겠어요? 아니면 자존심은 좀 상하지만 백제의 신하가 되어 자기 세력을 유지하겠어요?

어느 쪽이든 쉬운 선택은 아닐 거예요. 하지만 역사적으로 볼 때 마한에게 근초고왕이 이끄는 군대는 매우 버거운 상대였던 것이 확실합니다. 그가 정복사업을 시작한 지 얼마 지나지 않아 마한 지역은 백제의 영향력 아래에 놓이게 되었거든요. 마한 지역의 토착 세력들이 백제의 강력한 왕권 앞에 무릎 꿇고 신하가 되는 쪽을 선택한 것입니다.

이제 백제는 한강과 더불어 금강이 만들어내는 생산력을 바탕으로 성장하며, 바닷길을 이용해 주변 국가와 활발하게 교류할 수 있는 가능성을 높인 것입니다.

고국원왕의 어쩔 수 없는 선택

이때 고구려에서는 고국원왕이 미천왕의 뒤를 이어 331년, 고구려 16대 왕으로 즉위했습니다. 뛰어난 아버지 밑에서 자란 그는 항상 다른 나라와 전쟁을 치르는 모습을 봐 왔습니다.

당시 그가 본 고구려 최대의 적은 모용 선비족이었습니다. 118페이지에서 미천왕 시기 고구려의 라이벌로 잠시 설명한 나라죠. 모용씨는 5호16국이라는 혼란한 시대적 상황 속에서 힘을 모아 337년, '전연'이란 나라를 세우기까지 해요. 대단한 기세로 성장한 것이죠.

이 시기 고국원왕은 전연과 여러 전투를 치르면서 전투 경험을 쌓아나갔습니다. 하지만 고구려는 전연의 공격으로 수도인 국내성이 무너지고 심지어 아버지 미천왕의 무덤을 도굴당해 시신을 빼앗기기도 했어요. 고국원왕에겐 무척 치욕스러운 일이었겠지만 함부로 공격하지는 못했죠.

그는 전연에게 복수하기 위해 일단 국가의 내실을 다지는 데 집중했습니다. 거듭된 전쟁으로 많은 백성들이 피해를 입었기 때문에 또다시 전쟁을 일으키는 것도 무리였죠. 그래서 그는 상대적으로 피해가 적은 평양 일대를 개척하여 농업과 경제를 되살리고자 했습니다.

하지만 이곳으로 진출하는 것도 위험하긴 마찬가지였어요. 마한을 통합 후, 북쪽으로 진출하려는 근초고왕과 대결해야 하는 피할 수 없는 상황이 기다리고 있었기 때문이에요.

중요 인물 CHECK

고국원왕 故國原王

A.D.?~371. 고구려 16대 왕. 334년 평양성을 증축, 335년 신성을 쌓았으며, 342년에는 환도성과 국내성을 증축하는 등 방어 시설을 정비했으나 전연과의 전쟁에서 어려움을 겪고, 백제와의 전쟁에서 패배해 목숨을 잃었다.

모용 선비족

중국 5호16국 시대의 북방 유목 민족인 선비족 중 한 부족. 이후 전연, 후연, 서연, 남연 등 여러 나라를 세웠다.

역사 돋보기

백제왕께서 주신 귀한 물건

근초고왕이 마한 지역으로 세력을 확장한 이후 백제왕들은 지방 토착세력에게 최고급 금동관모와 금동신발을 선물했습니다. 이 유물은 한반도 남부뿐만 아니라 일본 규슈의 구마모토 현 지역에서도 발견되었어요. 여러 가지 역사적 해석이 가능하지만 두 지역 간에 어느 정도 정치, 사회적 교류가 있었던 것만큼은 확실합니다.

✽ 백제와 고구려의 첫 대규모 전쟁

369년, 고국원왕은 나라 살림이 어느 정도 정리되자 보병과 기병 2만 명의 군대를 이끌고 백제를 정벌하기 위해 출정했습니다. 그는 먼저 치양 지역에 군대를 주둔시킨 뒤 군사를 나누어 백제의 민가에서 양식을 빼앗아 전투에 대비했어요. 이때 백제에서는 근초고왕의 태자인 근구수가 군대를 이끌고 나와 고구려군과 대치했죠.

그런데 고구려군의 사기란 자가 몰래 백제군으로 도망을 쳤어요. 그는 본래 백제인으로 백제에서 죄를 짓고 고구려로 가서 살던 사람이었는데, 백제군으로 다시 도망가 백제 태자 근구수에게 고구려 진영의 약점을 보고했죠.

"고구려 군대가 많기는 하지만, 대개는 머릿수를 채운 잡군에 불과합니다. 날래고 용감한 자들은 붉은색 깃발을 든 부대뿐이니 그들을 먼저 깨뜨리면 나머지 고구려군은 공격하지 않더라도 저절로 무너질 것입니다."

백제군은 사기의 말에 따라 고구려의 주력군을 먼저 공격했습니다. 전투 결과, 고구려 주력군이 무너졌고, 나머지 병사들 가운데 백제군에 항복하는 자가 속출했습니다. 고구려군은 이 싸움에서 무려 5천여 명이나 포로로 잡히고 말았죠. 백제의 대승이었습니다.

"원통하구나. 고구려에서 떨어져 나간 백제에게 패배한다는 것은 추모왕님과 유리왕님을 모욕하는 일이다. 다시 군대를 모아 백제를 반드시 정벌하리라!"

고국원왕은 60이 넘은 나이임에도 불구하고 371년, 다시 한 번 백제 공격을 명령했어요. 고구려군이 진격해 온다는 소식을 들은 백제 근초고왕은 예성강변에 백제군을 매복시켜 두었죠. 고구려군은 이를 모르고 진격하다가 백제군에 기습을 당해 다시 한 번 대패하고 말았습니다. 그 해 겨울 백제 근초고왕은 여세를 몰아 태자 근구수와 함께 정예 병사 3만을 이끌고 고구려의 평양성을 공격했어요.

하지만 그의 투지에도 불구하고 운은 따라주지 않았습니다. 직접 군사를 이끌고 백제군과 맞서 싸우던 고국원왕은 백제군이 날린 화살에 쓰러지고 말았거든요. 화살을 맞은 고국원왕은 의식을 회복하지 못하고 이내 죽고 말았어요.

매복 埋伏
상대편의 동태를 살피거나 상대편을 불시에 습격하기 위해 적당한 곳에 몰래 숨어 있음

기습 奇襲
몰래 움직여 갑자기 공격함

고국원왕과의 전쟁에서 승리한 백제는 남해안에서 황해도에 이르는 지역에 영향력을 행사하게 되었습니다. 하지만 근초고왕은 쉬지 않았어요.

그는 바다 건너 나라들과 외교관계를 맺기 시작했어요. 그는 먼저 5호16국 시기 중국과 교류를 시작했어요. 근초고왕은 동진에 사신을 보내 외교관계를 맺고 교류를 시작했습니다. 그리고 전진 및 왜와도 동시에 교류하며 백제의 국제적 위상을 높이고자 했습니다. 중국의 강력한 나라들과 교류를 시작하니 왕권은 더욱 탄탄해졌죠.

그리고 근초고왕 이후 백제는 고구려가 막고 있어 가기 힘든 요서 지역까지 진출했다고 해요.

> 백제는 고구려와 더불어 요동의 동쪽에 있다. 진대에 고구려가 요동을 점유하니, 백제는 요서와 진평 두 군을 점령한 후에 백제군을 설치하였다. 『양서』

하지만 이 내용은 역사적으로 논란이 되고 있어요. 백제가 요서 지역을 '점령'했다는 내용 때문이에요. 하지만 이 기록을 전적으로 믿고, 백제 영토가 중국 대륙까지 확장된 것이라고 오해하면 안 될 것 같아요. 어떤 이들은 백제가 요서에 군대를 보내 일시적으로 점령했다고 주장하기도 하고, 어떤 이들은 그곳에 백제의 무역기지를 만들었을 뿐이라고 말하기도 해 논란이 있는 상황이거든요. 그 기간 또한 5개월 정도의 짧은 시간이었고요.

백제의 요서 진출은 그 자체로 엄청난 일이기는 합니다. 하지만 무리한 확대해석을 하기보다 그들이 4세기 후반부터 대외 활동을 활발하게 했다는 의미로 받아들이면 될 것 같습니다.

겹아가리단지

높이 28.4cm. 이러한 토기 형태는 3세기 충청~전라도 지역의 해안을 따라 출토되고 있다. 시기적으로 마한 지역에서 만들어지기 시작한 것으로 보이며, 백제뿐만 아니라 일본의 규슈 지역에서도 출토되고 있어 두 지역의 교류 관계를 엿볼 수 있는 유물이다.

청자호랑이모양변기

높이 20.3cm. 호랑이가 위쪽을 바라보고 있는 모양을 형상화한 작품. 중국 서진 말에서 동진 초에 제작된 것으로 백제와 중국의 교류 관계를 엿볼 수 있다.

4세기 백제의 전성기

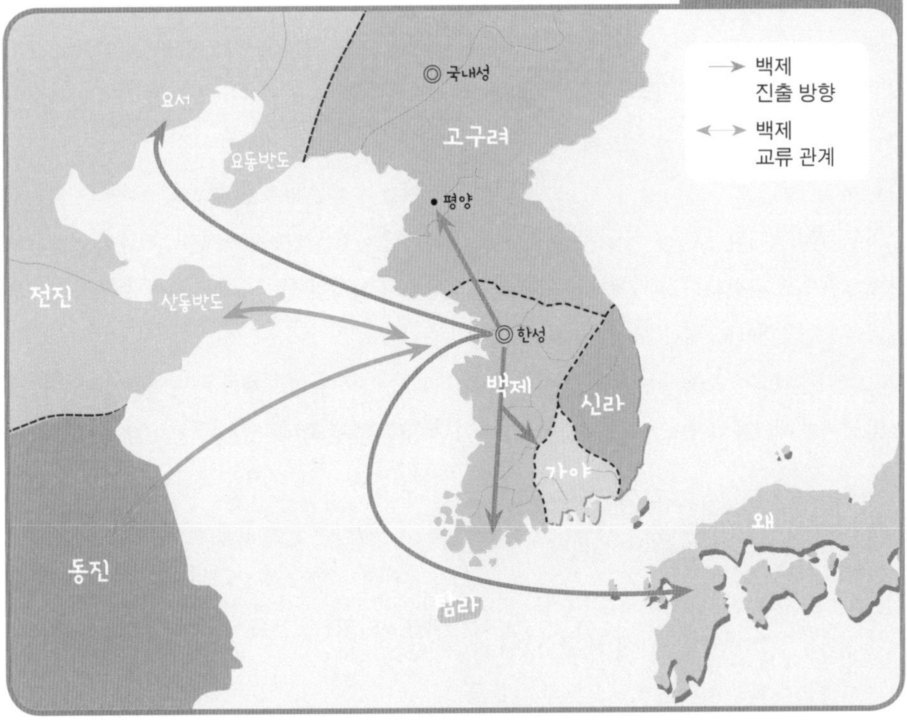

1. 사람 무늬가 새겨진 기와편
2. 연꽃무늬 수막새
3. 용무늬 벽돌
4. 석재마루끝장식
5. 인동초무늬벽돌

▲ 칠지도

새롭게 등장한 국가

왜 倭

우리나라와 중국에서 현재의 일본을 가리키던 호칭이다. 기원전 50년부터 기원후 670년까지 '일본'이란 국가 이름이 없었기 때문에 국호를 일본으로 고치기까지 '왜'를 사용했다.

✻ 백제와 왜의 끈끈한 관계

근초고왕은 이웃 나라인 왜에 사신을 보내 교류하기도 했습니다. 왜는 중국에서 선진문물을 받아들이기 아주 어려웠어요. 항해술이 발달하지 않았던 당시 상황에서 중국까지 가는 일이 쉽지 않았거든요. 그래서 백제는 왜에게 바닷길을 열어주고 동진과 교역할 수 있도록 배려해주었습니다.

이후 왜와 백제의 관계는 무척 돈독해졌어요. 근초고왕으로 추측되는 한 백제왕은 귀한 칼을 왜왕에게 선물했어요. 일곱 개의 가지가 나와 있다고 하여 칠지도라고 불리는 이 칼에는 금으로 쓰인 글씨가 새겨져 있어요.

> 많은 적병을 물리칠 수 있는 칼이므로 제후의 왕들에게 나누어줌이 마땅하다.

잘 읽히지 않는 글씨가 있어서 논란이 많긴 하지만 백제왕이 왜왕을 가깝게 생각하고 있었음을 알 수 있게 해주는 칼이죠.

또한, 백제는 최고급 지식인과 기술자인 박사들을 왜에 보내서 학문과 기술을 적극적으로 알려주었어요. 특히 왕인과 아직기는 한자로 쓰인 유교 경전 『논어』와 『천자문』을 가져가 왜인들에게 한자를 가르쳤어요.

이들과 같은 학자들 말고도 백제에는 병을 고치는 업무를 담당하던 의박사, 기와를 전문으로 만드는 와박사 등이 왜로 건너가 문화를 전파했습니다.

왜는 자신들에게 새로운 문화를 전해주는 백제를 무척 존중해주었습니다. 그래서 백제와 왜와는 삼국의 다른 어느 나라보다 가까운 관계를 유지하며 교류를 활발히 했어요.

그래서 그런지 지금도 일본엔 백제인들의 흔적이 많이 남아있는 걸 볼 수 있지요.

일본에 진하게 남아있는 백제 사람들의 흔적

정창원(正倉院)

일본 나라현 동대사 안쪽에는 작은 창고처럼 생긴 목조 건물이 있습니다. '정창원'이라고 불리는 이 건물은 겉으론 평범하게 생겼지만 아무나 들어갈 수 있는 곳이 아닙니다. 왜냐하면 일본 왕실의 보물창고이거든요. 하지만 일본 왕실의 보물뿐만 아니라 백제와 신라에서 건너간 유물도 있어요. 공개를 무척 제한하고 있어서 발견된 유물 이외에 어떤 것들이 있는지 정확히 알지는 못하지만, 한국과 일본 고대사의 비밀을 품고 있는 곳이에요.

나라현 이카루가에 있는 법륭사라는 절에도 백제와 관련된 보물이 쌓여있어요. 가장 유명한 보물은 높이가 2.8m나 되고 아름다운 곡선과 균형미를 보여주는 '백제관음상'입니다. 프랑스의 작가이자 정치인이었던 앙드레 말로는 이 작품을 보고 '일본이 침몰할 때 무언가 구조해야 한다면 단 하나, 백제관음상을 가져가겠다'고 말할 정도로 그 아름다움에 흠뻑 빠졌다고 합니다.

▼ 앙드레 말로

백제관음상 ▶

고국원왕의 원수를 갚은
소수림왕과 광개토대왕

고국원왕이 백제 근초고왕에 의해 목숨을 잃은 뒤, 고국원왕의 아들 소수림왕이 왕위에 올랐습니다.
백제에 대한 복수심으로 가득 찬 소수림왕. 그는 아버지의 원수를 갚기 위해 어떤 선택을 했을까요?
그리고 그의 조카 광개토대왕은 어떤 식으로 그의 업적을 이어받았을까요?

✻ 고국원왕의 아들 소수림왕

새롭게 등장한 국가

전진 前秦

A.D.351~394. 중국 위진남북조 시대에 이민족들이 세운 5호16국 중 하나. 저족의 추장 부건苻健이 장안을 공격하여 스스로 '천왕대선우'라 칭하며 세운 나라이다. 전진의 3대 왕 부견苻堅은 불교를 무척 존중했으며 370년 전연을 멸망시키는 등 영토를 넓혔다. 하지만 383년 비수전투 패배 이후 국력이 급격히 약해졌다.

화북 華北

허베이 지방이라고도 한다. 대략적으로 황하의 북쪽 지역을 의미한다.

371년, 고구려 고국원왕의 뒤를 이어 태자가 왕위에 오르니 바로 소수림왕이었습니다. 그는 백제에 대한 끓어오르는 복수심을 억누를 수가 없었어요.

"내가 백제왕의 목을 베어 아버지의 원수, 고구려의 원수를 갚고야 말리라!"

그러나 주위를 둘러본 소수림왕은 이내 깨달았습니다. 아버지의 원수를 갚는 일보다 중요한 일이 있다는 사실을요. 소수림왕의 두 눈에는 백제와의 전쟁으로 피폐해진 백성들의 모습과 갑작스러운 고국원왕의 죽음으로 동요하는 신하들의 모습이 보였던 거예요.

"아버지의 원수를 갚는 일은 내 후손들이 해 줄 수도 있지만, 나라 안의 어려움을 지금 바로잡지 않는다면 고구려의 역사는 여기서 끝나버릴 수도 있겠구나. 지금은 흔들리는 백성들과 신하들의 마음을 붙잡기 위해 힘써야 할 때이다!"

결정을 내린 소수림왕은 본격적으로 개혁에 박차를 가하기 시작했어요. 그의 개혁은 전진前秦*으로부터 불교를 받아들이는 것으로 시작되었어요.

"불교를 받아들여 백성들의 마음을 통합하는 한편, 화북*을 호령하는 전진과의 교류도 활성화할 수 있고, 부처님의 권위를 빌어 왕실의 위엄도 드높일 수 있으니 그야말로 일석삼조로군!"

불교의 수용은 종교적인 의미도 있었겠지만, 외교·정치적 의도가 섞여있었던 것입니다.

안악3호분 행렬도
무덤의 회랑 벽에 높이 2m, 길이 6m에 걸쳐 그려져 있는 벽화. 250여 명의 대행렬이 이동하는 모습이 사실적으로 채색되어 있다.

국가 시스템의 기초를 다지다

그리고 소수림왕은 오늘날의 국립대학과 같은 기관인 태학을 세워 귀족의 자제들을 교육하기 시작했어요.

"어지러운 나라를 바로잡기 위해서는 인재를 키우는 일이 가장 중요하다! 유교 경전 교육을 통해 뛰어난 실력과 충성심을 두루 갖춘 인재를 육성하도록 하라!"

소수림왕은 통치 기반을 다지기 위한 마지막 작업으로 율령을 반포했어요.

"통일된 법률을 통해 나라를 다스리기 위한 기반을 다지고, 법을 어기는 자에 대한 처벌을 통해 왕실의 위엄도 강화할 수 있을 것이야!"

소수림왕의 개혁 정책은 이후 고구려를 새로운 나라로 만드는 데 도움을 주었습니다.

불교 수용으로 인해 백성들과 신하들은 왕실을 우러러보게 되었고, 충성스럽고 유능한 인재들이 태학을 통해 배출되었으며, 왕은 강한 권위와 율령을 기반으로 나라를 효율적으로 통치할 수 있게 되었죠. 그 후, 소수림왕이 구축한 강한 왕권을 물려받은 그의 조카 담덕은 고구려를 전에 없던 강대국으로 성장시켰어요. 담덕이라는 이름이 생소하다고요? 아마 그의 왕호를 들으면 여러분 모두 "아하!"하며 무릎을 치게 될 걸요? 그가 바로 그 유명한 광개토대왕이거든요.

연가7년명금동여래입상
고구려 때 만든 금동 불상으로 경상남도 의령에서 발견되었다. 이 불상은 독특하게도 뒷부분에 연가 7년이라는 고구려 연호가 적혀 있어서 고구려가 불교를 받아들였음을 알 수 있게 한다.

태왕릉

중국 집안시에 위치한 무덤. 광개토대왕릉으로 추정하고 있으나 논란이 있다.

할아버지의 원수를 갚은 광개토대왕

중요 인물 CHECK

소수림왕 小獸林王

?~A.D.384. 고구려 17대 왕. 재위 기간 동안 불교를 도입, 율령 반포, 교육 기관인 태학을 설립하는 등 국가 체제 정비에 힘썼다.

중요 인물 CHECK

광개토대왕 廣開土大王

A.D.374~412. 고구려 19대 왕. 18세의 나이에 왕위에 올라 39세에 죽었다. 정복 군주로서 북으로는 숙신과 동부여 그리고 후연과 싸움을 벌였으며 남쪽으로는 백제를 압박하여 한강 상류 지역까지 진출했다.

384년, 소수림왕*이 재위 14년 만에 아들 없이 죽자, 고국양왕이 그의 동생으로서 왕위를 잇게 되었어요. 고국양왕은 소수림왕이 세워둔 통치 기반을 바탕으로 요동, 백제를 공격하고 신라와 우호 관계를 맺는 등 적극적인 대외정책을 펼쳤어요. 그러나 고국양왕이 즉위 9년 만에 죽자, 그의 아들 광개토대왕*이 왕위에 오르게 된 거예요.

큰아버지 소수림왕과 고국양왕 대에 이루어진 내부적인 안정을 고스란히 물려받은 광개토대왕은 나라의 에너지를 밖으로 쏟아내기 시작했어요. 상대는 고국원왕을 죽인 백제였죠. 광개토대왕은 392년에 백제 북쪽 지역의 요충지인 관미성을 빼앗아 한강을 통해 백제 수도로 들어가는 통로를 차지했습니다.

396년에는 수군을 이끌고 서해를 통해 백제의 중심인 한강 유역을 공격했습니다. 백제 아신왕은 고구려의 강력한 기병에 대비해 육지 방어에 주력하고 있었기 때문에 광개토대왕의 수군을 막아내지 못했어요. 결국 성을 함락당한 아신왕은 광개토대왕 앞에 무릎을 꿇었습니다.

"광개토왕이시여, 다시는 대들지 않고 영원히 고구려를 섬기겠습니다."

아신왕의 콧대를 확실히 꺾었다고 생각한 광개토대왕은 그것으로 만족하고 말머리를 돌렸습니다.

위기를 모면한 그는 고구려에 대한 공격을 포기하지 않고, 동시에 이웃 나라인 가야, 왜와 동맹을 맺으며 기회를 노렸어요.

이들의 동맹은 오히려 신라에게 엄청난 압박이 되었어요. 당시만 해도 신라는 다른 나라에 비해 힘이 부족한 상황이어서 도저히 그들의 공격을 이겨낼 수 없던 상황이었기 때문이죠. 신라 내물왕은 하는 수 없이 고구려 광개토대왕에게 사신을 보내 도움을 요청했습니다.

신라의 구원 요청

광개토대왕은 군사 5만을 보내 신라를 구원하기로 결정했습니다. 결국 전투는 고구려와 신라의 승리로 끝났죠. 전투 후 광개토대왕은 내물왕에게 고구려 군사들이 신라에 머무를 수 있게 해줄 것을 요청했어요. 고구려의 강력한 군사력을 몸소 경험한 내물왕은 감히 그 요청을 거절하지 못하고 수락합니다. 이로써 고구려는 백제를 압박하고 신라에 영향력을 행사할 수 있게 되었어요.

또한, 그는 북쪽 유목민족인 거란을 공격하고, 후연의 숙군성까지 함락시켰죠. 또한 동부여를 정복하여 강력한 세력을 떨쳤습니다. 하지만 그칠 줄 모르던 광개토대왕의 정복활동은 그가 39세의 나이로 생을 마감하면서 멈추게 되었어요. 그의 이러한 활동은 광개토대왕릉비에 이렇게 새겨져 있습니다.

> 왕의 은혜는 하늘에 미쳤고 위엄은 사해에 떨쳤다. 나쁜 무리를 쓸어 없애니 백성이 생업에 힘쓰고 편안히 살게 되었다. 나라는 부강해지고 백성은 풍족해졌으며, 오곡이 풍성하게 익었다.

광개토왕의 정식 명칭은 '국강상광개토경평안호태왕'입니다. '국강상'은 광개토왕이 묻혀있는 장소를 의미하는 것으로 추측됩니다. '광개토경'은 땅을 크게 넓혔다는 뜻으로 우리가 이 부분에 주목하며 '광개토왕'이라는 명칭으로 그를 부르고 있는 것입니다. '평안'은 비문에도 쓰여있듯이 그의 수많은 전쟁의 결과가 평화와 안정이었음을 이야기합니다.

우리는 광개토대왕이 땅을 넓힌 것에만 주목하고, 그의 시대에 나라 사정이 당연히 좋아졌을 것으로 막연히 생각합니다. 하지만 그를 부르는 명칭 중 가장 중요할 수도 있는 부분. 즉, 수많은 전쟁 중에 백성들의 삶이 정말 '평안'했는지는 다시 생각해보아야 할 문제입니다.

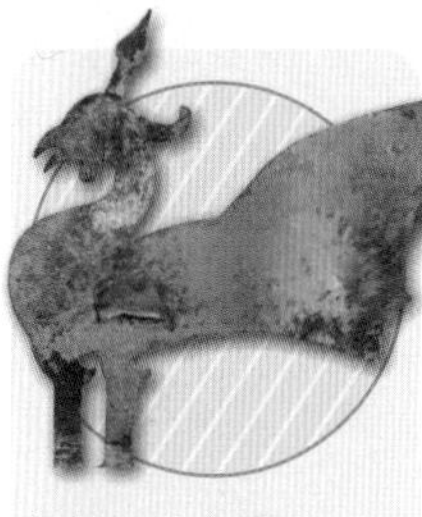

봉황무늬 꾸미개
높이 13cm. 평안북도 운산군 용호동 1호분에서 발견됨. 얇은 금동판을 오려서 만들었다.

구원 救援
어떤 어려운 상황을 극복하도록 도와줌

역사 돋보기

신라왕의 무덤에서 나온 그의 이름

1946년, 경주의 어느 이름 없는 무덤에서 묵직한 청동 그릇 하나가 발굴되었습니다. 학자들은 이 그릇 뒷면에 적힌 한자가 삼국시대 연구에 중요한 자료임을 직감하고 신중하게 글자를 읽어 내려갔습니다. 그런데 이게 웬일인가요? 이 그릇에 쓰여있는 한자는 '을묘년국강상광개토지호태왕호우십'이란 글자였어요. 경주의 무덤에서 어떻게 광개토대왕의 왕호가 적힌 그릇이 발견된 걸까요?

이상하게 여긴 학자들은 연구 끝에 이 그릇이 광개토대왕의 신라 구원* 이후, 신라에 강한 영향력을 행사한 증거라고 결론 내렸어요. 학자들에게 힌트를 준 건 다름 아닌 광개토대왕릉비였어요. 비문에 광개토대왕이 신라를 도우러 갔다는 내용이 기록되어 있을 뿐만 아니라 그릇의 글씨체가 비문에 새겨져 있는 것과 똑같았거든요.

▼ 호우명그릇

✽ 일제의 식민통치에 이용당한 비석

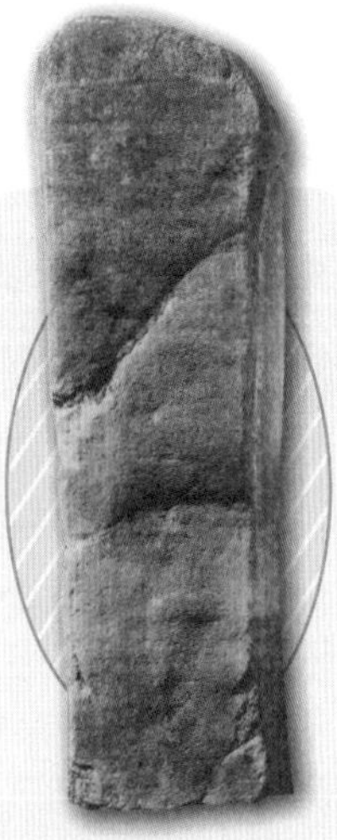

광개토대왕릉비

광개토대왕의 업적은 중국 지안시에 위치한 광개토대왕릉비에 자세히 나와 있다. 높이 6.39m, 너비 2.7m, 무게 37톤에 달하는 이 거대한 비석은 광개토대왕의 업적뿐만 아니라 그 이전 왕들의 업적 그리고, 주변 나라와의 관계까지 기록되어 있어서 삼국시대 역사를 연구하는 데에 아주 중요한 자료이다. 하지만 현재 비석에 쓰여 있는 1,775글자 중 150여자는 읽을 수 없어서 연구에 어려움이 있다.

봉금정책 封禁

청나라가 자신들의 고향이라고 여기는 백두산 지대를 보호하기 위해 150년 동안 사람이 살지 못하도록 막아 놓은 정책

하지만 광개토대왕릉비는 17세기 청나라의 봉금정책으로 외롭게 세월의 풍파를 견뎌내야만 했어요. 19세기에 와서야 다시 발견되어 세간의 주목을 받게 된 비석은 그 멋진 글자체를 선명하게 탁본하여 판매하려는 탁본가들에 의해 심하게 훼손되고 말았죠. 탁본을 선명하게 만들기 위해 희미해진 글자에 석회를 바르고, 글자를 가린 이끼를 태워 없애는 작업을 했기 때문입니다. 그러는 동안 비석의 글자가 깨지고 터져 읽을 수 없는 지경까지 이르게 된 거죠. 그들은 비석이 어떤 내용인지 관심이 없었던 거예요.

정작 내용에 관심을 가진 건 일제 강점기 조선을 지배한 일본인들이었어요. 비문에 적힌 이 내용 때문인데요.

而倭以辛卯年來渡海
破百殘○○○羅 以爲臣民

읽을 수 없는 글자를 포함하여 번역하면 이렇습니다.

'왜가 신묘년에 바다를 건너왔다. 백제와 ○○○라를 무찌르고 신민으로 삼았다.'

당시 일본은 불법적인 조선 식민통치를 역사적으로 정당화하기 위해 임나일본부설이란 억지 논리를 개발했어요. 요약하자면 1,500년 전에도 일본은 임나일본부를 만들어 한반도 남부지역을 다스린 적이 있다. 그러니 '조선이 일본의 식민지배를 받는 것은 당연하다.'라는 논리였죠. 역사적인 왜곡을 해서라도 조선을 지배하려고 했던 일본인들에게 광개토대왕릉비에 쓰인 저 문장은 자신들의 주장을 뒷받침해줄 선물과 같았을 거예요. 조작이 얼마든지 가능한 일본 자료가 아닌 고구려의 비석에 버젓이 조각되어 있는 내용이었으니까요.

일본의 이런 주장에 반박하기 위해 우리 학자들도 많은 연구를 했어요. 대표적인 주장을 살펴보겠습니다.

먼저 백제와 신라를 무찌른 주체가 왜가 아닌 고구려라는 우리 학자들의 주장입니다. 이 글을 해석할 땐 생략되어 있는 주어인 고구려를 넣어서 해석해야 한다는 거예요. 완벽히 번역할 수는 없지만 고구려를 문장의 주어로 놓고 해석하면 적어도 왜가 아닌 고구려가 백제와 신라 둘 중 한 나라를 무찔렀다고 말할 수밖에 없죠.

둘째는 일제가 비문의 내용을 의도적으로 변조했다는 주장이에요. 1883년, 중국에 파견된 일본 육군 포병 중위 사카와 규빈이 광개토대왕릉비를 직접 보고 현지인을 조수로 고용해 탁본을 만들었는데, 이때 그가 일본에 유리하도록 앞의 내용을 변조했다는 주장이죠. 하지만 이러한 한국 학계의 주장도 의도적으로 비문이 조작되었다는 것을 증명하는 데 완벽한 논거를 제시하지 못한다는 한계가 있었어요.

어쨌든 비문 해석 방법과 변조 논란을 떠나 현재 일본 학자들은 당시의 왜가 한반도 남부를 지배했다는 것은 사실이 아니라는 점에 동의하고 있어요. 적어도 당시 일본이 백제와 신라를 다스릴 정도의 국력을 갖추지는 못했으며 고고학적 증거가 부족하다고 말이죠.

다만 아쉬운 점 몇 가지가 남아있어요. 첫째는 일본 학생들이 배우는 일부 교과서에는 임나일본부설이 아직도 진짜 역사인 것처럼 쓰여 있다는 점이에요. 어서 빨리 바로잡혔으면 좋겠어요. 둘째는 우리나라의 일부 역사가들이 임나일본부설을 반박하기 위해 당시 일본의 문화를 너무 낮게 평가하고 있다는 점이에요. 왜보다 고구려가 훨씬 강했다며 우월감을 내세우는 건 역사를 이해하는 올바른 태도라고 할 수 없습니다.

Plus Alpha+

임나일본부설의 진실을 파헤쳐라

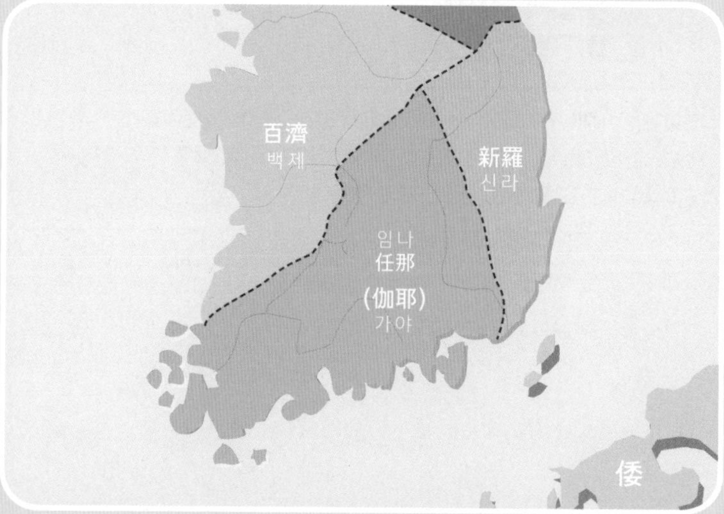

◀일본의 중학교 공민 역사 교과서 이쿠호샤판(재구성)
4세기 한반도 남부에 '임나'란 세력이 있었음을 지도로 표시하고 있다.

'고대 일본의 야마토大和 정부가 4세기 중엽부터 6세기 중엽까지 임나任那 (한반도 남서부의 가야 지역)에 일본부를 설치해서 군사적으로 지배했다.'

이것이 임나일본부설任那日本府說이라는 학설의 내용이에요. 임나일본부설을 뒷받침하는 핵심 사료인『일본서기』는 일본의 가장 오래된 역사서로서 720년에 완성된 책이에요.『일본서기』가 완성된 이후 많은 일본의 역사학자들이 이를 근거로 일본이 고대로부터 한반도를 지배해왔다고 주장했어요. 그리고 일본이 조선을 식민 지배했던 1900년대에 비로소 임나일본부설이 학술적으로 정비되었어요. 일본의 조선 지배를 정당화하는 논리로 임나일본부설을 이용하기 위한 목적이었죠.

임나일본부설을 주장하는 이들이 내세우는 근거는『일본서기』신공기神功紀 49년(369)조의 기사, 그리고 본문에서 다룬『광개토대왕릉비』의 신묘년(391) 기사 등이에요. 임나일본부설이 일본의 조선에 대한 식민 지배를 정당화하는 근거로 사용되었기 때문에, 광복 이후 남북한의 많은 역사학자들은 임나일본부설을 부정하기 위한 연구에 몰두했어요. 그 결과 '분국설', '광개토대왕릉비문 조작설', '임나백제군사령부설' 등의 반론들이 쏟아져 나왔죠. 이런 반론에 대응하기 위해 일본 학자들이 여러 차례의 수정을 거듭한 결과 임나일본부설은 일본에서도, 한국에서도 학설로서의 생명력을 잃게 되었어요. 무엇보다 왜의 지배를 받았다는 시대에도 가야 지역에서 출토되는 유물들에 문화적 계통변화가 전혀 없었기 때문에 임나일본부설은 고고학적으로 확증할 수 없는 가설에 불과하다는 것을 일본 학계에서도 어느 정도 인정하고 있는 상황입니다.

이렇게 임나일본부설은 한일 양국에서 모두 폐기되는 듯했으나, 2015년 4월 6일 일본 문부성에서 임나일본부설이 기술된 역사교과서 4종을 검정 통과시킴으로써 다시 이슈가 되었어요. 자국의 학자들에 의해서도 외면받은 임나일본부설을 다시 교과서에 등장시킨 아베 정권은 어떤 꿈을 꾸고 있는 것일까요? 그 꿈이 19~20세기 동아시아를 피로 얼룩지게 만들었던 일본 제국주의의 부활은 아닐까요?

남쪽으로 진출한
장수왕

국가의 성장을 위해서는 그 나라의 내부 사정뿐만 아니라, 주변국의 정세가 어떻게 움직이고 있는지를 신중하게 살펴야만 해요. 광개토대왕의 아들 장수왕은 고구려의 내부 사정과 주변국의 정세를 잘 파악하고 이용하여 고구려를 최고 전성기로 이끈 왕이에요.

✻ 바둑판 위에 놓인 백제의 운명

중요 인물 CHECK

장수왕 長壽王

A.D.394~491. 광개토대왕에 이어 고구려의 전성기를 이끌었다. 평양성으로 도읍을 옮긴 후 지속적으로 남진정책을 추진했다. 98살에 생을 마감했다.

호시탐탐 虎視眈眈

범이 눈을 부릅뜨고 먹이를 노려본다는 뜻으로, 남의 것을 빼앗기 위하여 기회를 노리고 형세를 살피는 모양을 비유적으로 이르는 말

사탕발림

듣기 좋은 말로 남의 비위를 맞추어 달래는 일

장수왕은 아버지 광개토대왕의 정복사업을 훌륭하게 계승한 왕이에요. 장수왕이 즉위했을 때 고구려는 중국의 북위와 세력을 겨루고 있었어요. 북위는 중국의 전환기인 5호16국 시대에 북중국을 통합한 나라로 만만치 않은 위세를 떨치고 있었죠. 장수왕은 북위와 싸우게 되면 고구려가 버티기 힘들 것이라고 생각했어요. 그래서 북위와의 대결을 계속하는 대신 남쪽으로 세력을 넓히기로 했죠. 장수왕은 본격적인 남하정책을 위해 국내성을 떠나 평양성으로 수도를 옮기기로 결정했습니다.

이후, 그는 호시탐탐 백제를 공격할 기회를 노렸어요. 그러던 어느 날 당시 백제의 왕이었던 개로왕이 바둑을 무척 좋아한다는 이야기가 장수왕의 귀에 들어갔습니다. 그래서 그는 바둑을 잘 두는 것으로 유명한 도림 스님을 개로왕에게 보내 정보를 캐내게 했습니다. 일종의 스파이 역할을 시킨 것입니다.

바둑을 두며 백제의 개로왕과 친해진 도림은 정치적인 조언까지 할 만큼 개로왕과 가까운 사이가 되었어요.

"지금 왕께서 다스리고 계시는 백제는 매우 강해서 다른 나라들이 넘보지 못하고 있습니다. 모두 왕께서 훌륭한 정치를 하시기 때문입니다"

도림의 사탕발림에 개로왕은 우쭐해졌어요. 이를 눈치챈 도림은 다시 아첨을 시작했습니다.

"지금 왕께서 사시는 궁궐과 이전 왕들의 무덤이 너무 작고 볼품이 없습니다. 왕의 권위는 하늘에 닿을 듯 높은데 말입니다. 궁궐과 무덤을 크고 화려하게 꾸미시는 게 어떠십니까."

"그대의 말대로 하고 싶지만 귀족들이 나라의 돈이 부족해짐을 이유로 반대하는 것이 걱정이오."

개로왕의 고민을 들은 도림은 기다렸다는 듯

이 말을 이었습니다.

"왕이시여, 궁궐 공사와 동시에 이전 왕들의 무덤뿐만 아니라 한강의 홍수를 막기 위한 둑도 함께 쌓는다는 명분을 내세우십시오. 그러면 귀족들도 왕의 뜻을 쉽게 반대할 수 없을 것입니다."

개로왕은 감탄하면서 도림을 칭찬했습니다.

"도림 그대는 정녕 하늘이 내린 인재요! 바로 그대의 말대로 시행해야겠소!"

개로왕은 도림의 말대로 공사를 시작했어요. 하지만 무리한 공사를 강행한 결과로 나라의 창고가 텅텅 비기 시작했습니다.

자신의 거짓 조언으로 백제의 국력이 쇠약해지고 있음을 확인한 도림은 가벼운 발걸음으로 고구려로 돌아갈 수 있었죠.

"태왕이시여, 드디어 백제를 공격할 기회가 왔사옵니다! 지금 당장이라도 백제 한성을 점령하셔도 좋을 듯합니다!"

장수왕은 기다렸다는 듯이 재증걸루와 고이만년 장군을 앞장세우고 3만 명의 병사와 함께 백제의 수도 한성을 공격했습니다. 그들은 원래 백제의 장군이었다가 고구려로 망명한 자들이었기에 한성의 지리를 아주 잘 알고 있었습니다. 백제와의 전투에 아주 적합한 장수들이었죠.

장수왕의 남하 소식을 들은 개로왕은 동생에게 신라로 가서 구원병을 데려오라고 했습니다. 그러나 한성은 7일 만에 함락되고 개로왕은 도망치던 도중 아차산에서 고구려군에게 잡히고 말았습니다. 개로왕을 사로잡은 고이만년과 재증걸루는 개로왕의 얼굴에 세 번 침을 뱉고는 꾸짖었습니다.

"왕께서 나라를 제대로 돌보지 않아 백제를 위태롭게 했으니 이 죄는 죽음으로써 갚아야 할 것이오."

개로왕의 아들이 신라에 구원을 요청해 병사 1만 명을 이끌고 왔지만 한 발 늦은 뒤였죠.

백제 바둑판

백제 의자왕이 일본에 선물한 백제 바둑판. 판 아래쪽엔 기계장치가 설치되어 있어서 한쪽에서 바둑돌 넣는 서랍을 열게 되면 다른 한쪽도 열리도록 설계되어 있다.

꾸짖다

엄하게 지적하며 꾸중하다

✱ 한성을 떠나 웅진으로

요지 要旨
중요한 역할을 하는 곳. 혹은 핵심이 되는 곳.

한성을 빼앗기고 개로왕마저 죽게 된 백제는 엄청난 위기를 맞게 되었습니다. 정치를 게을리 하고 백성들을 힘들게 한 개로왕 본인의 실책이 컸겠지만 워낙 장수왕이 이끄는 고구려군의 기세가 좋았기 때문이기도 할 거예요.

재미있는 건 『삼국사기』에선 개로왕의 죽음에 관한 이야기를 할 때 재증걸루와 고이만년을 못된 신하로 평가하고 있다는 거예요.

> 걸루 등은 자신들의 죄 때문에 나라에서 용서되지 않았는데, 도리어 적병을 인도하여 예전의 임금을 포박하여 죽였으니 의롭지 못한 정도가 심했다.

이러한 평가에 대해 여러분은 어떻게 생각하실지 모르겠네요. 어쨌거나 내부적인 위기와 동시에 찾아온 외부적 압박을 이기지 못하고 백제는 한성을 잃게 되었습니다. 새로운 도읍이 필요했던 백제는 개로왕의 뒤를 이어 왕위에 오른 동생 문주왕이 475년, 한성을 뒤로하고 수도를 웅진(지금의 공주)으로 옮겼어요.

반대로 도림 스님을 첩자로 만들면서까지 개로왕을 흔들어 놓은 장수왕의 남진 정책은 대성공이었습니다. 이로써 고구려는 교통과 경제의 요지인 한강 유역을 차지하게 된 것입니다.

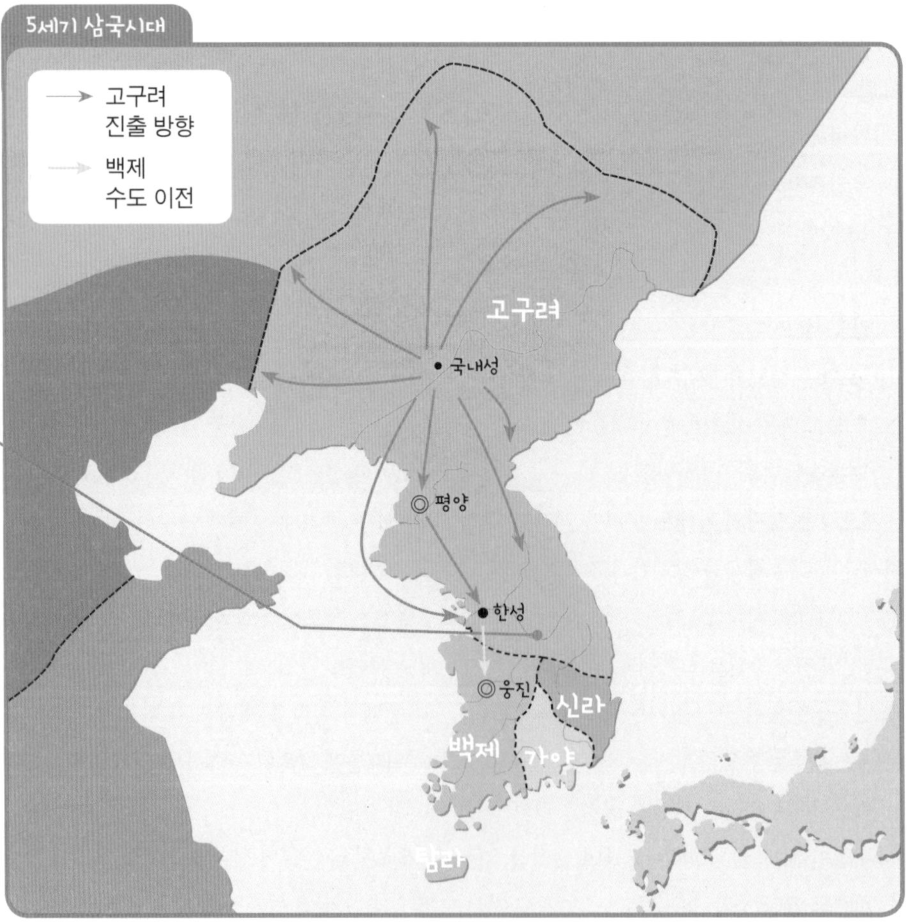

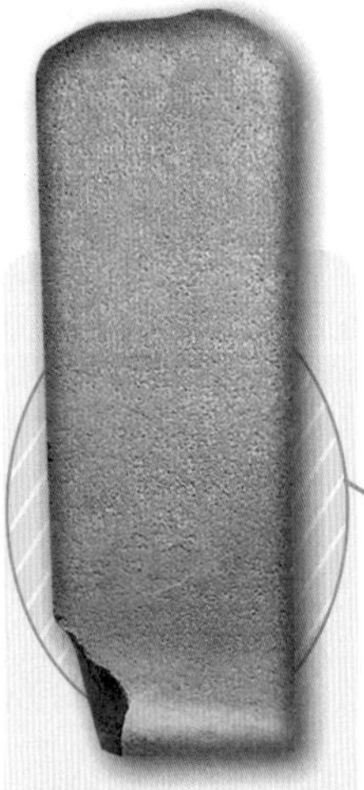

충주고구려비
5세기 고구려가 남한강 유역까지 영토를 넓혔다는 사실을 알게 해주는 비석. 한반도 중앙인 충주에서 발견되어 충주의 옛 지명인 '중원'을 붙여 '중원고구려비'라고도 한다.

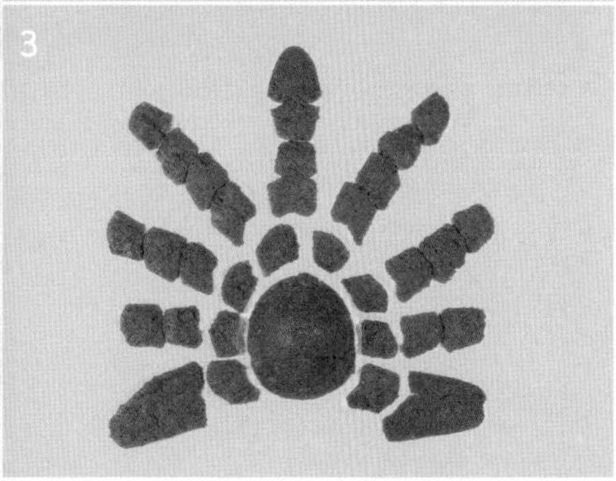

1. 아차산 홍련봉 1보루 전경
2. 아차산 4보루 출토 고구려 토기
3. 아차산 4보루 출토 고구려 철제 투구
4. 아차산 4보루 출토 고구려 온돌 전경
5. 아차산 봉수대 터의 봉수대 복원 (조선시대)

고구려가 차지한 한강 유역

고구려가 한성을 차지한 증거는 아차산에서 발견할 수 있어요. 서울 동쪽 끝인 광진구와 경기도 구리시에 걸쳐 있는 아차산은 원래 한성백제 시기 군사 시설이 자리 잡고 있던 곳이었으며 개로왕이 죽음을 맞이한 곳이기도 합니다. 한성백제의 영욕의 역사를 모두 지켜본 것이죠.

백제가 웅진으로 천도한 이후 고구려군은 아차산에 원래 있던 백제의 군사 시설인 보루를 활용해, 주변을 감시하는 용도로 사용했어요. 백제가 적의 침입을 막거나 감시하기 위한 시설로 만든 보루는 이제 고구려 것이 되어 한강 건너 풍납토성과 몽촌토성 등 백제의 주요 시설을 감시하기 위한 용도로 바뀌게 되었죠.

현재도 발굴이 진행 중인 아차산 일대의 보루군은 아차산보루, 용마산보루, 시루봉보루 등 17여 개의 보루로 이루어진 유적으로 그 중 일부를 제외한 10여 개의 보루가 고구려의 보루로 추정되고 있어요.

이곳에서 발굴된 유물들은 고구려군이 남긴 철제 농기구와 무기뿐 아니라 백제, 신라의 것도 있어요. 이를 통해 아차산이 삼국시대에 군사적으로 정말 중요한 역할을 했다는 것을 엿볼 수 있습니다.

이 책의 「너나들이 역사 여행 2」에서도 이곳과 관련한 답사 가이드 라인이 있으니 시간 날 때 한 번 방문해보셔도 좋을 것 같습니다. 아마 서울의 역사적 가치를 새롭게 느껴볼 수 있는 기회가 될 거예요.

아차산 봉수대 터
봉수대는 횃불과 연기를 이용하여 급한 소식을 전하던 옛날의 통신수단이다. 아차산 봉수대는 조선 시대에 함경도 경흥에서 시작하는 신호를 최종적으로 서울 남산 봉수대로 보내는 역할을 했다.

영욕 榮辱
영광과 치욕 모두를 이르는 말

다시 일어선 백제 무령왕

개로왕의 죽음 이후 백제는 수도 한성을 고구려에게 빼앗기고 남쪽으로 밀려날 수밖에 없었어요.
백제는 이 어려운 상황에서 살아남기 위해 어떤 선택을 하게 될까요?

✱ 백제와 신라의 결혼동맹

중요 인물 CHECK

동성왕 東城王

A.D.445~501. 백제 24대 왕. 481년, 신라의 북쪽 변경을 침공한 고구려와 말갈 연합군을 신라 및 가야와 힘을 합쳐 물리쳤다. 493년, 신라와는 결혼동맹을 맺었으며 498년, 지금의 제주도인 탐라국을 복속시켰다.

이찬 伊湌

신라의 관등 중 두 번째로 높은 위치의 관등

5세기 고구려의 남진정책은 당시 삼국시대에 새로운 정치적 구도 변화를 만들었습니다. 세 명이 서로 연결된 세 가닥의 끈을 잡고 줄다리기를 한다고 생각해보세요. 그 상황에서 한 명의 힘이 압도적이라면 어떤 일이 발생할까요? 나머지 두 명이 같은 방향으로 열심히 힘을 주어 힘의 균형을 맞추려고 하지 않을까요?

국가 간의 관계에선 한 나라의 힘이 압도적으로 강해지면 다른 나라들은 우호적인 관계, 혹은 동맹을 맺어가며 그들의 힘을 견제하기 위해 애쓰는 게 자연스러운 일입니다.

5세기의 삼국시대가 바로 이러했어요. 앞에서 살펴봤듯이 장수왕이 펼친 강력한 남진정책에 백제는 수도 한성을 두고 웅진으로 천도하는 수모를 겪어야만 했어요. 백제 바로 옆에 위치한 신라도 고구려의 남진에 대비하지 않을 수 없었죠. 그래서 백제와 신라는 강대한 고구려의 군사력에 대응하기 위해 서로 우호 관계를 맺으며 힘의 균형을 만들어나가기 시작했습니다.

백제와 신라, 두 나라가 힘을 합쳐 힘의 균형을 맞추니 고구려도 버거움을 느꼈는지 남진정책의 속도를 늦춰야만 했죠.

당시 백제의 왕이었던 동성왕*은 이 틈을 놓치지 않고 정세를 굳히기 위한 결정을 내렸어요. 신라에 사신을 보내 혼인관계를 맺자고 청한 거예요. 동성왕의 청혼에 신라 소지왕은 이찬* 비지의 딸을 보냈고, 양국은 493년에 결혼동맹이라는 튼튼한 고리로 묶이게 되었답니다.

동성왕의 결혼 동맹은 두 나라의 평화와 안정을 더 길게 유지하기 위한 방편이었으며 백제 문화를 다시 일으킬 수 있는 여유를 주는 데 큰 역할을 했습니다.

무령왕 흉상 (국립공주박물관)

정치 9단 무령왕

하지만 백제의 내부 사정은 아주 혼란스러웠어요. 고구려에게 밀려 수도를 옮기는 과정에서 왕실의 위엄이 크게 떨어졌고, 한성 시절부터 강한 세력을 유지해온 귀족들과 웅진 지역 토착 귀족들 사이의 갈등으로 나라의 힘이 분열되었기 때문이에요. 그 틈바구니에서 왕실의 힘을 회복하기 위해 노력하던 동성왕은 결국 귀족들이 보낸 암살자에 의해 제거당하고 말았죠.

동성왕의 죽음으로 갑작스레 왕위에 오르게 된 무령왕은 나라의 힘을 회복하기 위해서는 왕의 권위를 중심으로 귀족들을 결집시키는 일이 급선무라고 생각했어요. 그래서 무령왕은 22개 담로에 왕족을 파견하여 지방을 지배하게 했어요. 각 지방의 권력을 왕에게 집중시키기 위한 조치였던 거죠.

또한 전쟁으로 피폐해진 땅을 복구하고, 고향을 잃고 떠도는 백성들에게 빈 땅을 하사해 농사를 지을 수 있도록 만들어 주었어요.

무령왕이 이러한 정책을 펼친 결과, 분산되었던 국력이 점점 왕을 중심으로 뭉쳐지기 시작했고, 나라의 곳간도 채워졌으며 민심도 왕을 향하기 시작했답니다.

무령왕은 국내의 안정에서 만족하지 않고 백제의 힘을 다시 바깥으로 떨치기 위해 외교와 군사 활동에도 힘썼어요. 그는 빼앗긴 한강 유역을 되찾기 위해 군사를 보내 여러 차례 전쟁을 치렀습니다. 기록에 의하면 그의 계속된 노력으로 한강 유역을 다시 되찾는 데 성공했다고 해요. 하지만 기쁨도 잠시, 무령왕은 고구려의 만만치 않은 공세에 밀려 다시 한강 유역을 내주어야만 했어요. 아쉽긴 했겠지만 적극적인 전쟁 수행을 통해 왕의 권위는 제법 높아졌겠죠?

중요 인물 CHECK

무령왕 武寧王

A.D.462~523. 백제 25대 왕. 즉위하자마자 고구려와 전쟁을 시작했으며, 그들을 견제하기 위해 중국 남조, 왜와 외교 관계를 강화했다. 홍수와 가뭄, 메뚜기 떼의 창궐 같은 자연재해도 많이 경험했는데 나라의 창고를 열어 백성을 구제하는 등 재해 극복에도 힘썼다.

담로 擔魯

백제의 지방 행정 조직

파견 派遣

일정한 임무를 주어 역할을 수행할 곳으로 보냄

하사 下賜

윗사람이 아랫사람에게 물건을 내려 줌

공주 무령왕릉 입구

주변국과의 활발한 교류

무령왕의 노력은 백제의 위기 상황에서 이뤄진 것일 뿐만 아니라 수많은 자연재해를 극복한 것이기에 의미가 더욱 크다고 할 수 있어요. 무령왕 재위 때엔 가뭄과 홍수, 전염병 창궐에 메뚜기 떼의 출현까지 자연재해가 정말 자주 일어났거든요.

그리고 무령왕은 중국의 양나라에 사신을 보내 백제가 여전히 강하다는 사실을 알렸어요. 당시 양나라에 보낸 표문에는 무령왕의 자신감이 드러나요.

"백제가 고구려를 여러 차례 격파했고, 다시 강한 나라가 되었습니다."

그러자 양나라는 무령왕을 사지절도독백제제군사영동대장군使持節都督百濟諸軍事寧東大將軍이라는 작위를 주어 그의 노력을 인정해주었습니다. 이런 외교 활동은 백제의 정치, 국방에 큰 도움이 되었으며 양나라의 선진 문화를 흡수하는 데에도 크게 기여했어요.

양나라와의 교류를 시작으로 전쟁 때문에 중단되었던 외국과의 교류가 다시 활발해지기 시작했어요. 백제는 양나라뿐만 아니라 왜와도 활발하게 교류하며 우호 관계를 이어 나갔어요.

이러한 외국과의 교류 노력은 그의 무덤에 고스란히 남아있어요. 시간을 돌려 1,500년 만에 나타난 무령왕릉 발굴 현장을 가보실까요?

양 梁
중국 남북조 시대 강남에 건국된 남조의 3번째 왕조

표문 表文
다른 국가의 왕이 중국의 황제에게 보내는 외교 문서. 또는 백성이나 신하가 황제에게 올리는 문서.

인물화상경
일본 스다하치만 신사에 있는 청동 거울. 무령왕이 왜의 게이타이 천황에게 선물한 것이다.

✵ 번갯불에 콩 구워 먹듯 발굴하기

1971년 7월 5일, 충청남도 공주시 송산리 고분군에서 장마철에 대비해 물길 정비 공사를 하고 있었어요. 그때 한 인부의 삽 끝에 뭔가 딱딱한 것이 걸렸어요. 인부들은 공사가 시작되기 전 무언가 걸리면 즉시 공사를 중단하라는 문화재 담당 공무원의 당부가 떠올라 즉시 작업을 멈췄죠.

급히 서울에서 내려온 고고학자들이 무덤의 벽돌 하나를 들어냈을 때였어요. '쉬익'하는 소리와 함께 무덤 안에서 천 년 묵은 수증기가 뿜어져 나왔어요. 발굴단 모두를 긴장하게 한 이 작은 이벤트를 시작으로 무덤 안에 놓여있던 석판에 쓰인 글로 무덤 주인이 백제 최고의 왕이었던 무령왕임이 밝혀졌어요. 이 사실이 알려지자 전국의 관심이 공주로 쏠렸어요. 하지만 우리 고고학 역사상 가장 중요한 발견을 앞두고 삽시간에 몰려든 기자들과 추적추적 내리는 비 때문에 발굴 현장은 곧 아수라장이 되었습니다.

당황한 고고학자들은 유물을 지켜야 한다는 사명감 때문에 몇 년에 걸쳐 진행해야 하는 발굴 작업을 번갯불에 콩 구워 먹듯이 하루 만에 끝내버렸어요. 커다란 유물은 바로 밖으로 옮겼고요. 작은 유물들은 자루에 쓸어 담듯이 수집했어요. 더욱이 비가 와서 발전기를 못 돌린 탓에 무덤 안은 캄캄했고 카메라 플래시를 다룰 줄 아는 연구자가 없어서 현장 기록을 위한 촬영도 제대로 하지 못했답니다. 마치 도굴꾼들이 도굴하듯 무덤을 발굴한 것이죠. 무령왕릉 발굴이 역사상 최악의 발굴로 평가받는 이유예요.

당부 當付
말로 강하게 부탁함

1

2

3
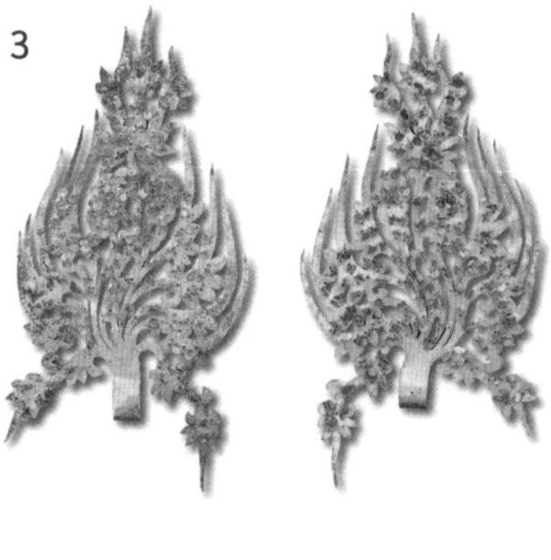

4

1. 무령왕릉 발굴 현장
2. 무령왕비의 팔찌
3. 무령왕관 꾸미개
4. 무덤을 지키던 석수

5. 무령왕릉 지석
6. 무령왕릉 신수문경
7. 무령왕 금제뒤꽂이

백제사의 안개를 걷는 등불, 무령왕 묘지석

오수전 五銖錢
무령왕릉비 묘지석에서 발견된 중국식 화폐 오수전은 풍납토성에서도 발굴되어 백제 초기부터 유통되었음을 알 수 있다. 한 무제 때 처음으로 주조했으며 수나라 때까지 600년간 사용되었다. 무게는 약 3.25g이다.

무령왕릉 발굴은 급하게 진행되긴 했지만 백제의 역사, 더 나아가 한국 고대사를 이야기할 때 무령왕릉과 왕비릉에서 출토된 유물들의 이야기는 빠지지 않습니다. 그중 학자들이 가장 가치 있다고 생각하는 유물은 거무스름한 돌에 한문으로 몇 자 적혀 있는 석판이에요.

죽은 이의 이름과 생일, 죽은 날짜, 가족관계, 무덤이 위치한 곳 등 다양한 사항을 적어놓은 묘지석인데요, 현재까지 발굴된 많은 고대 고분 중 유일하게 무령왕과 왕비의 릉에서만 이와 같은 형태의 묘지석이 발굴되었어요. 만일 이 지석들이 없었다면 아마도 그냥 백제 시대 언제쯤의 것이라고 짐작하면서 부장품이 많으니 이름 모를 왕족 부부의 무덤과 부장품들로 여겨졌을 것입니다.

특히 왕비의 묘지석 뒷면에는 1만 문의 돈을 신들에게 주어 토지를 사서 왕릉을 만든다는 내용이 있는데 실제로도 양나라에서 쓰던 화폐 89개가 발굴되었어요. 신들에게 토지를 사서 무덤을 지었다는 기록이 남아 있는 무덤은 현재까지 한국에서 무령왕릉이 유일하답니다.

신들에게 토지를 사서 무덤을 지어야 무덤 주인의 죽은 뒤 삶이 편안하단 생각은 중국에선 이른 시기부터 있었던 믿음이었어요. 또한 무령왕릉의 건축 양식인 벽돌무덤양식은 중국 남조에서 유행하던 무덤 축조 방법이랍니다. 그래서 많은 학자들은 무령왕과 왕비의 무덤을 만드는 데 중국 남조의 영향이 컸다고 생각하고 있어요.

Plus Alpha+

6세기 세계 외교관들을 그린 양직공도

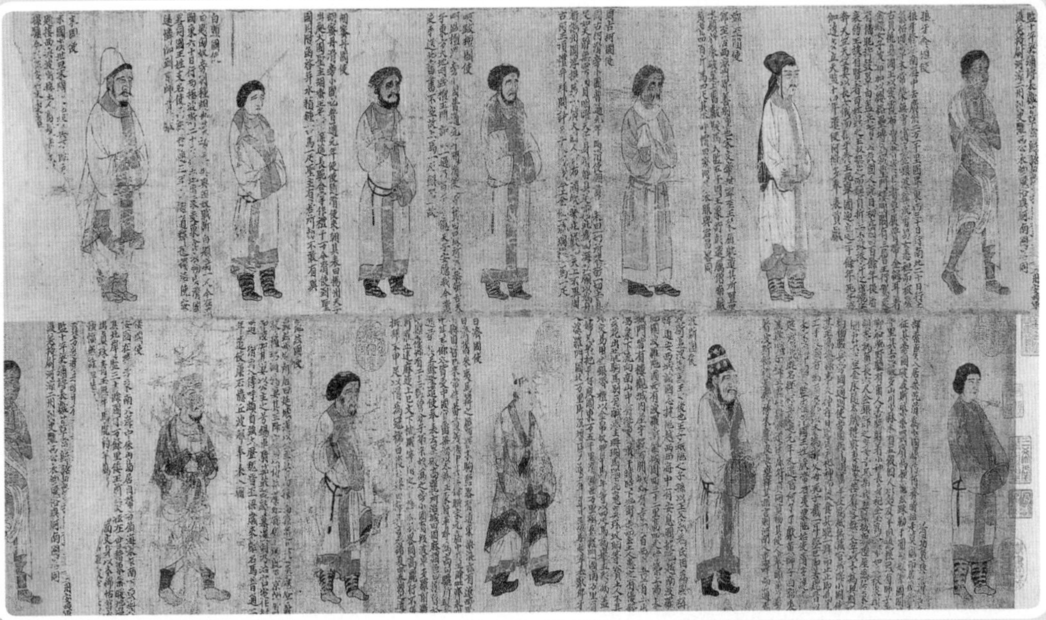

▲ 양직공도를 통해 표시한 세계 사신들의 모습

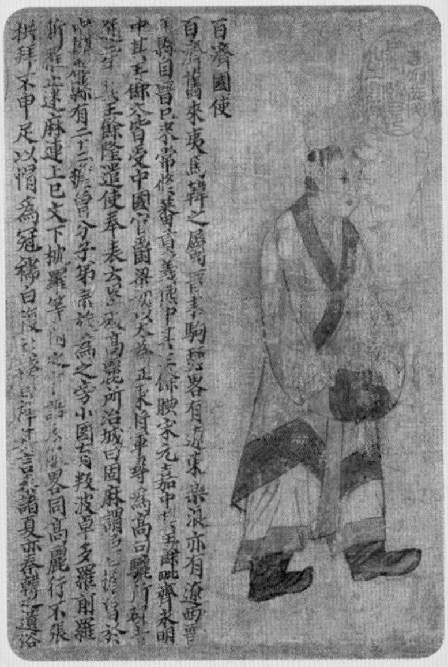

▲ 양직공도 속 백제 사신

양직공도는 526~536년 무렵 양나라에 파견 온 외국인 사신의 모습을 그림으로 그리고 설명을 붙인 기록물이에요. 양나라 사람들이 만든 이 문서는 당시 양나라가 얼마나 다양한 나라와 교류했는지 보여주고 있는데요. 이 그림엔 백제 사신의 모습이 생생하게 그려져 있어서 한국사 연구를 위한 아주 중요한 자료로 쓰이기도 한답니다. 이 그림 속 백제 사신은 모자를 쓰고 푸른색과 붉은색 색감이 조화롭게 매칭된 옷을 입고 있어요. 이 그림을 통해 백제 옷의 아름다움을 확인할 수 있죠.

또한 양직공도는 백제 사람들이 양나라를 통해 외국 사람들을 접하고 국제적인 감각을 키웠다는 사실을 추측할 수 있게 해줘요. 고구려, 백제, 중국, 일본을 세계의 전부로 인식하는 우물 안 개구리가 아니었던 것이죠. 그런데 이 그림 옆에 쓰인 설명을 읽어보면 백제 사신들이 양나라에 가서 허세를 좀 부린 것 같아요. 이 글에는 백제가 9개의 나라를 거느리고 있다는 표현이 나오는데, 거기에 가야와 신라가 포함되어 있거든요. 당시 백제와 대등한 동맹관계를 맺고 있었던 신라를 백제가 거느리고 있다고 표현했다는 건 자신들의 국력을 부풀리기 위한 백제 사신의 허세가 아니었을까 상상해 봅니다.

나만의 생각 지도

고이왕

백제
전성기

고구려 소수림왕과 광개토대왕 그리고 장수왕은 어떻게 국가를 성장시켰을까?

고구려 전성기

백제의 동성왕과 무령왕은 어떻게 국가의 위기 상황을 극복했을까?

웅진 백제

02

신라의 성장

A.D.5~6세기

신라가 고구려, 백제와 어깨를 나란히 하기까지는 많은 시간이 필요했다. 그러나 이제 준비는 끝나고, 신라는 에너지를 눌러온 긴 시간만큼이나 강한 폭발력을 바탕으로 도약하기 시작했다.

마립간에서 왕으로
지증왕

앞서 백제와 고구려의 성장을 확인했으니 이제 시점을 신라로 옮길 차례네요.
신라는 국가의 체제를 정비하기 위해 어떤 노력을 했는지 살펴볼까요?

덕업일신 망라사방

신라는 내물왕 이전까지만 해도 '박,석,김'의 세 성씨가 모두 왕위를 계승할 수 있었어요. 당시의 왕이란 강력한 지배자라기보다 귀족 집단의 대표자에 가까웠죠. 그러나 그들은 대표자의 자리에 머무는 데에 만족하지 않았습니다. 왕을 중심으로 국가의 모든 힘을 집중시켜 적극적인 전쟁, 영토 확장에 나서고 싶었던 거죠.

하지만 귀족들의 권력을 왕에게 집중시키는 일은 하루아침에 되는 일이 아니에요. 앞에서 살펴봤듯이 제도적으로 군사, 행정 분야를 왕을 중심으로 재조직해야 하고, 백성들의 사상을 하나로 모으는 작업도 필요하죠. 여하튼 신라의 역대 왕들도 이런 노력을 계속해나갔습니다. 그 노력을 이어받아 신라의 왕권을 반석 위에 세운 왕으로 꼽히는 대표자는 바로 22대 지증왕이랍니다. 그는 '덕업일신 망라사방德業日新 網羅四方' 덕업이 날로 새로워져 사방을 덮는다는 뜻의 신라新羅라는 국호를 확정 지은 왕이기도 한데요. 그와 관련하여 전해 내려오는 재미있는 이야기가 있어요. 함께 살펴보시죠.

반석 盤石
어떠한 것을 지탱해 주는 견고하고 든든한 기반을 비유적으로 이르는 말

중요 인물 CHECK

지증왕 智證王
A.D.437~514. 마립간 시대를 끝내고 신라를 정식 국가의 단계로 끌어올린 인물. 순장을 금지하고, 농사법의 혁신을 위해 우경을 권장했다.

경주 천마총
1973년 발굴 당시만 하더라도 지증왕의 무덤으로 추정되었으나 이후 연구를 통해 어떤 이의 무덤인지 확증할 수 없다는 결론을 내렸다.

천마총 금제관식
높이 45cm. 관모의 앞에 달기 위한 장신구. 새가 날개를 펼친 모양을 하고 있다. 날개 모양의 금판은 용무늬 혹은 넝쿨무늬가 촘촘하게 뚫려있고, 400여 개의 원형 달개로 장식되어 있다.

『삼국유사』에 지증왕의 고추 이야기가?

지증왕은 총각이었어요. 신하들도 그에게 맞는 짝을 찾아 주고 싶었지만 쉽지 않았어요. 지증왕이 덩치가 너무 컸고 또 그의 고추가 어른 팔뚝만 했거든요. 그런 왕에게 어울리려면 왕비의 덩치도 그만큼 커야 했는데 그런 여인을 찾기가 너무 어려웠던 거예요.

하루는 지증왕의 배필을 찾아 헤매던 한 신하가 '모량부' 지역에 있는 한 나무 아래에서 쉬고 있었어요.

"어휴, 힘들다. 임금님의 배필은 도대체 어디에 계실까. 어허! 좀 쉬어가려는데 웬 개들이 이리 시끄럽게 굴어?"

시끄럽게 으르렁대는 개소리에 남자는 짜증스럽게 옆을 쳐다봤어요. 그런데 개 두 마리가 북처럼 커다란 똥 덩어리 하나를 두고 서로 먹으려고 싸우고 있는 게 아니겠어요?

"아니, 저렇게 큰 똥을 눌 수 있는 사람이 있다니! 필시 체격도 무지막지하게 클 것이다!"

그 신하는 마침 지나가던 한 소녀에게 그 똥의 주인이 누구인지 물어봤어요.

"아, 그 똥이요? 그거 우리 모량부 대인의 따님께서 눈 것일 텐데요?

신이 난 신하는 얼른 그 여인을 찾아가 눈으로 확인했습니다. 다행히 여인은 똥의 크기만큼이나 키와 몸집이 컸습니다. 지증왕의 배필이 되기에 적격이었던 거죠. 이 소식을 들은 지증왕은 그 여인을 데려와 왕비로 삼았답니다.

설화가 말하고자 하는 것

역사책에 실리기에는 조금 독특하고 낯 뜨거운 이야기죠? 아무리 왕에 관한 이야기라지만 삼국유사의 저자 일연이 지증왕의 고추가 얼마나 컸는지까지 후대에 전하고 싶었던 이유가 뭘까요? 우리는 이 이야기에서 지증왕의 고추가 컸다는 사실(?) 말고, 고추가 크다는 것이 상징하는 바가 무엇인지를 생각해 볼 필요가 있어요. 고추는 남성성의 상징이에요. 남성성이란 보통 강한 힘을 의미해요. 강한 노동력과 전투력이란 농경과 전쟁이 중요했던 당시 사회에서 권력의 원천과도 같았어요. 결국, 지증왕의 고추가 컸다는 기록은 지증왕 즉위 무렵에 신라왕의 권력이 그만큼 강해졌다는 상징으로 해석할 수 있어요.

실제로도 지증왕은 나라를 정비하는 데 많은 일들을 했어요. 즉위 3년째 되는 해에 소를 이용해 밭을 가는 우경을 도입했어요. 소를 이용하여 농사를 지으니 농업이 크게 발달하기 시작했고, 그와 함께 백성들의 마음도 왕을 향하게 되었죠. 그다음 해에는 신하들이 왕에게 나라의 이름을 '사로'에서 '신라'로, 지배자의 칭호를 '마립간'에서 '왕'으로 바꿀 것을 건의했고 지증왕은 그들의 뜻에 따랐어요. 신하들이 스스로 새로운 나라의 이름과 왕의 호칭을 바쳤다는 것만 봐도, 그에 어울리는 왕권의 변화가 이루어졌음을 알 수 있죠. 전대 왕들에서부터 이어진 왕권 강화에 대한 노력과 지증왕의 농업정책으로 인해 민심을 얻은 것이 이런 결과를 만든 것이 아닐까 해요. 그리고 지증왕은 자신의 명령을 지방에 효율적으로 전달하기 위해 행정구역을 재정비하는 작업도 수행했어요. 이렇게 해서 강화된 왕권과 내부적인 안정은 곧 외부로 뻗어 나가는 힘의 원동력이 되었답니다.

원천 源泉
사물의 근원

건의 建議
어떤 의견이나 희망을 내놓는 등의 대안을 제시함

역사 돋보기

지도로갈문왕의 판결문

1989년 3월, 경상북도 포항시 냉수리의 한 밭에서 발견된 이 비석은 현재 남아있는 신라의 비석 중 가장 오래된 것입니다. 비석엔 총 231자가 쓰여있는데요. 내용은 무척 흥미롭게도 지증왕 때 일어난 재산 분쟁에 관한 것이에요.

요약해보면, 503년에 신라에서 '말추'와 '사신지'라는 두 사람이 '절거리'란 인물이 가지고 있던 어떤 물건을 자신의 것이라고 주장하며 싸우고 있었는데, 지도로갈문왕(지증왕) 등 7명의 최고 지배층이 이 이야기를 듣고 모여서 '그 물건은 역시 '절거리'의 것이니 앞으로 다시는 얘기를 꺼내지 말라.'라는 내용이 적혀있습니다.

판결한 내용을 돌에 적어 놓은 것도 흥미롭지만 당시 신라의 사회와 경제에 관해 알 수 있는 중요한 자료예요.

▲ 영일냉수리비

독도

우산국을 물리친 이사부 장군

우산국 于山國

울릉도와 독도는 예로부터 부모와 자식 관계처럼 떼려야 뗄 수 없는 사이로 인식되고 있었다. 울릉도를 부모섬이라고 한다면 독도는 자식 섬으로 자연스럽게 생각하고 있었던 것이다. 그래서 이 이야기의 우산국은 울릉도와 독도 모두를 이르는 지명이라고 볼 수 있다.

울릉도는 한자 표기에 따라 우도, 울도 등으로 표현되었고, 독도는 돌섬, 돌도 등으로 불려왔다.

강한 왕권을 수립한 지증왕에게는 한 가지 골칫거리가 있었어요. 동해에서 배를 타고 이틀 거리에 있는 우산국이라고 하는 섬이 신라의 신하가 되길 거부해왔기 때문이에요. 그런데 지증왕이 왕위에 오른 지 13년째 되는 해인 512년에 하슬라주(지금의 강릉)의 지방관인 이사부가 왕에게 말했어요.

"왕이시여. 저에게 우산국 사람들을 굴복시킬 계책이 있습니다. 곧 우산국을 왕에게 복종시키겠습니다."

"오! 계책이 무엇이오?"

"계책은 바로 나무로 만든 사자 조각상을 이용하는 것입니다!"

이사부는 섬사람인 우산국 사람들이 난생처음 보는 무서운 짐승의 형상을 보면 두려워 항복할 것라고 생각한 거예요. 나무 사자를 배에 가득 싣고 우산국 근처에 다다른 이사부가 소리쳤어요.

"이놈들아, 항복하지 않으면 이 맹수들을 섬에 풀어 놓을 테니 그리 알거라!"

"저게 뭐야? 짐승이야? 괴물이야?"

우산국 사람들은 이사부의 작전대로 사자 조각상을 보자 두려움에 떨다가 싸워보지도 않고 항복했어요.

이사부의 계책으로 신라는 우산국을 차지할 수 있었어요. 그런데 우산국이 도대체 어디냐고요? 바로 우리나라에서 해가 가장 먼저 뜨는 동쪽 끝 섬, 울릉도와 독도 지역을 통틀어 말하는 옛 이름이랍니다.

Plus Alpha+

한국인의 밥, 밥, 밥

1778년, 단원 김홍도, 봄날에 땅을 경작하는 소(春日牛耕)

▲ 청동세발솥 (고구려)

땅을 깊게 가는 일이 왜 농업에서 중요할까요? 농업은 땅이 가지고 있는 에너지를 이용해 작물을 키우기 때문에 흙이 머금고 있는 영양분을 잘 이용해야 해요. 그런데 뿌리 주변의 흙은 한정된 영양분만 가지고 있기에 힘이 떨어진 흙을 교체해줘야만 농사를 잘 지을 수 있죠. 흙을 교체해 주는 가장 좋은 방법은 땅을 깊게 갈아주는 것입니다. 그러면 충분히 영양분을 가지고 있는 흙이 표면으로 올라오게 되어 흙을 교체하는 효과가 생기는 거예요. 농업에 철이 사용되면서 이 일이 전보다 한결 수월해졌죠. 하지만 사람의 힘으로 땅을 뒤집는 일은 한계가 있었어요. 힘도 많이 들고, 효율도 낮았죠. 삽을 가지고 땅 한 번 파보면 금방 알게 되실 거예요. 소를 활용한 농사법은 이런 어려움을 단번에 해결한 획기적인 방법이었습니다.

철의 등장은 식생활에도 변화를 가져왔습니다. 한국인들은 밥심으로 살아간다는 말이 있습니다. 그만큼 밥은 한국인들의 생활에서 중요한데요. 현대에 사는 우리들이야 주로 하얀 쌀밥을 많이 먹지만 삼국시대 이전에 살았던 사람들의 주식은 밥보단 죽이나 범벅 혹은 시루와 같은 조리도구에 곡물을 쪄먹었습니다.

밥을 만들 수 없었던 데는 밥을 할 수 있는 조리도구가 없었기 때문이에요. 밥을 짓기 위해선 오랫동안 높은 열을 가해야 하는데, 청동기 시대의 토기로 만든 조리도구로는 토기가 그 열을 버티지 못하고 깨져버리거든요. 하지만 삼국시대에 철기가 보급되어 철제솥을 사용하면서 밥을 먹게 된 것이죠. 이렇게 삼국시대 철의 보급은 군사적인 모습뿐만 아니라 농업과 음식 문화 등 다양한 영역에서 삶의 변화를 일으켰어요.

▲ 손잡이잔 (신라)

▲ 뚜껑굽다리접시 (신라)

이차돈의 순교와
법흥왕

지증왕의 뒤를 이어서 왕권을 강화시키고 나라 안의 기틀을 다잡은 왕은 바로 법흥왕이에요. 신라가 삼국의 경쟁을 주도할 수 있도록 나라의 기반을 닦은 법흥왕. 그가 어떤 방법을 통해 왕권을 강화했는지 살펴볼까요?

▲ 울진봉평비*

법흥왕의 체제 정비

중요 인물 CHECK

법흥왕 法興王

A.D.487~540. 신라 23대 왕. 율령을 반포하고 불교를 공인하는 등 재위 전반에 왕권 강화 작업에 힘을 기울였다.

상한선 上限線

더 이상 올라갈 수 없는 가장 위쪽의 한계선

울진봉평비 蔚珍鳳坪碑

높이 204cm. 524년(법흥왕 11)에 세워졌다. 신라 17관등의 성립연대와 지방통치조직 및 촌락구조, 그리고 복속민에 대한 시책 등 사회 전반에 걸친 여러 면에 관한 내용이 적혀있다.

지증왕의 뒤를 이어 왕위에 오른 법흥왕은 아버지가 다져놓은 왕권을 더욱 강하게 하기 위해 국가 시스템을 보완했어요.

먼저 그는 율령을 반포하여 법을 확실하게 정비했어요. 굳이 왕의 명령이 아니더라도 백성과 신하들은 정해진 율령을 따라야 하니 보이지 않는 왕의 권위와 말이 나라 전체에 미쳐 나라의 질서를 잡아주게 된 거예요.

학계에선 신라 고유의 신분제도인 골품제도도 법흥왕 때 법적으로 정비된 것으로 보는 견해가 많아요. 골품제도는 여러 부족의 세력들을 왕의 지배 아래에 두는 과정에서, 그들 사이의 높고 낮음을 정리하기 위해 만들어진 제도예요. 신라 초기부터 생겨난 것이 아니라 어느 정도 왕권과 귀족의 권력관계가 정리되는 데 시간이 필요했음을 뜻하는 것이죠.

법흥왕은 골품제를 법제화시키고 골품제의 신분별로 승진할 수 있는 상한선*을 정했어요. 또 관직의 등급별로 각기 다른 색의 옷을 입게 하여 관리들의 서열을 정리했습니다

백제의 고이왕이 생각나시죠? 신라는 조금 늦긴 했지만, 법흥왕 때에 이르러 국가로서의 체계를 갖추고 규모를 본격적으로 키워가고 있었던 거예요. 심지어 건원建元 이라는 연호도 사용했으니 얼마나 법흥왕이 자신감을 가지고 신라를 통치했는지 알 수 있어요.

정치체제를 정비한 법흥왕은 여기서 만족하지 않았어요. 왕의 권위가 더 확고한 나라, 백성들이 마음의 평화까지 누리는 나라를 만들고 싶었던 거죠. 법흥왕은 자신의 두 가지 소망을 한 번에 만족시킬 수 있는 방법을 찾았습니다. 바로 불교를 나라의 종교 즉, 국교로 정하는 것이었죠.

당시 신라에는 옛날부터 전해 내려오는 다양한 토착 신앙이 존재하고 있었어요. 법흥왕은 백성들에게 불교를 전파한다면 백성들의 마음을 하나로 모으고, 부처의 가르침을 통해 백성들의 마음에 평화를 줄 수 있을 거라고 생각했죠. 또한, 당시 불교는 부처의 말은 곧 진리이고, 왕즉불 즉, '왕은 부처님과 같다王卽佛'는 논리를 정치적으로 이용했기 때문에 불교를 수용하는 일은 왕의 권위를 높이는 데에도 효과적이라고 생각했어요.

하지만 신하들의 반발이 만만치 않았습니다. 자신들이 믿는 신도 있는데 굳이 불교를 받아들일 이유가 없었고, 나라의 종교가 불교로 통일된다면 자신들이 가지고 있던 종교적인 힘이 왕에게 모두 흘러들어 갈 것이기 때문에 격하게 반대했던 거죠.

"지금 나라 살림이 넉넉지 않은데 불교라니요? 절을 지을 돈이 있다면 차라리 군사를 더 키우시지요."

신하들의 강한 반대에 부딪힌 법흥왕은 심란한 마음에 날마다 밤잠을 설치며 신하들의 맘을 돌릴 방법을 고민했어요.

역사 돋보기

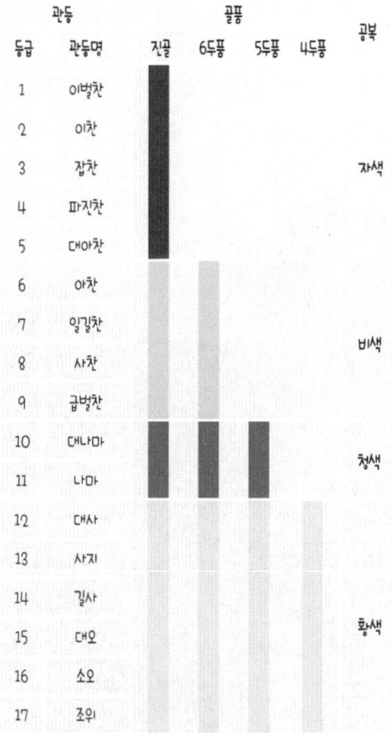

신라 천 년의 역사와 함께한 골품제도

골품제도는 신라 초기에 왕의 권위를 높이고 귀족들의 서열을 정해 귀족사회를 안정시키려는 정책이었어요. 일반적으로 가장 높은 계급은 '성골', 그 밑은 '진골'로 구분했어요. 보통은 성골이 왕이 될 수 있는 혈통을 가진 계급이라고 이야기하지만 사실 성골과 진골이 어떤 원리로 구분되는지는 확실치 않답니다.

그 아래 두품은 1~6두품으로 구분했는데, 숫자가 클수록 높은 계급이었죠. 신분을 규정해 놓은 만큼 골품의 높고 낮음에 따라 여러 제약이 있었어요. 관직 진출의 상한선을 정해놓은 것은 물론이고 착용할 수 있는 장신구, 기를 수 있는 가축의 수까지도 정해 놓았으며, 진골은 방의 너비가 24척, 6두품은 21척, 5두품은 18척...이렇게 방의 크기에도 제한이 있었습니다.

골품제는 나중에 성골의 순수 왕족 혈통이 모두 없어지고, 능력 있는 사람이 더 높은 관직에 못 올라가는 제한 때문에 신라 사회에 갈등을 일으키게 됩니다.

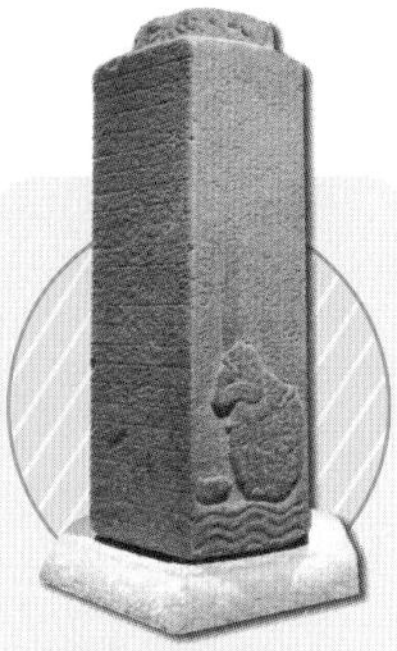

이차돈 순교비

높이 106cm. 경주 백률사에서 출토되었다. 이차돈이 순교한 지 290년이 지나 그를 기념하기 위하여 만들었다. 6면 중 5면에 글씨가 써 있고, 나머지 1면에 순교 장면이 그려져 있다.

소신 小臣
예전에 신하가 임금에게 자기를 낮추어 가리키던 말

노발대발 怒發大發
몹시 화가 나 크게 성을 냄

무엄 無嚴
버릇없다는 말을 높여 표현하는 말

유혈화우

그러던 어느 날, 22살의 젊은 신하인 이차돈이 법흥왕을 찾아와 말했습니다.

"왕이시여, 소신이 고민을 해결해드릴 한 가지 생각이 있사옵니다."

"네까짓 게 어찌 내 뜻을 안다고 나불거리느냐. 물러가거라."

하지만 이차돈은 물러서지 않고 말했습니다.

"지금 왕께서는 신라를 부처의 세계로 만들려 하시는 것이 아닙니까?"

이차돈의 말을 들은 법흥왕은 흠칫 놀랐지만 그의 말을 더 들어보기로 했습니다.

"제가 천경림에 절을 짓겠습니다. 그러면 저를 잡아 신하들 앞에서 제 목을 베십시오. 곧 하늘에서 왕의 말씀에 권위를 세워드릴 것입니다."

법흥왕은 젊은 이차돈의 충성심에 감동하여 그러겠노라고 했습니다.

얼마 후 신하들이 왕에게 노발대발하며 달려와 이차돈이 천경림에 절을 짓고 있다며 왕에게 따져 물었습니다.

"왕께서 시키신 것이옵니까?"

"아니다. 내가 시키지 않았다. 이차돈이 나의 명령도 없이 절을 짓다니 무엄하구나. 어서 그를 내 앞에 끌고 오너라."

신하들에게 끌려온 이차돈이 법흥왕 앞에 무릎을 꿇자 법흥왕은 속으로 눈물을 삼키며 말했습니다.

"네놈이 멋대로 절을 지어 나를 욕보였구나. 여봐라! 당장 저놈의 목을 쳐라."

법흥왕의 명령에 따라 이차돈은 눈을 감은 채 합장을 하고 칼을 받았습니다. 그의 목이 형리의 칼에 날아가자 신기한 일이 일어났습니다. 사방천지가 어두워지고 이차돈의 목에서 붉은 피가 아닌 하얀 피가 솟구친 것이었어요. 그리고 온 땅이 진동하며 꽃비가 내리기 시작했습니다.

"아...이차돈이 말한 하늘의 계시가 바로 이것이었구나. 고맙고 미안하다. 이차돈..."

백률사 대웅전
어차돈이 순교할 때 날아간 머리가 떨어졌다는 전설이 전해지는 곳. 법흥왕은 그를 기리기 위해 자추사란 절을 세웠다가 후에 백률사란 이름으로 바뀌었다.

백률사 금동약사여래불입상

✱ 모이고 모인 신라의 에너지

정말 흰 피가 나오고 꽃비가 내렸는지는 알 길이 없지만 이차돈의 순교는 신라 사람들이 불교에 관심을 갖도록 하기에 충분했어요.

법흥왕은 자신의 말을 어긴 이차돈을 죽임으로써 왕과 아무리 가까운 사람이라도 왕이 정한 법에 의해 처벌받을 수 있다는 본보기를 보여주어 왕권을 과시한 것이죠.

때문에 이차돈의 순교를 본 신하들은 이후로는 불교 수용을 가지고 반대 의견을 말하기 힘들어지게 되었습니다. 법흥왕은 이를 계기로 재빨리 불교를 공인했지요.

이후 신라는 앞서 백제와 고구려가 그랬듯 불교를 통해 왕권을 더욱 강화시키고 지배층 내부의 정치적인 안정을 쌓아나갈 수 있었습니다.

법흥왕이라는 시호도 불교와 관련되어 있어요. 불교에선 부처님을 상징하는 '불보', 부처님의 말씀을 담은 경전을 상징하는 '법보', 그리고 부처님의 가르침을 실천하며 깨달음에 이르려고 노력하는 사람들인 '승보'. 이 세 가지를 귀한 보물로 여기고 있는데, 법흥왕은 이 중에 부처님의 말씀을 상징하는 '법'이란 글자를 따와 시호를 지은 것이죠.

불교를 신라의 국교로 공인하여 부처님의 말씀을 널리 '흥~'하게 했으니 그에게 무척 어울리는 시호라고 할 수 있지요.

이러한 과정을 통해 지증왕과 법흥왕은 정치, 경제적으로 안정된 나라의 토대를 만들었고, 이후 신라가 더욱 적극적인 대외정책을 펼칠 수 있는 원동력이 되었답니다.

순교 殉敎
종교를 가진 사람이 자기의 신앙을 지키기 위해 목숨을 바침

공인 公認
국가나 공공 단체 또는 사회단체 등에서 어떤 자격 따위를 공식적으로 인정함

백제의 불꽃 성왕과
진격하는 신라 진흥왕

동성왕과 무령왕의 부흥을 위한 노력 덕에 백제는 점차 국력을 회복해나갈 수 있었어요.
그의 뒤를 이은 성왕은 더 큰 도약으로 백제의 옛 영광을 되찾아 올 수 있었을까요?

✺ 사비로 도읍을 옮긴 성왕

중요 인물 CHECK

성왕 聖王

A.D.?~554. 백제 26대 왕. 사비로 수도를 옮기고 국호를 '남부여'로 고쳤다. 삼국사기에는 그가 지혜와 식견이 깊고 일을 끊고 맺음이 뛰어나다고 기록하고 있다.

잠시 시선을 백제로 돌려 봅시다. 갑자기 왜 신라 얘기를 하다가 백제로 옮겨가냐고요? 6세기 후반의 신라 역사는 백제를 빼놓고는 이야기할 수가 없거든요. 한강의 주인이 바뀌는 빅 이벤트도 벌어지기 때문에 한 편의 드라마처럼 이야기가 진행된답니다. 먼저 이 드라마의 백제 쪽 주인공인 성왕에 대한 소개로 이야기를 시작하겠습니다.

백제에선 무령왕의 뒤를 이은 성왕은 선왕의 정책을 계승하여 고구려와의 전쟁을 수행하고, 신라와 우호 관계를 유지했어요. 그리고 즉위 16년 만에 수도를 웅진에서 사비(현재의 충남 부여)로 옮겼답니다. 웅진은 주변에 산이 많아 외적을 방어하기에는 적합했을지 몰라도, 나라를 크게 발전시키기에는 너무 비좁았어요. 그에 비해 사비는 중국과의 해상 교통에 매우 유리했고, 넓은 평야를 끼고 있어서 도읍지로서의 위상을 세우기에 적합한 지역이었죠. 게다가 수도를 옮김으로써 기존 귀족 세력도 약화시킬 수 있으니 성왕으로서는 일석삼조였던 거예요. 수도를 옮기고 나라의 이름까지 '남부여'로 바꾸고 나니 백제에는 새로운 시대를 기대하는 에너지가 넘쳐나기 시작했어요. 성왕은 호기롭게 다짐했어요.

"기필코 고구려를 쳐 선왕의 복수를 하고 한성을 되찾아 오겠다!"

성왕과 진흥왕의 잘못된 만남

사비 천도 이후 백제의 국력은 날이 갈수록 강해졌습니다. 그러나 고구려의 군사력을 이기기에는 역부족이라는 판단으로 성왕은 신라와 힘을 합쳐 한강을 되찾기로 결심했습니다.

당시 신라의 왕이었던 진흥왕도 성왕의 동맹 요청을 흔쾌히 받아들이고 함께 고구려를 공격하기로 약속했습니다. 그 결과 성왕이 즉위한 지 29년째 되는 해인 551년, 백제와 신라 연합군은 고구려로부터 한강을 빼앗는 데에 성공했어요.

이 승리를 통해 백제는 한강의 하류를, 신라는 한강의 상류를 지배하게 되었어요. 성왕은 고구려에 복수했다는 승리감에 한껏 들떠있었습니다.

"드디어 한강을 다시 차지했구나!"

개로왕 때 한강 유역을 빼앗긴 지 76년 만에 자존심을 회복한 것이니 기분이 좋을 만했죠.

진흥왕도 기분이 매우 좋았습니다. 내물왕 때부터 고구려의 영향력 아래에 있었던 신라가 고구려군을 꺾고 한강 상류까지 진출한 것은 대단한 일이었으니까요. 하지만 그의 욕심은 거기서 끝나지 않았습니다.

'우리 신라의 영토가 이렇게 넓어지긴 했지만 아직 멀었어! 한강 하류를 차지해서 중국과 직접 교류하지 않는다면 진정한 성장을 이룰 수 없을 것이야.'

진흥왕은 마침내 120여 년을 유지해온 나제동맹을 무너트리기로 결심한 거예요.

백제, 신라 연합군이 고구려에 승리한 지 2년이 지난 가을날이었습니다. 달빛조차 구름 뒤에 숨은 어두운 밤. 한 무리의 사내들이 강을 건너기 시작했습니다. 조용히 고개를 든 무리들. 그들은 마치 어둠에 녹아든 듯 신경 쓰지 않으면 무심결에 지나칠 것만 같았습니다. 그들은 조용하고 은밀하게 백제의 심장에 비수를 꽂을 준비를 마쳤고, 마침내 공격 명령이 떨어졌습니다.

중요 인물 CHECK

진흥왕 金[illegible]

A.D.534~576. 신라 24대 왕. 540년 외조부인 법흥왕이 아들이 없어 대신 왕위에 올랐다. 한강 유역을 차지하고 중국 남북조 국가들과 교류를 활발히 했다. 장군 이사부에게 가야를 공격하게 했다. 거칠부에게 역사서인 『국사』를 편찬하게 했다.

역사 돋보기

꽃다운 낭군, 화랑

진흥왕 때에 제도화된 화랑도는 한 명의 화랑과 그를 따르는 수많은 낭도로 이루어진 단체였어요. 화랑은 진골 귀족 중에서 선발했고, 낭도는 계급의 제한을 두지 않고 선발했다고 합니다. 그들은 아름다운 산과 강을 쏘다니면서 몸과 마음을 단련했고, 악기를 다루고 노래 부르는 것을 즐겼다고 합니다. 진흥왕 때 불과 16세 정도의 나이로 가야 정벌에 참전하여 큰 공을 세운 사다함, 무열왕 때 역시 16세의 나이로 백제 정벌에 참여하여 백제를 멸망시키는 데에 큰 공을 세운 관창 등이 모두 화랑 출신의 인재들이랍니다.

성왕 전사지

지금의 충북 옥천 구진벼루 계곡에서 성왕이 죽었을 것으로 추측하고 있다. 삼국사기의 기록엔 '구천'이라고 표현되어 있다. 왼쪽의 비석은 그를 기리기 위해 세워 놓은 것.

관산성 전투에서 무릎 꿇다

분간 分揀
사물이나 사람의 옳고 그름, 좋고 나쁨 따위와 그 정체를 구별하거나 가려서 앎

막후 幕後
겉으로 드러나지 않은 뒷면

중요 인물 CHECK

여창 餘昌
후에 백제 27대 왕인 위덕왕으로 즉위하는 인물. 왕위에 오른 뒤 고구려의 공격을 막아내고, 왜에 학자와 기술자 그리고 승려들을 보내 지식을 전파했다.

백제의 방어가 허술해진 틈을 타 신라 병사들은 한강 하류의 백제 진지를 공격한 것입니다. 느닷없는 공격에 당황한 백제 병사들은 그들을 공격하는 게 고구려 군대인지 신라 군대인지도 분간 못하고 속수무책으로 당하고 말았습니다. 신라군은 백제군이 주둔하던 진지를 빼앗고 더욱 강한 방어 태세를 갖추었습니다. 진흥왕이 성왕과의 동맹을 배신하고 한강 하류를 빼앗은 것입니다.

이 소식을 들은 성왕은 분노했습니다.

"이놈! 감히 약속을 저버리다니!!"

성왕은 당장에라도 진흥왕에게 복수하고 싶었지만 시간이 필요했어요. 신라로부터 입은 피해를 복구하고, 함께 신라를 공격할 동맹국을 찾아야 했거든요. 그래서 그는 자신의 딸을 진흥왕과 결혼시키기로 했습니다. 신라에 평화의 제스처를 보냄으로써 진흥왕을 방심하게 하는 동시에, 시간을 벌기 위한 작전이었죠.

"미안하다. 얘야..."

"아버지의 깊은 뜻을 제가 어찌 모르겠어요. 걱정하지 마시어요. 제가 이래 봬도 백제의 공주인 걸요. 백제를 위해 몸을 바칠 각오가 되어있어요."

속으로 피눈물을 흘리며 딸을 진흥왕에게 보낸 성왕은 진흥왕에게 복수하기 위해 막후에서 왜와 대가야 연합군을 조직했어요. 모두 신라에 원한을 가진 나라들이었죠. 마침내 신라에게 한강을 빼앗긴지 1년만인 554년에 백제, 왜, 대가야 연합군이 출정했습니다. 군사를 이끄는 지휘관은 백제의 태자 여창이었어요. 신라군이 지키고 있는 관산성에 이르자 여창은 분노에 찬 목소리로 총공격을 명령했습니다.

"한 놈도 살려두지 마라!"

신라군은 깜짝 놀랐어요. 성왕의 딸이 진흥왕과 결혼한 지 얼마 되지 않은 지금 백제가 쳐들어올 것이라곤 상상도 할 수 없었기 때문이에요. 혼신을 다한 백제군의 공격에 결국 관산성은 함락되고 말았죠. 그 소식은 곧장 성왕에게 전해졌어요.

"이것 참 기쁜 소식이구나! 내가 직접 전장에 나가서 병사들을 격려하겠노라!"

성왕은 그 길로 50명의 군사들과 함께 관산성

으로 달려갔어요. 이 소식은 곧 진흥왕에게도 전해졌죠.

"비정한 아비로다. 내 손에 있는 자신의 딸은 어찌하시려고..."

진흥왕은 즉시 관산성을 수복하기 위해 '김무력'이라는 장군에게 출정 명령을 내렸어요. 가야 왕족 출신인 김무력은 훗날 삼국통일의 주역이 되는 김유신의 할아버지이기도 했고, 진흥왕이 한강 유역의 수비를 맡길 정도로 실력 있는 장수였죠.

"최대한 빠르게 관산성으로 달린다!"

김무력 장군이 이끄는 신라군을 맞이한 백제군은 일진일퇴를 거듭하며 싸움을 이어갔습니다. 하지만 승리의 깃발은 순식간에 신라 쪽으로 기울게 되었어요. 신라군의 매복을 눈치채지 못한 성왕이 관산성으로 향하는 도중에 신라군에게 포위되고 만 거예요. 적국의 왕을 눈앞에 둔 신라군은 맹렬한 기세로 성왕을 공격했어요. 성왕도 그에 맞서 끈질기게 싸웠지만 신라군을 당해낼 수가 없었죠.

"원수를 갚지 못하고 이렇게 허망하게 죽다니 원통하구나!"

백제의 부흥을 이끌어갔던 성왕은 그 자리에서 목숨을 잃고 말았습니다.

"여창은 어디 있느냐? 여기 네 아비의 목이 있으니 어서 가져가 보거라!"

신라군의 조롱을 들으며 슬픔과 분노에 휩싸인 여창은 신라군으로 돌격했으나 왕의 죽음으로 사기가 꺾인 백제군은 더는 신라군의 상대가 되질 않았어요. 이 전투에서 죽은 백제군의 숫자가 3만여 명이나 되었다고 해요. 여창은 가까스로 살아 돌아갔지만 그는 충격에 빠져 모든 것을 버리고 승려가 되려고까지 했습니다. 성왕의 목은 신라 관청 계단 밑에 묻혀 계단을 오르내리는 발에 계속 짓밟히게 되었고요.

능산리사지

현재는 그 터만 전하고, 절의 이름은 알 수 없어 지역 이름을 따 '능산리사지'라고 부른다. 그러나 1990년대에 이곳에서 금동대향로와 능산리사지석조사리감이 나와 당시 중요한 의미를 가진 절이었음을 짐작케 한다.

능산리사지석조사리감
陵山里寺址石造舍利龕

높이 74cm. 능산리 절터에서 발견된 사리감. 절의 창건 연대 및 발원자를 알 수 있는 귀중한 유물이다.

역사 돋보기

백제의 도교 스피릿

백제는 도교적 이상세계를 표현하기 위해 작품에 봉황과 신선이 산다는 무릉도원과 같은 도교적 상징을 사용했습니다. 최고의 장인들이 만든 이 작품들은 생활 곳곳에 스며들어 백제 사람들의 마음에 평화를 가져다 주었을 거예요. 특히, 금동대향로는 능산리사지 한 켠 땅 깊숙한 곳에서 발견되어 성왕이 죽은 후에도 편안한 삶을 누리길 바라는 위덕왕(여창)과 그의 여동생의 맘이 담겨있을 거라고 추측하기도 합니다.

▲ 산수봉황무늬벽돌

금동대향로 ▶

✵ 대세는 신라에게

재위 在位
임금의 자리에 있음

"비로소 신라의 시대가 열렸구나!"

고구려와 백제를 모두 밀어내고 한강을 차지한 진흥왕. 그는 재위 기간 중 자신이 확장한 영토를 직접 돌아보며 감상에 젖었어요. 수많은 전쟁의 나날들이 주마등처럼 스쳐 갔죠. 진흥왕은 점령지 중 중요한 지역을 돌아보며 순수비를 세워 자신의 업적을 기념하기로 했어요. 북한산비, 마운령비, 황초령비, 창녕비 이 네 개의 비석이 진흥왕에 의해 세워진 비석이랍니다. 충청북도에 있는 단양 적성비에는 고구려와의 전투에서 죽었던 '야이차'라는 인물의 가족들을 책임지겠다는 내용이 적혀있어요. 이를 통해 백성들의 충성을 이끌어내려 한 것이죠.

진흥왕의 영토확장 이후 신라는 한강 유역의 지배권을 확고히 하는 한편, 가야의 모든 지역을 정복하는 데에도 성공했습니다. 그리고 끊임없이 백제와 고구려를 압박하며 삼국의 경쟁을 주도해나갔답니다.

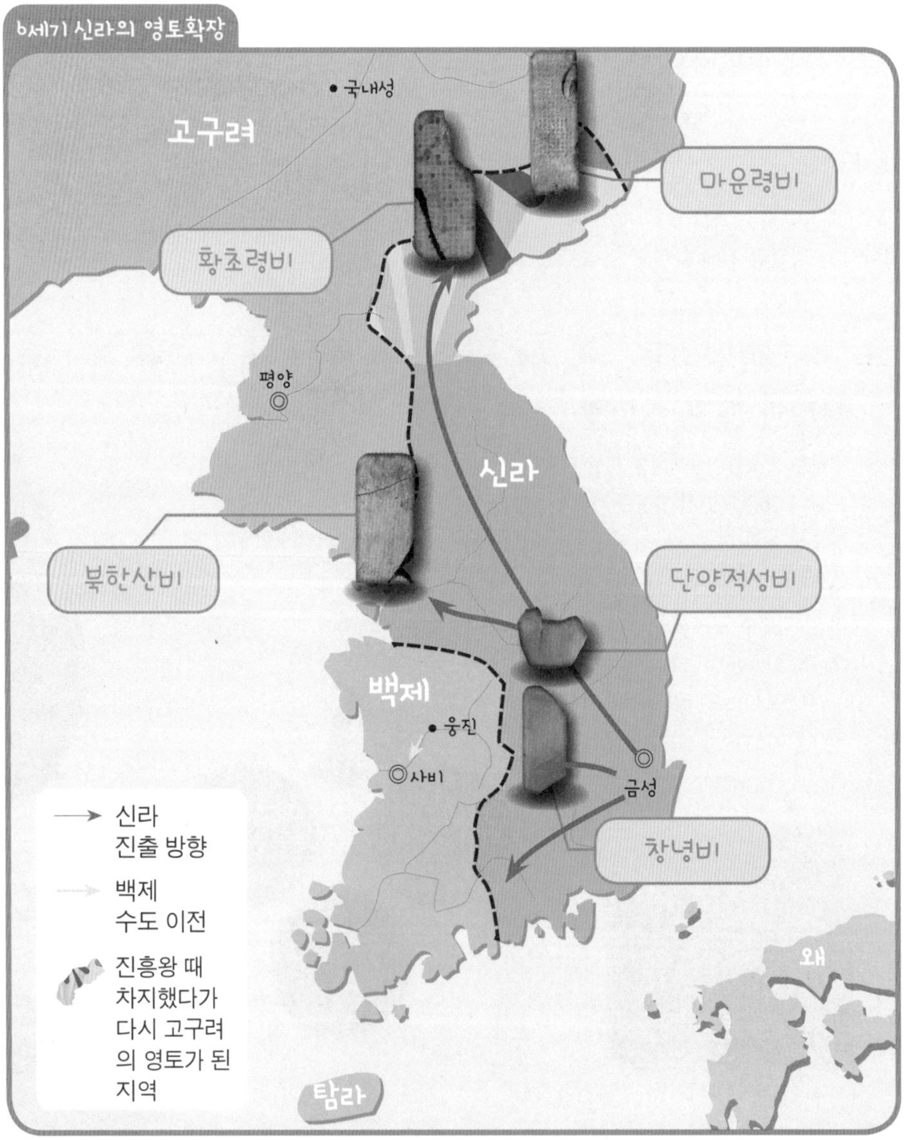

나만의 생각 지도

지증왕
법흥왕

성왕
진흥왕

뜨거운 주제 확인하기

♦ 삼국은 왜 불교를 받아들였을까?

다음 제시문을 읽고 물음에 답해보세요.

가 불교는 기원전 500년 무렵 인도 북부의 왕족 출신 석가모니가 창시한 종교입니다. 그는 자신은 풍족하고 편한 삶을 살고 있는 반면, 궁궐 밖 세상 사람들은 고통에 빠져 살고 있다는 것을 깨닫고는 긴 여행을 떠났습니다. 하지만 당시 명성을 떨치던 어떤 사람들도 백성들의 고통의 원인이 어디 있는지 알려주지 못했습니다. 그러던 어느 날 석가모니는 보리수나무 아래에서 7일 동안 명상에 빠져있다가 불현듯 깨달음을 얻었어요. 세상에 영원히 존재하는 것은 없으며 이것들은 모두 연결되어 있다는 깨달음이었죠. 그의 관점에서 고통은 우주에 존재하는 모든 것들 중 하나일 뿐이었죠.

그 뒤로 석가모니는 사람들에게 삶의 고통에서 벗어나 깨달음에 이르는 방법과 진리를 전달하기 위해 전국을 돌아다니며 사람들을 만났어요. 동아시아 지역에 커다란 영향을 준 '불교'는 그가 죽은 뒤 제자들이 그의 가르침을 글로 적어 널리 퍼뜨리기 시작하면서 성립한 종교랍니다.

나 정치체제를 정비한 법흥왕은 여기서 만족하지 않았어요. 왕의 권위가 더 확고한 나라, 백성들이 마음의 평화까지 누리는 나라를 만들고 싶었던 거죠. 법흥왕은 자신의 두 가지 소망을 한 번에 만족시킬 수 있는 방법을 찾았습니다. 바로 불교를 나라의 종교 즉, 국교로 정하는 것이었죠.

당시 신라에는 옛날 내려오는 다양한 토착 신앙이 존재하고 있었어요. 법흥왕은 백성들에게 불교를 전파한다면 백성들의 마음을 하나로 모으고, 부처의 가르침을 통해 백성들의 마음에 평화를 줄 수 있을 거라고 생각했어요. 또한, 당시 불교는 부처의 말은 곧 진리이고, 왕즉불 즉, '왕은 부처님과 같다王卽佛'는 논리를 정치적으로 이용했기 때문에 불교를 수용하는 일은 왕의 권위를 높이는 데에도 효과적이라고 생각했어요.

다 부처님은 일반적으로 불교를 창시한 석가모니 부처님을 말해요. 하지만 부처의 뜻이 '깨달은 사람'이기 때문에 석가모니 말고도 다양한 부처님이 계신답니다. 또 깨달음에 이르기 위해 노력하는 사람을 '보살'이라고 하는데, 불교에서는 모든 사람이 그럴 수 있다고 믿기에 불교를 믿고 수행을 하면 모두 보살이라고 불러요.

- **석가모니 부처님** : 불교의 창시자인 석가모니(고타마 싯다르타). 최고의 깨달음을 얻은 사람
- **비로자나 부처님** : 우주를 창조한 부처님
- **아미타 부처님** : 사람들이 편안하게 오래 살 수 있도록 해주는 부처님
- **약사여래 부처님** : 병이나 고통을 치료해주는 부처님
- **미륵 부처님** : 56억 년 뒤 세상이 멸망할 때 사람들을 구하러 온다는 부처님
- **문수보살** : 완전한 지혜를 가진 보살님
- **관음보살** : 사람들의 고통과 두려움에서 벗어나게 해주는 보살님

step 1. (가) 제시문을 읽고, 불교가 석가모니의 말을 통해 전달하려 하는 핵심 가치는 무엇인지 써보세요.

step 2. (나) 제시문에서 법흥왕이 불교를 공인한 이유는 무엇인지 써보세요.

step 3. 만약 자신이 부처님이 된다면 어떤 유형의 부처님이 되고 싶은지 써보세요.

뜨거운 쟁점 토론하기 1

◆ 고구려사는 한국사이다.

프리즘 통과하기

Step 1. 자신의 견해와 같은 내용에 체크해보세요.

가 한국사에 당연히 고구려사가 포함되는 이유는 한국인들이 고구려의 역사를 자신의 것으로 공유하고 있기 때문이지. 이러한 인식의 기원을 따져보면 답은 쉽게 나와. 고구려 멸망 이후에 세워진 발해는 고구려 유민들이 지도층이 되어 세운 나라였어. 스스로 고구려를 계승한다고 생각했고. 후삼국 시기의 후고구려 또한 나라 이름에서 볼 수 있듯이 고구려 계승의식이 확실해. 이후 통일 왕조를 세운 뒤에도 나라 이름을 고구려와 같은 의미인 '고려'라고 했지. 누가 뭐래도 고구려는 한국사야.

나 중국의 전통 민족이 '한족'이듯이 한국의 전통 민족은 '예맥족'이야. 한반도 북부와 만주지역에서 활동한 이들은 고조선의 중심 세력이었을 뿐만 아니라 이후에 성립한 고구려, 부여, 옥저, 동예는 모두 예맥족으로 볼 수 있지. 백제도 부여에서 흘러나온 계통이 세운 나라니까 예맥족은 한반도 초기 역사의 근간이 된다고 볼 수 있어.

다 고구려는 중국 영역 내에서 활동한 중국의 수많았던 지방 정권 중 하나야. 그들의 활동은 거란이나 여진, 선비족처럼 중국 역사에 깊게 스며있다고 볼 수 있지. 또한 그들은 중국과 조공책봉 관계를 유지했어. 고구려는 중국을 큰 나라로 모시며 조공을 했고, 중국은 고구려에 관작을 주어 책봉했지. 이는 왕과 신하의 관계랑 똑같은 거야. 더군다나 고구려의 영토는 상당 부분 현재 중국에 속해있어. 국내성의 고구려 유적 등은 모두 중국 정부에서 관리하고 있고.

라 당시 고구려 지역에 살았던 사람들은 모두 자신이 고구려 사람이란 생각을 하고 있었을까? 고구려를 구성하고 있던 사람들을 보면 고구려인뿐만 아니라 거란인, 말갈인, 선비인 등 많은 유목민족이 함께하고 있었는데 그들이 공통적으로 '나는 고구려인이다'란 생각을 가졌을 리 없어. 민족성의 원리로 고구려의 역사를 재단할 수 없는 것이지. 고구려사는 한국사, 중국사 어디에도 속하지 않아.

내 논리 강화하기

Step 2. 자신이 선택한 견해에 근거를 추가하여 논리를 강화해 보세요.

조목조목 반박하기

Step 3. 자신이 선택한 견해와 다른 의견을 제시한 사람의 논리를 반박해보세요.

보기

역사가 발해의 지배층이 고구려인이었다고 해서 한국 역사에 포함 시키는 것은 너무나 지배층 위주의 역사 인식이야. 고려도 마찬가지로 백성들이 고구려를 계승한다는 자부심을 가지고 있었을까? 대다수의 피지배층에게는 그저 세금 내는 대상이 바뀌었을 뿐 중요한 문제는 아니었을 거야.

광개토대왕 그럼 중국에 조공했던 나라는 모두 중국사에 포함되겠네? 백제나 신라는 물론이고 베트남이나 왜도 중국에 조공을 바쳤으니 중국사에 포함되어야 할 텐데, 왜 이들의 역사도 중국사란 주장은 하지 않는 거지? 이는 이치에 맞지 않는 주장이야.

철학자 민족이란 건 '상상의 공동체'야. 민족은 '우리는 하나'라는 공동체적 입장을 전제로 하는데, 전근대 시기의 신분제 사회에서는 자신이 예맥족이건 아니건 간에 백성과 귀족 등 완전히 다른 신분으로 나뉘었어. 신분마다 서로 다른 세계를 살았을 텐데, 그들을 하나로 볼 수 있을까?

민족주의자 그럼 역사라는 게 무슨 의미가 있을까? 어느 곳에도 속하지 않는다면 역사가 단절되었다고 바라보는 입장과도 같은데, 그런 입장이 멸종한 공룡의 역사를 탐구하는 거랑 뭐가 다른지 모르겠어. 고구려사는 우리 민족의 뿌리가 되는 소중한 역사야.

내 생각 보여주기

Step 4. 고구려 역사의 정체성에 대한 자신의 생각을 종합적으로 정리해보세요.

뜨거운 쟁점 토론하기 2

◆ 국익을 위해서라면 국가 간의 외교관계는 파기해도 된다.

프리즘 통과하기

Step 1. 188~191의 상황을 평가하는 내용입니다. 자신의 견해와 같은 내용에 체크해보세요.

가 다른 나라와 외교를 할 때 중요한 원칙은 그 외교가 나라 이익에 도움이 되는가, 아닌가야. 이익이 생기지 않거나 오히려 자기나라에 큰 해가 생길 수도 있다면 과감히 외교를 맺었던 나라와의 관계도 끊을 수 있어야 한다는 말이지. 지지부진하게 다른 나라와의 관계에 집착해 자기 나라의 이익을 챙기지 못한다면 오히려 자기 나라에 사는 백성들에게 해를 끼치는 꼴이야. 그리고 나라의 힘이 없다면 외교를 아무리 잘 하려고 해도 할 수 없어.

나 국제관계는 마치 약육강식 논리가 지배하는 동물의 왕국과 같다고 볼 수 있어. 한 나라가 힘이 없어진다면 주변의 다른 나라들은 결국 힘이 없어진 나라를 무참하게 공격할거야. 마치 산속을 호령했던 호랑이가 이빨과 발톱을 잃어버린 후 다른 짐승들에게 공격을 당하는 것처럼 말이지. 그러기 전에 먼저 다른 짐승들을 공격하는게 무슨 문제가 되지? 그게 자연의 원리인데 말이야.

다 사람 사이에 관계를 맺게 하는 가장 중요한 밑바탕은 믿음과 신뢰야. 신뢰는 나라와 나라 사이의 관계에서도 중요하지. 신라의 진흥왕이 백제 성왕과의 동맹을 깨고 성왕을 죽음으로 몬 것은 신뢰를 깬 행동이야. 국제관계는 힘 있는 나라가 좌지우지 하는 것 같아도 신뢰를 깨는 쪽이 오히려 주변 나라의 신뢰를 잃어 결국 손해를 보지. 진흥왕이 성왕을 배신한 이후, 고구려나 일본에게 신라는 약속을 지키지 않는 나라란 인식이 퍼졌을 거야. 자연스럽게 신라는 외교적으로 고립될 가능성이 커졌을 테고.

라 행위의 선과 악을 판단하기 위해선 먼저 자기 자신에게 물어봐야 해 . 지금과 똑같은 상황에서 다른 모든 사람들이 나와 똑같이 행동하기를 바라냐고. 이렇게 해보면, 나는 내가 거짓말 하기를 원할 수는 있지만 다른 사람도 내게 거짓말 하길 원하지는 않는다는 것을 알 수 있어. 만약 자신의 이득을 위해서 거짓말을 해도 된다는 법칙이 성립한다면 약속이라는 것은 이 세상에 존재하지 않을 거야.

내 논리 강화하기

Step 2. 자신이 선택한 견해에 근거를 추가하여 논리를 강화해 보세요.

Step 3. 자신이 선택한 견해와 다른 의견을 제시한 사람의 논리를 반박해보세요.

조목조목 반박하기

보기

관자 군주가 약속을 지키는 모습을 보여주면 신하들도 믿고 의지하기 마련입니다. 옛 제나라의 '환공'도 노나라의 장수 '조말'에게 돌려주기로 약속했던 땅을 돌려주자 이 모습을 본 제후들이 2년 뒤 환공을 찾아와 충성을 맹세했습니다. 이후 환공은 춘추시대 최초의 패자가 되었죠.

맹자 인간은 짐승처럼 행동해선 안 됩니다. 특히 덕을 갖춰야 할 군주라면 더욱 그러하죠. 타고난 덕성인 인仁을 실천하려 노력해야 합니다. 힘의 논리로 정치를 하는 '패도'는 모두를 전쟁으로 내몰지만, 인의 원리로 정치를 한다면 모든 백성이 평화롭게 지낼 수 있을 것입니다.

한비자 한강 유역은 신라에게 있어서 한 번도 차지해 본 적 없는 기회의 땅이었습니다. 신라가 그 중요한 지역을 그냥 내버려 둔다는 것이 오히려 삼국시대를 살아가는 왕으로서 자격이 없다고 할 것입니다. 삼국시대는 힘으로 모든 것이 결정되는 끊임없는 전쟁의 역사였기 때문입니다.

서희 '국제 관계에서는 영원한 우방도 없고, 영원한 적도 없다.' 외교가들 사이에서는 불문율로 통하는 말입니다. 국가를 운영하는 데 가장 중요한 가치는 다른 나라와의 신뢰 관계가 아닌, 국익이기 때문에 국익을 위해서라면 신뢰를 저버릴 수도, 적과 화해할 수도 있다는 이야기죠.

Step 4. 진흥왕이 성왕과의 동맹을 파기한 행동에 대한 자신의 생각을 종합적으로 정리해보세요.

내 생각 보여주기

역사力思 해보기

♦논제. 2~4세기 고구려의 왕권강화에 관해 서술한 (가) 제시문을 (나)~(라)의 사료를 참고하여 자신만의 방식으로 재구성하여 서술하시오.

가 **고구려, 앞서서 고대 국가로 성장하다**

2세기 후반 고국천왕 때에는 체제 개혁을 추진하여 부족적인 전통의 5부를 행정적인 5부로 개편했고, 왕위 계승도 형제 상속에서 부자 상속으로 바꾸었다.

고구려는 3세기에 위魏의 침입으로 한때 큰 위기를 맞았으나 이를 극복했고, 4세기 초 미천왕 때에는 중국이 5호16국으로 나뉘어 혼란한 틈을 타 대외 팽창을 시도하였다. 이때에 낙랑을 공격하여 중국 세력을 완전히 몰아냈고, 대동강 유역을 확보하여 남쪽으로 진출할 수 있는 발판을 마련하였다. 그러나 이후 고구려는 전연(선비족)과 백제의 연이은 공격으로 고국원왕이 전사하는 등 큰 위기에 처하였다. 이를 극복하기 위해 소수림왕은 전진과 수교하여 대외 관계를 안정시키고, 불교를 수용하여 국가적 일체감을 높였다. 아울러 태학을 설립하고 율령을 반포하여 새로운 도약의 발판을 마련하였다.

-고등학교『한국사』, 미래엔-

나 16년 .... 겨울 10월, 임금이 질양質陽으로 사냥을 갔다가 길에 앉아 우는 자를 보았다. .... "저는 가난하여 항상 품팔이로 어머니를 봉양하였습니다. 그런데 올해는 흉년이 들어 품팔이 할 곳이 없어, 한 되나 한 말의 곡식도 얻을 수 없기에 우는 것입니다." .... 또 담당 관리에게 명해 매년 봄 3월부터 가을 7월까지 관가의 곡식을 내어 백성들의 식구 수에 따라 차등 있게 구휼하고 빌려주었다가 겨울 10월에 상환하는 것을 법규로 삼으니, 온 나라가 크게 기뻐하였다.

-『삼국사기』권16, 「고구려본기」4, 고국천왕-

다 .... 12년 8월에 장수를 보내 요동의 서안평을 습격해 빼앗았다. 14년 겨울 10월에 낙랑군을 침공해 남녀 2천여 명을 사로잡아 왔다. .... 20년 겨울 12월.... 우리 장수 여노가 하성에 웅거했는데, 모용외가 장군 장통을 보내 덮쳐서 여노를 사로잡고, 그 주민 1천여 가를 포로로 하여 극성으로 돌아갔다. 왕은 자주 군사를 보내 요동을 침공하였다. .... 21년 겨울 12월에 군사를 보내 요동을 침략했는데 모용인이 막아 싸워 패하였다.

-『삼국사기』권17, 「고구려본기」5, 미천왕-

라 2년 여름 6월에 진왕 부견이 사신과 승려 순도를 파견해 불상과 경문을 보내왔다. .... 태학을 세워서 자제들을 교육하였다. 3년 처음으로 율령을 반포하였다. .... 가을 7월에 백제의 수곡성을 쳤다. .... 7년. ... 민간에 전염병이 돌던 무렵에 백제가 병사 3만을 거느리고 와서 평양성을 침공하였다. .... 8년. ... 가뭄이 들고 백성들이 굶주려 서로 잡아먹었다. 가을 9월에 거란이 북쪽 변경을 침범해 여덟 부락을 함몰시켰다.

-『삼국사기』권18, 「고구려본기」6, 소수림왕 -

5

신라의 삼국통일

세상에 존재하는 모든 것엔 시작과 끝이 존재한다. 역사는 작게 보면 사람과 국가 그리고 이들이 누린 문화의 시작과 끝을 확인하는 작업이다. 탄생과 종말에 관한 이야기인 것이다. 하지만 크게 보면 그들의 탄생이 꼭 완전히 새로운 것만도 아니고, 그들의 종말이 꼭 완전한 소멸을 의미하지도 않는다. 모든 것은 시간 안에서 계속 변화를 거듭하고 있기 때문이다.

이제 우리는 이 책이 풀어내고자 하는 시대의 마지막에 도달했다. 이번 「5장. 신라의 삼국통일」은 앞의 2장과 3장에서 삼국의 시작을 함께 했듯 그들의 마지막에 관한 이야기이다. 아니, 그들이 시간상의 매듭을 짓고 변화한 시대를 맞이하는 순간에 관한 이야기가 될 것이다. 물론 마지막을 맞이하는 건 '국가', 변화를 맞이하는 주인공은 '사람'이겠지.

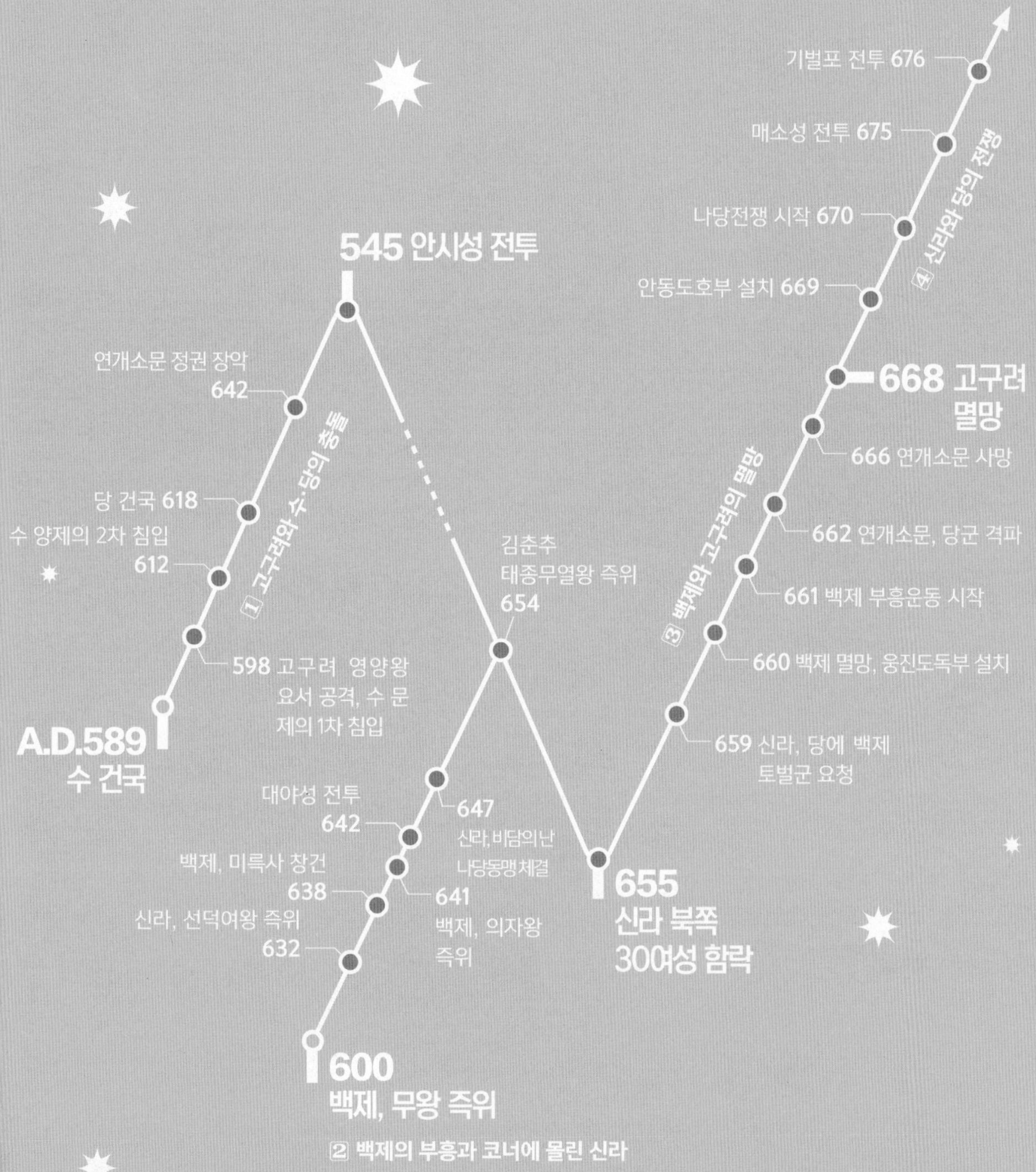

A.D.589
수 건국
598 고구려 영양왕 요서 공격, 수 문제의 1차 침입
612
수 양제의 2차 침입
당 건국 618
642
연개소문 정권 장악
545 안시성 전투
1 고구려와 수·당의 충돌
600
백제, 무왕 즉위
632
신라, 선덕여왕 즉위
638
백제, 미륵사 창건
641
백제, 의자왕 즉위
642
대야성 전투
647
신라, 비담의난
나당동맹체결
654
김춘추
태종무열왕 즉위
655
신라 북쪽
30여성 함락
2 백제의 부흥과 코너에 몰린 신라
659 신라, 당에 백제 토벌군 요청
660 백제 멸망, 웅진도독부 설치
661 백제 부흥운동 시작
662 연개소문, 당군 격파
666 연개소문 사망
668 고구려 멸망
3 백제와 고구려의 멸망
안동도호부 설치 669
나당전쟁 시작 670
매소성 전투 675
기벌포 전투 676
4 신라와 당의 전쟁

01

고구려와 수, 당의 충돌

A.D.6~7세기

강력한 에너지를 내뿜던 두 천하의 대결. 단단한 막대기가 세게 부딪히면 어느 한쪽은 부러지는 법. 과연 승리의 함성은 어느 쪽에서 울릴 것인가?

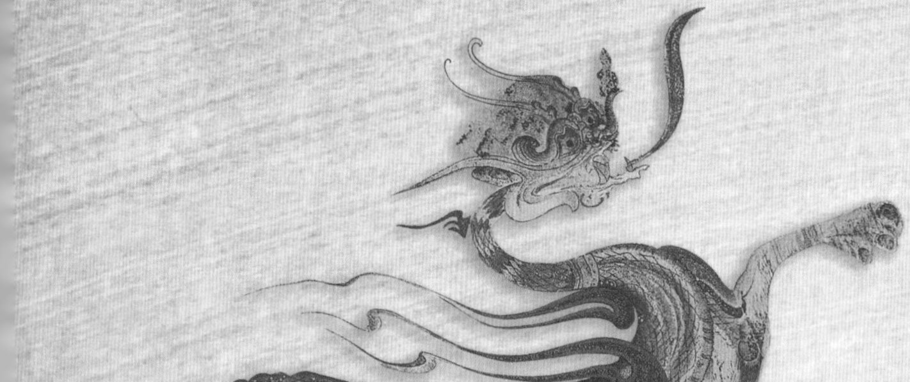

수나라의 통일과 고구려의 대응

한반도와 중국 대륙의 역사는 긴밀하게 연결되어 있어서 양쪽 모두의 흐름을 확인해야 역사적 맥락을 파악할 수 있습니다.
또한, 중국 왕조가 아닌 다른 주변 국가들의 정세도 영향을 주고받았지요.
6세기 수나라의 통일이라는 큰 사건 이후에 동아시아 국가들은 어떤 상황을 맞이했을까요?

중국의 재통일, 고구려의 위기

4세기에서 6세기 사이, 고구려, 백제, 신라 삼국은 서로 각축을 벌이며 주도권 경쟁을 해나갔습니다. 그 과정에서 고구려의 영향력 아래 있던 신라가 6세기 진흥왕 때 영토를 확장하는 모습은 주변국들을 깜짝 놀라게 했죠. 고구려와 백제의 영토를 침공하며 순수비를 세워가는 진흥왕의 모습을 보며 고구려와 백제의 지배층들은 자존심에 큰 상처를 입었을 거예요.

그러나 고구려, 백제에게 닥친 위협은 신라의 성장뿐만이 아니었어요. 중국에서 370여 년이나 지속된 위 · 진 · 남북조의 분열기가 끝나고, 수나라에 의해 중국 지역이 통일되었거든요. 사실 삼국이 꾸준한 성장을 이룰 수 있었던 것은, 중국 지역이 분열되어 한반도에 대한 압박을 할 수 없었던 상황 때문이기도 하거든요.

수나라 황제인 문제는 숱한 전쟁으로 피폐해진 나라를 돌보며 국력을 회복해 나갔습니다. 그리고 어느 정도 국력이 회복되자 나라 밖으로 영향력을 떨치고 싶어 했죠. 옛 한나라가 그랬던 것처럼 주변의 모든 민족을 복종시키길 원했던 거예요. 그런 수 문제에게는 한반도 북부와 만주, 요동 일대를 주름잡고 있는 고구려가 가장 큰 눈엣가시였어요. 고구려는 이미 오래전부터 거란, 말갈 등의 북방 민족들에 영향력을 행사하고 있었고, 중국 황제의 권위를 상징했던 연호를 사용할 정도로 동북아시아 지역에 막강한 권위를 떨치고 있었기 때문이에요.

새롭게 등장한 국가

수 隋

A.D.581~618. 중국 남북조 시대의 혼란을 진정시키고, 서진이 멸망한 후 분열되었던 중국을 약 300년 만에 재통일한 국가.

연호 年號

황제가 즉위한 후에 붙이는 연대 칭호. 중국의 한 무제가 B.C.140년에 '건원建元'이란 연호를 최초로 사용했다. 중국의 연호를 받아들여 사용하는 것은 중국의 권위를 인정한다는 의미와 같았다.

영양왕의 선제공격

중요 인물 CHECK

영양왕 嬰陽王

?~A.D.618. 고구려 26대 왕. 동아시아 국제질서가 급변하는 상황에서 외교적 군사적으로 돌파구를 찾으려 노력했다. 수와의 전쟁을 잘 막아냈으며, 남쪽으로는 한강을 차지하고 있던 신라를 압박했다.

중요 인물 CHECK

수 문제 文帝

A.D.541~604. 본명 양견. 중국을 재통일하여 수를 건국한 인물. 과거제를 실시하고 백성들에게 토지를 균등히 나눠주는 균전제를 실시하는 등 국가체제를 정비했다.

통일제국 수나라의 등장에 고구려 영양왕은 큰 위기감을 느꼈어요. 자신의 영향력 아래 있던 거란족과 말갈족의 일부가 수나라 편에 서기 시작했거든요. 게다가 수 문제도 고구려를 침략하려는 의도를 계속해서 드러냈기에 고구려는 일촉즉발의 위기 상황에 처하게 되었습니다.

"이대로 가만히 있다간 수나라의 힘이 더욱 강성해져서 나라가 위태로워질 것이야. 먼저 수를 공격해서 우리의 힘을 보여줄 필요가 있겠군!"

영양왕은 곧 고구려와 말갈의 군사들을 모아 수나라의 요서 지방을 공격하고 돌아왔습니다. 공격을 당한 수 문제 역시 가만히 있지 않았습니다. 즉시 30만 대군을 보내 고구려 요동지역을 공격하게 했죠. 수나라 군이 요동성에 다다르자 영양왕은 요동성 주변의 백성들을 모두 성안으로 대피시키고 방어태세를 갖추었습니다. 수나라의 30만 군대와 정면충돌하는 것보다 성안에서 방어전을 펼치는 것이 유리했기 때문이죠.

수나라 군대는 전쟁이 생각처럼 풀리지 않자 무척 당황했어요. 고구려성은 자연 지형을 잘 이용해 쌓았기 때문에 공략하기가 무척 까다로웠거든요. 게다가 여름 장마 때문에 수나라 군사들 사이에 전염병이 돌기 시작했고, 가져온 식량도 다해 군사들이 줄줄이 쓰러져갔어요.

계속된 패배에 화가 난 수 문제는 수군을 대동강으로 보내 고구려의 수도 평양성을 곧바로 공격하기로 했습니다. 하지만 그들은 싸우기도 전에 바다 위에서 강한 태풍을 만났어요. 결국 대부분의 군사가 태풍에 휘말려 물속에 가라앉고 말았죠.

역사 돋보기

수의 통일이 동아시아에 미친 영향

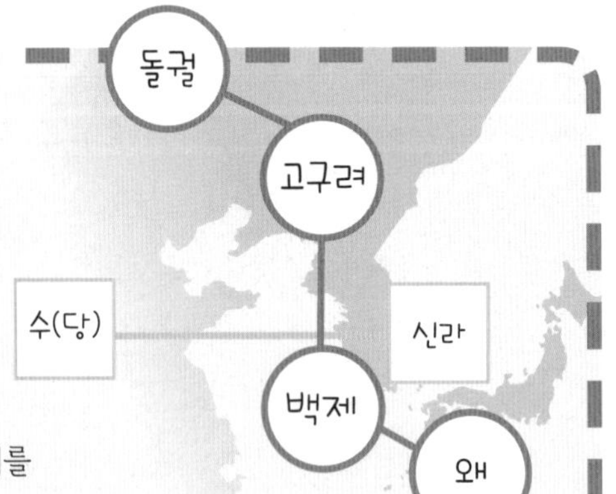

수는 통일 이후 주변 국가들이 '하늘의 아들(천자)'인 수의 황제에게 복속하길 바랐어요. 하지만 고구려는 쉽사리 수의 영향력 아래로 들어갈 생각이 없었기에 수나라와 고구려는 대립합니다. 고구려를 제압하기 위해 수나라는 당시 고구려와 적대관계인 신라와 동맹관계를 맺었고, 이에 대항해 고구려는 수나라의 등장에 위협을 느끼고 있던 북방 민족인 돌궐과 신라와 대립하던 백제 그리고 백제와 동맹관계인 왜와 힘을 합쳤습니다. 이로써 돌궐-고구려-백제-왜의 세로 세력, 그리고 수와 그 이후 등장한 당-신라의 가로 세력이 대립하는 형세가 만들어졌죠. 이 국제적 대립관계가 '열 십十'자와 비슷하다고 하여, '십자형 외교'라고 부릅니다.

Plus Alpha+

돌궐, 그들은 누구인가?

쿠체라 호수
돌궐 부족의 원주지인 알타이 산맥 부근에 위치한 호수

▲ 빌게 카간(? ~734)의 금관

돌궐突厥은 튀르크Türk라는 단어를 한자어로 표기한 이름입니다. 중국 기록에 따르면 그들의 투구가 알타이 산맥의 모습과 비슷하여 다른 사람들이 보기에 매우 특이해 보였고, 그들 스스로가 그 투구를 '튀르크'라고 불러 그것이 돌궐 부족을 칭하는 단어가 되었다고 하네요.

그들은 본래 고구려, 북위 등과 함께 5세기 동아시아의 국제 질서의 중심이었던 유목제국인 유연柔然에 복속되어 있던 부족이었습니다. 철을 채굴하고, 철제 무기를 만들어 유연에게 바치며 생활하던 그들은 6세기 중반, 유연 지배층들의 권력 다툼을 틈타 유연에 대한 철제 무기 공급을 끊어버리고 그들을 몰아낸 뒤 몽골 고원의 강자가 되었습니다.

이후 동돌궐과 서돌궐로 나뉜 이들은 동서의 지배자를 모두 카간可汗이라고 부르며 독자적인 세력을 만들어나갔습니다.

서돌궐 제국은 중앙아시아 지역까지 그들의 세력을 뻗어 나가 당시 사산조 페르시아와 국경이 맞닿을 정도로 팽창했습니다. 동돌궐 제국은 6세기경 북주, 북제 등 북조의 황제들이 서로 경쟁하는 과정에서 돌궐의 공주와 자신의 아들을 혼인시키려 애를 쓸 정도로 큰 위세를 떨쳤습니다. 중국의 왕조들은 돌궐을 자신의 편으로 만들기 위해 많은 공물을 바치며 환심을 사야 할 정도였습니다.

그러나 당의 이간질에 휘말린 돌궐은 결국 7세기경 중반에 접어들며 당의 지배를 받기도 합니다. 이들은 끈질긴 부흥운동 끝에 7세기 후반 다시 돌궐 제국을 세우지만, 몽골 고원에서 새롭게 등장한 위구르라는 유목민들에 의해 8세기 중반 경에 멸망하였습니다. 이후 돌궐의 일부는 서쪽으로 이동하였고, 이들의 역사는 셀주크 튀르크, 오스만 튀르크 제국 등을 거쳐 현재의 터키 공화국에 이르고 있습니다.

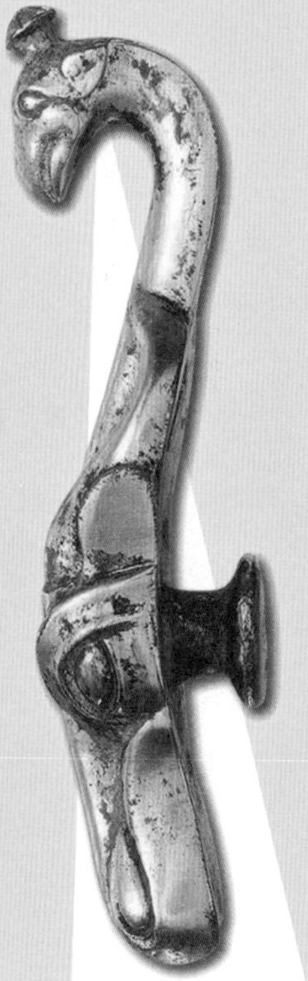
빌게 카간의 장신구 ▶

수나라와 고구려의 운명을 가른 전쟁

창과 방패의 대결. 가능한 모든 인원을 고구려 원정에 투입한 수나라와 험준한 자연 지세를 활용하여 방어전에 나선 고구려. 싸움은 어느 한 쪽이 죽느냐 사느냐의 양상으로 전개됩니다. 결과는 어떻게 되었을까요?

아버지를 뛰어넘고 싶었던 둘째

중요 인물 CHECK

수 양제 煬帝

A.D.569~618. 본명 양광. 수나라 2대 황제. 문제의 둘째 아들. 대운하를 건설하고, 고구려와 전쟁을 벌이는 등의 일에 백성을 강제로 동원하여 수의 멸망을 재촉한 인물로 평가받는다.

고구려와의 전쟁에서 패배한 혼란한 상황에서 수 문제의 둘째 아들 양광은 형의 목숨을 빼앗고 황태자의 자리에 올랐어요. 그 후 양광은 아버지 문제까지 죽이고 수나라 황제의 자리에 등극하는데요. 그의 패륜적 행동 때문인지, 훗날 그는 악랄한 황제라는 뜻의 양제라는 시호를 받게 되었어요.

양제는 황제가 되자 고구려 정복에 모든 관심을 쏟아 부었어요. 형과 아버지를 죽이고 황제가 되었기 때문에 정치적 정당성이 매우 부족한 상황이었거든요. 문제가 성공하지 못한 고구려 정벌에 성공함으로써 황제로서의 위신을 세우고 싶었던 거죠.

양제는 고구려를 단번에 무릎 꿇리기 위해 113만이나 되는 대군을 불러 모았습니다. 이는 문제 때 구성된 고구려 원정군의 3배가 넘는 숫자였으며, 당시 무기를 들 수 있는 남성들을 대부분 동원해야 만들 수 있는 숫자였어요.

"산을 뽑아내고 바다를 옮겨서라도 반드시 승리하고 오거라!"

수나라 군대는 어찌나 인원이 많았는지 모든 군사가 출발하는 데에만 40일이 걸렸다고 해요. 전쟁 준비로 엄청난 인원이 동원되는 바람에 농민들이 농사를 짓지 못할 정도였지요. 612년 여름, 다시 전쟁이 시작된 것입니다.

✻ 수 양제의 필승전략

소식을 들은 고구려는 수 문제 때의 경험을 살려 철저하게 방어 작전을 준비했어요. 영양왕은 수나라와의 첫 전투가 벌어질 요동성 주변을 깨끗이 비우라고 명령했어요. 모든 백성을 성안으로 대피시키고 들판의 곡식을 모두 거두는 청야전술로 성 밖에는 쌀 한 톨도 남아있지 않게 했죠.

수나라 군대는 엄청난 사람 수만큼 매일 먹어치우는 음식의 양도 엄청났어요. 후방에서 계속 군량미를 보급하긴 했지만 군대가 수나라에서 멀어질수록 보급도 느려질 수밖에 없었고요. 게다가 고구려의 청야전술 때문에 요동성 주변에서 먹을 것을 구할 수도 없어서 수나라 군대는 금세 굶주림에 지치게 되었어요.

그렇지만 양제는 믿는 구석이 있었습니다. 그것은 바로 평양성으로 향하고 있는 우중문 · 우문술 장군의 30만 육군과, 대동강으로 진입하고 있는 내호아 장군의 수군이었지요. 요동성을 양제가 직접 공격하는 동안 우중문의 30만 별동대를 평양성으로 바로 돌격시키고, 내호아의 수군이 우중문 군에게 군량미를 보급하겠다는 전략이었죠. 그러나 수군과 합류할 때까지 필요한 100일분의 식량은 군사들이 직접 운반해야 했어요. 빠르게 이동해야만 하는 별동대가 무거운 식량까지 짊어지고 진군하자니 급기야 짐을 덜기 위해 자신의 식량을 몰래 버리는 병사들이 수두룩했습니다. 힘겹게 수나라의 별동대가 진군하는 와중에 내호아의 수군은 고구려 왕족 고건무의 전략에 휘말려 대패하고 말았어요. 이 사실을 알 수 없었던 우중문은 힘겨워하는 병사들을 윽박질러가며 평양성으로 계속 진군했습니다. 수 양제의 필승전략은 시작부터 삐걱거리고 있었던 것이죠.

시호 諡號
왕·왕비가 죽은 뒤 살았을 때의 행적에 따라 평가하여 붙이는 호칭

청야전술 淸野戰術
견벽청야(堅壁淸野), 청야수성(淸野守城)이라고도 부른다. 주로 방어하는 쪽에서 사용하는 전술로 적군의 손에 들어가면 유리할 만한 물건들을 모두 없애버리고 후퇴하여 적군의 보급 물자를 현지에서 구하지 못하게 하는 효과가 있다.

별동대 別動隊
주력 부대에서 떨어져 나와 개별적인 작전을 수행하는 부대

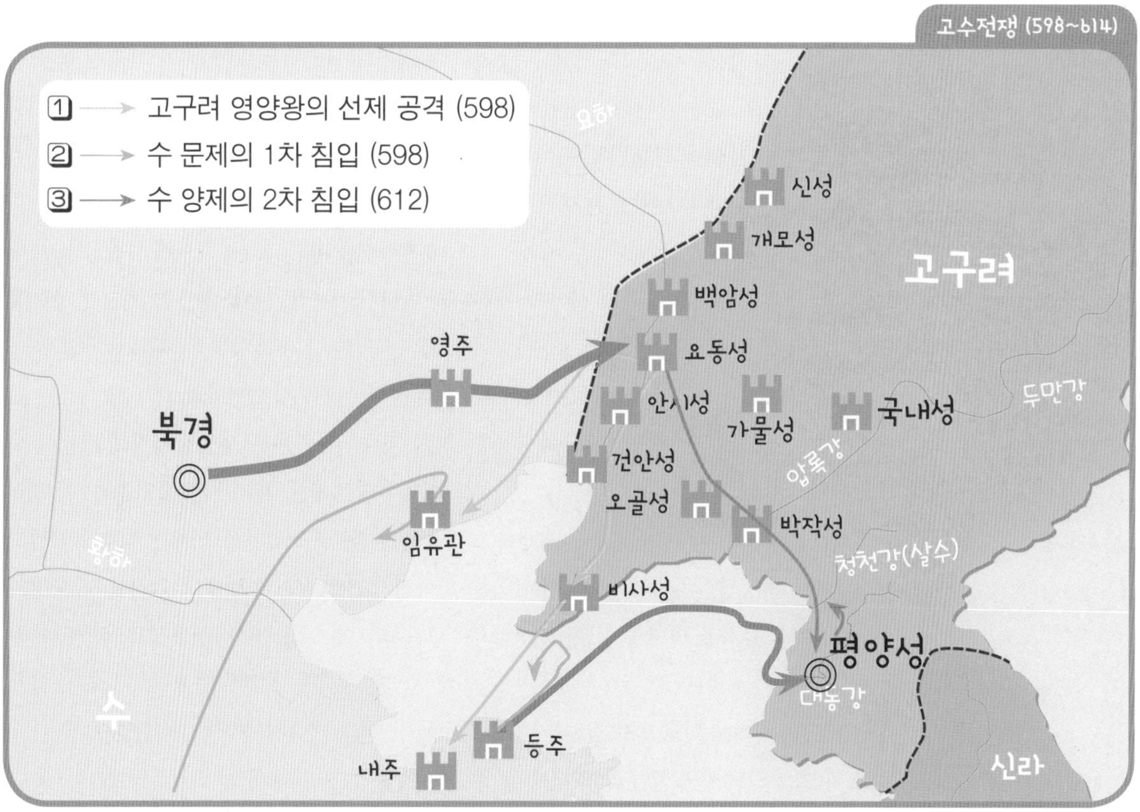

중요 인물 CHECK

을지문덕 乙支文德

출생, 사망 시기 미상. 살수 대첩을 이끌었던 일 말고는 기록에서 찾을 수 있는 사실이 없다. 『삼국사기』에 '가문의 계보는 알 수 없고, 자질이 침착하고 굳세며 지략과 문장력도 갖추었다.'라고만 적혀 있다.

사신 使臣

나라의 명을 받고 외국에 파견되던 신하

진영 陣營

군대가 진을 치고 주둔하고 있는 일정한 구역

을지문덕과 살수대첩

우중문 장군에 맞서는 고구려의 장수는 을지문덕 장군이었어요. 그는 수나라군의 정세를 살피기 위해 스스로 사신 이 되길 청하여 수나라 진영 안으로 들어갔습니다. 우중문은 을지문덕의 당당한 모습에 깜짝 놀랐어요.

"나는 고구려 사신으로 수나라 황제께 항복의 뜻을 전하러 왔소."

항복하겠다는 을지문덕의 말은 거짓이었어요. 그의 진짜 목적은 항복을 핑계로 적군의 진영을 상세히 살피는 것이었거든요.

"내 당신의 목을 쳐야 마땅하지만, 사신으로 온 것이니 목숨만은 살려주겠소. 어서 당신 왕에게 가서 항복을 받아들이겠다고 전하시오."

을지문덕은 가벼운 마음으로 적진을 빠져나왔어요. 내호아의 수군이 이미 격파되었음을 알고 있던 을지문덕은, 군량미가 부족한 수나라 군대가 결코 자신의 적수가 될 수 없다고 느꼈던 거죠.

을지문덕이 돌아간 뒤 우중문은 이상한 기분에 휩싸였습니다. 그래서 그에게 사람을 보내 다시 만나서 이야기할 것을 청했죠. 하지만 상황을 모두 파악한 그가 호랑이 굴 속으로 제발로 들어갈 이유는 더이상 없었어요.

화가 난 우중문은 우문술에게 군대를 주어 그를 뒤쫓게 했습니다. 반면, 을지문덕은 전면전을 펼칠 생각이 없었어요. 싸우는 척하다 도망가고, 도망가는 척하다 싸우고 그리고 또 도망가고. 그러기를 일곱 번이나 반복했죠. 정신없이 을지문덕의 군대를 쫓던 우문술과 수나라 군사들은 자신들의 계속된 승리에 취해있었습니다.

"일곱 번 싸워 일곱 번이나 도망가다니. 고구

려군은 겁쟁이에 불과하군!"

이때 우중문에게 을지문덕의 편지가 도착했습니다. 편지에는 한 편의 시가 쓰여 있었습니다.

> 그대의 책략은 하늘의 이치를 다 했고
> 오묘한 계획은 땅의 이치를 다 했노라.
> 전쟁에 이겨서 그 공 이미 높으니
> 만족함을 알고 그만두기를 바라노라.

시를 읽은 우중문은 자신이 을지문덕의 책략에 당했단 사실을 알아차렸습니다. 자신을 추켜세우는 것처럼 격식을 갖췄지만 비아냥거리는 투로 전쟁을 포기하라는 속뜻이 감춰져 있었기 때문이었습니다.

당군을 기만하는 을지문덕의 책략은 우문술에게도 예외가 아니었습니다. 일곱 번 도망간 것도 모자라 이번엔 아예 항복을 선언해 버렸기 때문입니다.

긴 싸움에 지친 우문술은 을지문덕의 항복 선언에 내심 기뻐하며 공격을 멈추고 군대를 돌렸지요. 모든 일이 을지문덕의 손바닥 안에서 돌아가고 있었던 것입니다.

을지문덕은 우문술 군이 회군하는 길에 군사를 배치해두고, 그의 군대가 살수에 이르자 일제히 에워싸고 공격하기 시작했어요. 항복한 줄 알았던 고구려군에게 속수무책으로 당한 수나라 군대는 30만 명 중에 살아 돌아간 이가 2천 7백 명밖에 안 될 정도로 고구려에게 뼈아픈 패배를 당하고 말았습니다. 이 전투가 바로 그 유명한 살수대첩이에요.

수나라는 전쟁에 쏟아부은 엄청난 인력과 물자로 인해 나라 살림이 위태로워졌고, 각지에서 반란이 일어나기 시작했어요. 결국 618년, 수 양제가 신하에 의해 살해됨으로써 수나라의 운명은 끝을 보게 되었죠.

기만 欺瞞
남을 속여 넘김

회군 回軍
군사를 돌려 돌아옴

살수 薩水
지금의 청천강 유역으로 추정되는 강. 평안남도와 평안북도의 경계선 역할을 한다.

역사 돋보기

살수대첩인데 왜 둑을 안 터뜨려!

위의 이야기에서 흐르는 강물에 둑을 쌓아 물을 가둬놓은 다음에 수나라 군대가 지나가는 순간 둑을 무너뜨려 물에 휩쓸려가게 하는 장면이 나와야 하는데 없다고요? 살수대첩이 물로 수나라 군대를 죽여서 '살수대첩' 아니냐고요? 에구궁, 잘못된 기록 때문에 잘못된 사실을 받아들이고 계시군요. 둑을 쌓았다는 기록은 『삼국사기』 등 오래된 역사서에는 전혀 없고, 1900년대 역사 학자 신채호가 쓴 『조선상고사』에 처음 등장하는 내용이에요. 당시 기술로는 그 엄청난 양의 물을 가두는 일은 불가능했을 텐데, 아마도 신채호는 살수대첩의 승리를 더욱 돋보이게 하기 위해 역사적 상상력을 더한 글을 쓴 것 같네요.

단재 신채호 (1880~1936)
일제강점기 독립운동가, 사학자

연개소문과 당 태종의 한 판 승부

숨 돌릴 시간도 잠시. 고구려는 세계 제국을 건설하고 있는 당과의 싸움에 직면해야 했습니다. 이 싸움은 비단 고구려와 당나라만의 문제가 아니라 동아시아 전체가 연결된 기나긴 전쟁의 시작이었습니다.

대막리지가 된 연개소문

새롭게 등장한 국가

당 唐

A.D.618~907. 수나라 멸망 이후 당 고조 이연이 세운 중국 왕조. 장안을 수도로 정치, 경제, 사회 모든 방면에서 커다란 발전을 이루었다. 당의 제도와 문화는 한반도와 일본에 전파되어 동아시아 문화권 형성에 중요한 영향을 미쳤으며 실크로드를 통해 서아시아 지역과도 활발히 교류했다.

대대로 大對盧

고구려에서 가장 높은 관등으로 국정을 총괄하는 역할을 함. 6세기 후반 왕권이 약해지면서 권력이 커졌다.

수의 113만 대군을 막아내긴 했지만 고구려가 입은 피해도 만만치 않았어요. 게다가 새로 생긴 당나라는 먼저 돌궐이 동-서로 분열된 틈을 타 630년에 동돌궐을 정벌했습니다. 세력을 과시하기 시작한 것이죠. 그래서 영양왕의 뒤를 이어 즉위한 영류왕은 천리장성을 쌓으며 당나라의 침입에 대비했어요. 그리고 한편으로는 당나라를 큰 나라로 대우해주며 전쟁을 피하고자 했죠. 동돌궐을 무너트린 그들이 고구려를 쳐들어 오는 일은 언제 시작되더라도 이상할 것 없는 상황이었습니다.

많은 신하들은 영류왕의 이런 정책에 동의하고 있었어요. 영류왕은 당 태종의 요청으로 수나라에 이긴 기념으로 쌓아 두었던 수나라 병사들의 해골탑을 무너뜨리기도 했죠.

그러나 당시 대대로의 지위에 있던 연개소문은 고구려가 어떤 나라에도 굴복하지 않아야 한다고 주장하고 있었죠. 그는 곧 전쟁을 일으킬 위험인물로 찍히게 되었어요. 선수를 치기로 한 연개소문은 잔치를 열어 대신들을 초청한 후 모두 죽여 버렸어요. 그리고 궁으로 가 영류왕까지 죽이고는 조카 보장왕을 꼭두각시 왕으로 앉혀 스스로 최고의 자리인 대막리지에 올랐어요. 쿠데타를 일으킨 것이죠.

이 사건은 평소 고구려를 칠 기회를 호시탐탐 노리고 있던 당 태종에게 좋은 명분을 만들어 주었습니다. 고구려왕을 죽인 연개소문을 벌하겠다는 이유를 들어 고구려 공격을 시작했으니까요.

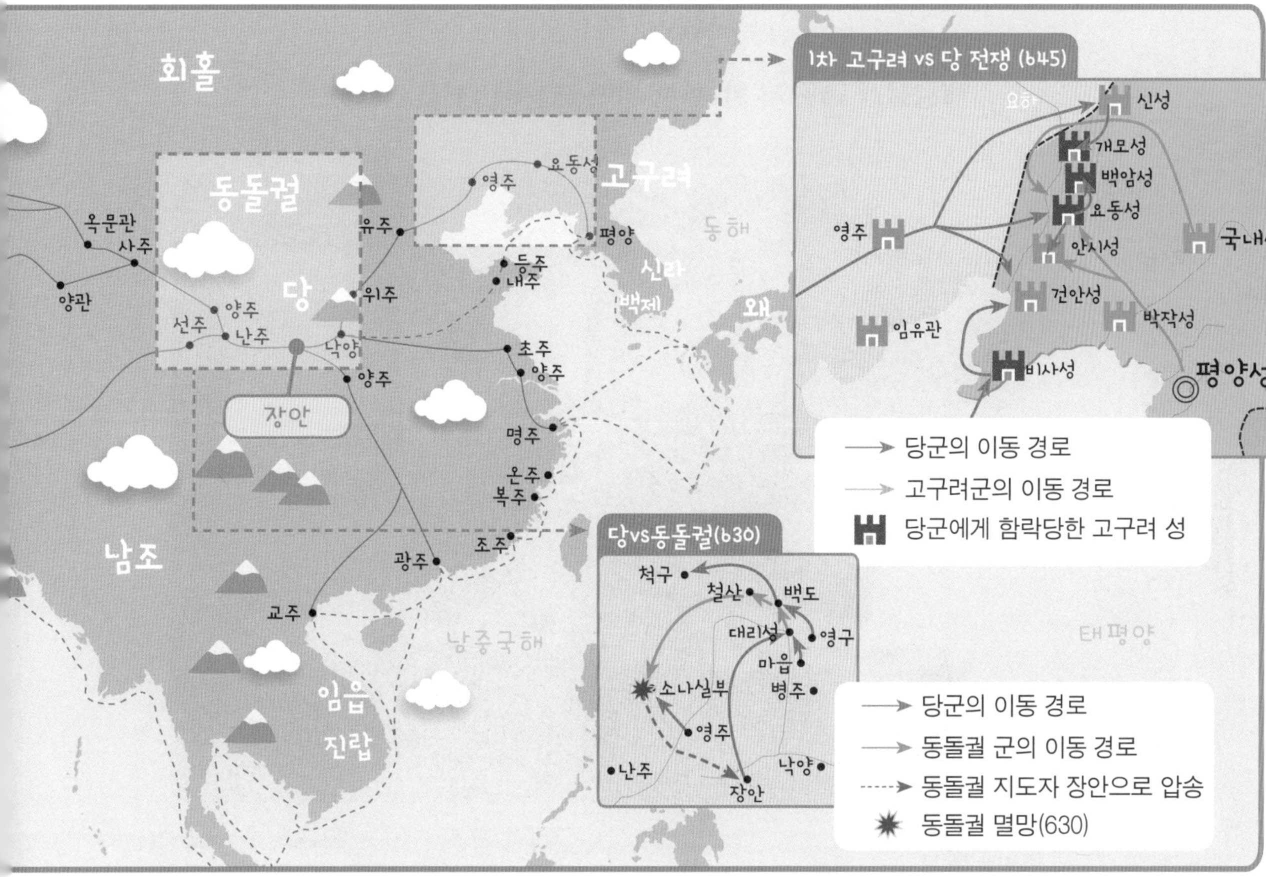

✻ 고구려와 당의 1차 전쟁

당의 군대는 달랐어요. 그들은 전쟁 초반부터 돌을 날리는 포차, 성을 부수는 충차 등 최신무기를 동원하여 난공불락의 요새였던 요동성을 함락시켰습니다. 요동성은 그들에게 안정적인 보급로를 확보하기 위한 중요한 지역이었죠.

이후 당군은 평양성으로 가는 길목에 있는 안시성으로 몰려가기 시작했어요. 연개소문은 말갈병을 포함한 고구려군 15만 명을 보냈지만 성이 포위당하고 말았어요.

당군은 버티기 작전에 들어간 안시성을 함락시키기 위해 야심 차게 준비한 새로운 전략을 선보였습니다. 바로 성벽보다 높은 흙산을 쌓아 성 안을 공격하는 전략이었어요. 병사들은 당나라에서부터 들고 온 주머니에 흙을 채워 산을 쌓기 시작했어요. 당군이 쌓은 흙산은 안시성을 아래로 내려다볼 수 있을 정도로 점점 높아졌고, 이를 지켜볼 수밖에 없었던 고구려군은 공포의 도가니에 빠지게 되었죠.

그런데 당나라군이 쌓아 올린 흙산의 한쪽이 예상치 못하게 무너지면서 안시성을 덮치는 사고가 발생했어요. 성을 지키던 고구려군은 순간적인 기지를 발휘했습니다.

"고지를 사수하라!"

고구려군은 흙산을 역으로 점령했고, 당군에 맞서 끈질기게 저항했어요. 다시 혹독한 겨울을 맞이한 당 태종은 패배를 인정하고 돌아갈 수밖에 없었습니다. 이 싸움이 그 유명한 안시성 전투예요. 이후로도 당 태종은 고구려 정벌을 포기하지 못하고 몇 년 동안이나 싸움을 걸어왔지만 번번이 실패하고 말았죠.

중요 인물 CHECK

연개소문 淵蓋蘇文

?~A.D.666. 고구려 말의 장수. 천리장성을 쌓는 일을 감독하며 세력을 키우다 쿠데타를 일으킴. 스스로 대막리지 자리에 오르고 고구려의 권력을 장악함. 일본 기록에는 '이리가수미', 중국 기록에는 '천개소문'으로 부르고 있다.

대막리지 大莫離支

연개소문에 의해 만들어진 관직. 대막리지 설치 후엔 고구려 최고 관직의 역할을 했다.

Plus Alpha+

백성들을 괴롭게 한 수 양제의 대운하 건설

중국 자싱(강남하) 시 운하의 모습

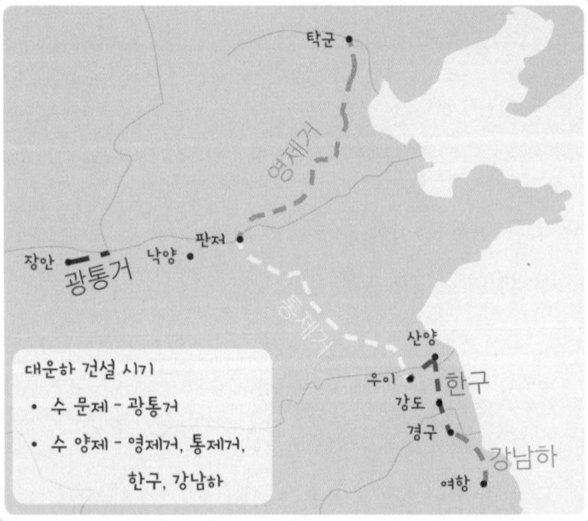

수 양제의 대운하 건설은 당시 전 세계적으로 유례없는 대규모 운하 건설이었고 그만큼 많은 백성들의 노동력이 들어가다 보니 큰 피해가 있었죠. 수 양제가 백성들에게 이러한 피해를 끼치면서까지 공사를 한 가장 큰 이유는 양자강 이남 곡창지대의 곡식을 식량이 부족한 북쪽으로 옮기기 위해서였습니다. 수나라 때 만들어진 대운하를 통해 자연스레 양자강 이남 지역과 이북의 교류는 활발해졌고 양자강 이남 지역은 경제·문화적 발전을 더욱 이룩할 수 있었습니다.

하지만 양제가 평화적인 교류만을 목적으로 대운하를 사용했다면 그에 대한 비판은 적었을 겁니다. 양제 때 대운하로 옮겨진 식량은 수 양제가 준비하고 있던 고구려와의 전쟁에도 쓰였답니다. 그리고 양제는 황제의 위엄을 나타내고 유람의 즐거움을 누리기 위해 매우 사치스러운 대운하 유람을 즐겼고 이 때문에 백성들은 또 한 번 큰 피해를 입습니다.

이와 같은 수 양제의 폭정으로 인해 백성들은 "토목공사나 전쟁에 동원되어 죽느니 불구로 산다 해도 노역이나 징집은 면하고 싶다"라고 하여 스스로 팔이나 다리를 자르는 일이 비일비재했습니다. 팔이나 다리가 잘린 사람은 노역이나 징집에서 면제되었기 때문이죠. 그래서 학자들 중에는 양제의 대운하 공사와 유람이 고구려의 원정과 함께 수나라가 멸망하는 데 주요한 원인을 제공했다고 보기도 합니다.

01. 고구려와 수,당의 충돌

나만의 생각 지도

고 vs 수

고 vs 당

02

백제의 부흥과 코너에 몰린 신라

A.D.7세기

신라에 찾아온 위기. 밖으로는 고구려와 백제의 압박이, 안으로는 반란이 끊이질 않았다. 신라의 사활을 건 승부수를 위해 김춘추는 목숨을 걸고 바다를 건너야만 했다.

미륵사지석탑

백제의 부활을 이끈
무왕

백제는 신라 진흥왕에게 한강을 빼앗긴 이후 커다란 위기에 봉착했습니다.
하지만 하늘이 무너져도 솟아날 구멍은 있는 법. 백제에게도 다시 기회가 찾아오는데요. 과연 어떤 기회였을까요?

백제의 부활과 신라의 위기

앞에서 고구려가 수, 당의 공격을 막아내는 장면 어떻게 보셨나요? 거대한 중국의 두 통일왕조가 연달아 총공격을 쏟아부었음에도 고구려의 방어는 그들이 쉽게 천리장성을 넘어오도록 허락하지 않았습니다.

그러나 고구려에게 걱정되는 것은 중국 왕조와의 전쟁만이 아니었습니다. 성장하고 있는 신라가 호시탐탐 고구려의 영토를 넘보고 있었거든요.

백제 또한 신라의 위협을 받고 있기는 마찬가지였습니다. 성왕이 진흥왕에게 배신당하여 목숨을 잃었을 때만 해도, 백제는 아주 위태로운 상황에 놓이게 되었잖아요. 진흥왕의 기세가 아주 무서웠으니까요. 하지만 진흥왕이 죽고 난 뒤에 왕위에 오른 진지왕이 실정을 거듭해 폐위되는 등 신라의 정치적 혼란이 찾아온 것이 백제에게 기회를 주었습니다.

고구려 또한 수나라와의 긴장 관계 때문에 백제를 넘볼 수 있는 상황이 아니었고요. 이런 상황을 틈타 성왕의 후계자들은 차근차근 전쟁의 피해를 복구시켜 나갔고, 신라를 견제하기 위한 고구려와의 동맹을 성사시켰습니다. 제30대 왕인 무왕 대에는 신라와 계속해서 전쟁을 수행할 만큼 국력이 회복되었습니다. 그 증거가 바로 미륵사인데요. 무왕과 이 절에 관한 재미있는 얘기가 담겨있어서 한 번 살펴보고 넘어가 보도록 하겠습니다. 마치 백제가 쉴 틈을 찾은 것처럼요.

중요 인물 CHECK

무왕 武王

?~A.D.641. 백제 30대 왕. 신라 선화공주와 결혼하고 왕이 되는 과정을 그린 설화로 유명하다. 적극적인 군사정책을 펼쳤으며, 왕흥사와 미륵사를 창건해 혼란한 민심을 다스리려 했다.

왕이 된 서동

백제의 30대 왕 무왕. 그의 어렸을 때 이름은 '서동'이었어요. 뿌리 채소인 마를 캐어 팔아서 생활할 정도로 어렵게 살던 서동은 엉뚱하게도 신라 진평왕의 딸 선화공주가 아름답다는 말을 듣고 경주로 갔어요.

"아, 어떻게 하면 선화공주를 내 아내로 삼을 수 있을까?"

이런저런 고민을 하던 중 서동은 멋진 꾀를 하나 생각해냈어요. 자신과 선화공주가 마치 사랑하는 사이인 것처럼 노래를 만들어 경주 전체에 퍼트리는 것이었죠. 서동은 어린 아이들에게 마를 나누어주며 이 노래를 부르게했어요.

선화 공주님은 남몰래 결혼하고
밤마다 서동 서방을 만나러 간대요~

모든 일이 서동의 계획대로 진행되자 신라 왕실에선 난리가 났답니다. 매우 화가 난 진평왕은 선화공주를 내쫓아 버렸습니다.

"너 같은 건 내 딸이 아니다. 나가라!"

이 소식을 들은 서동은 쫓겨난 선화공주를 찾아갔어요. 마치 노래의 예언이 실현되는 것처럼 말이죠.

서동을 만난 선화는 이 만남을 운명으로 받아들이기로 하고 그를 따라 백제에 갔습니다. 힘든 생활이었지만 둘은 행복했어요.

그러던 어느 날, 선화공주는 매일 힘들게 일하는 서동이 안쓰러워 신라에서 가져온 금을 그에게 보여주며 말했습니다.

"서방님. 이건 황금이라고 하는 건데, 매우 귀해서 백 년 동안 큰 부자로 살 수 있답니다."

"엥, 이게 말이요? 이런 거라면 내가 마를 캐던 곳에 산처럼 쌓여 있소이다."

이 말을 들은 선화 공주는 서동과 함께 얼른 마가 쌓여있다는 곳으로 찾아갔답니다. 실제로 그곳엔 금덩어리들이 널려 있었고 선화공주는

미륵사지석탑
높이 14.2m. 2001년, 붕괴를 막기 위해 해체 복원 전의 모습이다. 원래는 7층 혹은 9층 높이였을 것으로 추정한다. 탑을 만드는 재료로 돌을 썼지만, 1층 탑신의 기둥에 가운데 부분을 볼록하게 하는 배흘림 양식을 쓰는 등 목조 건축양식을 따르고 있는 점이 특이하다.

서동에게 이것을 얼른 옮기자고 청했죠.

"금덩어리들이 많이 있으니 이 중 일부는 신라로 보내요. 그래서 우리 둘의 결혼을 정식으로 인정받자고요."

서동 역시 선화의 말이 옳다고 생각하고, 한 스님께 신라로 금을 옮길 방법을 물었습니다. 스님은 자신의 신통력으로 금을 옮겨 주겠다고 하며 하룻밤 사이에 자신의 절 앞에 놓인 금을 진평왕이 사는 궁궐로 보냈습니다. 수많은 금덩이를 본 진평왕은 서동을 자기 딸을 남편으로 인정했고, 서동 역시 사람들로부터 존경을 얻어 왕위에까지 오르게 됐답니다.

그렇게 평화롭게 지내던 어느 날, 무왕이 된 서동과 왕비가 된 선화공주가 커다란 연못 근처에서 산책을 하고 있을 때였어요. 갑자기 미륵삼존彌勒三尊부처님이 나타나 왕과 왕비에게 인사를 하는 게 아니겠어요.

그 일이 있고 난 뒤 선화공주는 무왕에게 부탁해서 그 부처님을 기리기 위해 연못을 메우고 절을 세워 달라고 했어요. 이 절이 바로 현재까지 탑과 터가 남아있는 백제 최대의 사찰인 미륵사라고 전해진답니다.

그러나 『삼국유사』에 담긴 서동과 선화공주의 이 사랑 이야기는 최근에 미륵사 석탑을 복원하던 중 발굴된 사리봉영기 때문에 사실이 아니었음이 밝혀졌어요. 이 기록에 의하면 미륵사를 창건한 사람이 선화공주가 아니라, 무왕의 왕비이자 좌평 사택적덕의 딸이 미륵사를 창건했다는 내용이 쓰여있었거든요. 선화공주가 실재한 인물이었을 가능성이 아직 남아있지만 사리봉영기의 발견으로 미륵사에 관한 로맨틱한 환상이 깨진 건 사실이에요.

하지만 미륵사지의 발굴 결과, 실제로 미륵사지 일대가 연못을 메워 만들어졌다는 사실이 밝혀졌어요. 설화가 완전한 거짓말이라고 볼 수는 없는 거예요.

어찌되었건, 무왕 때 세운 미륵사는 엄청나게 큰 절이었을 뿐만 아니라 이곳에서 출토된 예술품은 당대 최고 수준의 완성도를 보여주고 있어요. 이들만 보더라도 백제의 국력 회복이 빠르게 진행되고 있었음을 엿볼 수 있는 것이죠.

창건 創建
건물이나 조직을 처음으로 세우거나 만듦

미륵사석탑금동제사리외호
높이 13cm. 미륵사석탑 복원 과정에서 발견된 사리함. 연꽃무늬와 인동초무늬를 섬세하게 새겨 넣었다. 이 사리함과 함께 금제사리봉영기도 함께 출토되었다.

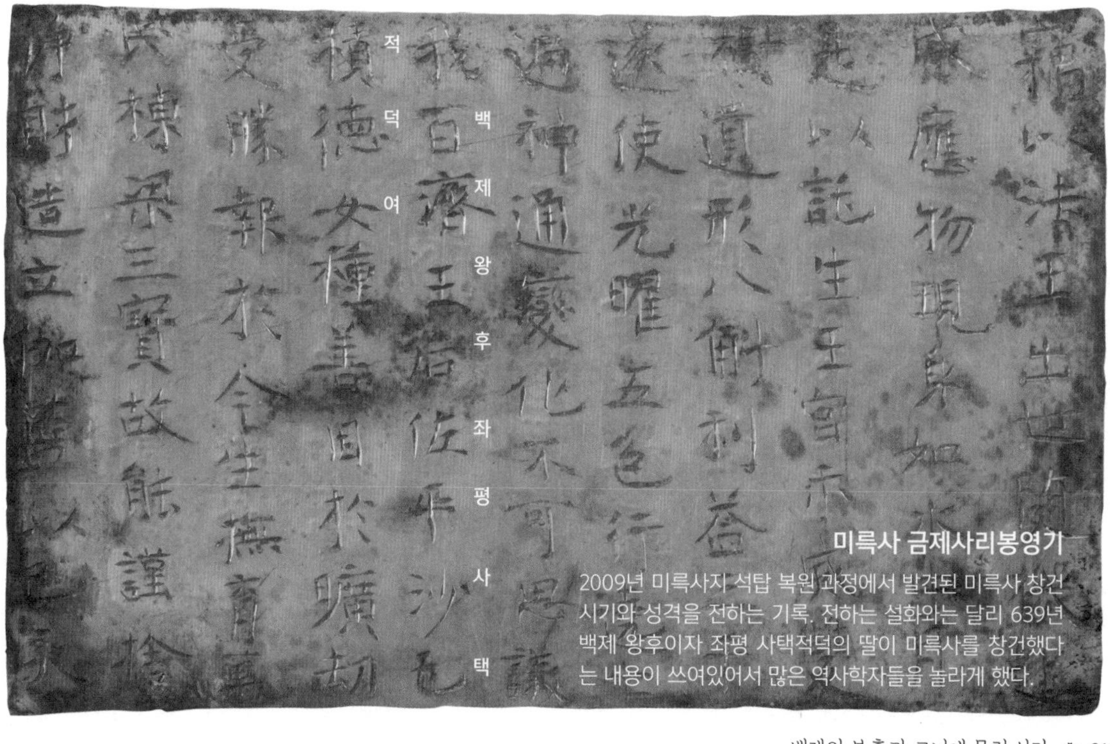

미륵사 금제사리봉영기
2009년 미륵사지 석탑 복원 과정에서 발견된 미륵사 창건 시기와 성격을 전하는 기록. 전하는 설화와는 달리 639년 백제 왕후이자 좌평 사택적덕의 딸이 미륵사를 창건했다는 내용이 쓰여있어서 많은 역사학자들을 놀라게 했다.

김춘추와 선덕여왕의 고군분투

백제는 여기서 멈추지 않았습니다. 무왕의 뒤를 이은 의자왕은 무왕 때 가다듬은 힘을 바탕으로 신라를 공격하기 시작했죠. 신라는 어떤 방법으로 돌파구를 찾으려 했을까요?

김춘추의 절망

중요 인물 CHECK

의자왕 義慈王

?~A.D.660, 백제 31대 왕. 즉위 초반에는 중국에서 부모에게 효도하고 형제간에 우애가 깊다는 의미의 '해동증자'라고 표현해 줄 정도로 정치를 잘했으나 시간이 갈수록 오만해지고 백성들을 괴롭혔다.

중요 인물 CHECK

김춘추 金春秋

A.D.604~661. 진지왕의 손자이며 어머니는 진평왕의 딸인 천명 부인으로서 신라 최고의 진골 가문이었다. 나당동맹 체결에 중요한 역할을 했다. 진덕여왕이 죽은 뒤 왕위를 계승할 사람이 없자, 왕위에 올라 삼국통일을 주도했다.

백제 문화 부흥을 이끈 무왕의 뒤를 이은 의자왕도 641년, 백성들의 신망을 받으며 정치를 시작했습니다. '해동증자'로 불릴 만큼 인기가 높았던 그는 나라를 어지럽히는 귀족들을 엄격하게 처벌하고 성왕 때 받았던 굴욕을 신라에 되갚아 주기 위해 백제와 가까운 신라성들을 공격하기 시작했어요. 의자왕은 직접 군사를 이끌고 신라의 40여 개 성을 순식간에 함락시켰습니다. 당시 신라를 통치하던 선덕여왕은 의자왕의 기세를 당해내지 못했어요.

의자왕의 다음 공격 목표는 낙동강 서쪽에 위치한 신라의 중요 거점인 대야성이었어요. 642년 8월에 의자왕은 윤충 장군을 보내 대야성을 공격하게 했어요. 승리는 백제의 몫이었죠. 윤충은 대야성 성주 김품석과 그의 부인인 고타소랑의 목을 베어 사비성으로 보내 승리를 알렸습니다.

이 소식을 들은 신라 귀족 김춘추는 절망에 빠졌습니다. 대야성이 함락되면 백제가 곧장 신라의 수도였던 경주를 넘볼 수 있었으며, 죽은 고타소랑과 김품석은 그의 딸과 사위였기 때문이죠. 그는 가슴이 찢어지는 슬픔을 느꼈어요.

"내 딸의 원한을 기필코 갚겠다! 사내로 태어나 백제를 멸망시키지 못하겠는가!"

한편 선덕여왕은 백제의 맹공에 맞서기 위해 신라 최고의 장군 김유신을 보냈습니다. 김춘추의 처남이기도 했던 김유신은 전력을 다해 백제군과 싸웠지만 김춘추의 뜻처럼 백제를 멸망시키기는커녕, 공격을 막아내기도 쉽지 않았어요. 전황을 지켜보던 선덕여왕은 김춘추를 고구려로 보내 지원군을 요청하기로 결정했어요.

"춘추공, 그대만 믿겠소! 지금 우리 힘만으로는 백제군을 감당하기 힘드니 고구려군의 지원 약속을 꼭 받아오게나."

사실 김춘추의 고구려행은 목숨을 건 모험이었어요. 신라는 진흥왕 때 고구려의 영토를 빼앗았던 데다가 고-수 전쟁 때는 수나라의 편을 들기까지 했으니까요.

그러나 고구려와 당의 관계가 악화되고 있었던 당시 상황에 고구려가 후방의 신라까지 적으로 돌리려 하지는 않을 것이라는 희망을 품고 김춘추는 고구려로 향했습니다.

김춘추의 지원군 요청에 연개소문은 코웃음을 쳤어요.

"신라와 함께 백제를 공격해달라? 너희들이 과거에 빼앗아 간 우리 땅을 돌려주지 않는 이상 그럴 일은 없을 것이다."

죽령 이북 지역을 협공의 조건으로 건 것은 신라에 무리한 요구였습니다. 김춘추는 이 요구를 거절했죠.

"그래? 여봐라! 이자를 감옥에 집어넣어라! 뻔뻔한 자로구나!"

연개소문은 김춘추를 감옥에 가둬버렸습니다. 그러나 김춘추는 위기에 처했을 때 쓰기 위해 가져온 비단으로 보장왕이 신임하던 신하 '선도해'에게 뇌물을 주며 자신을 꺼내 줄 것을 요구했습니다.

"음... 내가 고구려의 신하로서 당신을 직접 꺼내주기는 어렵소. 대신 내가 이야기를 하나 해드리리다. 옛날 동해 용왕의 딸이 심장병을 앓고 있었는데, 의원의 말로는 토끼의 간이 명약이라지 뭐요. 그래서 거북이가 토끼를 꾀어 용궁으로 데려왔소. 용왕이 토끼의 배를 갈라 간을 꺼내려 하자 토끼는 '자신은 간을 뺐다 넣었다 할 수 있는데 마침 간을 육지에 꺼내두고 왔다고 속여 탈출하였다'는 이야기요."

선도해의 말뜻을 알아차린 김춘추는, 자신이 신라로 돌아가면 왕에게 청해 원래 고구려의 땅이었던 지역을 돌려주겠다고 글을 보냈습니다. 보장왕은 글을 읽고, 김춘추를 후하게 대접하여 신라로 돌려보냈습니다.

이 사실을 뒤늦게 안 연개소문은 군사를 보내 추격했지만 신라와 고구려의 국경 지대에는 이미 김춘추의 든든한 지원군인 김유신이 병사를 이끌고 기다리고 있었어요.

중요 인물 CHECK

선덕여왕 善德女王

? ~A.D.647. 신라 27대 왕이자 한국사 최초의 여왕. 본명은 김덕만. 여성으로서 국내 정치와 외교에 어려움이 많았으나 김춘추와 김유신을 활용해 위기를 극복하려 했다. 평생 두 사람과 결혼했다고 알려져 있기는 하지만 자식은 없었다.

중요 인물 CHECK

김유신 金庾信

A.D.595~673. 증조 할아버지는 법흥왕 때 신라에 투항한 금관가야의 왕 구해왕이다. 15세에 화랑으로 활동하였으며 30세 이후 전쟁에 참여하면서 뛰어난 전공을 올리기 시작했다. 김춘추와 매우 가까운 관계를 유지하였으며 이후 신라가 삼국통일을 하는 데 커다란 역할을 했다.

역사 돋보기

어! 춘추 얼굴에 김 붙었다. 잘생김

고구려와의 동맹 맺기에 실패한 김춘추는 대신 왜와 동맹을 맺기 위해 바다를 건넜어요. 그가 당시에 외교 활동을 벌인 이야기가 일본의 역사서 '일본서기'에 잘 나와 있는데요. 흥미롭게도 왜인들은 김춘추가 너무나 잘 생겼다는 기록을 남겨놨어요. 또한, 외교가답게 말도 무척 잘한다는 이야기도 덧붙여놨지요. 당나라의 기록에도 김춘추가 시원시원하게 잘 생겼다는 이야기가 나오는 걸 보면 진짜 멋있는 사람이었던 것 같아요. 하지만 왜는 백제와 친밀한 관계를 유지하고 있었기에 그의 제안은 거절당할 수밖에 없었답니다.

일본서기(아즈치모모야마 시대 판. 16세기 후반)

여자라는 이유로

착잡하다
갈피를 잡기 어렵게 뒤섞여 어수선하다

상대등 上大等
신라 귀족회의인 화백회의의 최고 권력자

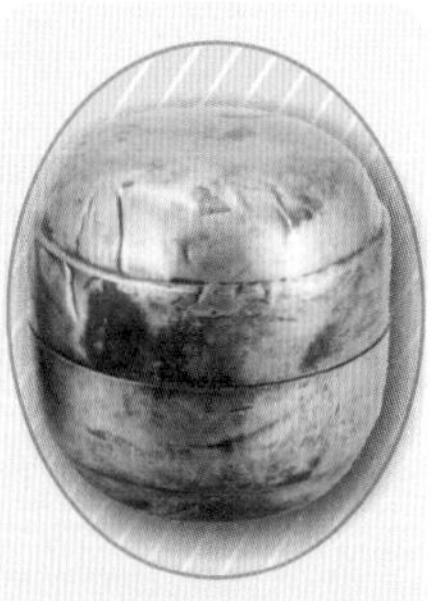

황룡사 9층목탑 사리함
10.5x10.5cm. 황룡사의 목탑이 있던 자리에서 출토된 사리함. 사리는 부처나 스님들이 죽어서 남기는 몸 속의 작은 돌인데 일반적으로 그들의 공덕을 기리기 위한 탑을 세울 때 함께 넣어 둔다.

김춘추가 동맹국을 찾기 위해 고군분투하던 때 선덕여왕은 정치적인 어려움을 겪고 있었어요.

그녀는 한반도 역사상 최초로 여자로서 왕위에 오른 사람이었어요. 왕위를 이을 수 있는 성골 남자가 모두 사라진 특수한 상황에서 일단 왕위에 오르긴 했지만, 귀족들은 여자인 선덕여왕에게 협조적이지 않았어요. 그래서 선덕여왕은 왕권을 강화하기 위해 다양한 노력을 해야 했어요. 먼저 그녀는 자장 스님의 의견을 듣고 황룡사 9층 목탑을 세웠습니다. 또 선덕여왕은 첨성대를 세워 하늘을 관측하거나 제사를 지내며 자신이 하늘의 뜻을 이어받은 왕이란 사실을 강조하기도 했답니다.

하지만 백제 의자왕의 공격에 번번이 패배하다 보니 선덕여왕의 왕권 강화 작업은 어려움에 부딪혔어요. 신하들은 여자가 무슨 전쟁을 이끌겠냐며 수군댔고, 당나라 황제도 선덕여왕이 여자라고 얕잡아 봤죠. 그녀는 당에 도움을 요청하는 글을 써서 보냈지만, 당 황제 태종은 오히려 선덕여왕을 무시하는 답장을 보내왔습니다.

"내가 익히 너희의 좋지 못한 상황에 대해서 듣고 있다. 너희가 고구려와 백제의 무도한 세력들에게 괴롭힘을 당하는 것은 그대 나라의 왕이 여자인 이유가 크다. 이를 해결하기 위해 내가 내 남동생을 보낼 테니 그에게 왕위를 양보하는 것이 어떠한가?"

선덕여왕의 마음은 착잡했습니다. 설상가상으로 상대등 비담을 중심으로 그녀의 왕위를 빼앗으려는 움직임까지 포착되었죠.

역사 돋보기

신라에도 피사의 사탑이?

황룡사 9층목탑 터에서 발견된 '금동찰주본기'에는 황룡사에 관한 자세한 기록이 남아 있었습니다. 특히, 탑을 세운 지 190여 년이 지난 통일 신라 문성왕 때에 '탑을 세운 지가 오래되어 동북쪽 방향으로 기울어졌다'는 기록과 함께 '탑을 고치고자 목재를 모은 지 30여 년이 지났으나 아직 고쳐 세우지 못했다'는 표현이 나와요. 애초에 이 탑을 짓기 위해 얼마나 많은 나무가 필요했는지 짐작하게 하는 기록이죠. 지금도 국산 목재를 이용해 목탑을 복원하는 일은 불가능하다고 하네요.

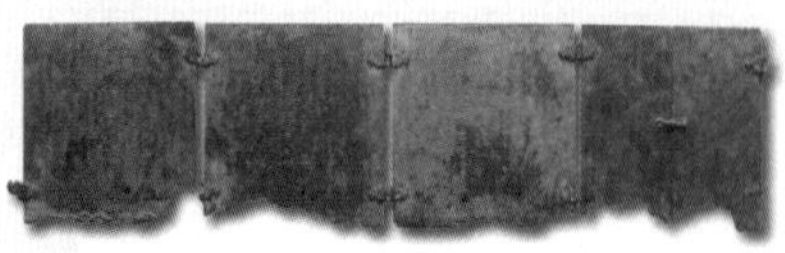

경주 황룡사 9층목탑 금동찰주본기

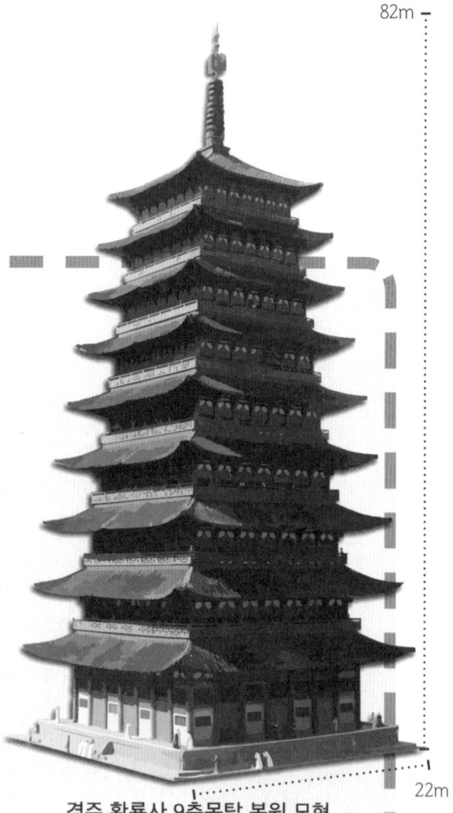

경주 황룡사 9층목탑 복원 모형

첨성대

선덕여왕 때 만든 이 건물은 본래 하늘을 관측하는 천문대로 쓰였다는 설이 지배적이었으나 현재는 하늘에 제사를 지내는 제단 성격이 강했다는 의견이 많다.

✽ 비담의 난

그는 성골의 왕위 독점으로 여자까지 왕위에 오르게 된 것이 아주 불만이었어요. 게다가 선덕여왕이 병에 걸린 상황에서 후계자로 승만공주(후의 진덕여왕)가 거론되자 더는 참지 못하고 난을 일으켰죠.

"여자는 나라를 잘 다스릴 수 없다!"

비담의 의견에 동조하는 수많은 귀족들이 합세하여 사병을 이끌고 신라군과 전투를 벌이기 시작했고, 10일 동안 싸움이 반복되었으나 쉽게 승부가 나질 않았어요. 그러던 어느 날, 커다란 별 하나가 신라 왕궁 쪽으로 떨어졌어요. 이를 본 비담은 군사들에게 외쳤어요.

"오늘 밤 큰 별이 떨어졌으니 이는 틀림없이 여자 군주가 망할 징조이다!"

하늘이 자신들의 편이라고 생각한 비담의 군사들은 더욱 거세게 성을 공격했어요.

당시 반란군 진압을 지휘하던 김유신은 선덕여왕을 안심시키며 이렇게 말했어요.

"길흉은 정해진 것이 아니라 사람이 하기에 따른 것입니다. 두고 보십시오."

그는 밤중에 허수아비에 불을 붙여 몰래 연에 실어 하늘로 날려 보내고는 다음 날 아침 병사들에게 얘기했어요.

"떨어진 별이 다시 하늘로 올라갔다. 이는 여왕께서 다시 일어난다는 징조이니 승리는 정해진 것이나 다름없다!"

김유신의 말에 한껏 사기가 올라간 신라군은 머지않아 비담의 반란군을 완전히 진압할 수 있었어요. 그러나 궁궐로 떨어졌던 별똥별은 거짓을 말하지 않았던 모양이에요. 선덕여왕은 비담의 난 진압을 보지 못하고, 병세가 악화되어 죽음을 맞이하고 말았거든요.

길흉 吉凶
운이 좋고 나쁨

징조 徵兆
어떤 일이 생길 기미

통일로 가는 길

나당동맹의 결성

고구려와 백제를 모두 적으로 돌리게 된 신라는 자신들의 힘만으로는 그 둘을 감당할 수가 없었어요. 이제 신라가 도움을 청할 곳은 한 곳밖에 남지 않았습니다. 바로 선덕여왕을 노골적으로 무시했던 당나라였죠. 다시 동맹국을 찾아 길을 나서게 된 김춘추. 그는 어떤 방법으로 당 태종의 마음을 돌리려는 것일까요?

✱ 신라, 당의 군사력을 등에 업다

> **중요 인물 CHECK**
>
> **진덕여왕** 眞德女王
>
> ?~A.D.654. 신라 28대 왕. 선덕여왕의 유언으로 즉위하였다. 즉위하던 해에 김유신과 함께 비담의 난을 진압하였다. 김춘추를 당으로 보내 동맹을 체결했으며, 당의 정치체제를 모방하여 친선 관계를 돈독히 하고자 했다.

647년 선덕여왕이 죽은 뒤 그녀의 사촌 동생 승만공주, 즉, 진덕여왕이 왕위에 올랐습니다. 당시 신라의 권력은 비담의 난을 진압한 김유신과 그의 벗 김춘추에게 집중되어 있었죠. 그들은 진덕여왕을 잘 보필하는 한편, 선덕여왕 때에 마치지 못한 일들을 계속해나갔습니다. 김유신은 대야성을 되찾기 위해 전투를 벌였고, 김춘추는 또 다른 동맹국을 찾기 위해 길을 나섰던 거죠. 고구려, 왜에 이어서 김춘추가 향한 곳은 바로 당나라였답니다.

김춘추가 당으로 향했을 당시, 당나라는 고구려 침공에 실패하고 복수의 칼날을 갈고 있었어요. 그런 상황에서 갑자기 찾아와 백제를 협공하자는 김춘추의 제안은, 당 태종으로서는 다소 뜬금없는 제안이었어요.

"황제 폐하. 저희는 저 멀리 모퉁이에 치우쳐 있음에도 불구하고 폐하의 조정을 섬긴지 오래되었습니다. 그런데 최근 백제가 저희의 땅을 침범하여 폐하께 조공을 드릴 길을 막으려 하고 있습니다. 저희에게 대국의 병사를 빌려주시어 흉악한 백제를 없앨 수 있도록 해주시지 않겠습니까?"

"너희의 어려움은 알겠으나 백제 역시 우리에게 매년 조공을 잘 바치고 있어서 딱히 그들을 벌할 이유가 없다."

이에 김춘추는 숨겨두었던 카드를 꺼내 들었습니다.

"폐하, 왜 대국인 당나라가 고구려 정벌에 실패했다고 생각하십니까? 수나라의 113만 대군이 패했던 것과 마찬가지로 보급이 원활하

게 이루어지지 않았기 때문 아니겠습니까?"

"그것은 우리도 익히 알고 있는 사실이다! 감히 짐 앞에서 그 이야기를 꺼내는 이유가 무엇이냐!"

"폐하! 만약 백제가 멸망한다면 차후 폐하께서 고구려를 치실 때, 저희가 백제 땅을 이용해 안전하게 물자를 보급해드릴 수 있습니다! 그럼 평양성을 무너뜨리는 것도 어려운 일이 아닐 것입니다!"

김춘추의 제안에 당 태종은 귀가 솔깃해졌습니다. 여기에 김춘추는 쐐기를 박습니다.

"만약 폐하께서 백제를 무너뜨리는 일을 도와주신다면 저희 신라군이 고구려와의 전쟁에서 물자 보급을 할 뿐 아니라, 전쟁 후 대동강 북쪽 고구려 땅을 드리겠습니다. 저희는 그 남쪽의 백제 땅만을 갖겠습니다."

고구려의 콧대를 꺾어놓고 싶었던 당 태종은 김춘추의 설득에 완전히 넘어갔어요. 그러면서도 겉으로는 김춘추의 부탁을 마지못해 수락하는 척하고, 백제와 고구려를 함께 공격하기로 약속했죠. 한반도 전체를 전쟁의 소용돌이로 몰아넣을 나당동맹이 체결된 것입니다.

중요 인물 CHECK

당 태종 唐太宗

A.D.598~649. 본명 이세민. 당 고조의 둘째 아들. 조용조 체제로 세금 체계를 개편하고, 과거제도를 실시하는 등의 업적으로 중국 역사에서는 그가 통치하던 시기를 '정관의 치' 라고 부르며 높이 평가한다.

✷ 왕이 된 김춘추

견제 牽制
경쟁 대상이나 감시 대상이 지나치게 세력을 가지거나 자유롭게 행동하지 못하도록 억누름

숙원 宿怨
오래전부터 마음속에 품고 있던 원한

나당동맹을 맺은 지 6년 후인 654년, 갑자기 진덕여왕이 세상을 떠났습니다. 그녀도 선덕여왕과 마찬가지로 자식이 없었기에 다음 왕은 누가 될지에 모든 귀족들의 관심이 집중되었죠. 당시 귀족들의 대표였던 상대등 알천은 김춘추를 왕으로 추대했어요. 김춘추는 당나라와 군사적 동맹을 맺는 성과까지 이룬 대세 중의 대세였기에 그가 왕위에 오르는 걸 견제할 사람은 없었습니다. 김춘추는 이에 세 번 사양하다가 못 이기는 척 신라 왕위에 올랐습니다. 이제 신라의 29대 왕이 된 그를 태종무열왕이라고 불러야겠네요.

그는 평생의 숙원인 백제 정벌에 박차를 가하고 싶었어요. 하지만 정작 지원을 약속했던 당나라는 전쟁을 망설이고 있었어요. 649년에 당 태종이 죽으면서 고구려 정벌을 중단하라는 유언을 남겼기 때문에, 태종의 뒤를 이은 고종은 쉽사리 군사를 일으킬 결정을 할 수 없었던 거죠.

그러는 사이에 고구려와 백제가 더욱 거세게 신라를 공격해왔어요. 무열왕이 즉위한 바로 다음 해인 655년에 고구려, 백제군은 힘을 합쳐 신라 북쪽 30여 개 성을 함락시키기까지 했죠. 마음이 급해진 무열왕은 사신을 보내 나당동맹을 잊지 말고 함께 백제와 고구려를 무너뜨리자는 말을 전했어요. 그러나 당의 답변을 듣기까지진 시간이 필요했습니다.

역사 돋보기

천 년의 역사를 보는 눈

삼국시대를 기록한 김부식과 일연은 공통적으로 태종무열왕의 등장을 신라 역사에서 아주 중요한 사건으로 평가했어요. 하지만 같은 이유는 아니었죠. 일연은 신라의 삼국통일도 중요하지만 앞서 법흥왕 때 불교가 공인된 사건도 그에 못지않게 평가했어요. 하지만 김부식은 유학자였기에 왕의 혈통을 중요하게 생각하다 보니 성골이 왕이 된 시기를 상대, 김춘추계 진골이 왕이 된 시기를 중대, 그것이 끝난 시기를 하대로 구분했답니다.

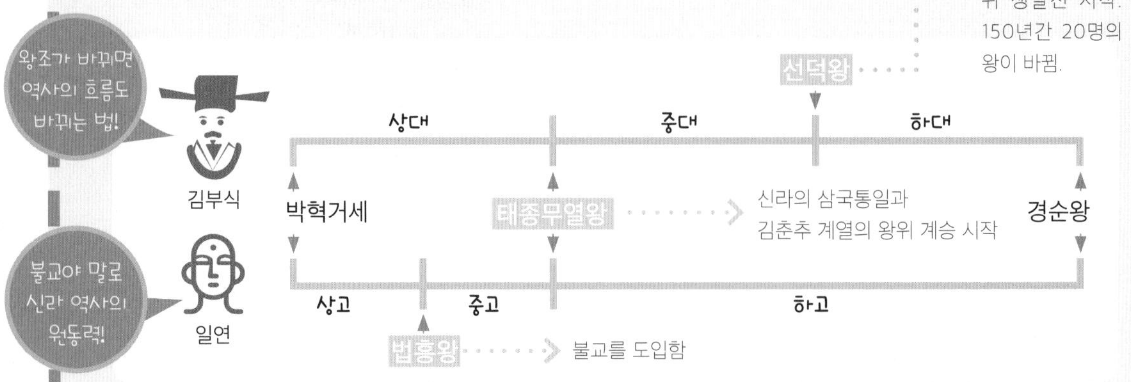

나만의 생각 지도

무왕

김춘추
선덕여왕

03

백제와 고구려의 멸망

A.D.7세기

외부의 압력과 내부의 붕괴. 국가의 멸망에 가장 큰 원인으로 작용하는 것이 이 둘이다. 전자의 이유라면 역사의 무자비함을 느끼지만, 후자라면 고개를 끄덕이게 된다. 물론 역사에는 둘 다인 경우가 대부분이다.

낙화암에서 바라본 백마강

나당연합군의 공격과 백제의 멸망

즉위 초만 해도 해동증자로 칭송받으며 신라와의 전투를 연승으로 이끌었던 의자왕. 그러나 너무 빨리 축배를 들어버린 것은 아닐까요? 그는 날이 갈수록 백성과 나라를 생각하지 않는 형편없는 왕이 되어갔어요.

성충의 마지막 당부

의자왕은 신라와의 전쟁에서 승리가 거듭되자 점점 정치에 대한 관심을 멀리하고, 매일 잔치를 열어 술과 여자에 빠져갔습니다. 하루는 충성스런 신하 성충이 의자왕에게 간곡히 말했어요.

"왕이시여, 이러시면 아니 되옵니다. 어서 정신을 차리시고 국정을 돌보소서."

의자왕은 바른말을 하는 성충이 마음에 들지 않았어요.

"신라는 우리 백제의 위엄에 두려움에 떨고 있으며 고구려는 당과의 전쟁 때문에 감히 넘보지 못하고 있소. 이런 태평성대가 어디에 또 있단 말이오? 그대는 그저 내가 마음에 들지 않는가 보오?"

의자왕은 성충을 옥에 가둬버렸어요. 나이 많은 성충은 죽음이 눈앞에 다가왔음을 직감하고 옥중에서 왕에게 글을 올렸어요.

"왕이시여, 평화로운 이 시기에 전쟁에 대비하지 않는다면 정작 전쟁이 일어났을 때 막아낼 방도가 없사옵니다. 만약 전쟁이 난다면 신라군은 탄현을 지나올 것이고, 당나라군은 배를 타고 백강 하구의 기벌포를 거슬러 올 것이니 그곳의 방어를 탄탄히 하소서."

의자왕은 성충의 간언을 들은 체도 하지 않았고, 성충은 결국 옥중에서 목숨을 잃고 말았어요. 의자왕은 혀를 차며 말했어요.

"아무리 신라와 당이 동맹을 맺었다지만 우리 역시 당에 매년 조공을 바치고 있지 않은가! 성충의 걱정은 그저 기우에 불과한 것을 쯧쯧."

국정 國政
나라를 다스리는 일

탄현 炭峴
백제의 사비성에 가까이 있던 고개. 백제와 신라를 잇는 지름길이었다.

백강 白江
현재 금강 부근

간언 諫言
웃어른이나 임금에게 잘못된 일을 고치도록 하는 말

기우 杞憂
앞일에 대해 쓸데없는 걱정을 함

부여 정림사지5층석탑

백제는 보름달 신라는 초승달

상좌평 上佐平
백제의 관직 중 가장 높은 자리

기이하다 奇異
보통과는 다르게 유별나고 이상하다

성화 成火
매우 귀찮게 졸라 댐

인물상
높이 3.5, 6.5cm. 부여 정림사지에서 발견된 유물. 머리에 용상을 쓰고 있어서 귀족 관리의 모습으로 추측된다.

성충이 죽은 지 몇 년이 지났지만 의자왕은 여전히 향락에 젖어 정치에 관심을 두지 않았어요. 그러자 하늘이 의자왕의 실정을 꾸짖듯 백제에는 이상한 일들이 벌어지기 시작했죠. 궁궐로 들어온 여러 마리의 여우 중 흰 여우 한 마리가 떡하니 상좌평의 자리에 올라앉는 일도 있었고요. 백강의 물이 갑자기 핏빛으로 변해버린 일도 있었죠. 가장 기이한 일은 궁궐에 귀신이 들어와 난동을 피운 일이었어요.

귀신은 궁궐을 돌아다니며 소리를 지르다가 땅속으로 사라졌습니다. 이 일을 이상하게 여긴 의자왕은 사람을 시켜 땅을 파게 했어요.

얼마 후, 그곳에선 신기하게도 거북이 한 마리가 발견되었는데, 그 등에는 이런 글이 적혀 있었습니다.

"백제는 보름달 같고, 신라는 초승달 같다."
百濟同月輪 新羅如新月

의자왕은 고개를 갸우뚱하며 곁에 있던 무당에게 이 글이 무슨 의미인지 물었어요. 답하기를 주저하던 무당은 의자왕의 성화에 못 이겨 기어가는 목소리로 말을 꺼냈어요.

"보름달은 가득 차 있어 곧 기울기 마련이며, 초승달은 미약하긴 하지만 점점 차오르게 되어 있습니다. 감히 생각건대 백제는 곧 기울고, 신라는 곧 강해진다는 뜻이 아닐까 합니다."

무당의 말에 크게 노한 의자왕은 그를 죽여 버렸어요. 믿기 힘든 이야기죠? 이러한 이야기들은 당시 백제의 내부적 상황이 매우 좋지 않았음을 보여주고 있어요.

황산벌로 떠난 계백

의자왕이 향락에 젖어있는 동안 무열왕은 지속적으로 당나라의 출병을 요청했어요. 그리고 마침내 당 고종은 소정방이 이끄는 13만 대군을 보내 신라와 함께 백제 공격에 나섰습니다. 그들의 목표는 백제의 수도 사비성이었어요.

의자왕은 즉위 초만 하더라도 당과 관계가 좋아 사신도 자주보내고, '해동증자'라는 별칭도 얻어 당나라 와의 외교 관계를 걱정하고 있지 않았습니다 그러나 정치를 소홀히 하고 기존의 권신들을 내쫓으면서 당의 신뢰를 잃게 된 것입니다. 더욱이 당 고종은 즉위 이후 팽창정책을 펼친 인물이었기에 당의 침공 소식을 들은 의자왕의 간담은 서늘해졌어요.

대신들을 모아 어찌 대응해야 할지 논의했으나 뾰족한 수가 나오질 않았어요. 그때 의자왕의 머릿속에는 본래 '좌평'이었으나 죄를 지어 귀양살이를 하고 있던 흥수라는 인물이 떠올랐죠. 의자왕은 당장 그에게 사람을 보내 신라, 당의 침공에 어찌 대응해야 할지 의견을 물었어요. 흥수는 이렇게 대답했어요.

"당나라 병사는 숫자가 많은 데다가 신라와 더불어 우리를 앞뒤에서 칠 것입니다. 그렇기 때문에 평야에서 상대해서는 절대로 이길 수가 없을 것입니다. 탄현과 백강은 능히 한 명이 일만 명을 막아낼 수 있는 요지 중의 요지입니다. 즉시 군사를 보내 신라군이 탄현을, 당나라군이 백강을 통과하지 못하게 한다면 반드시 승리할 수 있습니다!"

그러나 대신들의 의견은 달랐어요.

"흥수는 오랫동안 귀양살이를 해서 왕을 원망하고 있을 것입니다! 그의 말을 듣지 마시고 신라군과 당군이 탄현과 백강에 진입한 직후를 노려 군사를 보낸다면 이길 수 있을 것입니다!"

의자왕은 결국 대신들의 의견에 따라 나당연합군에 대항하기로 했어요. 그러나 백제군의 대응이 늦어지는 사이 나당연합군은 이미 탄현과 백강을 통과해버린 후였어요.

의자왕은 급한 대로 계백* 장군에게 군사 5천 명을 주어 황산벌에서 신라군을 막게 했어요. 그 숫자는 신라군의 숫자와 비교해 10분의 1밖에 되지 않는 숫자였지만 계백은 왕의 명령을 겸허히 받아들였습니다. 그는 출정 전에 아내와 자식을 불러 말했습니다.

"포로가 되면 적의 노비가 될 테지. 살아서 욕을 보느니 차라리 죽는 게 낫다."

"서방님. 그게 무슨 말씀이십니까? 죽는 게 낫다니요?"

가족들은 계백의 말뜻을 이해하지 못해 어리둥절했지만, 이내 그 말의 의미를 알아차렸습니다. 5천의 군사로는 승리를 장담할 수 없었던 계백은 가족들이 적에게 치욕을 당하기 전에 스스로 그들의 목숨을 거두기로 결심했던 거죠.

"부디 저승에서 다시 만납시다."

계백은 칼을 들어 사랑하는 아내와 자식을 베었습니다. 더 이상 잃을 것이 없는 계백. 그는 목숨을 바칠 각오로 황산벌* 로 떠났습니다.

중요 인물 CHECK

계백 階伯

? ~A.D.660. 백제 말의 장수. 최종 관등은 달솔. 나당연합군과의 전투에서 군사 5천 명을 이끌고 신라 김유신 군대와 황산벌에서 전투를 벌였다. 전투에 앞서 가족을 죽인 행위는 후대에 평가가 엇갈린다.

황산벌 黃山벌

신라에서 사비로 들어가는 길목에 있는 들판. 김유신과 계백의 싸움으로 유명하다.

◀ 충남 논산 계백릉의 계백 동상

✵ 의자왕의 뒤늦은 후회

덕물도 德勿島
현재 덕적도. 660년 당군이 백제를 공격하기 위해 바다를 건넜을 때 처음으로 도달한 곳.

군세 軍勢
군대의 규모나 형태를 이르는 말

귀감 龜鑑
거울삼아 본받을 만한 것

한편 당의 출병 소식을 들은 무열왕은 태자 김법민을 보내 덕물도에 상륙한 당나라 장수 소정방을 만나도록 했어요. 소정방을 만나 전략을 논의하고 온 법민의 보고를 들은 무열왕은 김유신을 불러 이야기했어요.

"유신, 당나라 소정방이 이끌고 온 군세가 아주 대단하다고 하네. 자네가 5만의 군사를 이끌고 사비성으로 가서 소정방과 합류하도록 하게!"

"예. 저도 들었사옵니다. 드디어 백제를 무너뜨릴 날이 온 것 같습니다!"

"그런데, 소정방이가 백제 원정에 필요한 군량미를 우리더러 대라고 요구했네. 그것도 15일 안에 사비성으로 가져다 달라고 말이야."

김유신은 어처구니가 없었습니다. 경주에서 백제 사비성까지는 밤낮없이 행군만 하더라도 보름이 걸리는 거리였거든요.

"왕이시여, 감히 말씀드리건대 보름 안에 사비성에 당도하는 건 무리입니다."

"미안하네, 유신. 자네가 애를 써주게."

무열왕과 김유신은 당나라의 일방적인 요구에 굴욕감을 느꼈지만 백제와 고구려를 무너뜨리기 위해선 당의 힘이 절실히 필요했어요. 만약 소정방이 군대를 물려버린다면 신라는 백제와 고구려의 협공을 받아 엄청난 위기에 처할 것이 뻔했죠. 김유신은 울며 겨자 먹기로 사비성을 향해 군사를 재촉했습니다.

김유신이 이끄는 5만 명의 군사는 사비성으로 가는 관문인 황산벌에 멈춰 섰어요. 그곳에는 죽음을 각오한 계백과 5천 명의 결사대가 진을 치고 있었죠. 좋은 지형을 차지한 채 죽을 각오로 싸우는 계백의 군대는 무려 10배나 되는 숫자의 신라군을 4번이나 물리쳤어요. 점점 싸움이 힘들어지자 신라 장군 김흠순은 아들 반굴을 불렀습니다.

"이런 위급한 때에 목숨을 바쳐 효와 충을 다할 수 있다면 사내로서 자랑스럽지 않겠느냐!"

김흠순의 말을 들은 반굴은 곧장 백제군으로 뛰어들어가 용맹히 싸우다가 죽고 말았습니다. 이에 장군 김품일도 자신의 아들 관창을 불러 장군들 앞에서 외쳤습니다.

"내 아들의 나이 고작 열여섯이나, 우리 군에게 귀감이 될 것이요!"

아버지의 말에 분연히 백제 적진으로 향한 관창은 열심히 싸웠으나 곧 생포 당하고 말았어요. 관창을 본 계백이 말했어요.

"이 녀석의 투구를 벗겨보라."

투구 속에서 나타난 앳된 얼굴에 계백은 혀를 차며 말했어요.

"이 어린 것이 홀로 적진에 뛰어들다니. 기개는 대단하나 아직 죽기엔 이르구나! 이 녀석을 다시 돌려보내라!"

하지만 그는 진지에 돌아오자마자 다시 창을 들고 더욱 거세게 적진으로 돌진했어요. 하지만 계백은 두 번째 관용은 베풀지 않았습니다. 그는 단칼에 관창의 목을 베어버린 후 그 목을 말에 매달아 신라 진영으로 돌려보냈어요.

나이 어린 화랑 반굴과 관창의 죽음을 본 신라군은 뜨거운 분노에 휩싸였어요. 김유신은 그 때를 놓치지 않고 총공격을 명령하였습니다.

"계백의 목을 베어 반굴과 관창의 복수를 하자!"

죽기 살기로 덤비는 신라군의 기세에, 계백과 그의 군사들도 더 이상은 버텨낼 수가 없었어요. 결국 황산벌은 계백을 비롯한 수많은 백제군의 피로 뒤덮이고 말았답니다. 황산벌을 뚫은 신라군은 파죽지세로 사비성까지 진격했어요.

"성충과 흥수의 말을 듣지 않은 것이 이런 결과를 낳았구나!"

의자왕은 뒤늦은 후회를 하며 웅진성으로 피신했어요. 그러나 사비성에 남아있던 왕자 융은 결국 성문을 열고 나당연합군에 항복하고 말았죠. 그로부터 5일 후, 웅진성으로 갔던 의자왕도 병사를 거느리고 돌아와 항복했어요. 660년 가을, 온조와 비류 이래 700여 년이나 이어져 온 백제의 역사가 끝나고 만 거예요. 그리고 딸의 원수를 갚은 신라 무열왕도 이승에서 할 일을 다 마쳤다는 듯, 백제 멸망 다음 해인 661년에 세상을 떠났어요. 그리고 그의 아들 김법민이 왕으로 즉위했으니, 그가 바로 삼국통일을 완수한 문무왕이에요.

관용 寬容
남의 잘못을 너그럽게 받아들이거나 용서함

파죽지세 破竹之勢
대나무를 쪼갤 정도의 기세를 뜻함. 세력이 강하여 적을 거침없이 물리치고 쳐들어가는 기세, 혹은 일이 거침없이 잘 풀리는 모양을 비유하는 말.

중요 인물 CHECK

문무왕 文武王
?~A.D.681. 태종무열왕의 첫째 아들. 어머니는 김유신의 동생 문명왕후이다. 왕이 된 후 삼국통일을 실현시켰으며 통일 이후에는 국가의 제도와 행정을 정비하는 등의 노력을 기울였다.

황산벌 (현재 충청남도 논산시 연산면)

연개소문의 죽음과
고구려의 멸망

무서운 기세로 백제를 멸망시킨 나당연합군의 칼끝이 이번에는 고구려를 향하기 시작했어요.
수, 당의 거센 공격에도 굳건히 버텨온 고구려는 이번에도 방어에 성공할 수 있을까요?

독재자의 빈자리

중요 인물 CHECK

당 고종 高宗

A.D.628~683. 본명 이치. 당 태종의 아홉 번째 아들. 태종의 옛 제도를 계승했으며 신라와 함께 고구려와 백제를 멸망시켰다. 그러나 황후인 측천무후에게 권력을 넘기면서 통치에는 개입하지 못하다 병으로 생을 마감했다.

여의치 않다

일이 뜻대로 되지 않는다

억척스럽다

어떤 어려움에도 굴하지 않고 끈기있게 버텨낸다

고구려는 당 태종의 죽음 이후 몇 년간 숨을 돌리며 국력을 회복할 수 있었어요. 그러나 그 평화는 길지 않았어요. 655년, 신라 무열왕의 요청으로 당 고종*이 고구려에 대한 공격을 재개했던 거예요.

고구려는 지금까지 그래왔던 것처럼 당나라의 공격을 적절히 방어해내는 데 성공했지만 660년에 나당연합군의 공격으로 백제가 멸망하면서 전쟁의 양상이 변하기 시작했어요. 당나라군이 백제의 땅을 이용해 신라군으로부터 충분한 보급을 받을 수 있게 되었거든요. 게다가 싸움이 여의치 않을* 때는 백제 땅으로 안전하게 퇴각할 수도 있었죠. 이전보다 더 어려워진 상황이었지만 그래도 고구려군은 억척스럽게* 나당연합군의 공격을 방어해냈습니다.

그렇게 나당연합군과 고구려의 전쟁이 한창이었던 666년, 20년이 넘는 세월 동안 고구려의 실권을 장악하고 있던 연개소문이 죽음을 맞이하게 되었어요.

쿠데타로 권력을 장악한 후 강력한 카리스마로 귀족들을 억누르며 왕을 능가하는 권력을 행사해 온 연개소문. 그가 갑자기 죽자 연개소문이라는 거대한 독재자의 빈자리를 차지하기 위해 너도나도 달려들었고, 고구려는 권력투쟁으로 인한 혼란에 빠지고 말았어요. 연개소문의 세 아들 연남생, 연남건, 연남산 사이에서도 아버지의 권력을 계승하기 위한 신경전이 시작되었죠. 고구려가 여느 때보다 대외적인 위기를 겪고 있던 그때 말이에요.

✲ 나라를 팔아먹은 연남생

연개소문은 죽음을 맞이하기 전에 이런 유언을 남겼어요.

"남생, 남건, 남산아. 너희 형제들은 물고기와 물처럼 서로 화목해야 한다. 절대로 다퉈서는 안 돼."

연개소문은 자신이 죽은 후에 엄청난 권력다툼이 일어날 것을 미리 예상했던 거죠. 연개소문이 죽은 후 대막리지의 지위는 장남 남생에게 돌아갔어요. 그때부터 세 아들 사이에 균열이 일어나기 시작했죠. 하루는 어떤 이가 남건, 남산에게 찾아왔어요.

"대막리지께서는 그대들이 자신의 자리를 노릴까봐 매우 경계하시네. 언젠가는 그대들의 목숨을 거두실지도 모르지."

그 말에 남산은 동요하기 시작했어요.

"남건 형님! 큰 형님께서 정말로 우리를 경계하고 계신다면 우리도 앉아서 당하고 있을 수만은 없지 않겠습니까!"

"아우야 신중해야 한다. 대권에 도전하는 일이다! 좀 더 상황을 지켜보자"

균열 龜裂
개인 혹은 집단 간의 관계가 어긋남

동요 動搖
생각이 확실치 않아 마음이 흔들림

고구려와 백제의 멸망

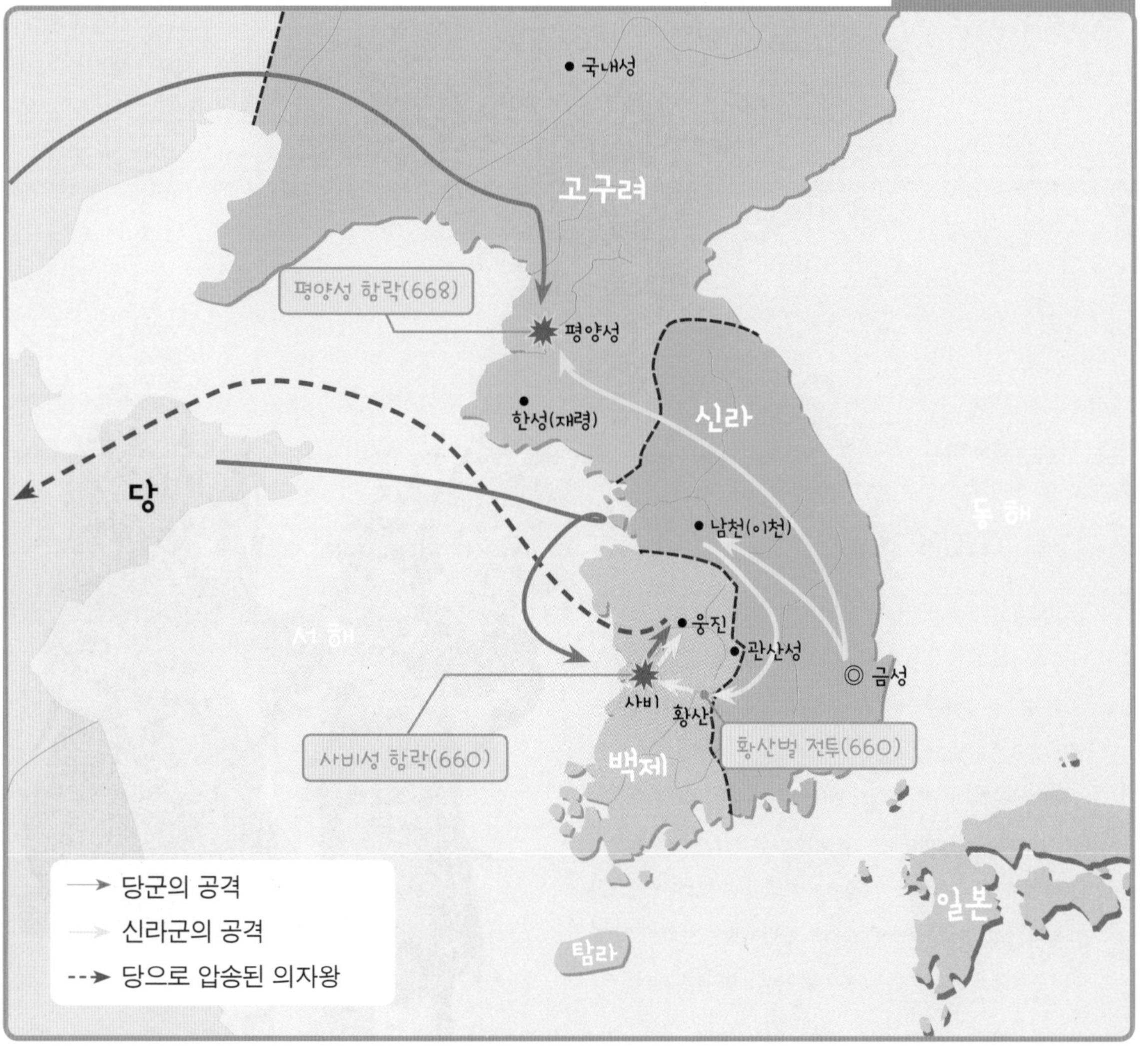

빙자 憑藉
말 막음을 위해서 핑계로 내세움

규합 糾合
어떤 일을 꾸미려고 사람을 모음.

쾌재 快哉
일이 마음먹은 대로 잘 되어 만족스럽게 여김. 혹은 그럴 때 나는 소리.

그렇게 형제들 사이에 의심이 자라날 무렵, 대막리지 남생은 마침 지방의 여러 성을 둘러보기 위해 평양성을 비우게 되었어요. 절호의 기회라고 생각한 남건이 남산에게 말했어요.

"형님의 아들 헌충을 인질로 잡고, 왕명을 빙자하여 형님을 불러들인 후 제거하자!"

남생이 자리를 비운 틈에 잽싸게 평양성을 장악한 남건, 남산은 헌충을 인질로 삼고 남생을 불러들였으나, 빠르게 사태를 파악한 남생은 성으로 들어가지 않았어요. 그러나 남건, 남산 형제는 남생의 아들이자 자신들의 조카인 헌충을 죽여 버렸어요. 남생은 피눈물을 흘렸죠.

"남건, 남산 이놈들! 내 적국의 힘을 빌려서라도 너희를 가만두지 않으리라!"

남생은 고구려의 옛 수도인 국내성으로 가서 자신을 따르는 세력을 규합해 고구려 중앙 정부와 전쟁을 벌이기 시작했어요. 그리고 한편으로는 당나라에 사신을 보내 자신을 도와 고구려를 정벌해달라고 거듭 부탁했죠. 고구려의 지배자였던 이가 당나라에게 고구려를 멸망시켜줄 것을 청하는 어처구니없는 상황이 만들어진 거예요.

남생의 요청을 받은 당 고종은 쾌재를 불렀어요. 당장 군사를 보내 남생을 구원한 후 남생을 길잡이로 삼아 고구려의 수많은 성을 함락시켜나갔죠. 문무왕도 군사를 동원해 당나라군과 합류했고, 마침내 신라, 당, 남생의 군사들은 고구려의 수도 평양성을 포위했어요. 남생은 첩자를 이용하여 평양성 문을 활짝 열게 하였고, 나당연합군은 성안으로 쳐들어가 민가에 불을 지르고 평양을 무참히 짓밟았죠.

그 사이 연개소문의 위기감을 느낀 동생 연정토는 3,500여 명을 이끌고 신라에 항복하기 위해 떠났어요.

중국의 침략을 수도 없이 막아낸 고구려의 700년 역사는 지배층의 내분으로 그렇게 허망하게 막을 내리고 말았어요. 백제가 멸망한 지 8년 후인 668년의 일이었습니다.

역사 돋보기

다섯 자루의 검을 찬 사나이

경극은 중국의 고전 연극 중 가장 인기가 높은 장르입니다. 화려한 의상과 짙은 분장을 한 배우들이 나와 역사의 한 장면을 연기하죠. 중국이 공산화되는 과정에서 많이 사라지긴 했지만 원래 경극은 1,000개가 넘는 작품 대본이 존재했었다고 해요. 그 중 '독목관'이란 작품에서 연개소문이 주인공으로 등장해요. 다섯 자루의 날아다니는 검을 차고 당나라와 싸우는 장군(오른쪽)으로 표현되죠. 작품에도 드러나듯이 당시 연개소문의 활약이 중국인들에게 큰 충격으로 다가왔던 것 같아요. 그림의 왼쪽에 있는 사람은 당나라 장수 소정방이랍니다.

나만의 생각 지도

백제의
멸망

고구려의
멸망

04

신라의 삼국통일

A.D.7세기

백제와 고구려는 결국 나당 연합군의 공격으로 멸망하였다. 한반도에 남은 유일한 국가, 신라. 그러나 당나라에게 그들은 그저 미약한 약소국에 불과했다. 한반도 전체에 드리운 전쟁의 검은 그림자.

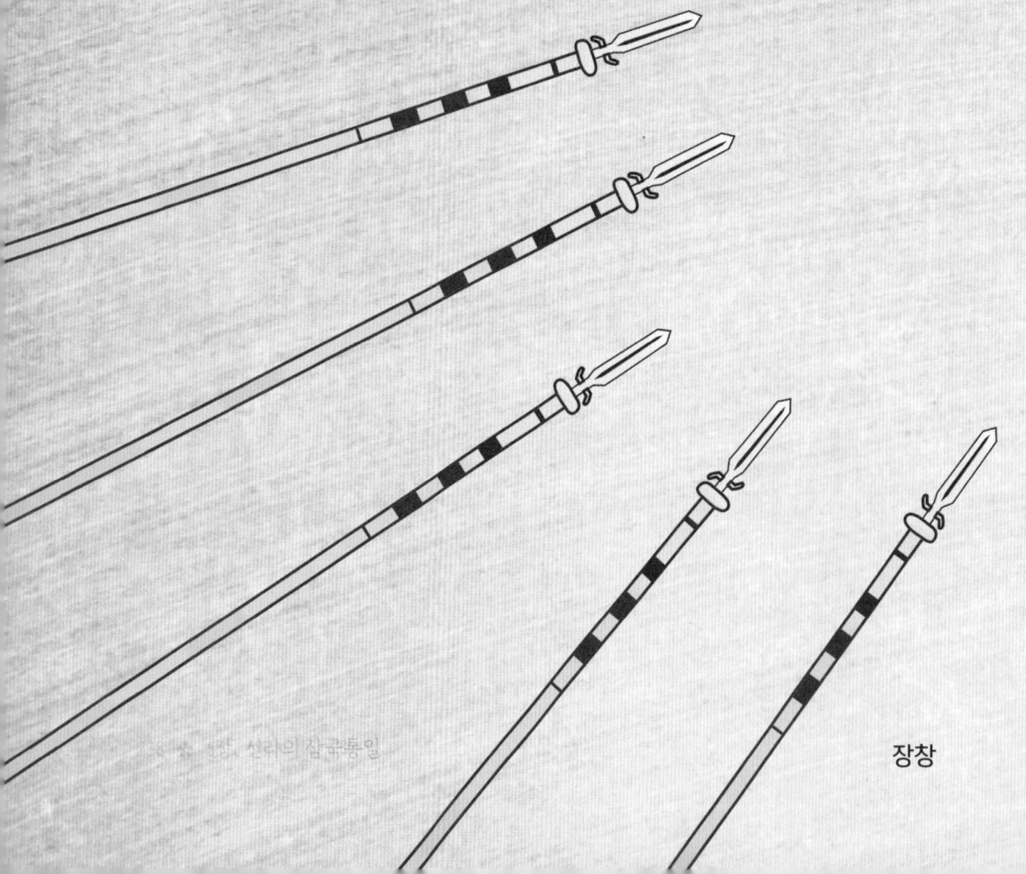

신라의 마지막 과제
나당전쟁

백제와 고구려의 멸망으로 신라는 드디어 삼국통일의 대업을 달성하는 듯했습니다. 그러나 당나라가 신라를 향해 검은 손길을 뻗치기 시작했어요. 결정적 순간에 위기를 맞이한 신라는 이 상황을 어떻게 극복했을까요?

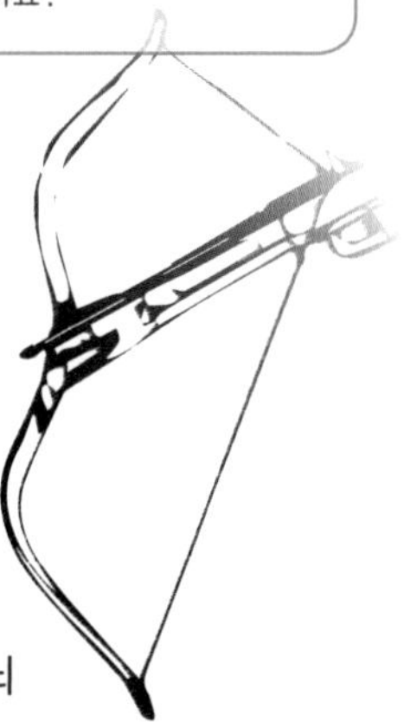

쇠뇌

✱ 세상의 중심이 되고자 했던 당나라

당나라는 중국 대륙 주변 지역을 모두 지배하는 것이 목표였어요. 이는 중국 특유의 중화사상에서 비롯된 것으로 당 태종, 수 양제, 수 문제... 아니 그 이전의 중국 황실에서도 지속해서 추진되고 있던 목표였죠. 당나라는 이 목표를 달성하기 위해 서역의 고창국, 북방의 동돌궐 등을 하나하나 자신의 발아래 무릎 꿇려왔어요. 그리고 고종 때에는 파미르 고원 동쪽 즉, 지금의 신장 위구르 지역도 공격하여 지배하기 시작했죠. 당 태종과 고종의 한반도 침략도 이런 거대한 목표의 일부였던 거예요.

고종은 당나라의 거대한 정복 지역을 직접 통치하는 것은 무리라고 생각했어요. 그래서 각 지역에 도호부를 설치하고 도호부의 장관으로는 당나라 관리를 직접 파견하여 지배하기로 했죠. 때에 따라서는 정복된 지역의 왕이나 추장을 도호부 장관으로 임명하여 어느 정도 수준의 자치를 인정해주는 예도 있었어요. 이렇게 해서 당나라는 지금의 안북도호부(외몽골), 선우도호부(내몽골), 북정도호부(서돌궐), 안서도호부(서파키스탄), 안남도호부(베트남 북부)를 설치하고, 한반도 북부 평양에도 안동도호부를 설치하여 당을 중심으로 한 주변 세계 질서를 수립해 나갑니다. 그러나 고종의 야욕은 한반도 북부에서 멈추지 않고 한반도 남부로까지 뻗어 나가기 시작했어요.

중화사상 中華思想

세계의 중심이 중국이라는 사상. 중국의 황제는 하늘의 명을 받아 천하를 다스리는 존재라고 여긴다. 중국 이외의 지역은 오랑캐라고 낮추어보는 중국 중심의 사상이다. 이는 전근대의 동아시아 외교 관계인 책봉과 조공이라는 외교 형식에 큰 영향을 미쳤다. 이 외교에 참여하여 중국의 주변국들은 중국의 국가 체제와 유교 문화 등을 받아들이기도 하였다.

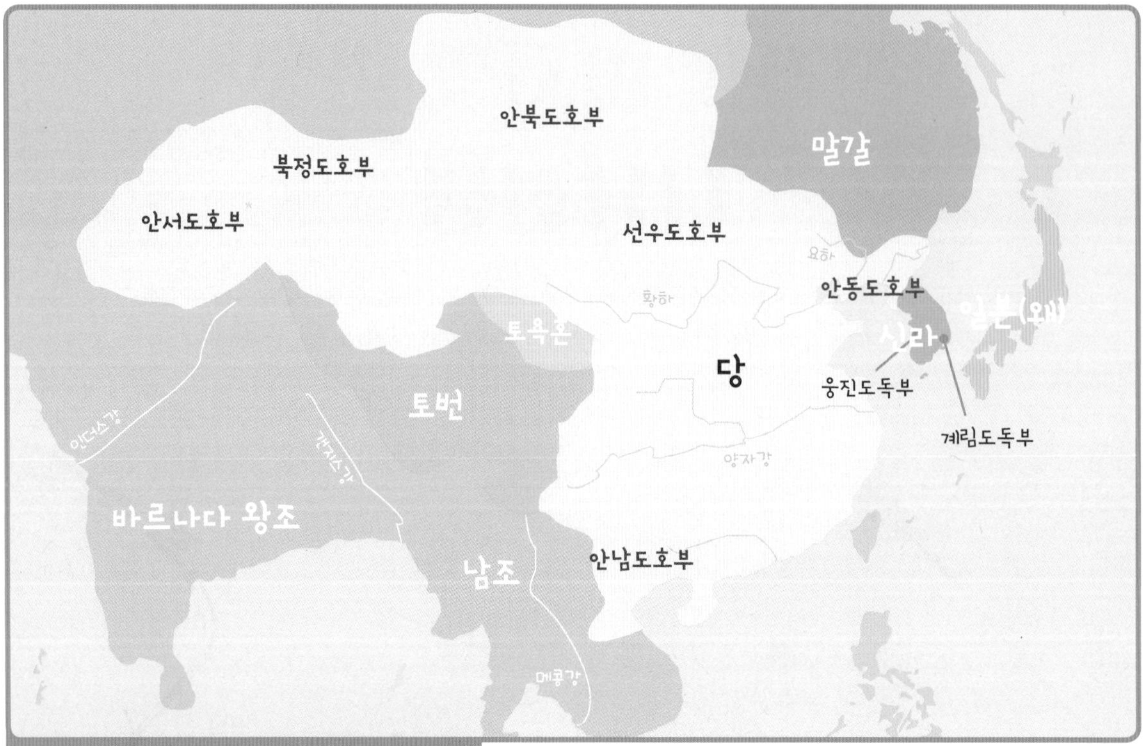

7세기 말 당나라 최대 영토와 동아시아 세력 판도

✻ 약속과 다른 당의 움직임

고종은 백제의 최후 항전지인 웅진도독부*를, 신라의 수도 경주에는 계림도독부를 설치했어요. 문무왕은 적잖이 당황했어요. 신라가 지배하기로 한 한반도 남부의 영역에까지 당의 지배 기구를 설치한 것은 도저히 용납할 수가 없었죠. 문무왕은 그제야 깨달았어요. 당 고종은 처음부터 고구려 지배가 아닌, 한반도 전체를 지배하는 것을 목표로 삼고 있었다는 걸요.

삼국통일의 축배를 들려는 찰나, 오히려 나라를 빼앗길 위기에 처하게 된 문무왕은 마음을 가라앉히고 침착하게 전략을 구상하기 시작했어요. 그는 신라 혼자만의 힘으로 당나라를 상대하는 것은 무리일지 몰라도, 주변국과의 관계를 잘 이용한다면 충분히 승산이 있다고 생각했죠.

먼저 신라는 후방을 안정시키기 위해 왜와의 관계 개선에 나섰어요. 백제와 밀접한 관계를 맺어왔던 왜였지만, 백제 멸망 이후 나당연합군이 왜까지 침략할까 두려워하고 있었기에 신라가 내민 손을 반갑게 맞잡았습니다. 신라와 왜가 서로 침략하지 않기로 약속을 한 거예요.

다음으로 문무왕은 고구려와 백제 사람들이 무너진 나라를 다시 일으키려 부흥운동 벌이고 있는 상황에 주목했어요. 그것 때문에 당나라는 무척 골머리를 앓고 있었죠. 신라는 고구려 부흥운동 세력을 적극적으로 지원하기로 하고 함께 당나라군을 물리치기로 했어요.

고구려 부흥운동 세력이 신라에 대해 좋은 감정을 가지고 있었을 리 없었지만 당나라라는 공공의 적을 물리치기 위해 손을 잡게 되었죠.

도호부 都護府
당나라가 점령한 곳에 설치한 최고통치기관으로 아래에 도독부를 두었다.

도독부 都督府
도호부 아래에 설치한 행정 기구. 당나라는 도독부를 설치한 지역의 우두머리가 항복하면 도독의 칭호를 주어 지역을 다스리게 했다. 백제 왕자 부여융을 웅진도독으로, 문무왕을 계림도독으로 임명한 것이 그 예다.

국제정세를 주시한 신라

또한, 문무왕은 중국 서쪽의 토번이 당나라에 대항해 군사를 일으키며 실크로드를 장악해나가고 있던 상황을 이용하기로 했어요. 예전부터 당나라는 이이제이 정책으로 토욕혼이라는 나라와 토번을 서로 대립하게 만들어 그 세력을 펼치지 못하게 하고 있었어요. 그런데 당나라가 만주와 한반도 방면 침공에 신경 쓰는 틈을 타, 토번이 지금의 티베트 지역을 통일하며 강력한 세력으로 등장한 것이죠. 이들이 장악한 실크로드는 당에게 막대한 이익을 가져다주는 교역로였기 때문에 당은 한반도에 모든 병력을 집중시키지 못하고 토번 쪽으로 병력을 분산시킬 수밖에 없었어요.

토번의 기세가 워낙 강력했기 때문에 신라 지역엔 전략적 공백이 생긴 거예요. 문무왕은 이 기회를 반드시 잡아야 한다고 생각했습니다.

"좋아! 이제 당과 한판 붙어 볼까?"

나당전쟁은 신라의 선제공격으로 시작되었습니다. 당나라에 비해 약소국에 불과했던 신라의 선제공격은 어찌 보면 무모한 것이었어요. 당시 김유신은 '개도 사람이 차면 사람을 문다.'고 했어요. 그는 이 싸움이 사람과 개의 싸움만큼 전력 차이가 매우 컸지만 반드시 해야 하는 싸움이라고 생각했던 것이죠.

당시 국제 정세를 잘 읽어냈던 문무왕의 머릿속에선 이미 해볼 만한 싸움이라고도 생각되었을지도 몰라요.

새롭게 등장한 국가

토번 吐蕃

당과 송나라에서 7~9세기에 활동한 티베트 왕국과 티베트인을 부르던 명칭. 원래 네팔 북서부 지역에 거주하다 전쟁을 통해 점차 세력을 확장해 통일 국가를 세웠다. 8세기 초, 당으로부터 서역으로 향하는 실크로드의 교역권을 빼앗으며 더욱 성장했다.

이이제이 以夷制夷

오랑캐를 이용하여 다른 오랑캐를 통제하고 부림.

역사 돋보기

백제 부활에 사활을 건 왜의 백강전투

백제 부흥운동을 벌이던 복신과 도침은 왜로 건너가 있던 백제 왕자 부여풍을 다시 데려와 왕위에 앉혀 권위를 세우고, 왜의 사이메이 천황에게 구원군을 요청했습니다. 왜는 오랫동안 백제와 교류하며 선진문물을 받아들였으며 백제 또한 많은 사람들이 왜로 건너가 살고 있었습니다.

때문에 왜의 입장에서 백제 부흥운동의 성공은 남의 일이 아니었죠. 일본은 이 기회로 한반도를 거친 무역 루트의 주도권을 잡을 수 있다고 생각했던 것 같아요. 구원 요청을 받은 왜는 선박 건조부터 전쟁물자 보급까지 해결해야 할 문제들이 많았지만, 당시 고구려와 전쟁을 벌이고 있던 당이 어려움을 겪고 있다는 소식을 듣고, 이때를 틈타 백제 부흥운동을 성공으로 이끌어야겠다고 생각했습니다. 사이메이 천황은 왜에서 끌어모을 수 있는 가능한 모든 자원을 투입해 663년, 약 2만 명의 수군을 백제 앞바다로 출정시켰죠. 그러나 백강 입구에서 나당연합군과 맞닥뜨린 왜군에게 운이 따라주지 않았습니다. 갑자기 바람의 방향이 바뀌는 바람에 당군이 쏜 불화살에 속수무책으로 당할 수밖에 없었고, 복신과 도침의 내분으로 백제 부흥군의 힘이 약해져 전략적 도움을 받지 못했기 때문이죠. 바닷물은 핏빛으로 물들고, 왜군은 싸워서 죽은 자보다 물에 빠져 죽은 자가 더 많다고 기록에 남을 정도로 왜군은 심하게 패전하고 말았어요.

사이메이 천황

마지막 관문
매소성, 기벌포 전투

백제와 고구려가 무너진 후 신라가 한반도의 주인이 되고자 하였습니다. 그러나 홀로 남은 신라를 당나라가 가만히 놔두었을까요? 다시 위기를 맞이한 신라, 그들은 이 위기를 어떻게 극복했을까요?

현명한 전술의 승리, 매소성 전투

주둔 駐屯
군대가 임무 수행을 위해 일정한 곳에 얼마 동안 머무르는 일

당시 고구려 부흥운동은 고구려의 왕족이었던 안승이 이끌고 있었어요. 문무왕은 금마저(익산)를 도읍으로 보덕국이라는 나라를 만들고 안승을 그곳의 왕으로 삼아주었죠. 스스로 멸망시킨 나라의 왕족에게 다시 왕의 자리를 주는 모습이 이상하게 느껴질 수도 있어요. 그렇지만 당을 몰아내기 위해서 지푸라기라도 잡아야 했던 신라의 절박함이 느껴지는 대목이기도 하죠.

고구려와의 연결고리를 견고히 한 신라는 670년에 웅진도독부를 공격하여 옛 백제의 영토를 빼앗음으로써 나당전쟁의 포문을 열었어요. 신라의 의중을 확인한 당나라도 무력으로 신라를 벌하기 위해 본격적인 공격에 나섰죠. 당나라군은 서해를 이용하여 임진강과 한강 방면으로 지속적인 공격을 퍼부었고, 지금의 연천에 위치했던 매소성을 거점으로 삼아 신라를 압박해왔어요.

신라군은 당나라의 공격 거점인 매소성을 함락시키기 위해 3만 군을 이끌고 진군했어요. 매소성에는 당나라의 20만 대군이 주둔하고 있었기에 당나라군을 쫓아내기 위해서는 특별한 전략이 필요했죠. 고심하던 신라군의 눈에 당나라군의 치명적인 약점이 포착되었으니 그것은 바로 보급이었어요.

매소성에 주둔하고 있는 20만 대군은 당나라에서 임진강을 통해 들어오는 군수물자에 전적으로 의존하고 있었어요. 만약 매소성으로 들어오는 보급부대를 격파한다면 3만의 신라군으로 20만의 당나라군을 격파할 수 있는 가능성이 충

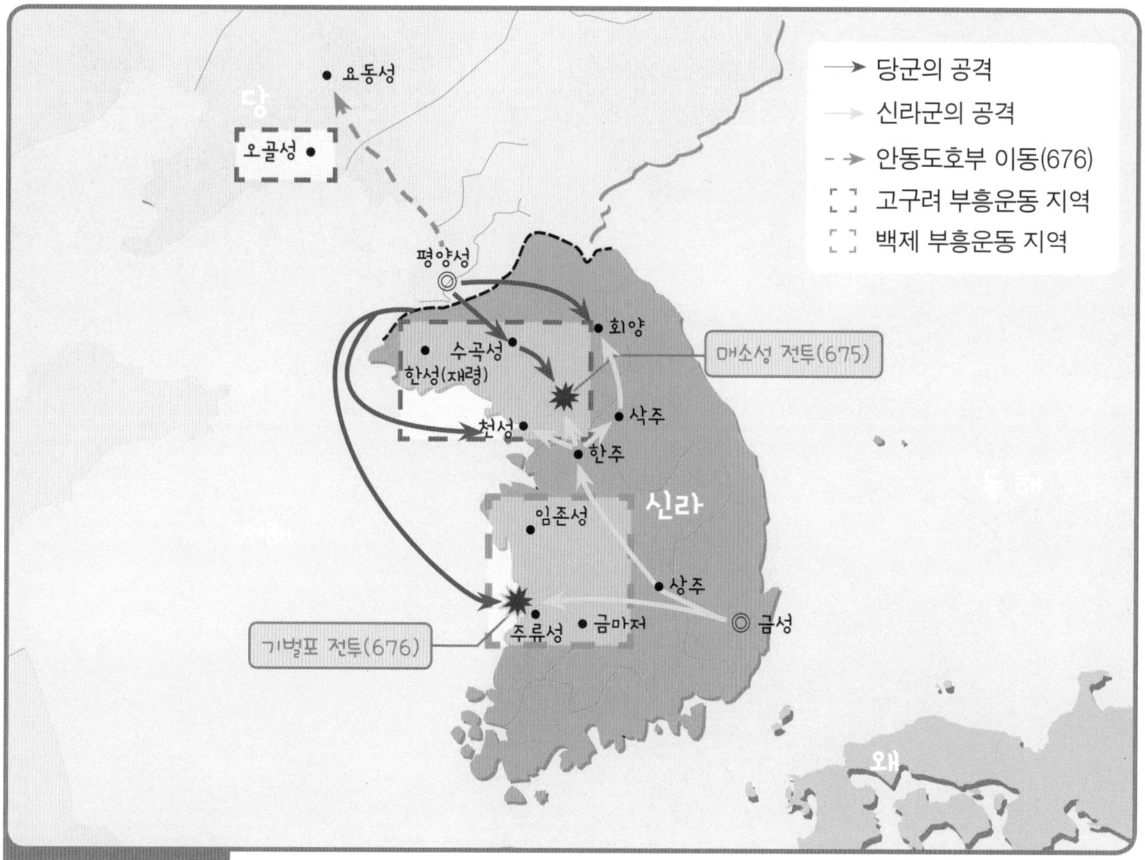

나당전쟁 (670~676)

분했죠. 신라군은 매소성으로 들어오는 입구인 임진강 하구에 위치한 천성에 진을 치고 당나라의 보급부대를 기다렸어요. 임진강으로 들어오던 당나라의 보급부대는 신라군의 거센 공격에 크게 패배했어요. 죽은 당나라 군사가 1,400명, 빼앗긴 전함이 40척, 빼앗긴 말이 1,000마리나 되었다고 하니 매소성에서 물자를 기다리는 당나라군이 얼마나 큰 타격을 입었는지 알 수 있습니다.

이후 신라군이 매소성 공격에 나서자, 보급을 제대로 받지 못해 지친 당군은 속수무책으로 쓰러졌어요. 그나마 당나라군은 주력 부대인 말갈 기마병을 내세워 신라군에 맞서보려 했으나 신라의 장창병 앞에 말들이 달아나기 시작했고, 전열이 흐트러진 틈을 타 신라군의 화살과 쇠뇌가 당나라군을 공격했어요. 방아쇠를 당겨 쏘는 활인 쇠뇌는 일반 활에 비해 화살을 연속으로 멀리 쏠 수 있는 특제무기였어요. 당나라도 신라의 쇠뇌 기술을 매우 탐냈다고 하는데, 그런 첨단 기술이 당나라군의 머리를 덮쳤으니 아주 효과만점이었겠죠? 결국 당나라 군대는 별다른 저항도 해보지 못하고 말 3만여 필과 무기들을 버려둔 채 도망쳤습니다. 이 싸움을 기점으로 나당전쟁의 승기는 신라 쪽으로 기울기 시작했어요.

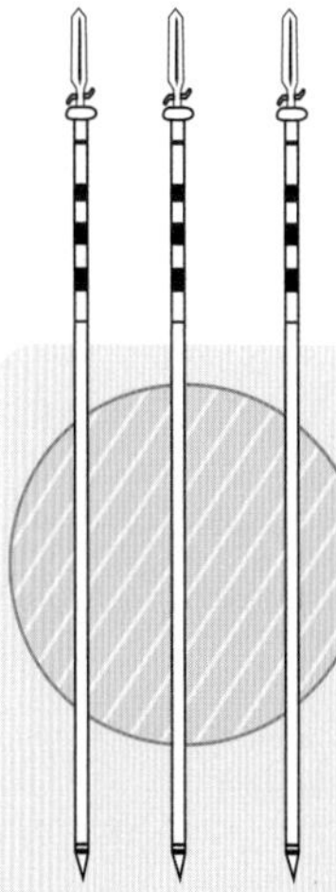

장창 長槍
보병이 쓰던 무기 중 하나로 삼국시대에 사용하던 실물은 전하지 않지만 길이가 약 2m 정도로 추정된다. 장창은 조선 후기까지 병사들이 매우 보편적으로 사용한 무기였다.

기벌포 전투
기벌포 해전은 나당전쟁 당시 676년 신라와 당나라가 기벌포에서 벌인 전투로 신라가 나당전쟁에서 승리하는 데 중요한 분수령이 되었다.

✸ 당나라 잘가, 기벌포 전투

신라 정도는 쉽게 집어삼킬 수 있을 거라고 생각했던 당나라는 매소성에서의 패배에 크게 당황했어요. 당나라는 한강, 임진강 방면에서 신라의 강력한 저항을 뚫기 어렵다고 판단했기에 공격의 방향을 금강으로 돌리기로 했어요. 당나라 장수 설인귀가 이끄는 당나라의 수군이 금강으로 향했고, 서해를 지키고 있던 신라 장수 시득의 함선도 설인귀를 저지하기 위해 금강으로 향했어요. 마침내 두 나라의 군대는 기벌포에서 나당전쟁의 승패를 결정지을 최후의 전투를 벌이기 시작했어요. 이것이 바로 기벌포 전투에요.

전투 초반엔 신라 수군이 당나라 수군의 공격에 적절히 대응하지 못하여 크게 패배하고 말았어요. 그 후 시득은 당나라의 전함들과의 정면충돌을 피하면서 전세를 장기전으로 이끌어갔어요. 그가 시간을 끄는 동안 신라의 수군은 더욱 더 증원되기 시작했고 다시 당나라 수군과 22차례에 걸친 크고 작은 전투를 벌였습니다. 이 전투에서 신라군은 당나라군을 상대로 계속해서 승리를 거두었고, 당나라 군사 4천 명의 목을 벴어요. 결국, 당나라 수군은 퇴각을 결정할 수밖에 없었죠.

이 전투 이후, 신라는 애초에 당나라와 약속했던 대동강-원산만 이남의 영토를 차지하게 되었어요. 한반도 동남부에 치우쳐 고구려와 백제의 눈치를 보던 신라가 마침내 삼국통일이라는 대업을 달성한 거예요. 이후의 신라는 이전과 구분하기 위해 '통일신라'라고 부릅니다.

✱ 너무너무 중요한 신라의 삼국통일

> "지금 삼한이 한 집안이 되고, 백성이 두 마음을 가지지 아니하니, 비록 태평성대에는 이르지 못하였다고 하더라도, 상당히 평안해졌다고 하겠습니다."
>
> 『삼국사기』「김유신 열전」

삼국통일 이후에 김유신이 문무왕에게 전한 이 말은 당시 사람들이 이 사건을 어떻게 평가하고 있는지 보여주고 있어요. 그는 고구려, 백제, 신라 사람들이 한 나라에 살게 된 것뿐만 아니라 크고 작게 계속되어 오던 삼국 간의 전쟁을 끝냈다는 사실도 중요하게 생각하고 있어요. 아마도 삼국의 백성들에게는 통일이라는 추상적인 개념보다 전쟁을 마쳤다는 사실이 더 큰 위로로 다가왔을 것 같네요.

삼국통일은 불완전한 통일이라는 평가도 있어요. 신라가 당나라의 힘을 빌려 통일을 했기 때문이죠. 결국, 이 전쟁에서 신라가 승리하기는 했지만 고구려의 영토 대부분을 잃었기에 완전한 통일이라고 볼 수 없단 얘기예요.

다른 시각도 있어요. 신라의 삼국통일은 당시 국제정세와 맞물려 돌아갔으며, 이후 상황에 커다란 영향을 주었다는 관점이에요. 토번과 당나라의 싸움은 신라 승리의 중요한 요인이었으며, 이 사건 이후에 당나라의 영향력이 약해져 고비사막에서는 무너졌던 돌궐이 다시 일어나고, 요서 지역에서 일어난 거란의 반란이 고구려 유이민들의 발해 건국에 중요한 전기를 마련해 주는 등 역사적으로 중요한 사건이 줄줄이 이어지기에 그 의미가 더욱 크다고 볼 수 있어요.

전기 轉機
전환점이 되는 기회나 시기

새롭게 등장한 국가

발해 渤海
A.D.698~926. 당의 이주 정책으로 영주지역에 잡혀 있던 고구려 유이민 중 대조영 집단이 거란의 반란을 계기로 탈출하여 세운 나라. 고구려 계승의식을 분명히 하고 있으며 만주와 연해주 지역의 매우 넓은 영토를 확보했다. 지배층은 주로 고구려인들이었지만 피지배층은 고구려와 말갈인들이 섞여 있어서 다민족 국가의 성격도 지닌다.

Plus Alpha+

당에서 활약한 고구려, 백제 사람들

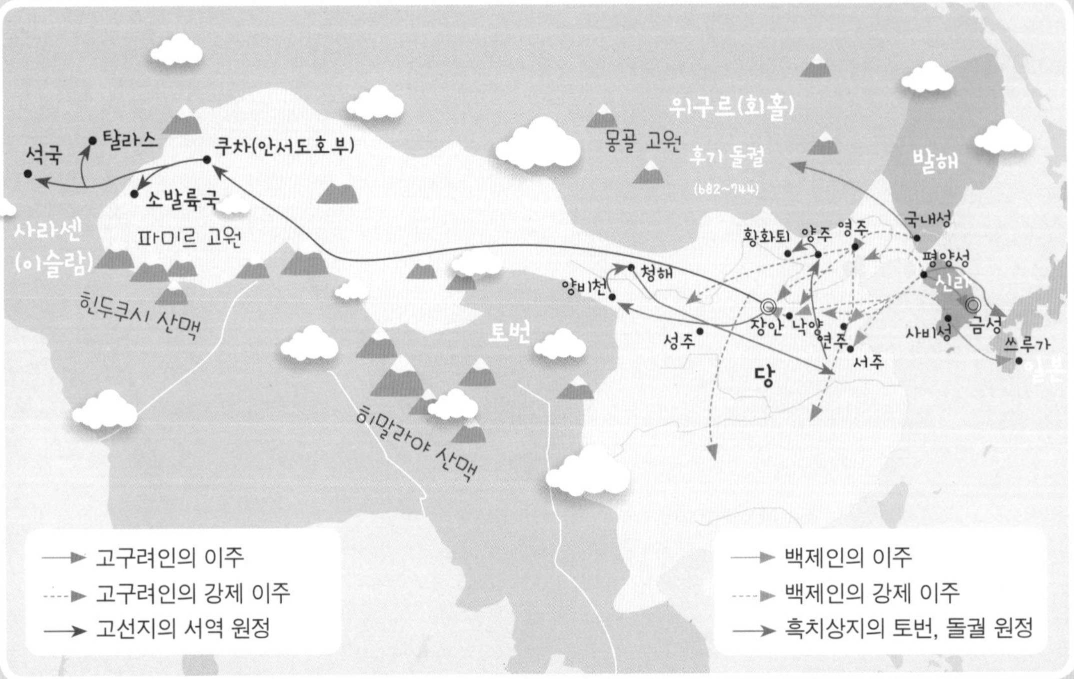

고선지 (?~A.D.755)

고구려 유민 출신으로 스무 살 때 군대에 들어간 후 뛰어난 전략으로 능력을 발휘했습니다. 이후 그는 파미르고원 일대를 공격하여 토번 세력을 몰아내고 소발륙국의 왕과 토번의 공주를 인질로 붙잡는 전공을 올렸습니다. 덕분에 실크로드에서 당나라의 영향력이 무척 강해지게 되었지요.

이때 당나라의 세력 확장에 위협을 느낀 사라센 왕국은 중앙아시아의 여러 오아시스 나라들을 연합하여 고선지의 당나라군에 대항했습니다. 탈라스에서 맞붙은 두 세력의 대결은 당나라에 협력하던 부족 중 한 곳이 배신을 하면서 사라센 연합의 승리로 돌아갔습니다. 고선지는 간신히 목숨을 건졌지요. 이때 사라센 군의 포로 중 제지공이 있어 종이 만드는 기술이 이슬람으로 전해졌다고 해요. 이후에도 고선지 장군은 많은 공을 세웠지만` 누명을 쓰고 황제가 보낸 사신에 의해 사형을 당했어요.

흑치상지 (A.D.630~689)

백제 서부 출신으로 그의 집안은 대대로 '달솔'이란 높은 직책을 지낸 귀족이었습니다. 흑치상지도 스무 살에 달솔에 올랐죠. 이후 그는 마치 몸에 꼭 맞는 옷을 입은 듯 장군으로서 뛰어난 능력을 발휘했으며 특히 부하들에게 부드럽고 공정하게 대했다고 전해집니다. 나당연합군에 의해 백제가 멸망한 뒤에는 한동안 백제 부흥운동의 중심세력으로 활동하면서 200여 성을 탈환하는 성과를 거두기도 합니다만 결국은 당나라에 항복하고 당의 장수로서 일하기로 결심했습니다. 그때 그의 나이 서른네 살이었죠. 당나라로 건너간 이후에도 흑치상지는 많은 전쟁을 이끌었습니다. 특히 돌궐과의 전쟁에서 큰 전공을 세우고 매우 높은 벼슬까지 받았죠. 하지만 동료 장군과의 다툼, 반역사건에 연루되어 누명까지 쓰면서 결국 당나라에서 사형을 당하는 비운을 겪게 됩니다.

나만의 생각 지도

동맹국이었던 신라와
당나라는 어떻게 서로
전쟁을 하게 되었지?

나당전쟁
원인

나당전쟁의 마지막 전투
매소성, 기벌포 전투에선
어떤 일이 있었을까?

매소성
기벌포

뜨거운 주제 확인하기

◆ 고구려와 백제는 왜 멸망했나?

다음 제시문을 읽고 물음에 답해보세요.

가 의자왕은 즉위 초기에 '해동증자'로 불릴 정도로 정치를 잘했습니다. 하지만 시간이 지나자 권력을 독점하려는 욕심이 커졌던 것 같습니다. 기록에 의하면 자신의 형제와 귀족들의 권력을 빼앗고 독차지해 나라가 혼란스러운 상황을 겪고 있었다고 하네요. 의자왕과 백제 귀족들의 갈등은 점점 심해져서 봉합할 수 없는 지경에 이르렀어요. 나당연합군이 공격해 올 때 많은 귀족들이 싸울 의지가 없었죠. 신라 김유신 장군이 황산벌로 진격해 올 때 단 한 번의 저항도 받지 않은 것을 보면 잘 알 수 있어요.

나 남생이 자리를 비운 틈에 잽싸게 평양성을 장악한 남건, 남산은 헌충을 인질로 삼고 남생을 불러들였으나, 빠르게 사태를 파악한 남생은 성으로 들어가지 않았어요. 그러나 남건, 남산 형제는 남생의 아들이자 자신들의 조카인 헌충을 죽여 버렸어요. 남생은 피눈물을 흘렸죠.

"남건, 남산 이놈들! 내 적국의 힘을 빌려서라도 너희를 가만두지 않으리라!"

남생은 고구려의 옛 수도인 국내성으로 가서 자신을 따르는 세력을 규합해 고구려 중앙 정부와 전쟁을 벌이기 시작했어요. <u>그리고 한편으로는 당나라에 사신을 보내 자신을 도와 고구려를 정벌해달라고 거듭 부탁했죠. 고구려의 지배자였던 이가 당나라에게 고구려를 멸망시켜줄 것을 청하는 어처구니없는 상황이 만들어진 거예요.</u>

다 백제와 고구려가 멸망한 후 각지에서 유민이 부흥운동을 일으켰다. 백제 부흥군은 한때 주류성, 임존성 등 200여 성을 차지하며 세력을 떨쳤으나, 지도층의 분열이 일어나 나·당 연합군에게 진압되었다. 당시에 왜는 백제 부흥군을 지원하기 위해 군사를 보내기도 했으나, 백강 전투에서 크게 패하고 물러났다.

한편, 고구려 유민도 한성(황해 재령)과 오골성을 거점으로 당에게 저항했으나, 지도층의 내분으로 실패하였다. 요동에서는 당 세력에 복속되지 않은 여러 성에서 항전을 이어 나갔다. 이에 당은 보장왕을 보내 고구려 유민을 회유하려 했지만, 요동 지역에서 고구려의 부흥 운동은 계속되었다.

-고등학교『한국사』, 미래엔-

step 1. (가), (나), (다) 제시문에서 확인할 수 있는 공통점은 무엇인지 써보세요.

step 2. (나)제시문에서 남생은 왜 밑줄 친 부분과 같은 행동을 했는지 살펴보고, 그 행동을 평가해보세요.

step 3. 만약 자신이 백제와 고구려의 지도자였다면 어떤 방식으로 당시의 위기를 극복했을지 써보세요.

백제

고구려

뜨거운 쟁점 토론하기 1

♦ 연개소문은 고구려를 구한 영웅이었다.

프리즘 통과하기

Step 1. 212쪽의 상황을 평가하는 내용입니다. 자신의 견해와 같은 내용에 체크해보세요.

가 당시 당나라는 고구려에게 고구려의 구석구석을 알 수 있는 지도를 내줄 것을 요구했었다고 해. 영류왕과 다른 귀족들은 당나라에게 이 지도를 바쳤지. 당나라가 고구려의 지리를 알아서 어디에 쓰겠어? 침략을 하려고 했던 것이지. 연개소문은 이러한 왕과 귀족들의 태도가 마음에 들지 않았던 것이고, 당에게 고구려의 강성함을 보여 주어서 고구려를 지키고자 한 것이지. 그의 쿠데타는 고구려의 자부심을 세우려 노력했던 결과야.

나 실제로 그가 살아서 권력을 장악하는 동안 당의 침입을 물리쳤잖아. 당 태종은 죽으면서 '앞으로 고구려와는 전쟁을 하지 말라'는 유언을 남겼다고 전해질 정도이니 연개소문의 군사적 지도력은 인정해줘야 해. 만약 연개소문이 죽지 않고 살아있었다면 고구려는 멸망하지 않았을 거야.

다 고구려는 계속된 전쟁으로 백성들의 삶이 굉장히 피폐해져 있었어. 전쟁을 피해 백성들을 쉬게 할 수 있다면 새롭게 중국 지역을 통일한 당과는 친선관계를 맺을 필요가 있었어. 영류왕과 다른 귀족들도 그런 점에서 전략적으로 당과의 친선을 원했던 것이지.

라 연개소문이 내세웠던 '고구려의 자부심'도 결국은 자신이 권력을 잡기 위한 변명에 지나지 않았다고 생각해. 실제로 쿠데타 직후 연개소문도 당이 두려워 당에 사신을 보내고 친선관계를 맺으려 했지만 당이 그 제안을 받을 이유가 있었겠어? 연개소문의 쿠데타는 당과 친선관계를 맺으면 안 된다는 명분으로 일으킨 것이니까 말이야. 이것이 실패하자 전쟁을 할 수밖에 없는 상황을 맞게 된 것이지.

내 논리 강화하기

Step 2. 자신이 선택한 견해에 근거를 추가하여 논리를 강화해 보세요.

Step 3. 자신이 선택한 견해와 다른 의견을 제시한 사람의 논리를 반박해보세요.

조목조목 반박하기

보기

공자 왕을 죽이고 자신이 그 권력을 차지하는 게 신하의 도리인가요? 왕에겐 왕의 역할이 신하에겐 신하의 역할이 있는 것입니다. 각자가 자신의 역할을 다할 때 국가는 잘 돌아가게 되어있고, 위계질서가 깨지는 순간 국가는 위태로워지게 되어 있습니다.

외교가 전쟁에서 이기는 전략을 짜는 것 보다 더 수준 높은 전략은 애초에 전쟁이 일어나지 않도록 하는 것 아닌가요? 당에게 지도를 준 것은 그들이 원하는 것을 줌으로써 우호관계를 돈독히 하여 예전의 적대적 관계를 완화시키려는 외교술이었던 것입니다.

군인 당시 국제 정세는 당이 세계 제국을 만들려는 욕심으로 소용돌이치고 있었습니다. 이미 옆 나라인 동돌궐이 당과의 전쟁으로 멸망하지 않았습니까? 당과의 전쟁은 고구려 처지에서 피할 수 없는 수순이었습니다. 피할 수 없다면 맞서야죠.

정치가 그의 쿠데타는 왕뿐만 아니라 그의 판단을 혼란케 하는 다른 귀족들을 상대로 한 것이기도 합니다. 전쟁이 뻔한 상황에서 연개소문에게 반대하는 귀족들이 왕을 감싸고 있다면 지도력이 분산되지 않을까요? 당시 상황에서 쿠데타는 필요악이었습니다.

Step 4. 연개소문의 쿠데타에 대한 자신의 생각을 종합적으로 정리해보세요.

내 생각 보여주기

뜨거운 쟁점 토론하기 2

♦ 화랑 반굴과 관창의 죽음은 명예로운 희생이었다.

프리즘 통과하기

Step 1. 232~233쪽의 상황을 평가하는 내용입니다. 자신의 견해와 같은 내용에 체크해보세요.

가 당시 진골 귀족이었던 김흠순과 김품일은 자신의 어린 아들들을 희생시켜 신라군의 분노와 사기를 끌어올려 이 전투를 승리로 이끌었어. 이 둘의 희생으로 더 많은 병사들이 죽는 일을 막을 수 있었고, 결국 백제를 멸망시키는 기초를 마련할 수 있었다고 생각해. 그들을 전쟁터에 내보낸 아버지 흠순, 품일, 그리고 죽음을 맞이해야만 하는 운명을 받아들인 반굴과 관창은 지배층으로서 나라를 위해 무엇을 해야하는가를 보여준 한 사례라고 할 수 있어.

나 작은 희생으로 큰 손실을 막을 수 있다면 그 희생은 무척 가치있는 일이라고 생각해. 다른 사람들의 생명을 구하는 일과 같은 행동이지. 만약 낭떠러지에 나 있는 도로를 달리는 버스가 갑작스레 튀어나온 아기를 만났다고 하자. 버스 기사는 이 때 어떻게 해야 할까? 승객들의 안전을 최우선으로 생각해야 하는 버스 기사 입장에선 아이를 치고 지나갈 수밖에 없지 않을까?

다 김흠순과 김품일은 가야 왕족 출신이었어. 그들은 귀족이긴 했으나 '2등 귀족'이었던 것. 반굴과 관창은 아버지, 아들로서 오히려 희생을 강요당했던 것은 아닐까? 나는 관창과 반굴의 희생은 국가에 의한, 신라 정통 진골 귀족들에 의한 강요된 억울한 것이었다고 봐.

라 황산벌 전투가 신라가 백제를 멸망시키는 데에 있어서 굉장히 중요한 전투였다는 사실은 분명해. 하지만 10배에 가까운 병력을 가지고도 힘들게 전투를 했다는 것은 신라군의 전략에 문제가 있었다고 봐. 전략적 문제를 왜 반굴과 관창이라고 하는 어린 아이들에게 책임을 돌려야했는지 이해할 수 없어.

내 논리 강화하기

Step 2. 자신이 선택한 견해에 근거를 추가하여 논리를 강화해 보세요.

Step 3. 자신이 선택한 견해와 다른 의견을 제시한 사람의 논리를 반박해보세요.

조목조목 반박하기

보기

전략가 원인 : 어린 화랑의 희생 ➡ 결과 : 신라군 사기 증가
원인과 결과 간의 논리적 관계가 성립하나요?
만약 당신이 신라군의 지도자라면 화랑을 사지로 내모는 전략이 병사들의 사기를 높이는 결과를 가져올 거라 확신할 수 있나요?

철학자 국가란 큰 공동체를 위해선 개인의 희생은 정당하다? 인간사회에서 존중해야 할 가장 소중한 가치인 생명을 국가를 위해 바치는 것이 정당하고 정의로운 행동이라면, 국가를 위해서라면 개인은 모든 것을 포기해야 한다는 말씀과 같이 들리네요.

백성 노블리스 오블리주 (Noblesse oblige). '귀족은 사회적 의무를 갖는다'는 뜻입니다. 자신의 목숨을 바쳐서 국가와 사회의 평화에 이바지할 수 있다면 그 일이야 말로 사회적 특권을 누려온 귀족이 해야할 일 아닌가요? 2등 귀족은 귀족 아닌가요?

김유신 사실 백제군은 하루 만에 밀어버릴 수 있는 숫자였습니다. 하지만 이 전투만은 오래 끌고 싶었지요. 사비성으로 15일 만에 군량을 가져오라고 한 오만한 당나라 군대의 말을 곧이 곧대로 들어주고 싶지 않았기 때문입니다. 두 화랑의 명복을 빕니다.

Step 4. 화랑 반굴과 관창의 죽음에 대한 자신의 생각을 종합적으로 정리해보세요.

내 생각 보여주기

역사力思 해보기

◆논제. (가), (나) 제시문을 읽고, 신라의 삼국통일에 대한 태도를 대조한 후, (다)를 참고하여 두 제시문의 입장이 다른 이유를 서술하시오.

가 문무왕이 고구려와 백제를 평정하여 하나로 만든 것은 태종무열왕의 계략과 김유신의 도움이 있었기 때문이다. 또한, 당나라 조정에서 장수를 명하고 군사를 보내어 귀순자는 도와주고, 반역자는 토벌했던 공로가 또한 컸기 때문이다. 그런데 문무왕은 통일한 뒤, 자만하고 사치하려는 마음이 갑자기 생겨났으며, 반란하는 고구려의 무리들을 받아들이고, 백제의 옛땅을 점거하면서 감히 당나라 군사에 항거했다. 당나라의 덕을 배반하고 순리를 거스르다가 당의 원수가 되었으니, 몹시 부끄러운 일이다. 그런데도 뉘우쳐 사과하려는 기색이 없이 교만한 생각만을 했다. (중략) 그 뒤로는 난적이 서로 잇달아서 신라의 왕업이 날로 쇠하여졌다. 문무왕이 능히 조심하고 두려워하지 않으며 스스로 나태하고 교만함이 이와 같았기 때문이다.

-1485년(조선 전기), 서거정 등, 『동국통감』-

나 다른 종족을 끌어들여 같은 종족을 멸망시키는 것은 도적을 불러들여 형제를 죽이는 것과 다를 바 없는 것이다. 이는 삼척동자라도 알 수 있는 바이거늘. 슬프다! 우리나라 역사가여! 이를 아는 자가 매우 적구나. (중략) 반만큼이라도 혈기를 가진 자라면 이를 욕하고 꾸짖는 게 옳으며 배척하는 것이 옳거늘, 오늘날 그 본말을 따지지 않고 다만 '우리나라 통일의 실마리를 연 임금이다.'라고 한다. 그가 우리나라뿐 아니라 중국도 통일하고 일본도 통일하며 기타 동서 여러 나라들을 빠짐없이 통일하였더라도 그 공으로 그 죄를 덮지 못하는데 하물며 삼국을 통일한 공으로 그 죄를 덮을 수 있으리.

-1908년(대한제국기), 신채호, 『독사신론』-

다 카(Edward Hallet Carr)는 역사가가 해야 할 일이 '있었던 일'을 기록하는 것만이 아니라 '있었던 일'을 평가하고 비판하는 일이라고 생각했습니다. 그래서 그는 역사적 사실도 역사가에 의해 창조되는 것이라고 표현했어요. '역사가는 그가 속한 시대와 사회의 제약을 받기 때문에 역사적 사건을 해석하고 평가하는 기준도 그가 속한 시대와 사회에 따라 다를 수 있기 때문'이라면서요. 역사적 사실이 시대마다 달리 평가될 수 있다는 그의 생각은 '역사는 과거와 현재와의 끊임없는 대화'라는 유명한 말에 함축적으로 표현되어 있죠.

6

너나들이 역사 여행

우리는 지금까지 선사시대~신라의 삼국통일까지의 역사를 알아보았습니다. 이 책을 읽으면서 몰랐던 역사적 사실들을 새롭게 알고, 토론과 논술을 통해 역사란 한 가지 답이 정해져 있는 학문이 아닌 다양한 해석과 관점이 존재하는 학문이란 사실을 체험하는 시간이 되셨으면 합니다.

하지만 우리의 역사 나들이는 끝나지 않았습니다. 이제 책을 가방에 넣고, 밖으로 나가서 역사의 현장을 직접 밟아볼 차례이거든요. 역사를 공부하는 가장 주된 방법은 책을 읽고 생각하는 것이지만 직접 역사 현장에 가서 보고, 듣고, 만져봐야 역사를 더 깊이 느낄 수 있지요.

6장, 「너나들이 역사 여행」에서는 1장에서 공부한 선사시대를 체험할 수 있는 '경기도 연천', 3~4장에서 공부한 한강의 주도권을 놓고 싸운 삼국시대의 이야기를 들을 수 있는 '서울 송파구~광진구', 4~5장에서 공부한 백제의 공주~사비 시기와 백제의 멸망 과정이 고스란히 남아있는 '충청남도 공주~부여' 로 떠나볼 예정입니다. 책을 읽은 김에 이번 주말에라도 당장 이곳 중 한 군데로 떠나보세요. 역사가 진짜 내 것이 되는 경험을 할 수 있을 것입니다.

① 경기도 연천

Day 1

출발 → 전곡선사박물관 (AM 10:00) → 전곡리선사유적지 (PM 12:00) → 통현리고인돌공원 (PM 3:00) → 도착

Day 2

출발 → 호로고루성 (AM 10:00) → 경순왕릉 (AM 10:30) → 숭의전 (AM 11:30) → 동이리주상절리 (PM 1:30) → 재인폭포 (PM 3:00) → 한탄강오토캠핑장 (PM 4:30) → 도착

② 서울 송파구~광진구

Day 1

출발 → 한성백제박물관 (AM 10:00) → 석촌동고분군 (PM 12:00) → 고구려대장간마을 (PM 2:00) → 도착

Day 2

출발 → 소마미술관 (AM 10:00) → 한미사진미술관 (AM 11:00) → 롯데월드 (PM 12:00) → 롯데월드민속박물관 (PM 5:00) → 도착

③ 충청남도 공주~부여

Day 1

출발 → 무령왕릉 (AM 10:00) → 국립부여박물관 (PM 1:00) → 정림사지 (PM 2:00) → 도착

Day 2

출발 → 관북리유적 (AM 10:00) → 백제공예문화관 (AM 10:30) → 부소산성 (AM 11:30) → 궁남지 (PM 1:00) → 도착

너나들이 역사 여행 ❶

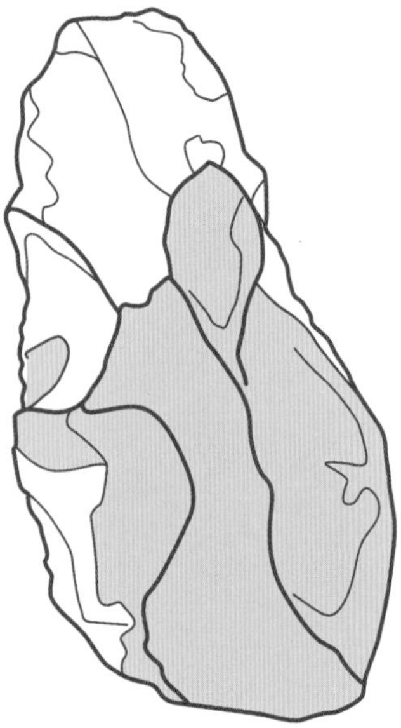

선사시대 맥가이버 칼, 주먹도끼

경기도 연천

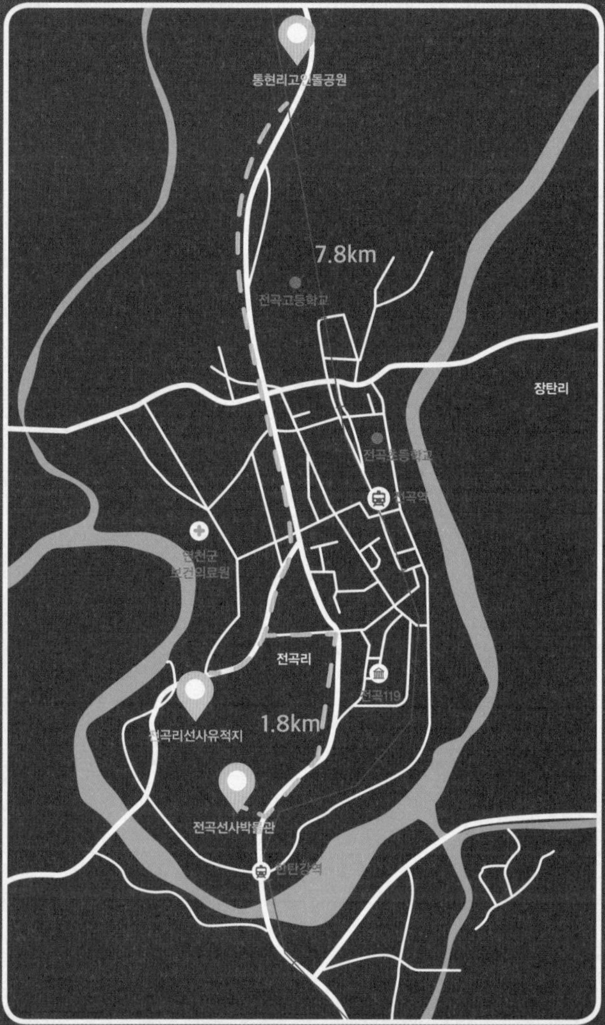

Course

1
전곡선사박물관

2
전곡리 선사 유적지

3
연천 통현리 고인돌 공원

Day - 1

한반도 선사인들의 터전인 연천에서
사람 살던 냄새를 맡아보자.

C O U R S E 1

전곡선사박물관

AM 10:00

주 소	대한민국 경기도 연천군 전곡읍 전곡리 176-1
전 화	031-830-5600
홈페이지	jgpm.ggcf.kr
입장료	어른 : 4,000원 | 아이 : 2,000원
대중교통	❖ 1호선 '소요산역' 하차 후 버스 환승 ❖ 경원선 '한탄강역'에서 하차 후 도보 10분 ❖ 버스 이용 '전곡선사박물관' 정류장 하차 36 (심야), 39, 39-1, 39-2, 53-1, 53-3, 53-5, 53-6, 53-9, 55-4, 55-8, 56-2, 56-4, 59-1

너나들이 역사 여행 첫 번째 여행지는 전곡선사박물관입니다. 우리나라에서 선사시대를 다룬 박물관 중 가장 매력적인 곳이죠. 서울에서 조금 멀긴 하지만 이곳에 가면 전곡리의 선사인들이 남긴 소중한 유물뿐만 아니라 전 세계 선사인들의 이야기를 들을 수 있어요. 전곡선사박물관이 있는 한탕강변은 동아시아 최초의 아슐리안형 주먹도끼가 발견된 곳이기도 합니다. 지금 당장 전곡리로 떠나세요. 니콜라스 디마지에르Nicolas Desmazieres가 설계한 멋진 디자인의 박물관은 여러분을 타임머신에 태운 듯 선사시대로 여행시켜 줄 것입니다.

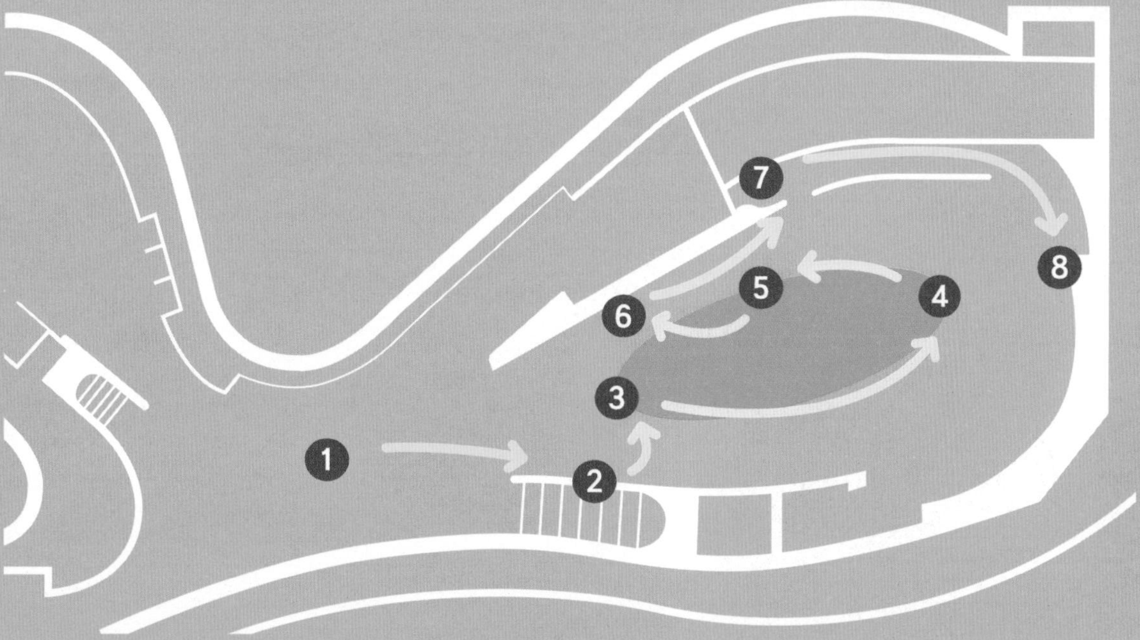

1 주먹도끼

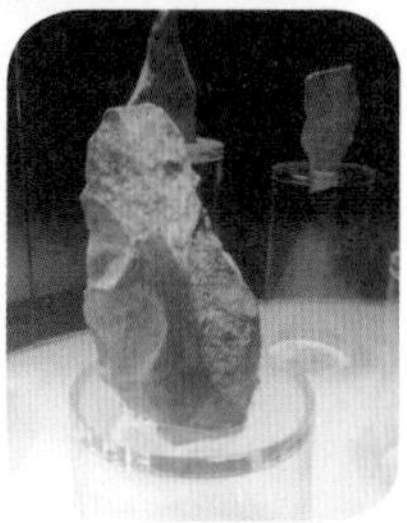

선사시대에는 당시 사회상을 알려주는 기록이 없기 때문에 유물과 유적 하나하나 소중하지 않은 것이 없어요. 하지만 연천 전곡리에서 출토된 이 유물은 선사시대 유물 중 가장 중요하고 특별한 발견이었어요.

Q1 - 1 이 유물의 이름은 무엇인가요?

●●●● 주 먹 도 끼

Q1 - 2 이 유물의 발견은 왜 중요한가요?

2 사바나 최초의 인류

1,000만 년 전 아프리카에서 커다란 지진이 일어났습니다. 지진은 아프리카의 지형을 완전히 바꿔놨어요. 지각변동으로 엄청나게 높은 산맥이 나타난 거예요. 그때 들어선 산맥은 인류 탄생의 계기가 되었어요. 산맥의 등장과 인류의 출현이 무슨 상관이냐고요? 박물관의 영상을 보고 그 답을 알아봅시다.

Q2 - 1 지각변동 이후 아프리카의 기후는 어떻게 바뀌었나요?

Q2 - 2 기후가 바뀐 후 초기 인류의 생활 방식은 어떻게 달라졌나요?

3 인간과 동물 사이

전곡선사박물관에는 약 700만 년 전의 투마이로부터 약 1만 년 전의 만달인까지 화석 인류가 복원되어 있어요. 정말 실제 모습처럼 만들어져 있어서 박물관 최고의 볼거리라고 할 수 있죠. 이 전시물을 통해 현재의 우리 인류가 어떻게 진화했는지 알아보도록 해요.

Q3 -1 사람은 생물학적으로 볼 때 유인원에 속해요. 유인원이란 말은 18세기 과학자'린네'가 다른 동물들과 구분하기 위해 지은 이름인데요. 어떤 뜻을 담고 있는 이름인가요?

Q3-2 루시가 발견된 곳 근처에서 루시의 두개골보다 상당히 큰 두개골이 발견되었어요. 남성으로 추정되는 이 두개골의 주인은 뭐라고 이름 붙여졌나요?

Q3-3 유인원과 인간의 차이점은 무엇인지 박물관 패널을 활용하여 아래의 표의 빈칸을 채워봅시다.

	유인원	몸	인간
1		두개골 용량	1400~1500ml
2	턱은 크고 앞으로 돌출	턱	
3	턱끝이 없음		
4		척추	S 자로 휨
5	팔이 다리보다 김	팔다리	
6		엄지 발가락	다른 발가락과 마주 대할 수 없음

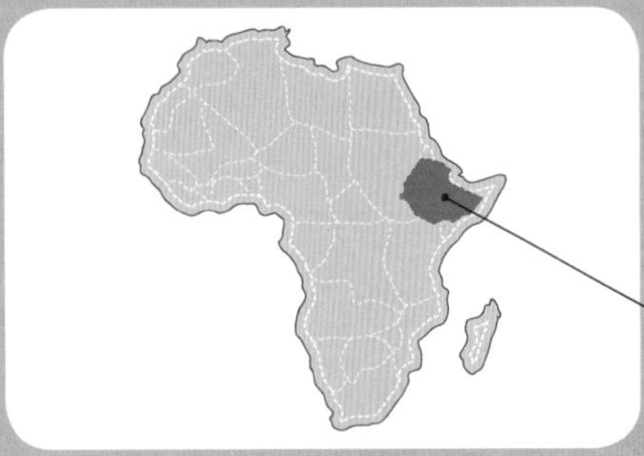

Q3-4 현재까지 발견된 석기 중에서 가장 오래된 것은 260~150만 년 전의 것입니다. 가장 오래된 석기가 발견된 곳은 현재 어느 나라의 유적인가요?

4 털코뿔소

180만년 전부터 아시아와 유럽 북부의 초원에 살았던 이 털코뿔소는 어깨 높이가 2.2m, 길이는 4m에 달할 만큼 거대한 동물이에요. 지금은 멸종되어 볼 수 없지만, 이 거대한 녀석이 땅을 울리며 뛰는 모습을 상상해보세요.

Q4 한반도에서도 살았다고 하는 이들의 화석이 발견된 곳은 우리나라의 어느 지역인가요?

5 현생 인류의 변화

유인원부터 현생 인류까지 인류는 많은 변화를 거쳐왔습니다. 하지만 인류가 직선적으로 변화해 온 것은 아니에요. 다양한 종들이 나타났다가 사라졌고 환경에 적응하며 진화해 온 종은 살아남을 수 있었으며, 그렇지 않은 종은 멸종하고 말았지요.

Q5 - 1 현생인류의 가까운 친척인 네안데르탈인이 주로 살았던 지역은 어디인가요?

Q5 - 2 인류의 최근 조상인 이들을 공통적으로 뭐라고 부르는지 빈칸에 알맞게 적어보세요.

만달인

산정동인

용곡인

호 모

Q5 - 3 인류 최초의 기계식 도구로서 최대 100m까지 던질 수 있는 사냥 도구의 이름은 무엇인가요?

6 매머드 집

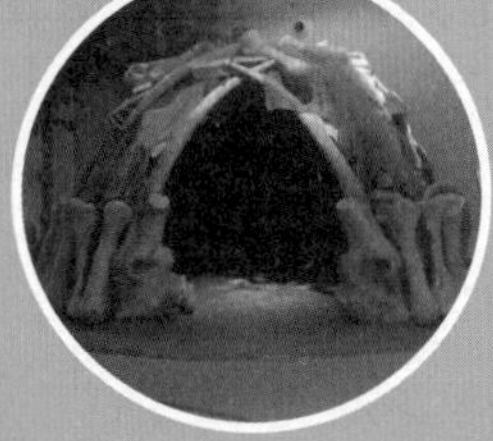

매머드는 절대 혼자 잡을 수 없어요. 작전을 짜야만 하죠. 일류의 조상들은 지나가는 길목에 큰 구덩이를 파고 뾰족한 나무를 끝이 위로 가도록 구덩이 안에 박아서 함정을 만들었어요. 그리고 몰래 숨어 있다가 매머드가 나타나면 일제히 소리를 지르며 뛰어나가 불방망이로 위협하며 함정으로 몰았죠. 결국 구덩이로 떨어진 매머드는 인간들의 돌벼락과 투창 세례를 받으며 점차 힘을 잃고 사냥 당하게 되었답니다.

Q6 유라시아에 사는 사람들은 매머드를 사냥한 후 그 뼈로 집을 지었습니다. 이 집을 지을 때 필요한 매머드는 총 몇 마리였나요?

7 구석기인의 문화와 믿음

이곳엔 프랑스의 라스코 동굴에 그려진 벽화들이 재현되어 있어요. 동굴 벽면엔 많은 그림들이 그려져 있습니다. 그런데 놀랍게도 이 그림들은 구석기인들이 그린 그림이예요. 라스코 동굴 벽화의 생동감 넘치는 묘사를 본 스페인의 화가 피카소는 극찬을 아끼지 않았다고 합니다. 여러 가지 재료를 이용해서 선을 그리고 색을 칠한 이 그림들엔 어떤 의미가 담겨 있을까요?

Q7-1 동굴을 천천히 지나가면서 어떤 그림들이 그려져 있는지 5개 이상 적어보세요.

Q7-2 이 벽화를 만든 사람들은 왜 이런 그림을 남겼을까요? 추측해서 적어보세요.

메가 케로스
연천을 중심으로 한 추가령 지구대에 살던 동물

8 추가령 지구대

아주 먼 옛날 화산이 폭발해서 한반도 중부지대에 엄청난 양의 용암이 흘러들어와 용암대지를 만들었어요. 이후 수많은 물줄기가 그 위를 흐르게 되었고 곳곳에 작은 습지와 강 그리고 호수가 생겼죠. 그러자 자연스럽게 다양한 식물이 자랄 수 있는 있게 되었어요. 숲이 우거지고 강에는 물고기가 살자 다양한 동물이 터를 잡기 시작했어요. 사람이 살기 무척 좋은 환경이죠? 이곳이 바로 연천의 선사시대 사람들이 자리 잡은 추가령 지구대의 모습이랍니다.

Q8-1 용암이 식어서 만들어졌으며 수많은 구멍이 뚫려있는 것이 특징인 이 돌의 이름은 무엇인가요?

Q8-2 연천에 살던 선사인은 무엇을 먹고살았나요? 전시물을 활용해 추가령 지구대에 어떤 먹거리들이 있었는지 찾아보고, 빈칸에 알맞게 채워보세요.

INTERVIEW

전곡선사박물관 전시기획자 이성연

Q 이렇게 귀한 시간 내주셔서 감사드립니다. 자기소개 먼저 부탁드릴게요.

A 안녕하세요. 저는 전곡선사박물관에서 전시기획부장을 맡고 있는 이성연이라고 합니다.

Q 전시기획이면 구체적으로 어떤 일을 하시는 건가요?

A 저는 원래 디자인을 전공했어요. 지금은 선사박물관에 있기는 하지만 원래 미술관 전시기획부터 시작했죠. 그래서 전시 내용은 학예사분들이 많이 담당해주시고 저는 그분들과 함께 전시 공간 연출과 공간을 어떻게 구성할 것인지 연구하고 디자인하는 역할을 하고 있습니다. 학예사분들의 머릿속에서 상상하신 것들을 눈에 보이게 표현하는 역할을 하고 있다고 보시면 좋을 것 같네요.

Q 아하. 선생님 덕분에 다른 박물관과는 다르게 새롭고 창의적으로 보이는 거군요?

A 아이고, 저 하나만의 노력으로 그렇게 된 건 절대 아니에요. 먼저 저희 박물관 건물은 전 세계 건축가들의 경쟁을 통해 선택된 작품이에요. 프랑스의 XTO건축사에서 담당해 주었죠. 창의적이면서도 역사적인 의미를 담고 있는 작품인데요. 멀리서 보면 우주선 같아 보이기도 하는 은색 외벽은 뱀 비늘을 형상화한 것이지만 위에서 바라보면 태초의 '세포' 모양을 하고 있습니다. 그런데 박물관을 방문하시는 분들은 시간여행을 하고 있다는 느낌을 많이 받으신다고 해요. 그래서 저희 직원들끼리는 '은빛타임머신'이란 애칭으로 부른답니다. 저희 관장님께서 새로운 전시를 하려고 많은 노력을 하고 계세요. 특히 주변에 사시는 지역 분들과 함께 많은 작업을 하고 있는데요. 합창단도 운영하고 있고요. 박물관에서 바자회도 진행합니다. 저희는 서울과 거리가 많이 떨어진 곳에 있기 때문에 지역과의 연계가 무척 중요하거든요. 최근에는 '용감한 사형제'라는 전시를 진행했는데 박물관과 가까운 곳에 사시는 농부 아저씨, 아줌마들께서 만드신 나무 조각품을 가져와 전시하는 프로젝트였어요. 전문 조각가가 아니신데도 전시가 결정되자 정말 열심히 작품을 만들어주셨고 판매도 많이 되었습니다. 전시라는 것이 거창한 게 아니라 사소하더라도 이야기를 불어넣어 컨셉을주고 연출하는 것만으로도 감흥을 줄 수 있다는 걸 느꼈죠.

Q 박물관에서 놓치지 말아야 할 전시물이 있다면 소개해주세요

A 아무래도 주먹도끼란 유물이 저희 박물관의 자랑거리죠. 저희 주먹도끼는 아시아에서 최초로 발굴된 '구석기 시대 맥가이버 칼' 이라고 불리는 아슐리안형 주먹도끼예요. 하지만 저희는 맥가이버 칼이라는 비유보다 스마트폰에 비유하고 싶습니다. 아주 많은 기능을 하나에 담은 멀티 펑션 도구이거든요. 구석기 시대의 하이테크 기술이 집약되어 있는 것입니다. 상설전시관 입구에 전시되어 있으니 꼭 살펴보시길 바랍니다. 전시물은 아니지만 1박 2일 선사 캠프도 추천하고 싶네요. 저희 박물관에서 가장 오랫동안 진행해온 프로그램이라 완성도도 높고 참가자들의 만족도도 매우 높은 프로그램입니다. 가족들이 함께 캠핑을 즐기면서 사냥도 하고 주먹도끼로 고기도 직접 잘라보고 동굴에 들어가 보기도 하고요. 많은 분이 경험해보셨으면 합니다.

Q 박물관을 찾아오시는 관람객에게 하고픈 말씀이 있으시다면?

A 박물관에 오시면 보통 관람만 하고 가시잖아요. 그것도 중요하긴 하지만 박물관과 연계된 문화와 먹을거리도 체험해보고 가시면 좋을 것 같아요. 저희 박물관 왼편에 '구석기 산책로'라는 이름의 잣나무 길이 있는데 걷다 보면 마음이 편안해지는 느낌을 받으실 수 있을 거예요.

학생들에게는 책읽고 공부하는 시간보다 상상하고 생각하는 시간을 많이 가졌으면 좋겠다는 말을 하고 싶어요. 어려운 말로 '사유'하는 시간이죠. 박물관에 오면 자연을 보면서 '35만년 전 구석기 사람들이 어떻게 살았을까?', '이 지역은 그때 어떤 모습이었을까?' 를 상상하게 되거든요. 공부하느라 바쁘겠지만, 평소에 사유하는 시간을 가진다면 지식이 더욱 가깝게 느껴지리라 생각합니다.

COURSE 2

전곡리 선사 유적지

PM 12:00

주 소	경기도 연천군 전곡읍 양연로 1510
전 화	031-832-2570
홈페이지	www.goosukgi.org
입장료	어른 : 1000원 | 아이 : 500원
대중교통	❖ 1호선 '소요산역' 하차 후 버스 환승 ❖ 경원선 '한탄강역'에서 하차 후 도보로 10분 ❖ 버스 '한탄강역' 또는 '전곡선사박물관' 정류장 하차 36(심야), 39, 39-1, 39-2, 53-1, 53-3, 55-4, 55-8, 56-2

전곡선사박물관에서 오전 관람을 마치셨다면 오후에는 신나는 선사시대 체험을 할 차례입니다. 박물관에서 차로 10분 거리에 있는 멀지 않은 곳이니 꼭 들러서 선사인처럼 불을 피워 놓고 바베큐를 구워먹기나 조개 장식 만드는 체험을 해보세요. 넓은 공원이 조성되어 있어서 편안하게 둘러보기 좋은 곳입니다. 특히 여름과 겨울방학 기간 동안엔 연천시 주최로 구석기 축제를 하는데, 이 때엔 체험과 볼거리가 열 배로 늘어난답니다. 가급적이면 축제기간에 방문하시는 것이 여러모로 좋을 것 같습니다.

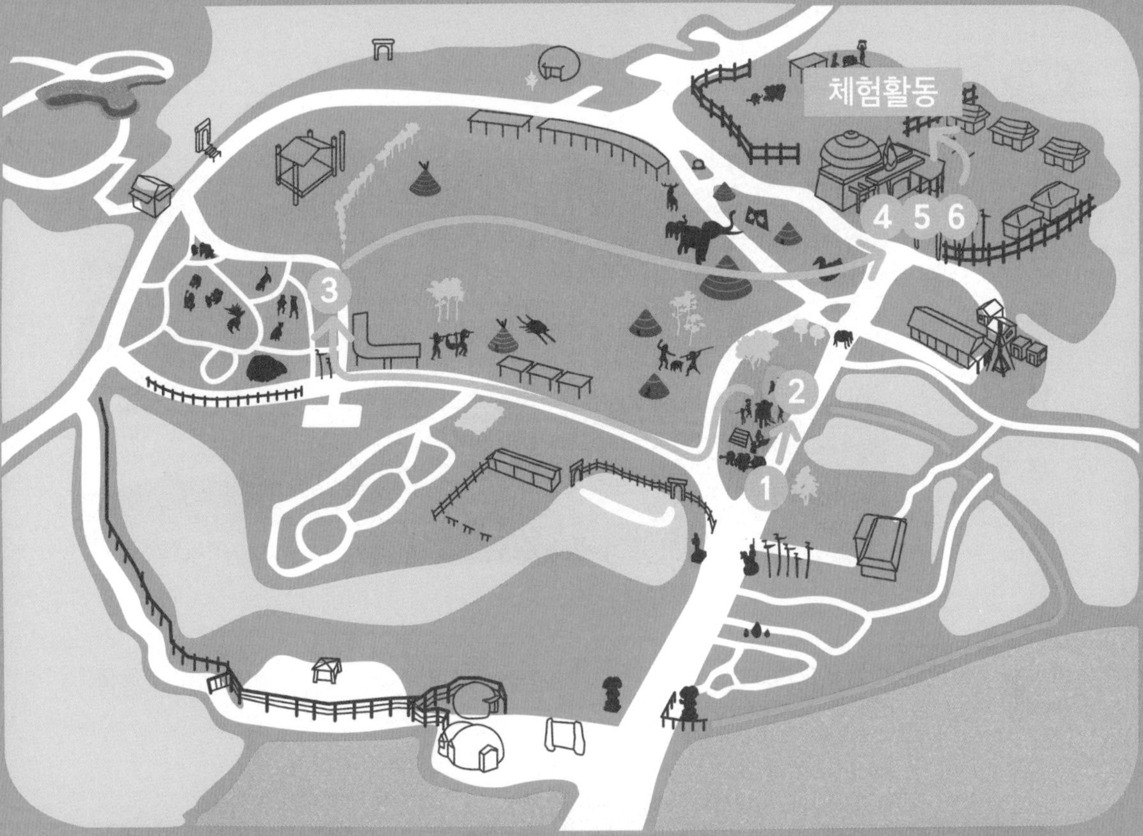

1 선사인의 삶

Q1 책 26쪽을 참고하여 선사인들이 각각 어떤 방식으로 돌을 떼어내고 있는지 확인해보세요.

Q2 아래 사진의 선사인들은 지금 어떤 활동을 하고 있는지 보기에서 골라보세요.

❶ 채 집

❷ 어 로

❸ 사 냥

❹ 기 록

Q3 선사시대에 동물은 인간에게 위협적인 존재였습니다. 전곡리선사유적지에서 아래 사진에 나와 있는 동물들을 찾아보고, 한반도에 어떤 동물들이 선사인들과 함께 살고 있었는지 알아보세요.

2 전곡리선사유적지 전시관

Q4 예전에는 전곡에 '이것'을 만드는 사람이 많았다고 해요. 천지사방에 널려있는 현무암 덕분이었는데요. 전시실의 패널을 활용해서 '이것'이 무엇인지 찾아보세요.

Q5 다음은 전곡 선사 유적지를 발굴하신 (故)임종태 발굴 단장님의 작업 도구입니다. 각 도구의 이름을 전시실 패널에서 찾아 써보세요.

Q6 전시실 중앙에는 발굴 현장의 모습이 그대로 복원되어 있습니다. 현장에는 여러 가지 도구들이 놓여있고 바둑판처럼 선이 그어져 있는데요. 이것들은 발굴작업 때 왜 필요한 것인지 생각해보세요.

3 선사유적지 체험활동

전곡리선사유적지에는 다양한 체험활동이 준비되어 있습니다. 방문했을 때 원활한 체험을 위해서는 홈페이지를 통해 일단 예약을 하셔야 합니다. 아래의 체험활동은 입장료 외에 추가 비용이 있으니 확인해주세요.

조개 그림 그리기

고기 구워먹기

COURSE 3

연천 통현리 고인돌 공원

PM 3:00

주 소 | 경기도 연천군 전곡읍 양원리 408-4

입장료 | 무료

연천의 고인돌은 교과서에서 본 고인돌보다 규모가 훨씬 작습니다. 어른 10명 정도가 힘껏 들면 충분히 들 수 있을 것 같은 크기죠. 아직 부족의 크기가 그렇게 크지 않던 시기에 만들어진 것 같아요. 규모가 작다고 하더라도 연천의 고인돌이 가지고 있는 의미도 작은 것은 아니에요. 이곳엔 정말 특별한 형태의 고인돌이 많이 모여있거든요. 어떤 고인돌들이 우리를 기다리고 있을지 함께 가보도록 합시다.

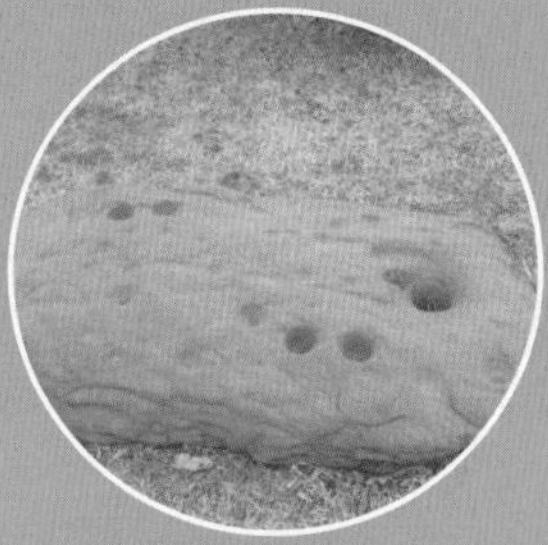

Q1 무등리 고인돌에 난 구멍들은 어떤 의미를 담고 있는지 알아봅시다.

Q2 학곡리 2호 고인돌 발굴 당시 함께 발굴된 유물엔 어떤 것들이 있었는지 알아봅시다.

Q3 진상리 2호 고인돌 발굴 당시 함께 발굴된 유물엔 어떤 것들이 있었는지 알아봅시다.

Q4 통현리 4호 고인돌이 발굴될 당시 지역 주민들은 이 고인돌을 어떤 이름으로 부르고 있었는지 알아봅시다.

Q5 전곡리 1호 고인돌은 연천 지역에서 많이 나는 재질의 돌로 만들어졌는데요. 어떤 재질인지 알아봅시다.

Day - 2

연천은 깊숙이 들여다보면 뜻밖의 역사와 만나고
도시를 벗어난 해방감을 맛볼 수 있는 공간이다.

① 호로고루성

개성과 서울을 잇는 중요한 위치에 지어진 이 작은 성은 남한에서 찾을 수 있는 몇 안 되는 고구려 성이다. 이곳에 오르면 임진강과 한탄강이 만나는 모습을 볼 수 있는데 그 강변을 따라 고구려 군이 백제의 수도 한성으로 이동했다. 평양에서 한성으로 향할 때 가장 이동거리가 짧은 길이기 때문이다. 그래서 그런지 북파 간첩인 김신조도 1968년 청와대를 습격하러 갈 때 호로고루성 옆의 이 길을 이용했다고 한다.

② 경순왕릉

신라의 마지막 왕인 경순왕의 무덤이다. 경주가 아닌 다른 지역에 위치한 유일한 신라 왕릉이지만 경순왕이 고려 태조 왕건에게 항복하고 고려의 신하가 되었다는 역사적 사실을 상기해 보면 그리 놀랄 만한 일은 아니다. 다만 릉에서 쓸쓸함이 느껴질 뿐이다. 실제로 경순왕릉은 오랫동안 잊혀졌다가 조선 후기 영조 때에 이르러서야 무덤 주인이 확인되었다고 한다.

③ 숭의전

태조를 포함한 고려 시대 왕들과 복지겸, 신숭겸 등 개국공신 16명의 위패를 모신 사당이다. 원래 이곳에는 고려 왕 8명의 위패가 있었는데 조선 시대 세종 때 망한 나라의 왕들을 8명이나 모실 수는 없다며 이 중 4명의 위패를 빼버렸다고 전해진다. 현재 남아있는 건물은 6·25 때 소실되었다가 복원된 것이다.

④ 동이리 주상절리

홍적세 중기 무렵 철원 북쪽에서 분출한 용암은 철원-연천 일대에 넓은 용암대지를 만들었다. 이후 임진강이 흐르자 용암대지가 침식되었고 강을 따라 수 킬로미터의 주상절리가 생기게 된 것이다. 가을엔 붉은 단풍이 절리를 따라 피어 있어 적벽이라고 부르기도 한다.

⑤ 재인폭포

18.5미터의 이 폭포는 평지가 움푹 내려앉은 곳에 자연적으로 생긴 것이다. 폭포의 이름에 관해 재미있는 일화가 전해지는데, 옛날에 한 원님이 마을에 사는 광대(재인)의 아내를 빼앗으려고 광대에게 폭포 절벽에 줄을 묶고 줄타기 묘기를 시키고는 이내 줄을 끊어버려 죽였다는 이야기이다. 그가 죽은 후 아내는 원님의 수청을 드는 척하다가 원님의 코를 뜯고 자결했다고 한다.

⑥ 한탄강 오토캠핑장

한탄강의 물소리를 들으며 캠핑을 즐길 수 있는 곳이다. 편의 시설이 잘 갖춰져 있으며 2만 원이면 오토캠핑 예약이 가능해 부담 없이 캠핑을 즐길 수 있다. 캐러반이나 캐빈 하우스 시설도 사용할 수 있으니 홈페이지를 통해 확인해보자.

너나들이
에세이 1

경계를 허무는 공간

경기도 연천을 둘러보다

부지런떨며 떠난 하루치 여행

겨울 여행은 추워야 제맛이건만 가면 갈수록 겨울이 밋밋해진다. 손발이 시리다며 꽁꽁 거리던 노랫가락도 어쩐지 흥이 나지 않는다. 아침부터 잔뜩 찌푸린 날씨는 눈 대신 짙은 겨울비를 쏟아낼 기세다. 달리는 내내 정돈된 도시들이 지루하게 반복된다. 쉼 없이 달려도 기다리던 연천은 보이지 않고 가을걷이를 마친 휑한 논과 밭만 끝없이 펼쳐진다. 알맞게 데워진 차 안에서 연신 하품을 하다가 슬쩍 창문을 내리고 콧구멍을 크게 열어본다. 순간 짐작하지 못했던 차가운 공기가 가슴 속까지 쑥 들어섰다. 어머니께서 손수 담가주시던 살얼음 낀 식혜를 벌컥 들이킨 맛이랄까. 오늘 여행이 겨울의 제맛을 톡톡히 선사해줄지도 모른다는 설렘에 사로잡혔다.

연천은 경기도라고 이름 붙여진 곳 중 서울과는 가장 멀다. 경기도 북부에 자리하고 있는 수도권이지만 마땅한 교통편이 없어 인적이 드문 데다 38선과 비무장 지대가 있어 개발이 제한되어 있다. 역사가 만들어낸 인위적인 경계 덕분에 여느 도시처럼 체계를 갖추고 있진 못하지만 자연 그대로의 모습만큼은 아주 잘 간직되어 있다. 인간이 살기엔 불편할지 몰라도 자연이 살기엔 더욱 안성맞춤인 셈이다. 그렇다면 오늘 하루 자연과 더불어 살아봐야 하나. 이곳은 오 분만 걷다 보면 마주친다는 흔해빠진 커피숍, 편의점, 치킨 가게도 없다. 프랜차이즈로 무장한 가게들은 더욱 찾기 힘들다. 있을 건 있고 없을 건 없을 것만 같은 구닥다리 간판의 한적한 식당들만 드문드문 보일 뿐이다. 채 정비되지 않은 도로는 군데군데 웅덩이가 패여 자동차 바퀴가 닿을 때마다 요란스럽게 흙탕물을 튀기며 덜컹거렸다. 언 땅이 녹은 흙길은 내려서자마자 질척거리며 발자국을 만들어냈다. 신발이 금세 더럽혀졌지만 아주 오랜만에 밟아보는 흙길이라 그런지 재미가 났다.

선사 시대 유물과 유적이 쏟아져 나온 연천 전곡리부터 고려 시대 개국 공신을 모신 숭의전, 분단의 역사를 써내려간 임진강과 한탄강에서 펼쳐지는 캠핑의 낭만까지. 도시를 벗어난 해방감을 한껏 들이마시며 부지런히 발걸음을 옮겼다.

매표소
오랫동안 운영을 하지 않은 듯 버려진 매표소.
한가한 고양이들만 이리저리 돌아다닌다.

황포돛배
수리를 기다리며 하염없이 정박 중인 배들.
언제쯤 다시 임진강변을 오고 갈 수 있을까?

고고학자의 열정이 만들어낸 인류의 생존기

가장 먼저 들른 선사 박물관은 외딴곳에 불시착한 우주선의 모습을 하고 있었다. 박물관 초입에는 머리에 꽃을 단 원시인이 갈대밭 사이에서 숨바꼭질 중이었다. 자연과 어우러진 최초의 인류는 서로 닮아있었다. 자연의 일부가 된 인류를 향해 반갑게 손을 흔들며 우주선 안으로 들어섰다. 박물관 내부에는 춥고 굶주린 환경 속에서 살아남기 위해 몸부림쳤던 인류의 생존기가 가지런히 정돈되어 있었다. 당시 사용했던 도구들은 모래알로 떡을 빚고 조약돌로 소반 지어 놀던 어린

인류 진화 모형

시절 소꿉놀이 장난감 같았다. 어쩌면 돌멩이쯤으로 치부했을 유물들을 보며 지나간 역사를 들여다보고 있자니 상상력만으로 인류의 흔적을 짜 맞춰갔을 고고학자의 열정이 고맙게 여겨졌다.

생생한 동물벽화부터 각양각색의 사냥도구, 정교하게 빚어낸 그릇, 아늑한 움집, 묵직한 고인돌의 모습까지. 생존을 위한 인류의 절실한 몸부림은 전부 다 흔적이 되어 생생하게 살아있었다. 그것을 증명이라도 하려는 듯 최초의 인류는 자신들의 삶과 연관된 것들을 하나부터 열까지 생생하게 기록하고 있었다. 어제의 흔적으로 말미암아 오늘의 내가 있다는 걸 실감할 수 있는 순간이었다.

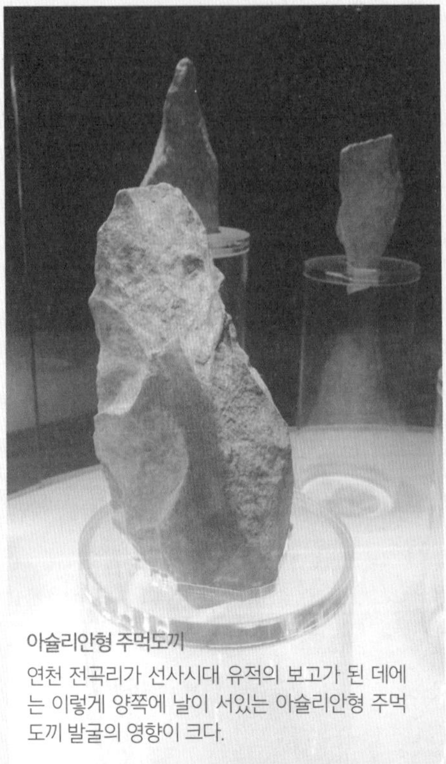
아슐리안형 주먹도끼
연천 전곡리가 선사시대 유적의 보고가 된 데에는 이렇게 양쪽에 날이 서있는 아슐리안형 주먹도끼 발굴의 영향이 크다.

사자
영화 '박물관은 살아있다' 한국판을 제작한다면 이곳이 촬영 후보 1순위. 전시실엔 마치 살아움직일 것 같은 동물과 원시 인류들로 가득차 있다.

하이에나

전곡선사박물관 전시관 내부

승의전 느티나무
800년이 된 보호수. 얼핏 계산해도 고려 중기 이후에 심어진 것이니 참으로 귀한 나무다. 임진강변으로 약간 굽어있다.

어수정

숭의전 사당 내부

숭의전 전경

600년 세월의 무게를 견뎌온 느티나무

우리는 고려의 흔적을 따라 숭의전으로 발걸음을 옮겼다. 초입에는 태조 왕건이 마셨다는 '어수정'이라는 자그마한 약수터가 있었다. 먼저 온 노부부가 약수를 맛보는 모습을 보고 태조의 기개가 나에게도 전달될까 싶어 한 사발 들이켜 보았다. 추운 날씨인데도 달큰하고 시원한 맛이 났다. 얕은 언덕길을 오르니 탁 트인 사당 맞은편으로 임진강이 내려다보였다. 끝없이 펼쳐진 강줄기를 눈으로 좇다가 너무 아득해 나도 모르게 감탄사를 내뱉었다.

사당은 화려하고 거대한 종묘와 달리 조촐한 분위기를 자아내고 있었다. 기대와는 다른 모습에 조금 당황스러웠다. 누군가가 가차 없이 불태워버렸을 이곳을 누군가는 다시 매만져 되돌려놓는다. 그렇다고 해서 옛 고구려의 모습을 계승하고자 했던 나라의 기상이 다시는 돌아오진 않을 것이다. 안타까운 마음이 드는 순간, 고려의 후손들이 심었다는 600살 먹은 느티나무가 눈에 들어왔다. 잎사귀가 모두 떨어져 나간 가지들은 기세등등한 모습으로 쭉쭉 뻗어있었다. 한때 고려를 호령하던 인물들을 대신하는 것 같아 보여 다행스러웠다. 하지만 역사의 뒤안길로 사라진 고려 왕조의 모습은 돌아내려오는 발걸음마다 아쉬움이 묻어나게 만들었다.

연천을 가로질러 흐르는 두개의 다른 강

경기도 연천에는 두 개의 유명한 강이 흐르고 있다. 함경남도 마식령에서 발원해 판문점과 연천 파주로 유입되는 임진강과 북한 평강군원에서 발원해 철원군 포천시 연천을 잇는 한탄강이다. 한양과 개성의 나루터 역할을 톡톡히 해내던 고랑포는 분단의 역사에 가로막혀 이제는 가장 경계해야 할 지역 중 한 곳이 되었다. 나는 냉큼 포구의 번성함을 머릿속에 그려본다. 유유히 노를 젓는 뱃사공들의 모습이 펼쳐지는가 싶더니 갖가지 물건들을 펼쳐놓고 흥정을 붙이는 장사꾼들의 목청이 들려오는 듯싶다. 그토록 북적이던 수많은 사람들은 모두 어디로 간 걸까. 호로고루성에 오르니 시원스레 흐르는 임진강 변의 물살이 더욱 선명히 들어온다. 여름이었다

한탄강 댐 상류
댐의 공사가 끝나면 곧 물에 잠길 풍경이다.

면 얕은 물살에 발을 맡기고 싶을 만큼 맑고 청초하다. 언젠가 한반도에도 통일이 찾아오면 가장 먼저 남과 북을 이어줄 강이 되지 않을까.

뉘엿뉘엿 지는 해를 바라보며 한탄강 캠핑장으로 발걸음을 옮겼다. 저 멀리 수십 개의 텐트 무리가 한탄강을 마주하고 펼쳐져 있었다. 일상을 벗어나 거추장스럽고 불편한 휴식을 즐기는 모습을 보고 있자니 조금 우스운 생각이 들었다. 움집이 아닌 텐트를 짓고 최첨단 조리기구로 고기를 굽고 있는 모습이 최초로 발견한 불을 이용해 고기를 구워 먹던 최초의 인류와 흡사했기 때문이다. 부지런히 저녁을 준비하거나 따뜻한 커피를 즐기는 모습을 보며 나도 그들 틈에 끼어 여유로움을 즐기고 싶었다. 최초의 인류도 밤하늘의 별을 보며 아름답다는 생각을 했을까. 자연과 더불어 찌든 피로를 털어내고 자연의 밤을 즐길 줄 아는 그들이야말로 진정한 삶의 고수 같았다.

익숙하면서도 낯선 풍경을 선사해주는 곳

사계절 내내 같은 장소로 여행을 떠나는 사람들은 말한다. 같은 곳이라도 계절마다 익숙하면서도 낯선 풍경을 선사해준다고. 이곳 연천에 오니 그 말의 의미를 알 것 같다. 화려하고 잘 정돈된 맛은 없을지 몰라도 전형적인 도시의 풍경이 지리멸렬할 때 마음먹고 찾아오기 참 좋은 곳임이 틀림없다. 여름에 오게 되면 재인폭포와 주상절리를 꼭 구경해야겠다.

연천은 38선을 걸치고 앉아 북한으로부터 두 개의 물길을 흡수하고 있다. 군사 방어시설과 수많은 군부대의 이정표를 바라보며 놓칠 수 없는 보이지 않는 긴장의 끈이 느껴졌다. 먼 옛날 선사인들에겐 강과 산이 있었을 뿐 38선 따위는 없었을 텐데. 그래서인지 여느 시골과는 다른 풍경이 익숙한 듯 낯설다. 경계의 길목 연천, 가장 번성했던 옛날 그 모습처럼 먼 훗날이라도 결국은 정겨운 화해의 장이 될 수 있기를 기대해 본다.

한강이 품은 삼국시대

서울시
송파구-광진구

하늘과 땅이 갈리면서
한 강호를 이루어지니
천리나 넓은 곳이
한 폭의 수묵화로다
해오라기 오르는 곳에
물이 밝았다 어두웠다
푸른 하늘 저 끝엔
산이 보이다 말다 한다

-서거정

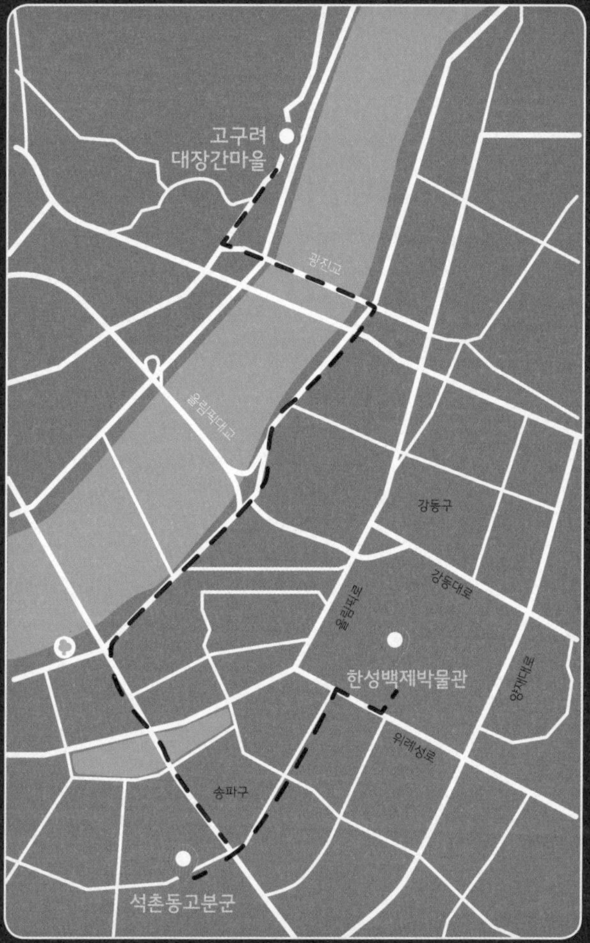

Course

1
한성백제박물관

2
석촌동고분군

3
고구려대장간마을

Day - 1

오늘날까지 서울의 중심을 관통하며 도도하게 흐르는 한강.
한강을 차지하려는 자와 지켜내려는 자의 고군분투를 따라가 보자.

COURSE 1

한성백제박물관

AM 10:00

주 소	서울시 송파구 위례성대로 71(방이동 88-20) 한성백제박물관
전 화	02-2152-5800
홈페이지	baekjemuseum.seoul.go.kr
대중교통	**지하철** 8호선 몽촌토성역 1번 출구 5호선 올림픽공원역 3번 출구 **버스 이용** 30, 30-5, 3412, 3413

너나들이 역사 여행 2의 첫 번째 여행지는 한성백제박물관입니다. 선사시대부터 삼국시대까지 역사를 포함하고 있으며 한성백제 시기의 역사를 중점적으로 다루고 있습니다. 서울의 선사 및 고대 역사를 확인할 수 있는 곳이지요. 올림픽 공원 내 몽촌토성 옆에 위치하고 있어서 가족들과 함께 소풍을 즐기기에도 좋은 곳이에요. 박물관 관람 후 몽촌토성을 거닐어 보세요. 그 길 아래 한성 백제 사람들의 터전이 잠들어 있답니다.

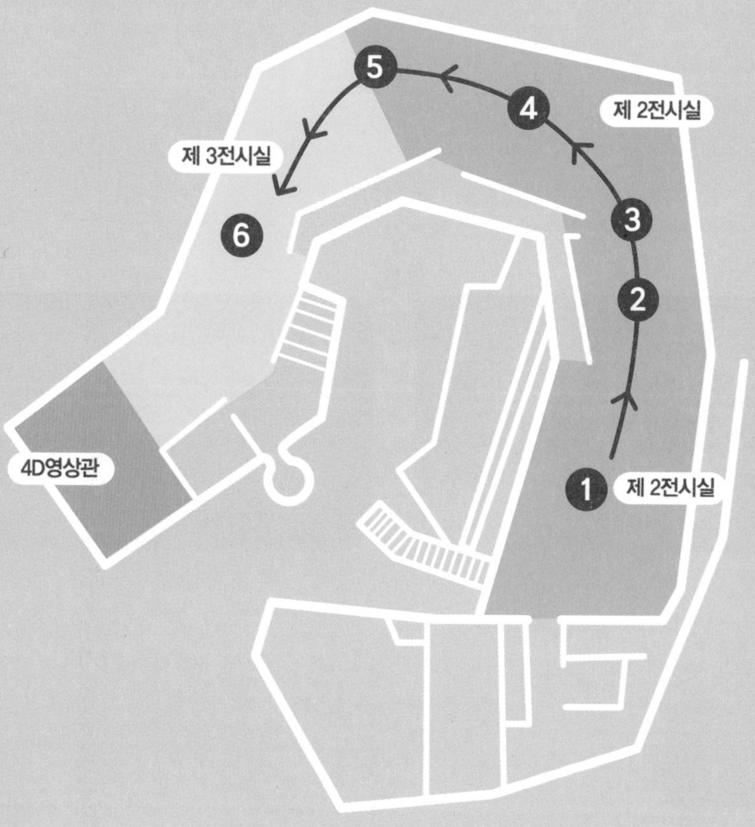

1 더 큰 나라로

백제의 첫 도읍은 한강 남쪽의 위례성이라고 알려져 있습니다. 처음엔 너무 작은 집단이라 정확히 어느 곳에 자리했는지 잘 알 수 없어요. 하지만 위례성이 점점 커져서 나중에 한성으로 이름을 바꾼 이후 궁궐이 어디에 있었는지는 알려져 있죠. 백제의 궁궐은 두 곳으로 나뉘어 있었는데요. 바로 정궁인 '북성北城'과 별궁인 '남성南城'입니다.

Q1 - 1 '한성의 풍경' 전시물을 보고 한성의 두 성이 각각 어떤 이름으로 불리는지 알아보세요.

① 北城(북성)

② 南城(남성)

Q1 - 2 4세기 후반 고구려 왕으로서 백제 근초고왕과 그의 아들의 공격에 맞서 싸우다 화살에 맞아 죽은 사람의 이름은 누구인가요? <영토확장과 대외진출> 영상을 보고 확인해보세요.

Q1 - 3 백제는 3~5세기에 걸쳐 영토를 크게 확장했습니다. 그들은 넓어진 영토를 직접 다스리지는 못했어요. 왕의 힘이 지방까지 미치지 못했던 것이죠. 대신 백제왕은 지방에 관리를 파견하지 않는 대신 귀하고 값진 물건을 보냈습니다. 대표적인 유물 두 가지를 적어보세요.

① ②

2 백제 사람들의 삶

한강 주변은 한성 백제인들에게 삶의 터전이었어요. 그래서 곳곳에 아직 백제인들의 흔적이 남아있지요. 이곳 몽촌토성과 풍납토성에도 많은 사람이 살았는데요. 발굴된 유물과 집자리 유적을 통해 그들의 생활상을 조금이나마 엿볼 수 있습니다. 1,500년 전 백제 사람들은 어떻게 살았을까 알아봅시다.

Q2 - 1 나무 밑 그늘진 곳에서 노인들이 휴식을 취하며 즐겼던 놀이는 무엇인가요?

Q2 - 2 건강한 밥상을 관찰하고 백제인들의 밥상에는 어떠한 것들이 올라왔는지 살펴보세요.

Q2 - 3 백제무덤에서 많이 출토되는 것으로 마한 사람들이 금·은보다 귀하게 여겼다고 한 보석은 무엇인가요?

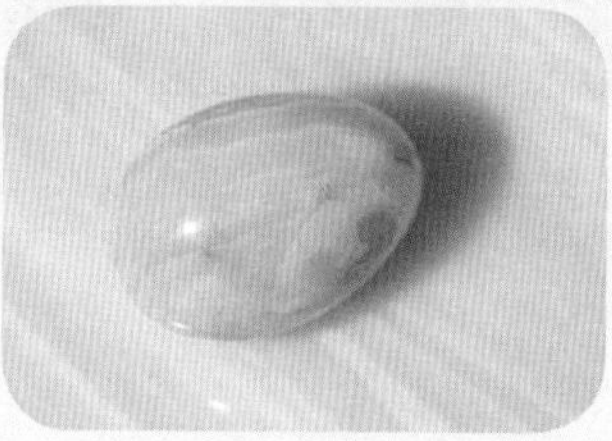

동명사당

백제의 왕들은 자신이 부여에서 내려온 동명왕의 후예라고 생각했습니다. 그들은 그 사실을 자랑스럽게 여겼죠. 동명왕은 하늘의 자손이니 곧 자신들도 하늘의 자손이라는 '천손사상'을 가지고 있었던 거예요. 그들은 이 사실을 백성들에게 알리고 통치의 정당성을 확보하기 위해 도읍 안에 동명왕 사당을 만들고, 제사 지내는 날을 국가 기념일로 삼았답니다.

3 영원히 사는 곳 무덤

무덤을 떠올리면 어떤 느낌이 드나요? 곧 귀신이 나올 것처럼 으스스하다는 느낌은 아닌가요? 무덤이라 하면 긍정적인 이미지보다 부정적인 이미지가 강하지만 역사를 연구할 때 무덤은 굉장히 중요하답니다. 무덤을 통해 당시 사람들의 삶에 대한 생각을 알 수 있고, 무덤 안에서 출토되는 부장품을 통해 당시 사람들의 생활 방식을 알 수 있기 때문이에요.

Q3 - 1 고구려 초기부터 왕릉으로 사용되었으며, 백제에서도 왕릉으로 사용되어 두 국가의 연관성을 살펴볼 수 있는 무덤 양식은 무엇인가요?

Q3 - 2 부부를 비롯한 가족 합장 무덤으로 사용하기 좋아 삼국시대 후기 대표적인 무덤이 되었던 무덤 양식은 무엇인가요?

4 철, 강한 나라를 만들다

Q4 - 1 백제 왕족이 일본 왕에게 전달한 것으로 '일곱 개 가지 가 난 칼'이란 뜻의 이 유물의 이름은 무엇인가요?

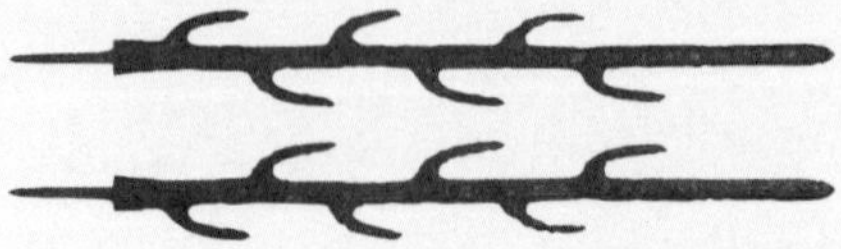

Q4 - 2 <백제 무기 파괴력 테스트> 영상을 보고 백제의 무기 중 가장 인상 깊었던 무기를 고르고, 그 무기의 특징에 관해 설명해보세요.

5 글로벌 백제

백제의 전성기를 이룬 근초고왕은 정복전쟁을 통해서 영토를 넓혔을 뿐 아니라 주변 나라들과의 외교관계에도 힘썼어요. 당시의 중국은 여러 나라로 나누어져 있었는데, 그중 가장 강력했던 동진이라는 나라와 외교 관계를 맺고 발전된 문물을 수용했어요. 왜(일본)와도 외교관계를 맺었는데, 동진에게 가는 바닷길을 알려주었고, 왜에게 다양한 문물을 전해주기도 했답니다. 왕인과 아직기라는 사람을 보내서 한자와 유학이라는 학문을 가르치게 했습니다.

Q5 - 1 양직공도를 보면 백제가 국제적인 지위를 가진 동아시아 세계의 대표 구성원이었다는 것을 알 수 있습니다. 당시 백제와 같이 중국 양나라에 사신으로 다녀간 나라는 어떤 나라가 있었는지 다섯 곳만 적어 보세요.

Q5 - 2

백제인들은 중국과 일본을 오가며 교역을 해야 했기 때문에 배 만드는 기술이 발달하였습니다. 고증을 거쳐 복원된 <백제의 배> 전시물에서 옆 사진의 두 사람은 어떤 작업을 하고 있는 것인지 알아봅시다.

6 삼국의 각축

Q6 - 1 5세기 무렵 고구려가 신라에 영향력을 미치고 있었음을 알 수 있게 해주는 이 유물의 이름은 무엇인가요?

Q6 - 2 다음 유물들은 삼국시대 생활에서 사용하던 물건입니다. 용도를 써보세요.

①

②

③

④

Q6 - 3 다음 유물들을 박물관에서 찾아 이름을 써보세요.

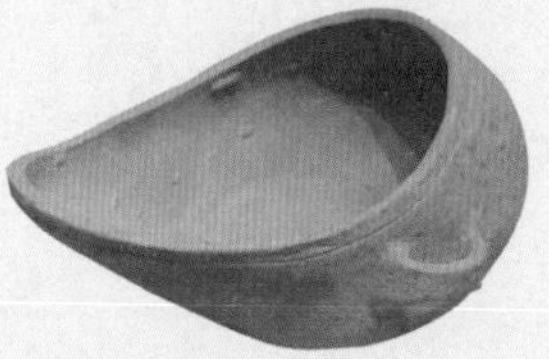

Interview

한성백제박물관 전시기획자 김기섭

Q 안녕하세요. 자기소개 좀 부탁드릴게요.

A 네. 반갑습니다. 저는 김기섭이라고 하고요. 한성백제박물관에서 전시에 관련된 모든 일을 하고 있습니다. 상설 전시뿐만 아니라 기획전시까지 총괄하고 있죠. 기획 전시 같은 경우에는 봄, 여름, 가을, 겨울 이렇게 일년에 네 번을 하고 수시로 작은 전시들을 하고 있습니다.

Q 한 해에도 정말 많은 변화를 주시네요. 박물관에 여러 번 오더라도 새로운 공부를 하고 갈 수 있겠어요.

A 네, 무척 바쁜 날들을 보내고 있습니다. 저희 박물관은 기본적으로 서울시에 소속되어 있는 시립 박물관이기 때문에 서울이 오늘날 이러한 역사를 갖게 된 배경을 알리는데 중점을 두고 있어요. 하지만 서울시라는 지리적 위치에 얽매이지 않고 한강 유역과 한반도 중부지역, 더 나아가 한강을 통한 중국, 일본과의 관계를 통한 동아시아적 관점으로 서울의 역사를 알기 쉽게 소개하고 있습니다.

Q 서울의 역사를 생각하면 조선시대 수도 '한양'을 먼저 생각하게 되는데, 어쩐지 허를 찔린 느낌입니다.

A 역사는 거시적 관점에서 볼 줄 아는 것이 중요하다고 생각해요. 작은 역사적 사실을 역사의 큰 흐름 안에서 해석하는 연습을 할 수 있는 전시도 기획중입니다.

Q 박물관에서 놓치면 안 되는 전시가 있다면요?

A 박물관에 들어오시면 처음으로 마주하게 되는 거대 전시물이 있습니다. 바로 백제시대 풍납토성벽인데요. 그것을 저희가 발굴할 때 성벽을 전사기법으로 그대로 잘라서 가져왔어요. 일종의 유물이죠. 성벽의 크기와 구조를 통해 그것이 만들어지는 과정과 얼마만큼의 인원이 필요했는지 어떤 기법으로 만들었는지 등 다양한 역사적 사실을 알 수 있기 때문에 정말 소중한 유물입니다. 비슷한 맥락에서 중요한 유물이 '한성의 기억'이라는 풍납토성 출토 유물들이 모여있는 전시실에 있어요. '토관'이라는 것인데, 길이가 약 15cm정도 되는 흙 파이프입니다. 상,하수관 용으로 쓴 제품이죠. 이 작은 유물 하나를 볼 때도 역사적 상상력을 발휘해 볼 수 있어요. 이것은 풍납토성 아래에 몇천 개가 연결되어 성에서 매일 만들어지는 오물들을 처리하는 역할을 했겠죠. 그럼 그 많은 토관을 일정한 크기로 똑같이 만들기 위한 규격이 존재했다는 거예요. 그리고 이것의 방수 효과를 위해서는 높은 온도로 구워내는 기술이 필수적인데요. 이에 필요한 가마와 수천 그루의 나무 그리고 수백 명의 기술자를 동원할 수 있는 경제력을 가진 권력자를 상상해 볼 수 있습니다. 무려 1,600년 전에 풍납토성 안에서 왕과 귀족들이 위생적인 생활을 하기 위해 상하수도 시설을 만들었다는 것은 정말 어마어마한 일인 것이죠.

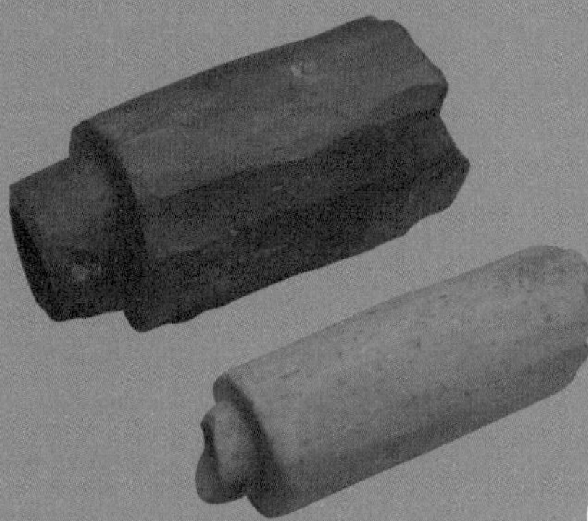

토관

Q 앞에서도 말씀해주셨지만 작은 유물 하나를 통해 역사적 추리를 해보니 역사를 보는 눈이 크게 넓어지는 느낌입니다. 이런 지점이 박물관에서 유물을 직접 봐야 하는 이유겠죠?

A 네~ 관람객들이 오래전 유물을 통해 상상하는 재미를 맛볼 수 있게 하는 것이 박물관의 역할이죠.

Q 실제로 관람객들에게 가장 인기가 좋은 곳은 어디인가요?

A 체험하는 부스가 무척 인기 좋습니다. '고인돌 당기기'라는 게임기가 있는데 실제로 몸을 쓰는 것이니까 항상 어린 관람객들이 많이 모여서 즐기고 갑니다.

Q 칠지도에도 관심을 많이 가지시던데요. 박물관에 있는 것이 모조품이고 진품은 일본에 있다는 걸 아시면 많이 아쉬워하시는 것 같아요.

A 생각해 보셔야 할 게 어떤 물건을 누가 가지고 있느냐는 언제든 바뀔 수 있는 부분이잖아요. 하지만 그 물건을 누가 만들었는지는 바뀌지 않는 사실입니다. 그러니 역사적으로 볼 때 칠지도를 일본이 소유하고 있는 것보다 그것을 백제인들이 만든 것이 더 중요한 역사적 사실이라는 것이죠. 그리고 그것을 왜 만들었는지 어떻게 만들었는지에 대한 관심이 더 올바른 접근인 것 같습니다.

Q 박물관에서 일하시면서 겪으신 재미있는 에피소드가 있다면 소개 부탁드려요.

A 재미있는 에피소드보다는 시간이 지나면서 느끼게 된 부분인데요. 예전엔 관람 문화가 대단히 좋지 않았어요. 박물관에 오셔서 쓰레기를 버리고 간다던가 전시물을 훼손한다던가 하는 일들이 비일비재했죠. 그런데 최근에 한 아이가 모형을 하나 부러뜨린 적이 있어요. 옛날 같았으면 그냥 도망가도 될 일인데 아이의 어머니께서 아이 손을 잡고 오셨더라고요. 아이는 울기 직전이고요. 어머니께서 모형을 훼손했으니 죄송하다며 변상을 하시겠다는 거예요. 얼마나 큰 돈이 들지도 모르시는 데두요. 1년 전 일인데, 아이가 보는 앞에서 교육상 책임을 지려는 모습이 대단히 인상 깊었습니다.

Q 박물관을 찾아오는 관람객분들에게 하고픈 말씀이 있다면?

A 우리가 역사를 배우고 박물관에 온다는 것은 미술관에 오는 것과는 다릅니다. 역사는 자신의 삶의 거울로 삼기 위해서 배우는 것입니다. 먼지 낀 거울보다 선명하게 잘 보여주는 거울이 좋듯이, 명확한 역사를 배우는 것은 무척 중요합니다. 그러기 위해선 있는 사실들을 자세히 들여다 보는 훈련이나 습관이 필요해요. 역사는 단순한 사실을 암기해 퀴즈 풀어보듯 하는 학문이 아닙니다. 꾸준히 유물을 읽어내고 이해하는 법을 연습한다면 역사를 보는 눈이 분명 달라질 겁니다.
그리고 박물관 주변에 답사할 곳들이 많아요. 몽촌토성, 암사동 유적지, 강 건너 아차산 보루, 유네스코 세계문화유산인 남한산성 등등. 이곳들을 가족과 둘러보시면서 우리 역사의 발전을 느껴보셨으면 좋겠습니다.

C O U R S E 2

석촌동 고분군

PM 1:00

주 소	서울특별시 송파구 석촌동 61-6
입장료	무료
대중교통	지하철 8호선 석촌역 7번 출구, 도보 10분

서울 송파구의 석촌동 고분군은 한성 백제 시기 무덤이 모여있는 곳입니다. 1916년, 조사 당시에 90여 기의 돌무지무덤과 흙무덤이 모여있었다고 해요. '석촌'이라는 마을 이름도 돌무지무덤이 많다고 하는 데서 유래된 것이라 하고요. 무덤 주인이 누구인지는 확실하진 않지만 아마도 초기 백제의 왕과 귀족이 묻혀있다고 생각돼요. 지금은 4기 정도의 무덤이 남아있으며 공원으로 조성되어 동네 주민들의 산책 장소로도 이용되고 있습니다.

Q1 사진은 석촌동 3호분입니다. 무덤 앞의 패널을 활용해 어떤 왕의 무덤으로 추정되는지 써보세요.

Q2 다음 무덤을 석촌동 고분군에서 찾아 몇 호분인지 써보세요.

Q3 인류 역사상 가장 보편적인 무덤 만드는 방식으로, 땅을 파서 움을 만들고 그 안에 널을 넣어 조성한 무덤 형태를 뭐라고 하나요? 석촌동 고분군 어딘가에는 이 형태의 무덤이 두 기나 숨어 있습니다. 이 무덤을 찾아 답을 써보세요.

Q4 안쪽에 둥근 원 모양으로 돌을 깔고 바깥쪽에는 네모 모양으로 가지런히 테두리를 만든 형태의 무덤을 뭐라고 부르나요? 사진의 무덤을 찾아 답을 써보세요.

Q5 이곳에서 가장 잘 보존된 무덤인 석촌동 제5호분은 흙을 다져 봉분을 쌓고, 그 위에 돌을 한 겹 덮은 후 다시 흙을 덮어서 완성한 독특한 무덤 양식을 가지고 있습니다. 이 무덤 양식을 뭐라고 하나요?

COURSE 3

고구려 대장간 마을

PM 2:00

주 소	경기도 구리시 아천동 산45-1
전화번호	031-550-2363
입장료	어른 : 3,000원 | 아이 : 1,500원
대중교통	**지하철** 경의중앙선 구리역, 2호선 강변역, 5호선 광나루역에서 구리시 방면 버스 탑승 후 우미내 마을 정류장에서 하차. **버스** 1 , 15 , 23 , 91 , 92 , 93 , 95 , 96, 2000-1 우미내 마을 정류장 하차 후 도보 10분.

고구려 대장간 마을은 아차산 보루가 있는 곳에 드라마 '태왕사신기' 세트장으로 만들어진 곳입니다. 건물 안을 모험하듯이 돌아다닐 수 있습니다. 이곳을 방문하기 전에 먼저 마을 입구에 있는 작은 박물관을 관람하는 걸 추천합니다. 이곳에는 아차산 보루에 올라가지 않고도 그곳에서 발굴된 각종 농기구와 무기를 직접 볼 수 있거든요. 아! 이곳을 방문할 땐 꼭 이 책 「4장 . 끝날 줄 모르는 삼국 간의 전쟁」을 읽고 가셔야 해요. 그래야 아차산이 역사적으로 어떤 의미를 가진 곳인지 아실 수 있을 겁니다.

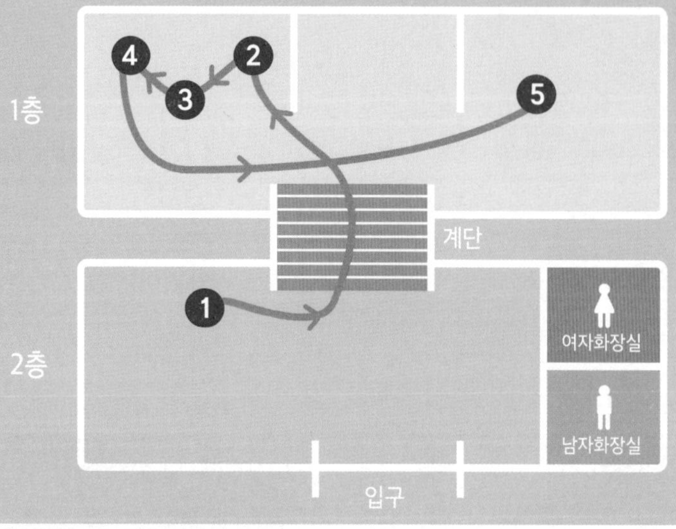

Q1 다음은 고구려 강서대묘의 사신도입니다. 전시실의 패널을 보고 다음 표를 채워보세요.

	현무	주작	청룡	백호
방위	북쪽			
오행		불		
계절			봄	

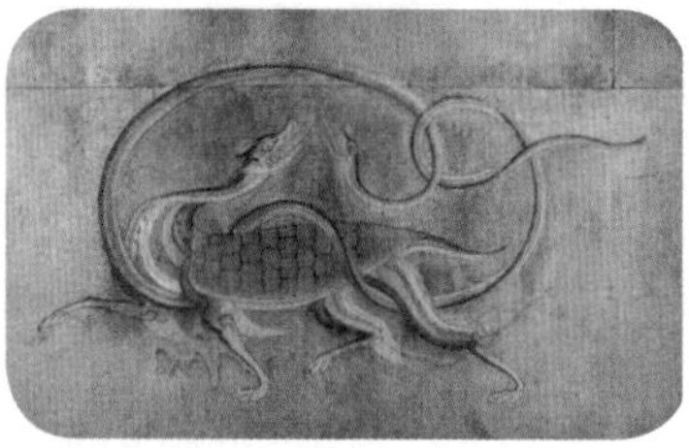
현무도

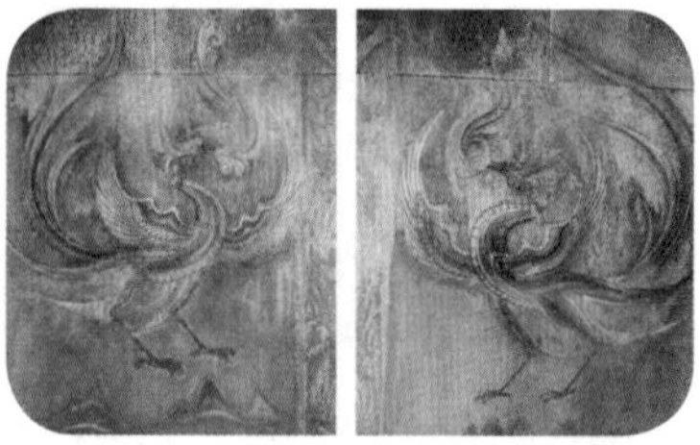
주작도

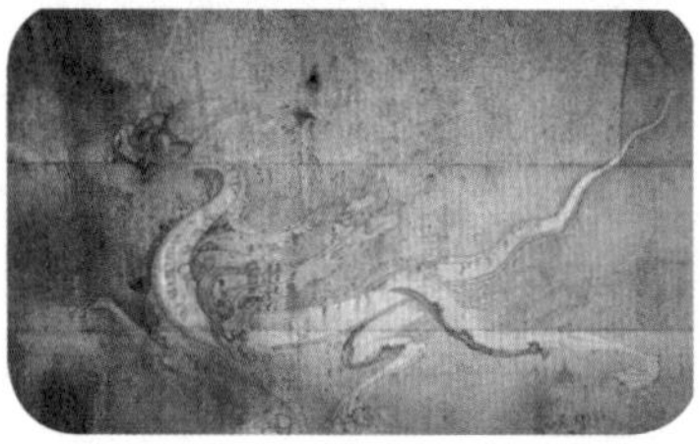
백호도

청룡도

Q2 아차산에서 출토된 다음 농기구들의 이름을 각각 써보세요.

Q3 다음 유물의 이름을 써보세요.

Q4 다음 유물들은 어떤 용도로 사용한 것인지 전시실에서 확인해보세요.

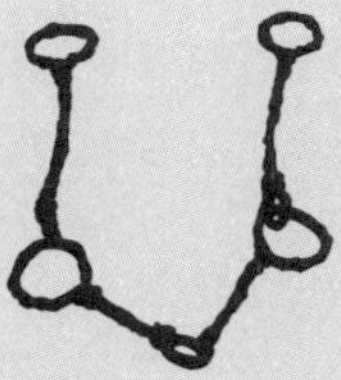

Q5 오른쪽 사진에서 보이는 시설로, 아차산 보루군에 고구려군이 주둔했다는 사실을 알 수 있는 난방장치의 이름은 무엇인가요?

Day - 2

첫째 날 백제의 성립과 고구려와의 관계에 대해서
확실히 알아봤다면 둘째 날은 문화 생활을 즐기며 가볍게 놀아보자.

① 소마미술관

올림픽공원 내 한성백제 박물관 바로 앞에 위치한 미술관. 1988년 야외조각공원과 함께 문을 열었다. 조각공원을 둘러본 후 미술관을 관람하는 것을 권한다. 현대 미술을 전문으로 전시하고 있다. 관람료는 1,000~3,000원.

② 한미 사진 미술관

올림픽 공원 앞에 위치한 국내 최고의 사진 전문 미술관. 다양한 기획전과 사진 다양한 연령대를 위한 사진 강의가 진행되고 있다. 왼쪽 작품은 2016년 초에 진행된 Magnum Contact Sheet기획전에 나온 '라구 라이Raghu Rai' 작가의 1970년 작 '테레사 수녀'이다. 지하철 몽촌토성역 2번 출구를 나오면 한미약품 건물 20층에 있다. 이곳에 오르면 몽촌토성과 올림픽공원을 한눈에 조망할 수 있는 커다란 창문을 가진 카페도 이용할 수 있다. 관람료는 5,000~6,000원.

올림픽공원 전경

③ 롯데월드

공부만 하러 다닐 수는 없으니 가족이나 친구들과 함께 롯데월드에서 추억을 만들어보자. 이곳에 방문하기 전엔 반드시 홈페이지에 들어가서 할인 사항을 체크할 것. 매달 다양한 할인 이벤트가 있으니 꼭 혜택을 누리시길.

제2롯데월드 내에서 다시 만날 수 있는 한국 최초의 경양식당 펍 앤 그릴

트랜트 파크 작 제7의 물결

민속박물관 내 전시물

④ 롯데월드민속박물관

선사 시대부터 현대 시대까지 한국 역사의 주요 장면들을 모두 모형으로 제작해 정리해 놓은 곳. 이곳에 가면 잠시 경주에도 가볼 수 있고, 개성에도 가볼 수 있다. 모형이라고 하지만 무척 규모가 커서 구경하는 재미도 찾을 수 있다. 관람료는 2,000~5,000원.

너나들이
에세이 2

한강이 기억하는 이야기

서울 몽촌토성과 아차산을 둘러보다

손에 손잡고 벽을 넘어서

향수를 불러일으키는 드라마가 인기를 끌면서 1988년이 재조명 되고 있다. 당시는 올림픽을 계기로 나라 안팎이 발돋움을 시작했던 그야말로 격변의 시대였다. 그래서인지 올림픽을 치르는 나라의 국민으로서 자부심은 막연했지만 뿌듯했다. 세계가 하나가 된다는 의미가 무엇인지도 모르면서 손에 손잡고 벽을 넘어 한마음이 되자고 외치던 그때가 새삼 그립다. 그 때문인지 올림픽 공원에 들어서는 감회가 남다르다.

공원은 올림픽 정신을 기념하던 공간에서 이제는 잘 갖춰진 도시의 여가 공간으로 그 몫을 해내고 있다. 누구나 이용이 가능한 간이 체육시설은 가는 곳마다 사람들이 즐비했고, 맨발로 걸어보는 건강지압로는 아프면서도 시원하다. 땀을 쏟아가며 농구장 코트 위를 누비는 학생들을 넋 놓고 바라보는데 단출하게 네 가족만 싣고 달리는 호돌이 열차가 보인다. 상기된 표정의 꼬마가 귀여워 손을 흔들어본다.

곳곳마다 공연을 알리는 포스터가 나부낀다. 경기 함성이 들리던 체육관들은 어느새 문화와 예술의 공간으로 채워져 있다. 적절한 쓰임새들이 이곳 올림픽 공원을 그저 지나간 시간 속 공간이 아닌 언제든 찾을 수 있는 생생한 공간으로 재탄생시키고 있었다.

몽촌토성에 올라 바라보는 백제인들의 생생한 전성기

몽촌토성은 부드러운 곡선을 그리며 봉긋하게 솟아있었다. 만만해 보이는 경사 때문에 별 기대 없이 올랐다가 근사하게 펼쳐진 풍광에 매료되어 한동안 머물러 있었다. 조선시대 학자 서거정이 이곳 몽촌토성에 별장을 짓고 그 경치에 심취하여 지었다는 시가 이제야 실감이 난다.

하늘과 땅이 갈리면서 한 강호를 이루어지니
천 리나 넓은 곳이 한 폭의 수묵화로다
해오라기 오르는 곳에 물이 밝았다 어두웠다
푸른 하늘 저 끝엔 산이 보이다 말다 한다

투박한 돌과 달리 흙으로 쌓은 성벽이 가져다주는 느낌은 달랐다. 일부러 쌓아 올린 군사적 시설이라고 하기엔 너무 낭만적이다. 토성 뒤로 펼쳐졌을 백제의 아기자기한 마을의 모습을 상상해본다. 원래 마을 이름은 '곰마을'이었다고 한다. 사람들 입에 오르내리다 보니 곰이 꿈이 되었고 '꿈마을'로 불리다가 한자로 옮기는 과정에서 웅촌熊村으로 불렸을 마을이 몽촌夢村이 돼버린 것이다. 이름의 유래가 엉뚱하고 재미있다.

몽촌토성
토성 둘레를 한 바퀴 걷다보면 맘이 편해진다.

측백나무
'나홀로 나무'라고 불리는 몽촌토성의 명물이다. 웨딩 촬영장소로 유명하여 외로울 날 없는 일상을 보내고 있다.

풍납토성 단면
실제 풍납토성의 단면을 전사기법으로 가져왔다. 박물관을 찾는 이들을 압도하는 웅장한 크기이다.

백제인의 삶이 한자리에

박물관에 들어서자 몽촌토성의 거대한 단면도가 펼쳐져 있었다. 모형인 줄 알았더니 실제 단면을 그대로 옮겨왔다고 한다. 얼마만큼 박물관 건립에 공을 들였는지 엿볼 수 있었다. 2012년에 문을 연 이곳은 그동안 재조명되지 못했던 한성이 꽃피워낸 유적과 유물이 빛을 발하고 있었다. 특히 백제인들이 빚어낸 휘황찬란한 장신구는 당장 착용해보고 싶을 만큼 기품이 넘쳤다.

백제는 고구려의 침입을 받아 공주로 남하하기 직전까지 제1의 전성기를 꽃피웠다. 온조의 선견지명을 필두로 한성백제는 지금까지도 가장 중요한 위치를 차지할 만큼 역사적으로 의미가 크다. 그야말로 백제인 모두에게 호시절이었으리라. 고구려의 공격을 받아 한성이 함락되기 직전까지 최대 전성기를 누렸던 백제는 고대국가로서의 체제를 확립하고 주변 세력까지 모두 흡수통일 하였다. 더불어 중국과 일본 등 주변 여러 나라와의 교류를 통해 남다른 백제의 문화를 꽃피웠음을 짐작할 수 있었다. 옥상에 올라가니 몽촌토성과 이제는 흔적만 남아버린 풍납토성의 옛터를 둘러볼 수 있는 전망대가 마련되어 있었다. 하지만 주변을 꽉 메운 아파트 단지들로 인해 제대로 된 감상이 어려웠다. 풍납토성이 백제 유적 가운데 최대 규모의 토성인 만큼 언젠가 그 자취를 따라 걸어봐야겠다고 마음먹었다.

백제 토기

백제 기와

올림픽공원의 하늘
근처 성남공항을 오가며 낮게 나는 비행기가 자주 눈에 띈다.

서울 마포구 성산동 홍제천

서울의 중심을 흐르는 거대한 한강은 이렇게
작은 하천들이 모여서 만들어진다.

아차산 오르는 길

아차산 대장간 마을

삼족오가 그려진 고구려 깃발

아차산성

최후의 보루를 찾아 떠나는 백제의 몸부림

아차산은 동네 주민들이 부담 없이 오를 수 있는 해발 285미터의 완만한 산이다. 그래서인지 아버지의 손을 잡고 암팡지게 산을 오르는 어린 소녀의 모습도 눈에 띈다. 굳이 정상까지 도달하지 않아도 고구려정이나 해맞이고개에서 서울 시가지를 내려다볼 수 있다. 서울 야경을 감상하려는 이들에겐 안성맞춤의 장소다.

한성의 마지막 왕인 개로왕은 신하들의 당부에 귀 기울이지 않았다. 자신이 모시던 왕의 어리석음을 개탄한 신하들은 역적이 되어 500년을 이어갔던 한성백제를 순식간에 웅진으로 밀려나게 만들었다. 굳건하게 한강 유역을 지켜낸 백제의 위상이 덧없이 역사 속으로 사라져버리는 순간이다. 그는 아들을 남쪽으로 피신시킨 뒤 이곳 아차산성 아래에서 고구려군에 의해 최후를 맞이한다. 또, 아차산은 잃어버린 죽령 이북의 땅을 회복하기 위해 신라군과 맞서 싸우던 바보 온달 장군이 전사한 곳으로도 유명하다.

백제 초기 전략적 요충지이자 삼국시대 중요한 요새였던 아차산은 백제의 마지막 몸부림이 고스란히 남아있는 곳이다. 또, 백제를 쫓아낸 고구려가 비옥한 토지와 유유히 흐르는 한강을 지켜내기 위해 무던히도 애를 쓰던 최후의 방어선이기도 하다. 그래서인지 아차산 등산로를 따라 걷다 보면 여러 보루를 만날 수 있다. 발굴된 유물은 고구려대장간마을에 가면 만나볼 수 있다.

결국, 아차산성은 한강유역을 차지하기 위한 삼국의 중요한 전략적 요충지로서 서로 빼앗고 빼앗기는 쟁탈의 장場이었던 셈이다. 그 누구의 편도 아니었을 아차산은 수많은 사람의 다툼과 죽음을 지켜보면서 무슨 생각을 했을까. 잠시 고구려정에 서서 뉘엿뉘엿 지는 해를 바라보며 이제 막 불이 켜지기 시작한 서울의 야경을 바라다본다.

아차산 중턱에서 바라본 한강
멀리 제2롯데월드 공사 현장이 보인다. 삼국시대에도 아차산은 전략적 요충지로서 기능하며 한강 주변의 적과 아군의 움직임을 관망하기 좋은 곳이었다.

늘 익숙했던 그곳에서 벗어나 보니 새삼 외로운 마음이 들었다. 사방에서 불어 닥치는 바람을 맞으며 흘러가는 한강의 모습을 숨죽이며 바라봤을 병사도 나와 같은 마음이었을까.

옛사람의 발자취는 찾아내려 애쓰지 않아도 흔적을 따라 걷다 보면 저절로 나와 맞닿아 있다는 걸 깨닫는다. 먼 훗날 누군가도 내가 만들어놓은 발자취를 따라 걸으며 나와 같은 감상에 빠질까. 그렇다면 나는 먼 훗날의 그를 위해 더 열심히 살아봐야겠다고 다짐을 하며 아차산을 내려왔다. 역사라는 게 참 얄궂다.

아차산 도로 벚꽃나무

은은한 물빛이 빛나는 공주, 부여

충남 공주(웅진), 부여(사비)

낙화암 *落花岩*
이익 *李瀷*

바위 위에 꽃이 피니
희고 붉어 노닐기 좋아라
바위 위에 꽃들 아래로 떨어지니
아름다운 비단 흩어져 서쪽으로 날아갔네
꽃 피고 지는 걸 알지 못한 채
나라 망하고 임금 죽었어도 바위 홀로 남았지
울리던 거문고 노랫소리, 아른 거리는 춤사위에
국경 밖에 맹수 떼를 눈치 채지 못했다네
음탕을 경계하지 않으면 이같이 되리니
보게나
백마강 물결 슬피 울며 흘러감을

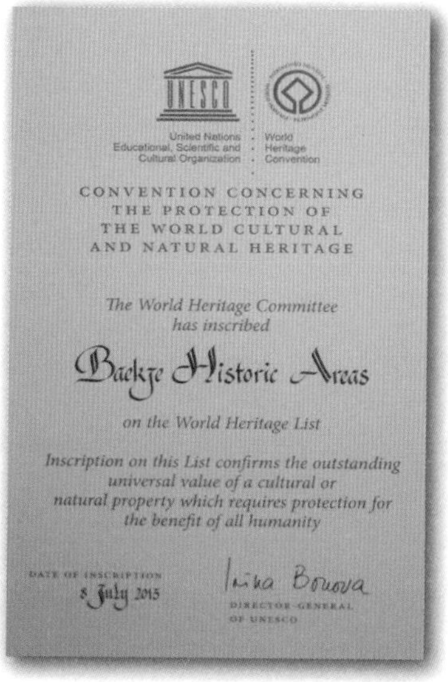
UNESCO
United Nations Educational, Scientific and Cultural Organization
World Heritage Convention

CONVENTION CONCERNING THE PROTECTION OF THE WORLD CULTURAL AND NATURAL HERITAGE

The World Heritage Committee has inscribed

Baekje Historic Areas

on the World Heritage List

Inscription on this List confirms the outstanding universal value of a cultural or natural property which requires protection for the benefit of all humanity

DATE OF INSCRIPTION
8 July 2015

Irina Bokova
DIRECTOR-GENERAL OF UNESCO

▲ 유네스코세계문화유산 증서
-백제역사지구

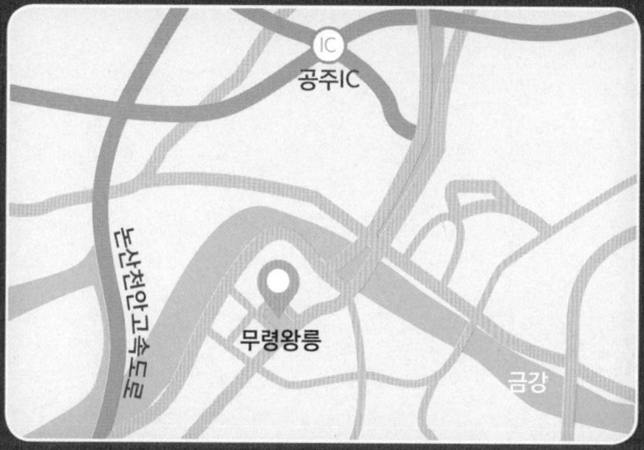

Course

1
무령왕릉(송산리고분군)

2
국립부여박물관

3
정림사지

Day - 1

백제가 제2의 전성기를 누린 공주와 부여.
그들의 문화 중흥의 노력을 쫓아가보자.

C O U R S E 1

무령왕릉(송산리고분군)

AM 10:00

주 소	충청남도 공주시 왕릉로 37 무령왕릉입구
전 화	041-856-3151
대중교통	버스 이용 101, 125, 260, 262

사적 13호인 송산리 고분군은 해발 130미터의 낮은 산인 '송산'에 위치하고 있기에 '송산리고분군'이라고 부릅니다. 이곳엔 무령왕릉을 포함하여 총 7기의 고분이 자리잡고 있습니다. 사비 백제 시기 왕과 왕족의 것으로 추정되는 이 무덤들은 무령왕과 왕비를 제외하고는 부장품의 도굴이 심해 주인을 밝힐 수 있는 단서가 없는 상황입니다. 그래도 유적의 가치를 인정받아 2015년 '공산성, 관북리 유적, 부소산성, 능산리 고분군, 정림사지, 부여 나성'과 함께 백제역사유적지구로 유네스코 세계 문화 유산에 등재되었습니다. 실제로 무덤 안에 들어가 볼 수는 없지만 전시관에 잘 만들어진 모형 안에 들어가 백제 왕실의 장례법에 대해 알아보는 시간을 가졌으면 합니다.

Q1 <웅진시대 백제와 연표> 패널을 보고 다음 빈칸을 채워봅시다.

제25대	제26대	제27대	제28대	제29대
①	삼근왕	동성왕	②	성왕
(475~477년)	(477~479년)	(479~501년)	(501~523년)	(523~554년)
· 475년. 웅진으로 천도 · 476년. 탐라국이 방물을 바침	· 479년. 해구 죽임	· 493년. 신라와 혼인동맹 · 500년. 임류각 지음	· 507년. 고구려군과 말갈군을 한성에서 격퇴 · 513년. 오경박사 단양이를 왜에 파견	· 538년. 왜에 불교 전파, 사비 천도

Q2 송산리고분군 발굴 과정 패널을 보고 1~6호분은 공통적으로 어느 나라 사람들에 의해 발굴되었는지 알아보세요.

1~4호분	5호분	6호분	무령왕릉
1927년	1932년	1932년	1971년
			· 배수로 공사 과정에서 발굴

Q3 송산리 5호분은 어떤 형태의 무덤인가요?

4 백제 고분의 종류

백제의 고분은 수백 년의 시간 동안 다양한 모습으로 변화하면서 백제 장례 문화의 변천을 보여주고 있습니다. 전시실의 〈디지털 스크린〉을 통해 백제의 다양한 무덤 양식을 알아봅시다.

Q4 - 1 항아리에 사람의 뼈를 담거나 죽은 어린이를 묻는 무덤 양식은 무엇인가요?

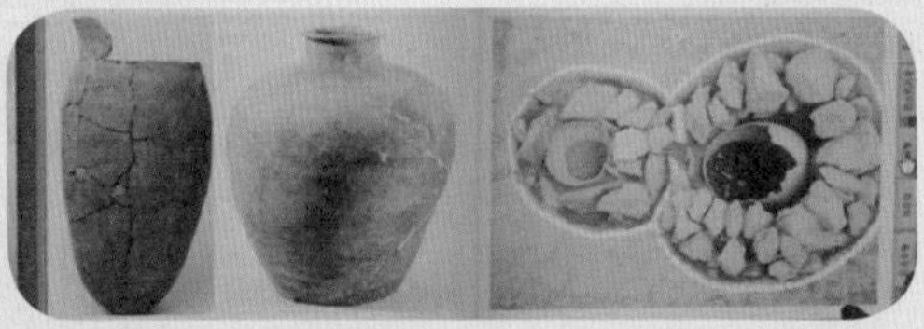

Q4 - 2 기다란 나무 관을 만들어 시신을 안치한 다음 땅 속에 묻는 무덤 양식은 무엇인가요?

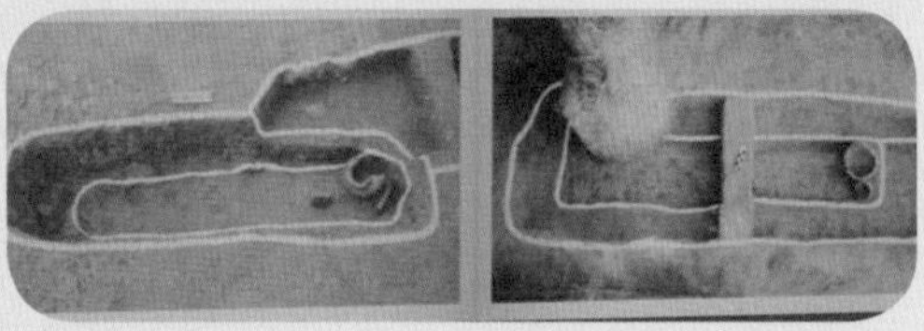

Q4 - 3 전돌을 이용하여 만든 무덤을 통틀어 이르는 무덤양식은 무엇이라고 하나요?

Q4 - 4 시신을 넣은 돌널 위를 흙을 덮지 않고 돌을 쌓아 만든 무덤양식은 무엇이라고 하나요?

Q5 벽이 울퉁불퉁한 송산리 6호분에 사신도를 그리기 위해 어떤 재료를 사용했는지 전시실의 패널을 읽고 알아봅시다.

힌트 : 조개를 태운 재, 두 글자

Q6 무령왕릉에 사용하기 위한 벽돌을 제작하기 위해선 어떤 과정이 필요했는지 전시물을 따라 살펴봅시다.

Q7 삼국시대 왕릉급 고분 중 유일하게 발견된 것으로 무덤 주인을 알 수 있게 해주는 글이 써있는 유물은 무엇인가요?

Q8 무령왕릉 축조에 사용된 벽돌의 종류는 모두 몇 가지인가요? 전시실의 패널을 활용해 알아보세요.

COURSE 2

국립부여박물관

PM 1:00

주 소	충청남도 부여군 부여읍 금성로 5
입장료	무료
전 화	041-833-8562
홈페이지	http://buyeo.museum.go.kr
대중교통	버스 602

국립부여박물관은 백제의 마지막 도읍이었던 사비의 흔적을 고스란히 옮겨 놓은 곳입니다. 하지만 이곳에 방문하면 백제 유물뿐만 아니라 충남지역에서 발굴한 다양한 선사시대 유물까지 볼 수 있기에 역사 공부에 큰 도움을 받을 수 있지요. 백제 최고의 예술 작품인 금동대향로를 진품으로 만날 수 있는 영광도 누릴 수 있고요. 박물관 주변엔 부소산성, 궁남지, 정림사지 등등 중요한 백제 유적이 옹기종기 모여있으니 박물관 관람 후 이동하여 천천히 산책하듯 둘러 보는 것도 좋을 것 같네요.

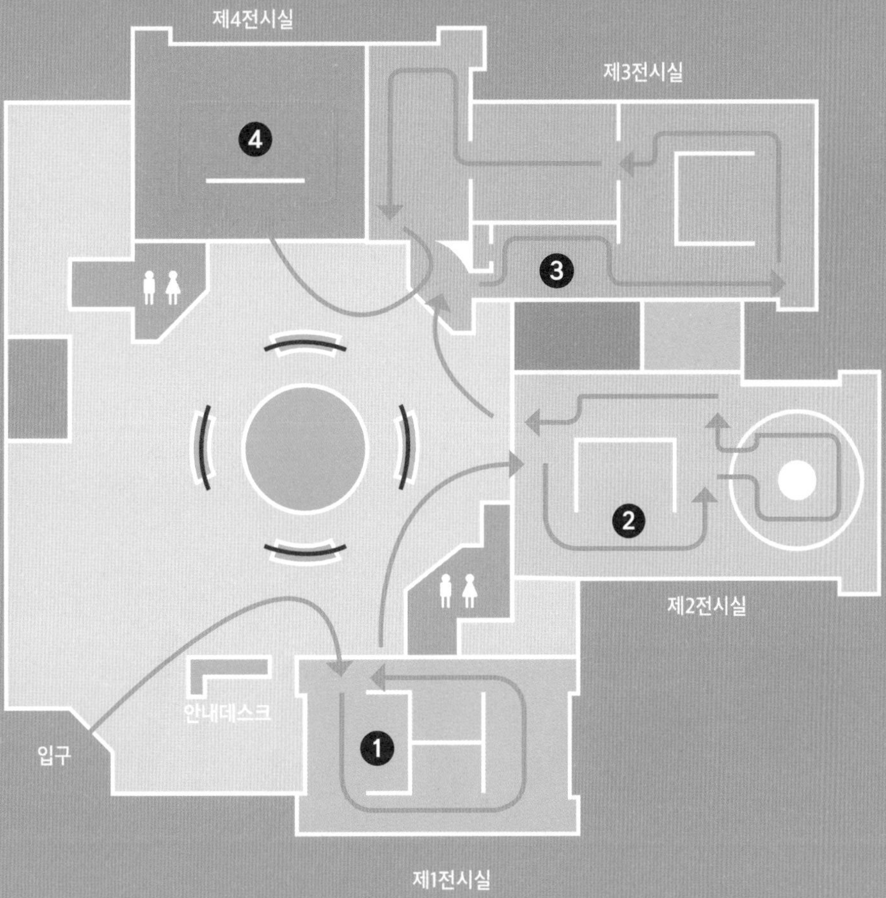

1 부여의 선사와 고대문화

부여는 넓은 금강을 끼고 있어서 선사시대부터 사람들이 살기 좋은 땅이었습니다. 특히 농사가 발전하기 시작하면서 자리를 잡게 된 부여 지역의 청동기 문화는 독특한 색채로 일본까지 영향을 주었습니다. 선사시대 이 지역 사람들의 삶은 어땠는지 살펴볼까요?

Q1 - 1 다음 도구들의 이름을 써보세요

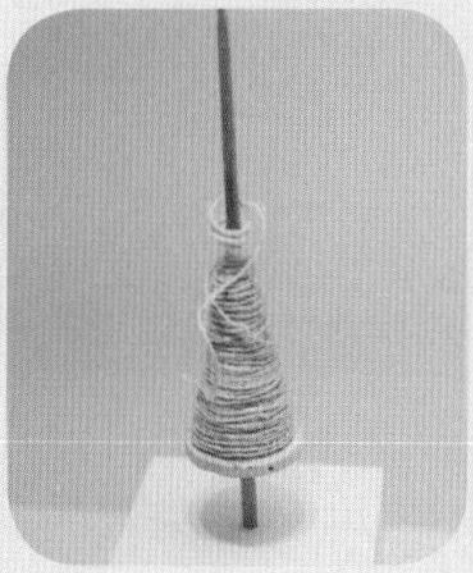

①	②	③

Q1 -2 다음 유물은 송국리식독널입니다. 옆의 패널을 보고 이 유물은 어떤 용도로 쓰였는지 써보세요.

Q1 -3 다음 도구들은 청동기 시대 대표적인 유물들입니다. 다음 유물들의 이름을 써보세요.

④

①

②

③

Q1 -4 다음 유물들과 같은 새로운 형태의 토기가 출현하게 된 원인은 무엇인지, 전시실의 패널을 활용해 써보세요.

①

②

③

2 사비백제와 금동대향로

사비는 성왕이 백제의 부활을 꿈꾸며 천도했던 곳이지만 안타깝게도 마지막 수도가 되어버린 곳입니다. 하지만 이곳에 남아있는 문화재와 유적은 생생하게 당시 사람들의 삶을 전해주고 있습니다. 이 전시실을 다 돌고 나면 사비 백제의 다양한 삶의 풍경이 떠오를 거예요.

Q2-1 다음 유물에 새겨진 무늬는 어떤 꽃을 형상화한 것인지 써보세요.

Q2-2 다음 도구들의 이름을 써보세요.

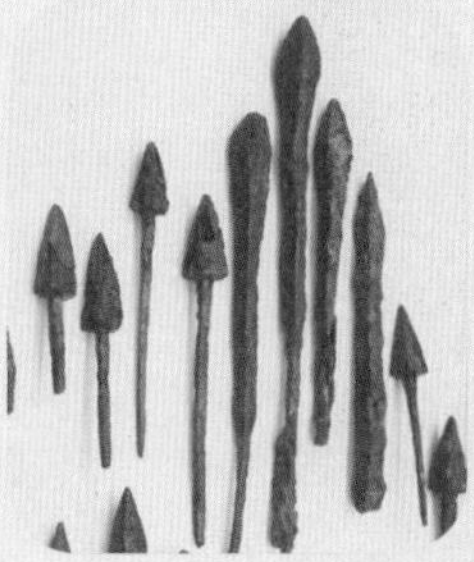

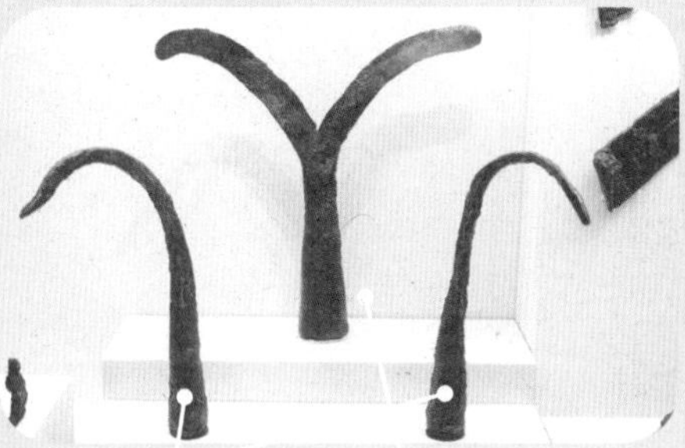

① ② ③ ④

Q2-3 다음 유물들의 이름과, 공통적인 사용 목적을 추측해서 써보세요.

① 이름

② 이름

③ 용도

Q2-4 금동대향로는 그냥 감상하세요. 말이 필요 없네요.

Q2-5 한국 최초의 사리장엄인 이 유물은 어디에서 발견된 것인지 써보세요.

百濟昌王十三季太歲在丁亥,
妹兄公主供養舍利.
백제百濟 창왕昌王 13년 태세 정해丁亥에
왕의 누이인 형공주兄公主가 사리를 공양하였다.

Q2-6 이 유물과 같이 주로 대나무에 글씨를 써넣은 기록물을 부르는 말은 무엇인가요?

3 백제의 불교, 도교 문화

침류왕 때 전래된 불교는 백제 문화에 커다란 영향을 주었습니다. 백제의 여러 지역에서 다양한 형태의 불교 예술품 그리고 능산리사지, 정림사지, 미륵사지와 같은 커다란 절터를 찾을 수 있죠. 불교뿐만 아니라 백제에선 도교 문화도 발전해 산수무늬 벽돌이나 봉황무늬 벽돌과 같은 도교적 상징이 곳곳에서 드러나기도 합니다. 앞에서 살펴본 금동대향로도 능산리사지에서 발견된 유물이에요.

Q3-1 백제의 다양한 벽돌 무늬입니다. 이 벽돌의 이름을 써보세요.

①

②

③

④

⑤

⑥

Q3-2 다음 유물의 이름을 써보세요.

Q3-3 다음 유물의 이름을 써보세요.

Q3-4 이 유물은 바위에 부처님의 모습을 새긴 마애불 중 하나입니다. 햇빛의 변화에 따라 미소 짓는 얼굴이 바뀐다고 하여 유명한 이 마애불의 이름은 무엇일까요?

Q3-5 웃는 얼굴인지 화난 얼굴인지 모를 이 유물들은 누구를 형상화한 것인지 써보세요.

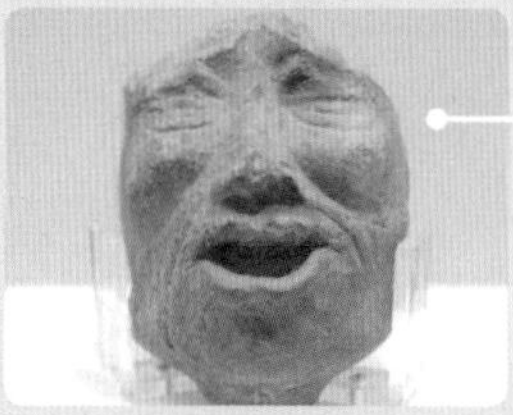

①

②

4 기증유물실

이곳은 충남대학교 박만식 교수가 30여 년간 수집하고 국립부여박물관에 기증한 유물들을 모아놓은 전시실입니다. 아래 문제에서 살펴볼 유물 말고도 다양하고 독특한 모양의 유물들이 전시되어 있으니 꼼꼼히 살펴보세요.

Q4-1 다음 유물의 이름을 써보세요.

Q4-2 다음 유물의 이름을 써보세요.

Q4-3 초기 철기시대 마한지역에서 죽은 사람을 묻는 관의 역할을 한 이 유물의 이름을 써보세요.

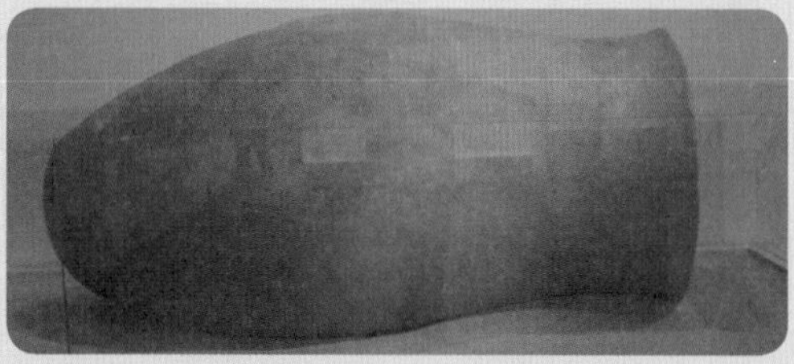

Interview

국립부여박물관 학예연구사 김선영

Q 안녕하세요. 자기소개 좀 부탁드릴게요.

A 안녕하세요. 국립부여박물관에서 교육을 담당하고 있는 학예사 김선영이라고 합니다.

Q 교육담당이라고 하셨는데 박물관에서 구체적으로 어떤 일을 하고 계신가요?

A 어린이 박물관을 직접 기획하고 관리하는 역할을 하고 있습니다. 저희 박물관에서는 다른 박물관과는 다르게 금동대향로만을 가지고 어린이 박물관을 꾸몄어요. 이 유물을 통해 백제의 역사를 보여주자는 의도로 과감하게 시도한 전시죠.

Q 어린이 박물관 말고도 상설 전시 중인 유물들 중에 자랑하고 싶은 작품이 많으실 것 같은데 몇 가지만 소개해주시겠어요?

A 저희 박물관엔 세 점의 국보 능산리 사리감, 향료, 금동관음보살입상이 있어요. 모두 최고의 예술 작품이며 역사적으로도 의미가 깊은 유물들이죠. 잘 알고 계시는 산경치무늬벽돌(산수문전) 역시 미술사적으로 창의성과 해학성을 고스란히 담고 있는 유물이예요. 이 문양 말고도 7개의 다른 벽돌이 전시되어 있어요. 각각 무늬나 그림도 아름답지만, 세트로 조합을 해보면 하나의 꽃을 이루도록 만들어졌다거나 벽돌 여덟 장을 가지고 하나의 스토리를 만들어낼 수 있도록 구성되어 있다는 것이 매력적입니다.

Q 말씀해주신 백제 문화의 예술적인 부분은 다른 백제 관련 박물관에선 잘 볼 수 없는 지점인 것 같습니다.

A 한성과 공주를 거치면서 백제 문화는 사비에 와서 최고 수준의 경지에 이르른 것 같아요. 유물 하나 하나의 선과 표현, 완성도와 깊이 등 어느 것 하나 빠지는 부분이 없죠. 『삼국사기』 「백제 본기」에서 말하듯이 '검이불누 화이불치'라고 하잖아요. '검소하되 누추하지 않고 화려하되 사치스럽지 않은' 이 말이 정말 백제 문화를 잘 표현하는 것 같아요. 사택지적비에 표현된 글씨만 보더라도 당시 문화적 수준도 알 수 있죠. 보통 사택지적비가 구양순체로 쓰여있다고 알고 계시지만 자세히 보면 다르거든요. 제가 대학교 때 서예를 배우면서 구양순체를 많이 써봤는데, 확실히 달라요. 획을 끌고 가는 힘이나 장식들은 오히려 더 멋있게 표현되어 있다고 볼 수 있죠.

국립부여박물관 어린이 전시관 전시 패널

Q 백제 문화는 정말 알면 알수록 새롭게 보이는 것 같습니다.

A 백제는 역사를 어느 정도 이해하고 문화재를 보면 감동이 더하죠. 저희 박물관엔 일본인도 많이 방문하는데, 그냥 관광만 오는 사람들은 매력을 느끼지 못하지만 백제 문화가 아스카 문화에 얼마나 영향을 끼쳤는지 아는 사람들은 감동을 느끼고 갑니다. 어떤 일본분은 방명록에 이런 시를 써주고 가셨어요. "백제 땅을 걷는 사람은 항상 조심해서 걸어라. 네가 걷고 있는 땅에는 백제의 많은 기와들이 숨 쉬고 있다." 이분이 그만큼 백제 문화에 매료됐다는 거죠. 이곳에 수학여행 오는 청소년들도 스치듯 보지 말고 천천히 여유 있게 유적지와 문화재를 감상하길 바랍니다. 백제의 멋과 아름다움을 느낄 수 있을 것입니다.

Q 개인적으로 어떻게 박물관에서 일하게 되셨는지 알려주실 수 있으신가요?

A 사실 저는 백제대향로와 인연이 깊습니다. 박물관에 들어오기 전에 일본의 국제교류원에서 근무했어요. 그곳은 백제 멸망 후, 백제 왕족이 일본으로 피난을 가서 백제의 선진 문물을 주변 마을 사람들에게 전파한 곳입니다. 이후 그들은 마을 사람들의 존경을 받아 죽은 이후에도 마을 신사의 신으로 모셔졌다는 전설이 내려오고 있어요. 그래서 백제 마을이라고도 불리죠. 그곳엔 백제 왕의 신사와 조금 떨어진 곳에 왕자의 신사가 있는데, 매년 음력 12월 15일마다 왕과 왕자가 만나는 축제를 해오고 있어요. 1,300여 년 동안 일본 정부의 탄압에도 불구하고 단 한 번도 거르지 않고 축제를 이어오고 있죠. 당시 사람들이 가지고 있던 말방울, 스에키토기, 당화육화경 등등 수많은 유물도 그대로 남아 있고요. 이 사실이 우리나라에 알려지면서 1993년 대전 엑스포 때 유품들을 전시하고 세레모니를 거행하도록 초청받았어요. 당시엔 한일간의 분위기가 살벌하던 시기라 이번 전시 좀 잘 치르게 해달라고 전시에 앞서, 10월 26일에 능산리고분군에서 '백제 왕족 1,300년 만에 고국방문'이라는 고유 보고제를 지내자는 기획을 했습니다. 다행히 일본과 국내 언론 모두 우호적인 반응을 보였줘 모든 행사를 무사히 마칠 수 있었어요.

Q 역사적인 행사였네요. 그런데 이 경험이 금동대향로와 어떤 관련이 있다는 말씀이신지요?

A 전시가 끝난 후, 그 해 음력 12월 12일에 부여박물관 관장님께서 정가왕이 큰 선물을 줬다며 연락을 주셨어요. 그날이 바로 능산리사지에서 금동대향로가 발굴된 날이었죠. 정가왕의 큰 선물이 바로 금동대향로란 말씀이셨어요. 그래서 제가 무슨 말씀이시냐고 물었더니 관장님께서 말씀하시기를 그 즈음에 능산리고분군 옆의 능산리사지가 발굴조사되고 있었는데, 조사 과정에서 별다른 유물이 나오질 않아 발굴을 접고 절터 주차장을 만들 계획을 하고 있었다고 해요. 그런데 미련이 남아 부여군과 문화재청에 발굴 연장을 요청했고, 발굴조사를 다시 시작하기로 한 10월 26일에 바로 저희가 능산리에서 고유제를 지냈다는 거예요.

Q 그때 능산리사지 발굴 작업이 재개 되지 않았다면 금동대향로는 아직도 땅속에 묻혀 있었을 수도 있었던 거네요. 참 신기한 일입니다.

A 고유제가 발굴에 정말로 영향을 미쳤는지는 모를 일이죠. 하지만 그 때의 사건이 부여박물관과 저와의 인연을 맺어준 것만은 분명해요. 한국에 돌아온 뒤 일본어 통역사로 박물관에서 일하게 되고, 대학원에서 교육을 공부한 뒤 학예사로 전직까지 하게 되었으니까요.

Q 아아, 이 책의 독자분들이 꼭 오늘 말씀해주신 내용을 기억하고 박물관에 방문해주시면 국립부여박물관의 유물들이 더욱 생생하게 느껴지실 것 같네요. 오늘 말씀 감사합니다.

C O U R S E 3

정림사지

PM 2:00

주 소	충청남도 부여군 부여읍 정림로 83
입장료	어른 : 1500원 / 아이 : 700원
전 화	041-832-2721
홈페이지	http://www.jeongnimsaji.or.kr
대중교통	버스 701, 702

세계문화유산인 정림사지는 부여 중학교와 백제 초등학교 옆에 자리잡고 있습니다. 이곳은 아이들 등하교 시간에만 북적거릴 뿐 한산하고 조용한 공간이에요. 빛바랜 주춧돌과 살짝 그을린 듯한 5층석탑이 세월의 흔적을 이야기해주고 있을 뿐이죠. 석탑과 석불좌상 외에 주목할만한 유물은 없지만, 사비 시기 백제의 중심 사찰로서 기능한 만큼 박물관에 들어가 보면 백제 불교의 역사도 정리할 수 있고, 정림사에 얽힌 이야기들도 만날 수 있습니다.

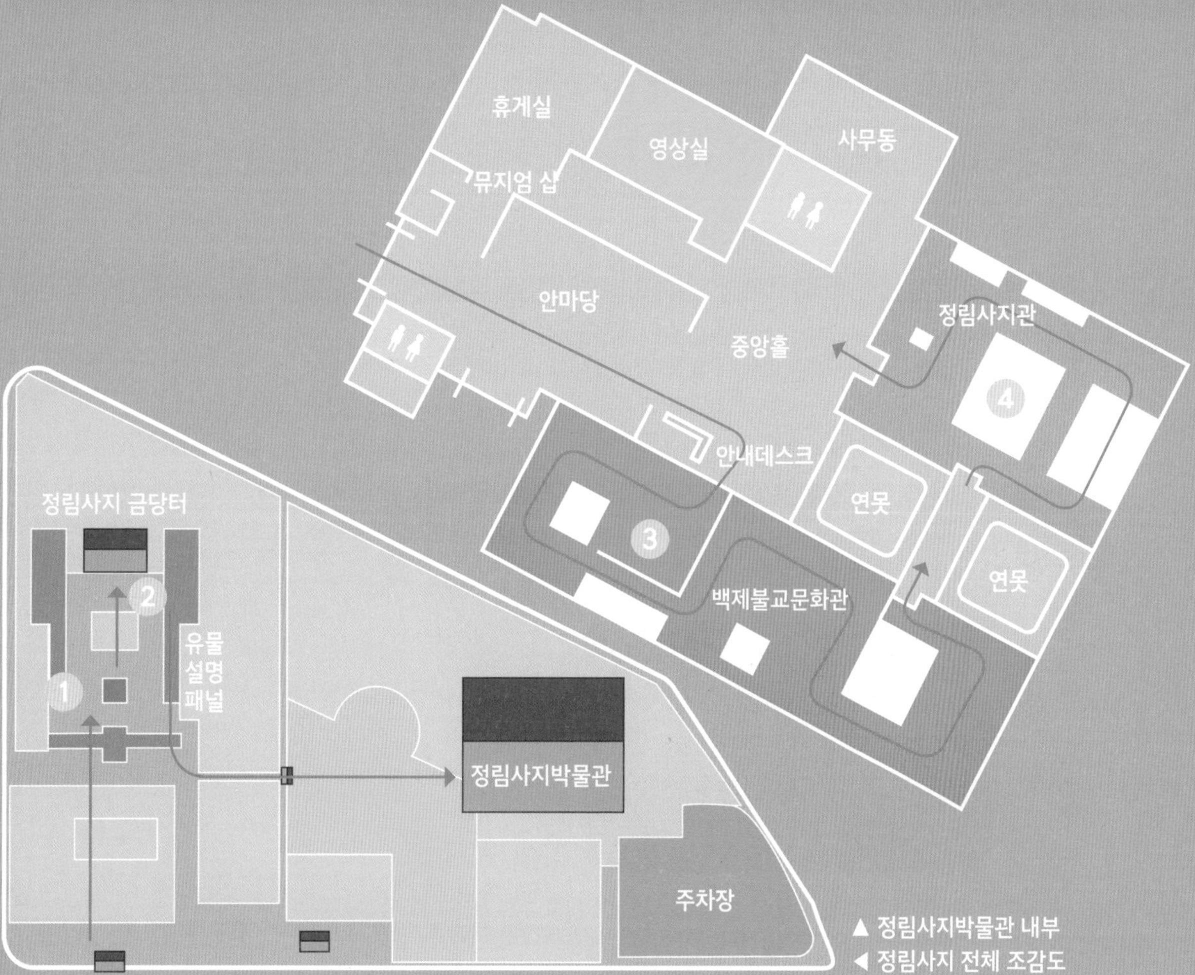

▲ 정림사지박물관 내부
◀ 정림사지 전체 조감도

1 정림사지5층석탑

멀리서 보면 단아한 아름다움을 가까이서 보면 압도적인 웅장함을 보여주는 이 탑은 미륵사지석탑과 함께 현재 2기만 남아있는 백제 석탑입니다. 탑을 둘러보며 정림사지5층석탑의 매력에 빠져봅시다.

Q1 - 1 정림사지5층석탑은 국보 몇 호로 지정되어 있나요? 유물 설명 패널을 활용해 써보세요.

Q1 - 2 정림사지5층석탑은 석탑이지만 어떤 건축형식을 모방하고 있나요? 유물 설명 패널을 활용해 써보세요.

Q1 - 3 탑의 1층 몸돌에는 당나라 장수 이 사람이 백제를 멸망시킨 것을 자축하며 새겨 넣은 글이 희미하게 남아 있습니다. 이 사람은 누구인가요? 유물 설명 패널을 활용해 써보세요.

2 정림사지석불좌상

Q2

불에 타고 심하게 마모된 채 오랜 세월을 견디며 형체만 남은 이 불상은 어떤 시대에 만들어진 것인가요? 유물 설명 패널을 활용해 써보세요.

3 백제의 불교

현재 남아 있는 백제의 불교 유적과 유물을 보면 백제인들이 불교를 얼마나 깊이 받아들이고 있었는지 알 수 있습니다. 정림사지 박물관 내부에서 만날 수 있는 첫 전시물인 〈백제의 불교〉 패널들을 통해 최고의 수준을 보여주는 백제 불교가 어떻게 전래되고 발전했는지 알아봅시다.

Q3 - 1 백제 불교 신문을 천천히 읽어 보고, 384년 백제에 불교를 공식적으로 인정한 왕은 누구인지 써보세요.

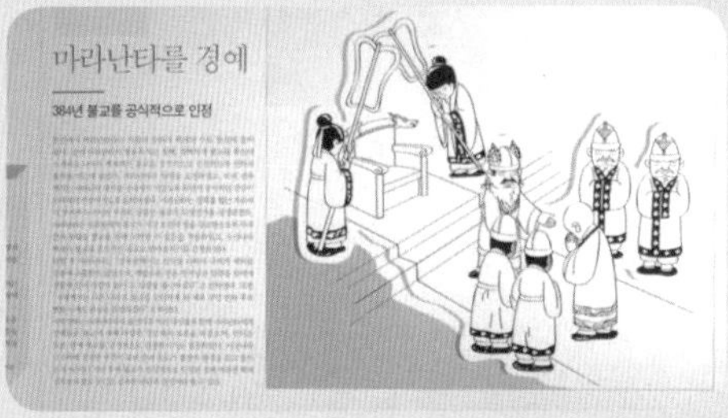

Q3 -2 백제의 도읍을 공주(웅진)에서 부여(사비)로 천도한 왕으로서 관제를 개편하고 일본에 불교를 전파한 업적이 있는 왕의 이름을 써보세요.

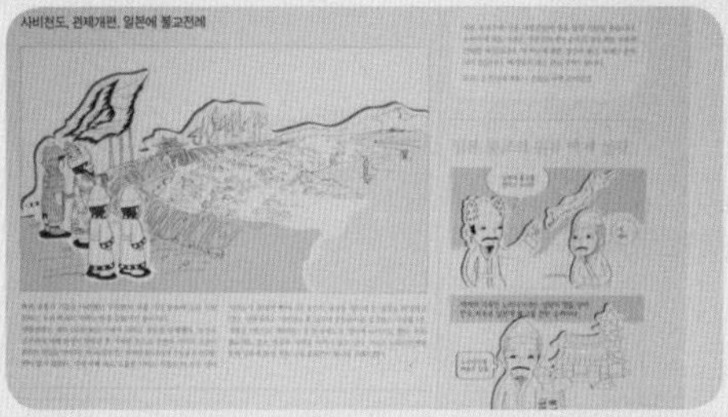

Q3 -3 돌아가신 아버지 성왕의 뜻을 기리기 위해 '능사'를 건립한 왕은 누구인지 써보세요. '능사(능산리사지)는 공방터에서 금동대향로가 발굴되어 유명한 곳이기도 하죠.

Q3 -4 동서 172m, 남북 148m에 이르는 거대한 절로, 600년 백제 무왕이 건립한 이 절의 이름을 써보세요.

Q3 -5 백제 의자왕 때 인물로, 신라 선덕여왕의 요청에 의해 신라로 넘어가 황룡사9층목탑 건설에 큰 역할을 한 이 사람의 이름은 무엇인지 써보세요.

Q3 -6 불교에선 부처님이나 스님의 공덕을 기리기 위한 탑을 세울 때 그들의 몸에서 나온 돌인 '사리'를 함께 넣어 둡니다. 하지만 사리는 무척 귀하고 상징적인 물건이라 대충 넣을 수 없어요. 그래서 스님들은 특별한 보관함을 만들어 그 안에 사리를 모시는데요. 이것을 '사리장엄'이라고 합니다. 백제인들은 사리장엄을 만드는 기술이 무척 뛰어났어요. 특히 2007년에 발견된 이 사리장엄은 백제인의 예술적 감각을 유감없이 드러내고 있는데요. 이것이 발견된 절터는 어느 곳인지 써보세요.

Q3 -7 백제 기와 장인들이 만들어낸 기와는 무늬의 다양성과 예술성에서 최고 수준의 퀄리티를 보여줍니다. 이들은 어떤 과정을 통해 기와를 제작했는지 박물관의 전시물을 통해 알아보세요.

지붕에 기와를 올리고 있는 백제 장인

정림사지 복원 모형

4 정림사지

멀리서 보면 단아한 아름다움을, 가까이서 보면 압도적인 웅장함을 보여주는 이 탑은 미륵사지석탑과 함께 현재 2기만 남아있는 백제 석탑입니다. 탑을 둘러보며 정림사지5층석탑의 매력에 빠져봅시다.

Q4 -1 정림사지 복원 모형 옆의 패널 중 <정림사의 가치> 패널을 읽고, 중국의 역사서인 '주서'에서 부여(사비)의 풍경을 어떻게 표현하고 있는지 써보세요.

Q4 -2 아래 유물처럼 건물의 기둥으로부터 전달되는 무게를 기단부와 땅으로 고르게 전달해주는 기초 석재를 무엇이라고 부르는지 써보세요.

Q4 -3 삼국사기 등 옛 문헌에는 정림사에 대한 기록이 남아있지 않아 절터의 이름을 밝히는 데 어려움이 있었는데요, 1942년 일본 학자들이 아래와 같은 명문이 적힌 이 기와를 발굴하여 절의 이름을 알 수 있게 되었습니다. 기와에 적힌 '태평8년'이란 힌트는 적어도 이 시기에는 '정림사'란 이름이 사용되었음을 알 수 있게 합니다. 이 시기는 언제인가요? 박물관 패널을 활용해 알아보세요.

太平八年 戊辰
定林寺 大藏當草
태평8년 무진
정림사 대장당초

Day - 2

공주, 부여 너나들이 역사 여행의 둘째 날 코스는 차로 10~15분 거리에 모여있다.
편한 마음으로 산책하듯 즐겨 보자.

① 관북리유적

10:00

부소산성을 오르기 전에 꼭 들러야 하는 곳. 많은 관광객들이 부소산성 정문을 통해 낙화암에 오르지만 부소산성 남쪽 방향에 위치한 관북리 유적부터 부여 여행길을 시작하길 권한다. 지금은 흔적만 남아있지만 사비 시기의 가장 유력한 왕궁터 후보지로 추정되는 곳이기 때문이다. 차에서 내려 이곳에 발을 내딛는 순간 백제에 왔음을 느낄 수 있다.

② 백제공예문화관

10:30

부여국립박물관 건물로 지어졌다가 지금은 백제인들의 기와 굽는 기술을 중심으로 전시물이 꾸며져 있다. 아이들을 위한 영화도 상영한다. 관북리 유적과 부소산성을 잇는 길목에 위치해 있지만 국립박물관의 기능을 상실한 이후 많은 사람이 찾지 않게 되었다. 이 건물은 한국을 대표하는 건축가인 김수근의 작품이니 건물 자체를 즐기러 들르는 것도 좋을 듯 싶다.

③ 부소산성(낙화암)

11:30

낙화암은 부여에 방문하는 관광객들이 반드시 방문하는 곳이다. 이곳에 가기 위해선 나지막한 부소산성을 30~40분 가량 올라야 한다. 부소산성은 낙화암 덕분에 백제 멸망의 상징적인 장소가 되었지만 성왕이 웅진을 떠나면서 백제 부활의 열망을 담아 지은 곳이라는 역사의 아이러니도 느껴볼 수 있다. 부소산 능선을 따라 지은 이 산성은 둘레가 2,495미터에 달한다.

④ 궁남지

백제 무왕과 선화공주가 결혼한 이야기가 담긴 서동요의 전설이 깃든 곳이다. 한국에서 가장 오래된 인공정원으로 거대한 연못 가운데 섬처럼 세워진 정자가 유명하다. 7월에는 서동연꽃축제가 열려 연못에 피는 셀 수 없이 많은 연꽃들을 구경할 수 있다. 궁남지를 둘러 본 후 점심 식사로 부여의 별미인 연잎밥을 먹어보자.

부여 궁남지 연못

공주 무령왕릉 연못

너나들이
에세이 3
멸망의
역사와
선입견
충청남도 공주와 부여를 둘러보다

슬픈 얼굴을 한 백제 제 2전성기

옛 백제의 흔적을 따라가는 여행은 반강제로 떠나는 수학여행 같은 기분이 든다. 만주벌판을 승승장구하던 고구려나 최초의 한반도 통일이라는 쾌거를 이뤄낸 신라라면 몰라도 고구려에게 한성을 내어주고, 신라에게 무참히 짓밟혀 멸망의 길로 들어선 백제라니. 역사는 피고 진다지만 백제의 마지막을 따라나선다는 게 어쩐지 그들의 치부를 들춰내는 것만 같아 달갑지 않았다. 두 번째 백제는 생각보다 가까운 거리에 있었다. 한성에서 밀려나 다시 성을 쌓고 터를 잡았을 백제인들은 과연 무슨 생각을 했을까. 삶의 터전을 잃고 처음부터 다시 시작해야 한다는 생각에 막막함을 느꼈을까. 아니면 새로운 삶에 잘 적응해나갈 준비에 여념이 없었을까. 구시가지에 있는 공산성을 향해 가며 이런저런 생각에 잠겼다. 백제의 삶을 고스란히 들여다봤을 금강은 잠잠하기 그지없다.

공산성에는 63년간 백제왕들이 머물렀던 옛 왕궁터가 있었다. 금서루를 통과해 산책로를 따라 걷다보면 만날 수 있다. 하지만 짐작만으로 옛 왕궁의 모습을 상상하는 일은 막연하고 어려운 숙제 같았다. 정처없이 왕궁터 주변을 한 바퀴를 휘 돌아 발길을 옮기려는데 아득한 곳에서 천둥소리가 들려왔다. 순식간에 먹구름이 몰려오는가 싶더니 금세 빗방울이 후두두둑 쏟아졌다. 비는 공산성 입구에 되돌아 닿기도 전에 공주 시내를 흠뻑 적셔버렸다. 결국 옛 백제의 흔적을 찾아 떠난 여행은 실패로 돌아갔다. 패배자의 도시처럼 공주는 그렇게 한참 동안 슬픔에 잠긴 얼굴을 하고 있었다.

공주 무령왕릉
무령왕과 왕비의 무덤인 무려왕릉은 커다란 봉분 사이에
잠들어 있어서 1,500년 간 도굴을 피할 수 있었다.

간신히 살아남은 웅진백제의 흔적들

웅진백제는 한성백제에 비하면 참 소박하다. 유적지 간 거리가 10분 남짓하다 보니 자전거를 타고서 유적지 전체를 둘러볼 수 있다. 그래서인지 자전거 여행을 위한 안내 코스도 꼼꼼히 소개되어 있고, 가는 곳마다 무료 자전거 대여소도 있다. 하지만 한여름 뙤약볕 아래선 모두 무용지물이었다. 기회가 닿는다면 싱싱한 봄바람이나 선선한 가을바람이 불어올 때 다시 찾아와 바람을 가르며 자전거 여행을 해야지.

공주하면 공식처럼 떠오르는 무령왕릉으로 제일 먼저 발걸음을 옮겼다. 모형전시관에 먼저 들러 복원된 왕릉의 내부를 들여다보았다. 투박한 돌방식 무덤과 정교한 아치형의 벽돌무덤 내부로 들어서니 천장이 충분히 일어설 수 있을 만큼 높았다. 벽면은 얇은 벽돌을 가로, 세로로 번갈아 쌓아가며 독특한 패턴을 만들고 있었다. 아쉽게도 송산리 고분군과 무령왕릉 내부는 볼 수 없었다. 왕릉 입구는 굳게 닫힌 채 폐쇄를 결정한 사유를 설명하고 있었다. 봉긋한 봉분들은 탐스럽게 이어져 야트막한 언덕처럼 보였다. 말도 많고 탈도 많던 초기 졸속 발굴이 빚어낸 참담함을 뒤로하고 이곳은 무슨 일이 있었냐는 듯 평화롭고 고요했다. 백제 제 2의 전성기를 호령하려는 듯 찾아온 무령왕의 실체를 감당하기엔 그 시절은 너무 어리석었던 모양이다. 어느 학자의 고백처럼 조금 성숙해진 후 왕릉이 발견되었다면 비단자락錦江(금강)을 휘감고 돌던 두 번째 백제 전성기를 제대로 만나볼 수 있었을까. 나름의 위안을 삼고자 우리는 무령왕릉 유물이 고스란히 정돈되어 있다는 공주박물관으로 향했다. 2004년 충청남도 역사박물관에서 독립한 공주박물관은 별다른 특징 없이 반듯하게 지어져 있었다. 무덤 내부를 연상케 하는 아치형의 전시실 입구로 들어서자 송산리고분군을 비롯해 무령왕릉 출토 유물들이 가지런히 정리되어 있었다. 무덤을 지키던 귀여운 진묘수부터 무덤의 주인이 무령왕임을 입증하는 지석, 일본과의 교류를 말해주는 금송관의 일부까지 차근차근 감상할 수 있었다. 하지만 64년간 백제를 지탱해오던 웅진의 문화는 많은 아쉬움을 남겼다. 출입이 제한된 무덤의 외부를 보는 것, 출토된

공주국립박물관 무령왕릉실

백마강의 유람선 '황포돛배'

부여 성왕 동상

낙화암 백화정
백제 멸망 당시 삼천궁녀가 떨어져 죽음을 선택했다는 전설이 전해지는 곳

유품들을 살펴보는 것만으로는 웅진백제를 제대로 감상하기 어려웠다. 순간 백제의 두 번째 전성기라는 말이 무색하게 느껴졌다. 마지막 전성기를 찾아가면 사라진 백제의 문화부흥의 흔적을 찾을 수 있을까.

좀 더 나은 곳을 향해가는 발걸음에도 두려움은 존재했을 터. 무령왕이 야심차게 다져놓은 웅진을 뒤로 하고 천도를 감행했던 성왕이야말로 배포가 보통이 아닌 것 같다. 드넓은 공주에 비해 부여는 정겨운 시골 읍내의 모습을 하고 있었다. 작은 시골 마을은 궁남지 연꽃 축제가 한창이라 곳곳마다 인산인해를 이루고 있었다. 북적대는 시내를 조금 벗어나니 부소산성이 눈에 들어왔다. 어쩌다보니 마지막 전성기를 살펴보기도 전에 멸망의 흔적부터 둘러보게 되었다. 백마강에서 황포돛배를 타고 부소산성 올려다볼까 산성에 올라 백마강을 내려다볼까 하다가 산에 오르기로 결정했다. 얼마쯤 걸으니 백제의 마지막을 장식하는 낙화암 안내판이 보였다. 주색에 빠진 백제의 마지막 왕과 백마강에 몸을 던진 삼천 명이나 되는 궁녀들의 모습이 떠올리며 무슨 구경거리라도 찾는 양 그곳을 향해갔다. 한참 계단을 내려가니 그곳에 낙화암이 있었다. 멸망의 흔적은 그 어디에도 없었다. 그저 아름답게 우거진 산세와 잔잔히 흘러가는 백마강의 물길만이 눈에 들어올 뿐이었다. 순간 찬란했던 전성기를 감상하러 온 것인지 망국亡國의 흔적을 구경하러 온 것인지 혼란스러웠다.

검이불누 화이불치

사비백제의 전성기는 진흙구덩이 속에서 빛을 발하고 있었다. 1993년 진흙 속에서 나뒹굴던 금동대향로를 발견함으로써 짐작에만 머물던 찬란한 백제 문화는 실제가 되어 수면 위로 떠올랐다. 타인에 의해 왜곡되거나 축소된 대부분의 백제 역사를 다시 써야하는 상황이 되어버린 것이다. 금동대향로는 부여박물관 안쪽 깊숙이 자리하고 있었다. 커다란 전시실에는 유리관 속에 담긴 금동대향로만이 오묘한 빛을 내며 사람들에게 둘러싸여 있었다. 사람들은 말이 없었지만 금동대향로를 훑어보는 눈은 빛나고 있었다. 제대로 된 감상을 위해서 먼저 온 이들이 감상을 끝낼 때까지 한발 물러나 조용히 기다렸다. 하지만 좀처럼 감상의 기회는 오지 않았다. 조바심이 난 나는 감상에 심취한 사람들 틈을 비집고 들어갔다.

거대한 향로의 꼭대기에는 봉황 한 마리가 깃털을 곤두세운 채 어딘가를 응시하고 있었고, 중국의 봉래산을 재현했다는 향로의 윗부분은 진기한 동물들이 서로 어우러져 조각되어 있었다. 상상 속 동물을 포함해 호랑이, 원숭이, 코끼리까지 각양각색이었다. 천상계의 음악을 연주하는 악사들 사이에 있는 작은 구멍들 틈에서 은은한 향내가 풍겨올 것만 같았다. 고즈넉함을 즐기는 신선들이 익살스러웠다. 아래 부분은 궁남지에서 봤음직한 연꽃이 탐스럽게 새겨져 있었고, 그들 사이로는 이름 모를 생물들이 노닐고 있었다. 평화로운 세상을 힘껏 떠받치고 있는 듯 보이는 용 받침은 한 치의 오차도 없이 균형을 이루고 있었다. 향로 안에 담긴 수많은 표정들은 모두 백제인의 얼굴을 그린 것이라면 검이불누 화이불치儉而不陋 華而不侈 그 자체라는 생각이 들었다.

백제의 예술성은 이것만이 다가 아니었다. 산경치무늬벽돌을 비롯한 갖가지 문양의 벽돌은 각자가 갖는 매력도 매력이지만 몇 개의 벽돌이 합쳐져 새로운 문양을 탄생시키고 있었다. 혼자서도 빛이 났지만 여럿일 때 더욱 아름다웠다. 도깨비, 연꽃, 봉황, 용 등을 새겨 넣은 벽돌들은 저마다의 이야기를 가지고 있는 것만 같았다. 중국의 기술력을 기꺼이 배우려는 자세와 거기서 그치지 않고 한 차원 높이 끌어올렸다는 말이 이제야 실감이 났다. 천 년을 감춰온 백제의 예술성이 빛을 발하는 순간이었다. 이토록 생생하게 살아 숨 쉬고 있는 백제의 예술을 여태껏 죽은 것으로 치부했던 내 모습이 부끄러웠다.

금동대향로
프랑스 루부르 박물관에 모나리자가 있다면 부여국립박물관엔 금동대향로가 있다.
항상 여러 사람에게 둘러싸여 있기 때문에 가까이 감상하기 위해선 기다림이 필요하다.

금동광배

금동삼존불입상

미륵사 사리장엄

죽은 줄만 알았던 백제를 생생하게 다시 만나다

공주 무령왕릉에서 올려다 본 하늘

옛 백제가 터를 잡았던 한성은 지금도 여전히 화려한 현재를 살아나가고 있다. 그래서인지 백제의 나머지 전성기들은 그다지 눈에 들어오지 않았다. 자극적으로 그려놓은 의자왕의 모습이나 고구려에게 밀리고 신라에게 속아 넘어간 어리석은 백제의 모습만 그려질 뿐이었다.

백제인들의 문화가 아무리 훌륭했다한들 변방으로 밀려난 그들의 예술적 가치는 별로 궁금하지 않았다. 역사는 늘 승리를 거머쥔 자들에 의해 쓰일 수밖에 없다는 공식을 그대로 답습한 셈이다. 하마터면 자신들만의 고유한 역사를 꾸준히 써내려가는 백제인들의 삶을 계속 지나칠 뻔 했다.

백제의 또 다른 전성기는 여전히 살아 숨 쉬고 있다. 아득한 어제에 파묻혀버린 그들의 생생함을 제대로 다시 꺼내보는 일이란 쉽지 않을 것이다. 하지만 백제인이 품었던 예술적 가치에 대한 열정만큼 그들의 문화를 찾아내는데 애쓴다면 백제의 새로운 면모를 발견할 수 있지 않을까. 인생은 짧고 예술은 길다.

역사 여행 보고서
경기도 연천

이름 :

날짜 :

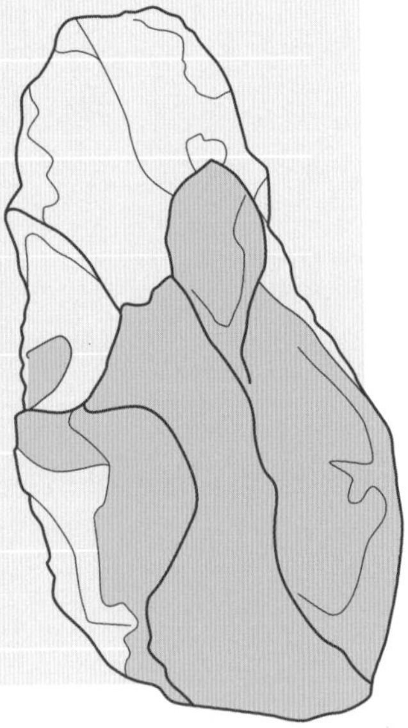

역사 여행 보고서

서울 송파구~광진구

이름 :

날짜 :

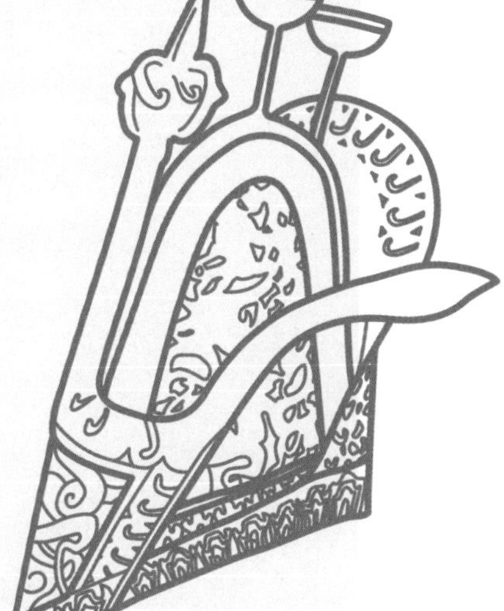

역사 여행 보고서
충남 공주~부여

이름 :

날짜 :

1. 선사시대 맥가이버 칼, 주먹도끼

Course 1. 전곡선사박물관 ······ 262p

Q1-1. 아슐리안형 주먹도끼 Q1-2. 아시아에서 처음으로 발견된 아슐리안 형태의 주먹도끼이기 때문에 Q2-1. 사바나 기후 Q2-2. 나무가 점점 없어지자 나무에서 내려와야만 했다. Q3-1. 꼬리가 없는 영장류 Q3-2. 루시앙

Q3-3.

	유인원	몸	인간
1	600ml 이하	두개골 용량	1400~1500ml
2	턱은 크고 앞으로 돌출	턱	턱은 작고, 돌출 X
3	턱끝이 없음		턱 끝이 있음
4	한 번 휨	척추	S자로 휨
5	팔이 다리보다 김	팔다리	다리가 팔보다 김
6	마주대할 수 있음	엄지 발가락	다른 발가락과 마주대할 수 없음

Q3-4. 에티오피아 Q4. 강원도 태백 Q5-1. 유럽, 서아시아 Q5-2. 사피엔스 Q5-3. 아틀아틀 Q6. 95마리 Q7-1. 소, 얼룩말, 치타 등등. 자유롭게 찾아보세요. Q7-2. 종교, 주술적인 의미, 사냥 성공 기원 등등. Q8-1. 현무암 Q8-2. 밤, 에벌레, 산딸기, 도라지

Course 2. 전곡리 선사 유적지 ······ 270p

Q1-1. 직접떼기, 간접떼기 Q2. ② Q3. 호랑이, 하이에나, 코뿔소 Q4. 맷돌 Q5. 수평기, 삽과 호미, 탄약상자 Q6. 정 발굴된 유물의 위치와 깊이를 정확하게 측량하기 위해

Course 3. 연천 통현리 고인돌 공원 ······ 274p

Q1. 북극성 및 북두칠성 Q2. 가락바퀴, 반달돌칼, 민무늬 토기, 그물추 Q3. 2개의 조각으로 깨진 상태 Q4. 할머니 고인돌 Q5. 현무암

2. 한강과 삼국시대

Course 1. 한성백제박물관 ······ 288p

Q1-1. ①풍납토성 ②몽촌토성 Q1-2. 고국원왕 Q1-3. ①금동관모 ②금동신발 Q2-1. 바둑 Q2-2. 밥, 국, 계란, 생선구이, 고사리 등 Q2-3. 옥 Q3-1. 돌무지덧널무덤 Q3-2. 돌방무덤 Q4-1. 칠지도 Q4-2. 감상 Q5-1. 말국(末), 백제국(白題, 몽골), 호밀단국(胡蜜丹), 가발단국(呵跋檀), 주고가국(周古柯), 등지(鄧至), 낭아수국(狼牙修), 왜국(倭), 구자국(龜), 백제(百濟), 페르시아(波斯), 활국(滑) Q5-2. 돛 내리기 Q6-1. 호우명 그릇 Q6-2. ①팽이 ②배 ③빗 ④방망이 Q6-3. 요강

Course 2. 석촌동 고분군 ······ 296p

Q1. 근초고왕 Q2. 4호분 Q3. 토관묘 Q4. 내원외방형무덤 Q1. 봉토분

Course 3. 고구려 대장간 마을 ······ 299p

Q1.

	현무	주작	청룡	백호
방위	북쪽	남쪽	서쪽	동쪽
오행	물	불	나무	금(쇠)
계절	겨울	여름	봄	가을

Q2. ①쇠스랑 ②살포 ③낫 ④삽 Q3. 나팔입항아리 Q4. ①띠고리 ②등자 ③말재갈 ④재갈멈추개 Q4. 온돌

3. 은은한 물빛이 빛나는 공주,부여

Course 1. 무령왕릉(송산리고분군) ······ 314p

Q1. ①문주왕 ②무령왕 Q2. 일본인에 의해 발굴됨 Q3. 굴식돌방무덤 Q4-1. 독무덤 Q4-2. 널무덤 Q4-3. 벽돌무덤 Q4-4. 돌방무덤 Q4-5. 돌무지무덤 Q5. 호분 Q6. ①벽돌 제작 ②벽돌 굽기 ③부장품 제작 ④무덤터 닦기 ⑤ 무덤 축조 Q7. 묘지석 Q8. 28가지

Course 2. 국립부여박물관 ······ 318p

Q1. ①가락바퀴 ②반달돌칼 ③돌보습 Q1-2. 어린아이의 시신이나 죽은 어른의 뼈를 추려 넣어 묻기 위해서 Q1-3. ①청동거울 ②청동검 ③청동도끼 ④청동끌 Q1-4. ①몸통을 두드려 얇고 치밀하게 만드는 기법 ②물레를 이용한 기법 ③폐쇄된 상태의 가마로 높은 온도까지 끌어 올릴 수 있는 기술 Q2-1. 연꽃 Q2-2. ①화살촉 ②갈고리창 ③두갈래창 ④세갈래갈고리 Q2-3. ①'일근'이 새겨진 거푸집 ②부피를 재는 그릇 ③어떤 물건의 무게를 일정하게 재기 위해서 Q2-4. 감상 Q2-5. 능산리사지 Q2-6. 목간 Q3-1. ①연꽃무늬벽돌 ②봉황무늬벽돌 ③용무늬벽돌 ④산수봉황무늬벽돌 ⑤산수풍경무늬벽돌, ⑥ 산풍경도깨비무늬벽돌 Q3-2. 금동광배 Q3-3. 금동관음보살입상 Q3-4. 서산삼존마애불상 Q3-5. ①나한상 얼굴, ②짐승 얼굴 Q4-1. 세발토기 Q4-2. 손잡이가 있는 토기 Q4-2. 독무덤

Course 3. 정림사지 ······ 328p

Q1-1. 국보9호 Q1-2. 목탑 Q1-3. 소정방 Q2. 고려시대 Q3-1. 침류왕 Q3-2. 성왕 Q3-3. 위덕왕(창왕) Q3-4. 미륵사 Q3-5. 아비지 Q3-6. 왕흥사지 Q3-7. ①흙다지기 ②모양만들기 ③기와쪼개기 ④막새붙이기 ⑤기와굽기 Q4-1. 절과 탑이 매우 많다 Q4-2. 초석 Q4-3. 고려 현종 18년(1028년)

색인
Index

이미지 제공

Image Copyright

국립중앙박물관

문성식 (Pentax k5iis, iPhone 6+)

Wikimedia Commons

문화재청

기타

박진영

일러스트

류수인

허효정

이진욱

김유정

이 책에 이미지를 게재하도록 허락해주신 모든 분들에게 감사드립니다. 특히, 방대한 양의 사진 자료를 무료로 사용할 수 있도록 해주신 국립중앙박물관과 문화재청에 감사드립니다. 게재 허락을 받지 못한 이미지에 대해서는 저작권자가 확인대로 게재 허락을 받고 통상적인 기준의 사용료를 지불하겠습니다.

생각이 자라는 한국사 1권 선사시대~신라의 삼국통일

2016년 10월 1일(초판 1쇄)

지은이 김용천, 문성식, 이민재, 손석영

감수 윤선태 (동국대학교 사범대 역사교육과 교수)

검토 김철민, 박찬우, 신범규, 임동민, 최슬기 (고려대학교 한국사학과 박사 과정)
김민수 (동국대학교 사범대 역사교육과 석사 수료)

기행글 박진영

펴낸곳 도서 출판 단군과제우^_●

주소 경기도 파주시 운정3길 105-202

총괄 편집 문성식

일러스트 허효정, 류수인, 이진욱, 김유정

홈페이지 dangoon-zeus.com 이메일 editor.danz@gmail.com

페이스북 facebook.com/danzPub

값은 뒤표지에 있습니다.

ISBN 979-11-958938-1-2 43910